구 약 성 경

본문비평 및 번역비평

창세기 역주

방 석 종 역주

Old Testament

Textcriticism & Versionscriticism

Interpretation of Genesis

by

Author

Suk Chong Pang

Institute of Traditional Culture

Seoul, Printed in Korea, 2011, 5th April

전통문화연구회

구약성경 ≪창세기≫ 국역 및 출판에 참여하신 분

기획편집위원 : 김영헌 방석종 이계황

역주譯註위원 : 방석종
교열校閱위원 : 김영일 구영철
자문諮問위원 : 김중은 김영헌 나형석 성기철(국어)
국어감수國語監修위원 : 정길남
윤문독회潤文讀會위원 : 남현희 배원룡 이계황 전호근

교정校訂위원

박순명 나형석 이상래 조광희 오천수 이민섭 조강현 김현숙 김희락 권용상 오호연 나정옥 권승달 권원철 김경수 김도겸 김병주 김영근 김종천 김희연 나영식 노재동 문복희 박홍섭 안상민 왕창균 이문희 이석기 이영호 이용구 이용권 이정민 이종경 이종구 이진용 정동화 정영만 조병조 차경애 최종문 함광호 허상봉 홍성기 황혜숙

분야별 교정校正위원

일반 교정 : 남현희 이효재 이화춘 소종
외국어 및 음역音譯 교정 : 김병훈
교감 작성 및 교정 : 남현희 이효재
병행문 교정 : 인태오
한자 교정 : 함명숙 김새롬 오가은
필름 및 인쇄 교정 : 권영순 남현희

편집 출판 홍보 관련위원

편집위원 : 남현희 김병훈
관리위원 : 함명숙 이효재 강운숙 소종
출판위원 : 권영순 남현희 이종구
표지디자인위원 : 이상윤
홍보위원 : 김민순 김상권 김성진 김창호 박선규 변영택 배춘호 백남훈 송재헌 신동욱 엄승현 원호운 유진명 윤경숙 윤은희 이무철 이은재 임채진 임정수 임창국 임형욱 정진표 정광국 조규환 최석연 최선배 홍성수 황종국
보급위원 : 이상래 김병훈 김영국 조강현 이종구 이계황 함명숙 서원영

※ 은평감리교회 「모세오경 연구과정」 창세기 독회 회원
구영철 권혁태 나영식 김영국 김병주 이계황
이홍구 홍성기 함광호 조병조 이용권 김기숙

간행사

우리나라가 반만년의 찬란한 문화를 꽃피워 오는 과정에는, 우리 고유의 사상과 민간 신앙에 불교佛敎와 유교儒敎 그리고 도교道敎 등이 접합되어 독특한 한국 문화를 이루는 데 기여하였다.

그 중에서도 기독교基督敎는 근현대 한국 문화에 크게 영향을 끼치고 있다. 이와 같이 각 종교와 그 경전은 문화의 기초이고 근간이며, 결국은 세계 고전이 되어 있다.

본회에서는 종교간의 이해를 통하여 갈등과 투쟁과 파국을 예방豫防하자는 뜻으로 ≪경전으로 본 세계종교≫라는 세계 7대 종교의 방대한 경전을 비교종교학적比較宗敎學的 관점에서 간행한 일이 있다. 실제로 본회는 동양고전東洋古典의 전문 번역과 교육기관이지만, 여러 경전 번역과 편찬에도 관심을 지녀 왔다.

간혹 비기독교 번역기관에서 기독교 경전을 번역 출판하는 데 의아해하는 분이 있는 듯하다. 그러나 우리는 그간 위와 같이 각 종교의 경전에 관심을 가져 왔고, 창세기 번역은 고전 번역의 다양성과 발전을 위하여 자유롭고 진보적인 사역私譯의 시도이며, 또한 기독교 경전은 서양 고전西洋古典의 정수인바, 동서 고전을 통한 문화 교류文化交流는 상호 이해와 평화와 발전을 위하여 기여하는 의미가 크다고 생각하여 왔다.

이 ≪창세기≫의 번역 계획은 방석종方錫淙 구약학 교수가 지도하는 은평감리교회의 목사, 장로, 권사 여러분이 참여한 「모세오경 연구과정」에서 시작되었다.

이 ≪창세기≫는 그간 독일에서 정통 신학正統神學과 고전어古典語를 연구하고, 감리교신학대학監理敎神學大學에서 계속 고구考究한 방 교수의 연구서이다. 다만 성경 원문의 난해성難解性과 역주의 현대성現代性 등을 신중하게 충분히 검증하고 완전히 한국화하려는 계획을 다 이루지 못한 아쉬움이 남아 있다.

본서의 특징은 히브리어 마소라본을 역주함에, 서구西歐에서 일반화된 본문(원문) 비평原文批評과 번역 비평飜譯批評을 시도하였으며, 또한 외국어 표기는 원음주의原音主義를 따르고, 주요 어휘 및 어구를 교감校勘하였으며, 어휘의 바른 이해를 위하여 한자漢字를 병기倂記하였다.

오늘날 우리나라에서 객관적인 번역 비평이 정서적으로 어려운 형편이지만, 번역 문화의 발전과 세계화를 위하여 역주자가 과감히 번역 비평을 시도하였다.

본서는, 번역문은 중등학생中等學生이면 이해할 수 있도록 하고, 주석은 신학도와 신진 교역자 그리고 지식인知識人들에게 일반성一般性과 전문성專門性을 갖추어 신선하고 혁신적인 번역본이 되기를 기대하고 있다.

한편 이 역주서는 교회에서 시작하여 결과까지의 과정을 보면 은평감리교회의 작품作品이라 하겠다. 그간 은평감리교회에서 5년여의 강독에서 역주까지 헌신하신 방석종 교수께 우선 감사를 드리고, 근 3년에 걸쳐 이 책을 빛나게 하여 주신 교열, 자문, 감수, 윤문, 교정 등 관계 선생님과 이 사업의 길을 펼쳐 주신 은평감리교회 김영헌金永憲 담임목사님 등 헌신하신 모든 분께 무한한 감사를 드린다. 또한 5년간 함께한 모세오경 연구과정 회원 동지께 특별히 감사를 드린다.

또한 이 귀한 책을 발행하기까지 물심양면으로 도와주신 여러분과 은평감리교회, 그리고 출판을 지원하여 주신 한국법령(주) 이종구 대표이사와 임직원 여러분께 심심한 감사를 드린다.

끝으로 ≪창세기 역주≫가 햇빛을 보기까지 격려와 지도를 아끼지 않은 모든 분과 독자 여러분의 질정叱正을 바라며, 내내 평강과 행복, 건승과 소망이 이루어지기를 간절히 기원하며, 이 모든 일이 이루어지게 하여 주신 하나님께 영광을 드립니다.

2011. 3. 1

전통문화연구회 회장 이계황 재배

역주자 서문

≪창세기 역주≫는 현재 예배용 공용 성경 개역개정(1997), 천주교성경(2005)과는 다른 사역私譯입니다. 그리고 공동번역(1978)과 표준새번역(1993)의 공용 번역과도 다릅니다.

≪창세기 역주≫ 1부의 히브리어 원문 번역은 본문(원문) 비평을 거쳤으며, 4대大 공용 번역을 비평적으로 검토하였습니다. 그리고 두 가지 측면인 책의 편집 형태와 원문 해석으로 나누어서 우리말 성경의 세계화에 목표를 두었습니다.

구체적으로 말하자면, 개역개정은 우리나라 성경 번역의 오랜 전통에 따라, 구두점과 병행문 및 충실한 소제목과 각주들이 소홀히 다루어져 있습니다. 그리고 고유명사인 인명과 지명들에서 원문 음가에 대한 음성학적인 표현이 불완전합니다. 어휘와 어구들이 일관성 없이 다루어졌습니다.

현대 서구의 성경들인 영역, 독일어역, 불어역에는 원문의 내용이 원의原義에 잘 맞게 표현되어 있지만, 현재 우리말 예배용 및 공용 번역에는 구절 내용이 적지 않게 난해한 상태로 남아 있습니다.

그래서 역주자는 본문 비평을 통하여 원문을 충실하게 번역하려고 했으며, 마소라 본문이 난해한 경우, 고대 역본들을 출전出典으로 삼아 문법적으로 검토 정리하였습니다. 그리고 우리말 성경이 마소라 사본의 장절 단락 표기인 열린 절(프투하 פ=○)과 닫힌 절(스투마 ס=⊘)을 살리고 있는 것은 좋지만, 마소라의 단락 표기에 일치하지 않고 있음을 보고, 역주자는 마소라의 단락 표기에 따라 정리하였습니다.

≪창세기 역주≫ 2부는 주석註釋으로, 창세기 각 장절의 어휘, 문장, 용어들을 현대 전문적-학술적인 서구 주석서와 성서, 세계 역사, 정치, 고유풍습과 문화 연구서를 근거로 해설하였습니다.

특히 창1-2장의 우주 창조와 세계 창조는 신화적인 사상에서 벗어나 우주와 생명 과학적인 관점에서, 창3-11장의 선사시대先史時代는 인류 문명사적인 관점에서 고대인의 신앙을 이해하려고 했습니다. 그 외의 것들은 일러두기에 항목별로 나열된 것을 참고할 수 있습니다.

우선 역주를 세밀하게 검토하면서 어휘, 구절과 신학적인 문제를 지적하여 교정하게 하신 김영일 교수님, 김중은 교수님, 구영철 객원교수님, 정길남 교수님(국어학), 성기철 교수님(국어학), 신학과 우주창조 과학의 보완관계를 일러주신 홍승수 교수님, 박순경 교수님에게 감사합니다.

이번 성경 창세기 사역私譯을 하는 동안 수년 간 매주 「모세오경 연구과정」에서 함께 독회讀會하신 장로님들, 그리고 독회반에서 수고하신 이용권, 김기숙 권사님 부부에게 감사합니다. ≪창세기 역주≫의 오류를 검토해 주신 은평감리교회 교역자 분들과 장로님들에게 감사합니다.

이런 ≪창세기 역주≫가 잉태되어 세상에 나오기까지 모세오경 독회반을 마련하고, 사랑으로 격려와 자문諮問하신 김영헌 담임목사님께 감사드립니다.

그리고 창세기 번역에서 출판까지의 여러 작업이 전통문화연구회의 연구원과 교정위원 분들의 협력으로 이루어졌음을 감사합니다. 특히 이 작업은 이계황 회장(은평감리교회 장로)이 평생 남다르게 연마하고 축적한 번역 이론과 헌신적인 성경 탐구에 도움을 받았습니다.

일일이 이름을 밝히지 못하지만, 그동안 도와주시고 협력하신 분들께 이 자리를 빌어 감사드립니다.

2011. 3. 31

방석종

일러두기

1. 번역은 원전의 정통성正統性과 번역의 현대성現代性을 구현하려 하였다.
2. 번역은 역주譯註하되 본문(원문) 비평本文批評과 번역 비평飜譯批評을 하였다.
3. 번역의 저본底本은 키텔의 히브리어 성경 마소라본 ≪Masoretic Text in Biblia Hebraica Kittel(3rd edition 1937)≫, 또는 독일성서공회에서 출판한 히브리어 구약전서 스튜트가르트 히브리어 성경 ≪Biblia Hebraica Stuttgartensia(BHS, 1969)≫으로 하고, 고대 번역본과 여러 국가의 근현대 역본과 BHQ(A. Schenker편, 1997)를 참고하였다.
4. 마소라 원문原文이 어휘적으로나 문법적으로 불확실한 경우, 70인역人譯 등 고대 역본과 한국어 역본을 참고하였다.
5. 국역의 과정은 본문 비평과 번역 비평 등의 번역자의 역주와 이에 대한 검증과 퇴고推敲를 위하여 교열, 자문, 국어감수, 윤문독회潤文讀會, 편집, 교정校訂, 한국어 역본의 주요 어휘·어구 교감校勘, 분야별 전문 교정校正 등의 과정을 수십 차례 거쳤다.
6. 목차는 독자의 창세기 전체 내용 이해를 위하여 장절章節의 단락 주제 제목主題題目을 목차로 삼았다.
7. 번역은 원의原義를 충실하게 번역하고, 이해가 불충분한 경우에는 의역意譯과 보충역補充譯을 하고, 설명과 논증이 필요한 경우에 주석을

하였다.

8. 장절의 단락 주제 제목은 역주자가 여러 역본을 참고하여 내용 이해에 편의를 제공하였고, 제목 뒤에 그 범위의 장절을 표시하였다. 또한 마소라사본의 열린 절(프투하)과 닫힌 절(스투마)을 달았다.

9. 본문 비평은 히브리어 원문이 난해難解하고 오류誤謬나 오해誤解의 소지가 있는 경우, 70인역人譯을 비롯하여 ≪De Pentateuchi Samaritani origin≫, ≪Aquila≫, ≪Symmachus≫, ≪Theodotion≫, ≪Peschitta S≫, ≪Targum Onkelos≫, ≪Vulgata≫, 고대 수제 사본古代手製寫本(참고문헌 참조) 등의 본문을 대조하고, 학술적인 주석을 참조하여 합리적 논증論證에 역점을 두었다.

10. 번역 비평은 개역개정(1997), 천주교성경(2005)을 대상으로 하였지만, 공동번역(1978)과 표준새번역(1993)과 외국어 번역본을 경우에 따라 참조 인용하거나, 비평적인 관점에서 대조하였다.

11. 외국어 표기의 원음주의原音主義에 따라 고대 중동의 히브리어 고유명사와 고유지명을 국어의 일음일자一音一字의 음가원칙에 따라 표기하였으며, 헬라어와 라틴어 역본에 헬라어화-라틴어화된 음가들은 히브리어 문자의 음가를 중심中心으로 해서 국어의 음가원칙을 적용하였다(별첨 〈히브리어 고유명사 등의 국어음가國語音價 표기 원칙〉 참조).

12. 각 절 뒤에 제시한 병행문竝行文(관주貫珠)은 독일 루터역 (Die Bibel nach der Übersetzung Martin Luthers mit apokryphen, 1985)에 실린 신구약 참조 문구를 역주자譯註者가 대본으로 삼았다. 불가타를 따른 개역개정과 장절에 차이가 있어 개역개정의 장절을 괄호 안에 표시하였다.

13. 국어로 번역된 주요 성경(약칭 개역개정, 표준새번역, 공동번역, 천주교성경)의 주요 어휘와 어구를 교감校勘하여 역문 하단에 표기하였다. 대상 성경의 약호略號는, 개역개정은 '개', 표준새번역은 '표', 공동번역은 '공', 천주교성경은 '천'으로 하였다.
14. 히브리어에 일상적으로 나타나는 관습적, 공식적 어법의 어투 문장의 번역은 현대 국어 문장과 어법으로 바꾸는 데 노력하였다.
15. 주석의 문법 용어나 설명은 주로 히브리어 문법이고 부호 등은 국제적인 관례를 따랐다. 또한 청소년을 위해 관용적 어구나 제의祭儀 또는 관습에 대해 설명한 부분이 있다.
16. 히브리어 문법 특성文法特性이 반드시 지켜져야 할 경우에는 히브리어 사전과 문법서 및 국립국어원의 ≪표준국어대사전≫을 통하여 논증하였다.
17. 히브리어 어휘는 어원語源과 어의語義에 근거하여 원어와 일치 또는 가깝게 살려 번역하는 데 역점을 두었고, 다의성 어휘多義性語彙는 히브리어 사전(Gesenius)에 의거하여 해당 문맥에 적합한 의미를 선택하였다.
18. 개역개정에서 쓰는 '여호와'라는 신神 칭호는 '야웨'로 통일하였다.
19. 언어적·역사적·문화적인 배경 설명背景說明이 필요한 경우에는 주석으로 설명하였다.
20. 인간관계와 대화문의 계화階話에서, 즉 하대下待와 평대平待 그리고 존대尊待를 적절히 사용하여 한국어의 어법 관습을 따랐다.
21. 문장 앞에서 다양한 의미로 변환되는 비분리 접속사非分離接續詞 '와우'(וְ)는 앞뒤 문장을 논리적으로 연결連結하는 의미와 사건의 진행절차 순위를 묘사하는 연속법連屬法의 역할을 살려 번역하였다.
22. 원문에서 대명사가 연속되어 의미가 혼돈될 경우에는 그 일부를

실명화實名化하였다.

23. 한자어漢字語는 용어用語, 난해어難解語, 요어要語 등 내용 이해에 도움이 되도록 소자小字로 병기倂記하였다.

24. 운문韻文은 시문 형식으로 그 내용을 주석하고 그 특성을 별도(부록 〈히브리 시문과 운율학韻律學(Metrik)〉)로 설명하고 편집하여 구별하였다.

25. 성경의 각 책 명칭과 그 약호略號, 그리고 장절 등 표기법은 대한성서공회에서 사용하는 것을 따랐다.

26. 참고문헌은 부록으로 하였으며, 그 약호는 각 서명 뒤에 표기했다. 단, 주석 등에 사용된 우리나라 번역본의 약호는 다음과 같다.

성경명칭	약 호
성경 전서 개역개정(대한성서공회)	개역개정
성경 공동번역(대한성서공회)	공동번역
성경 전서 표준새번역(대한성서공회)	표준새번역
성경(한국천주교중앙협의회)	천주교성경

27. 본문(구미歐美)과 원문(동양東洋)은 저본底本의 글이라는 뜻으로 같은 의미로, 본서에서는 혼용하여 썼다.

28. 사용 부호

“ ” : 대화문, 인용

‘ ’ : 재인용, 드러냄, 강조

「 」 : 재재인용再再引用

〈 〉 : 보충역, 편명, 작품명, 논문명

( ) : 간단한 설명〔간주間注〕, 인명이나 지명의 참조, 출전 약호

– : 절이나 날짜 등의 연속 표시, 외국어에서의 장음長音 표시

:　: 장절章節 구분 표시, 표제어標題語에 대한 설명

〔　〕: 어휘나 문장과 음이 다를 때

○　: 열린 절 프투하(פ פְּתוּחָא p^ethûḥā'), 단락의 계속성을 나타냄

⊘　: 닫힌 절 스투마(ס סְתוּמָא s^ethûmā'), 단락과 절수의 독립성과 단절斷節을 나타냄

성경 약호표

\- 대한성서공회 사용 약호 -

창	창세기	**출**	출애굽기	**레**	레위기	**민**	민수기
신	신명기	**수**	여호수아	**삿**	사사기	**룻**	룻기
삼상	사무엘상	**삼하**	사무엘하	**왕상**	열왕기상	**왕하**	열왕기하
대상	역대상	**대하**	역대하	**스**	에스라	**느**	느헤미야
에	에스더	**욥**	욥기	**시**	시편	**잠**	잠언
전	전도서	**아**	아가	**사**	이사야	**렘**	예레미야
애	예레미야 애가	**겔**	에스겔	**단**	다니엘	**호**	호세아
욜	요엘	**암**	아모스	**옵**	오바댜	**욘**	요나
미	미가	**나**	나훔	**합**	하박국	**습**	스바냐
학	학개	**슥**	스가랴	**말**	말라기	이상 구약, 이하 신약	
마	마태복음	**막**	마가복음	**눅**	누가복음	**요**	요한복음
행	사도행전	**롬**	로마서	**고전**	고린도전서	**고후**	고린도후서
갈	갈라디아서	**엡**	에베소서	**빌**	빌립보서	**골**	골로새서
살전	데살로니가전서	**살후**	데살로니가후서	**딤전**	디모데전서	**딤후**	디모데후서
딛	디도서	**몬**	빌레몬서	**히**	히브리서	**약**	야고보서
벧전	베드로전서	**벧후**	베드로후서	**요일**	요한1서	**요이**	요한2서
요삼	요한3서	**유**	유다서	**계**	요한계시록		

목 차

4장

5장

6장

7장

8장

9장

10장

18장

19장

20장

21장

22장

29장

30장

31장

32장

33장

34장

창 세 기創世記

천지(우주)와 세계 창조[1] (1:1-2:3) 병행문: 창2:4-25 시104편

우주를 창조하신 하나님의 기쁨 (1:1-10)

1 1 태초太初에[2]㉠ 하나님(앨로힘)[3]㉡께서 하늘과 땅을 창조創造하셨
다.[4] 욥38:4 시90:2 요1:1-3 계4:11
2 그러나[5] 땅은 아직 모양이 없이 텅 비어 있었으며, 흑암黑暗이 혼돈混沌의
심연深淵 위에 있었고,[6] 하나님의 영靈[7]이 그 물 위에서 진동振動했다.[8]
출15:5 시33:7; 104:6 욥28:14
3 그 다음[9] 하나님께서 말씀하시기를 "빛[10]이 생겨나라." 하시니, 빛이
생겼다. 시33:9 히11:3 사45:7
4 하나님께서 그 빛을 보시니 좋았다.[11]㉢ 그 다음 하나님께서 빛을 흑암
에서 갈라내시고,
5 그 빛을 낮이라 부르시고 흑암을 밤이라 부르셨다. 저녁이 되고 아침이
되니 하루[12]㉣였다. ○
6 하나님께서 말씀하셨다. "물 가운데 궁창穹蒼[13]㉤이 생겨, 물과 물 사이
를 갈라놓으라."
7 그 다음 하나님께서 궁창을 만드시고, 궁창 아래에 있는 물[14]과 궁창
위에 있는 물 사이를 갈라놓으시니, 그것은 그렇게 되었다. 〈그리고 하
나님께서 보시니 좋았다.〉[15] 시19:2; 136:6; 148:4

※교감 대본 약호 : 개역개정-(개), 표준새번역-(표), 공동번역-(공), 천주교성경-(천)

1장 ㉠ 태초에(개)(표), 한 처음(공)(천)

㉡ 하나님(개)(표), 하느님(공)(천)

㉢ 좋았더라(개), 좋았다(표)(공)(천)

㉣ 첫째 날(개), 하루(표), 첫날(공)(천)

㉤ 궁창(개)(천), 창공(표)(공)

8 하나님께서 그 궁창을 하늘이라 부르셨다. 저녁이 되고 아침이 되니 둘
째 날이었다. ○
9 하나님께서 말씀하시기를 "하늘 아래 물은 한 곳으로 모여, 뭍이 드러나
게 하여라." 하시니, 그것은 그렇게 되었다. 욥38:8-11 시24:2 벧후3:5
10 하나님께서 뭍을 땅이라 부르셨고, 물이 모인 곳을 바다라 부르셨다.
하나님께서 보시니 좋았다.

식물을 창조하신 하나님의 기쁨 (1:11-13)

11 그 다음 하나님께서 말씀하시기를 "땅은 어리고[16] 푸른 싹을 돋게 하
여라. 씨 맺는 푸성귀㉥와 씨 맺는 과일나무를 그 종류種類대로 땅 위에
돋게 하여라."[17] 하시니, 그것은 그렇게 되었다.
12 그 때 땅은 푸른 싹을 돋아나게 했다. 씨 맺는 푸성귀와 씨 맺는 과일나
무를 그 종류대로 돋아나게 했다. 하나님께서 보시니 좋았다.
13 저녁이 되고 아침이 되니 셋째 날이었다. ○

해, 달, 별을 창조하신 하나님의 기쁨 (1:14-19)

14 그 다음 하나님께서 말씀하셨다. "광체光體㉦들은 하늘의 궁창에 생겨
나라. 낮과 밤 사이를 가르고, 그것들로 징조徵兆들, 계절季節들, 날〔日〕
들과 연수年數를 나타내어라.㉧ 신4:19 시74:16 사47:13
15 광체들이 하늘의 궁창에서 땅 위를 비추어라." 그러자 그것은 그렇게
되었다.
16 하나님께서 2개의 큰 광체들을 만드셨다. 그 중에 큰 광체는 낮을 다
스리게 하시고, 작은 광체는 밤을 다스리게 하셨다. 그리고 별들도 만

㉥ 채소(개), 식물(표), 풀(공)(천)

㉦ 광명체(개), 빛나는 것(표)(공), 빛물체(천)

㉧ 징조와 계절과 날과 해를 이루게 하라(개), 계절과 날과 해를 나타내는 표가 되어라(표), 절기와 나날과 해를 나타내는 표가 되어라(공), 표징과 절기, 날과 해를 나타내어라(천)

드셨다. 시136:7-9
17 하나님께서 그것들을 하늘의 궁창에 두시고, 땅 위를 비추게 하셨다.
18 낮과 밤을 다스리며, 빛과 어둠을 가르게 하셨다. 하나님께서 보시니
좋았다.
19 저녁이 되고 아침이 되니 넷째 날이었다. ◯

동물을 창조하신 하나님의 기쁨 (1:20-25)

20 그 다음 하나님께서 말씀하셨다. "해양海洋과 하천河川[18]㉶은 생물들을
우글거리게 하여라. 그리고 새들은 땅 위 하늘의 궁창을 날아다녀라."
21 그같이 하나님께서 큰 바다 동물動物들[19]㉷을 창조하셨고, 움직이는 모
든 생물生物을, 물속에서 우글거리는 것을 그 종류대로, 그리고 모든
날짐승을 그 종류대로 창조하셨다. 하나님께서 보시니 좋았다.
시74:13-14; 148:7
22 하나님께서 그들에게 복福을 주시면서 말씀하셨다. "너희는 번성蕃盛하
여라, 많아지고 해양과 하천에 가득하여라.[20] 그리고 새들도 땅에서
번성하여라." 출1:7
23 저녁이 되고 아침이 되니 다섯째 날이었다. ◯
24 그 다음 하나님께서 말씀하시기를 "땅은 생물을 그 종류대로, 곧 가축
家畜과 땅바닥을 기는 것들과 짐승들을 그 종류대로 내어라." 하시니,
그대로 되었다.
25 하나님께서 짐승들을 그 종류대로, 가축들을 그 종류대로, 땅바닥을
기는 모든 것을 그 종류대로 만드셨다. 하나님께서 보시니 좋았다.

하나님 형상을 따른 인간 창조 (1:26-28)

26 그 다음 하나님께서 말씀하셨다. "우리는 우리의 모형模型과 닮은 우리

㉶ 물들(개), 물(표)(천), 바다(공)

㉷ 짐승들(개)(표), 물고기(공), 용들(천)

의 형상形象을 따라[21]㉪ 사람을 만들자. 그리고 그들이 바다의 물고기
들을 다스리고, 공중空中의 새들을 다스리며, 가축들과 모든 짐승과 땅
바닥을 기는 모든 벌레를 다스려야 할 것이다."

시8:6-9 엡4:24 골1:15; 3:10 약3:9

27 하나님께서 그분의 형상을 따라[22] 사람을 창조하셨고, 하나님께서 하
나님의 형상을 따라 그들을 창조하시되, 그분은 그들을 남성男性과 여성
女性[23]㉫으로 창조하셨다.[24] 창9:6 마19:4

28 하나님께서 그들에게 복을 주셨고, 그들에게 말씀하셨다. "너희는 생
육生育하고 번성蕃盛하며 땅에 가득하여라. 그리고 땅을 정복征服하여라.
바다의 물고기와 하늘의 새들, 그리고 땅 위에서 움직이는 모든 생물
을 다스려라.[25]"

사람과 동물의 양식을 창조하신 하나님의 기쁨 (1:29-31)

29 하나님께서 말씀하셨다. "보라,[26]㉬ 나는 너희에게 온 땅 위에 있는
씨 맺는 모든 푸성귀와 씨 맺는 모든 과일나무를 줄 것이다. 이것이
너희의 양식糧食이 될 것이다.
30 땅의 모든 짐승과 하늘의 모든 새와 땅을 기어 다니는 모든 생물에게
온갖 푸른 풀과 푸성귀[27]를 먹이로 줄 것이다." 그러자 그것은 그렇게
되었다. 시145:16
31 하나님께서 만드신 모든 것을 보시니, 보시기에 좋았다. 그리고 저녁이
되고 아침이 되니 여섯째 날이었다. ○ 마19:17[28] 딤전4:4

㉪ 우리의 형상을 따라 우리의 모양대로(개), 우리의 형상을 따라서, 우리의 모양대로(표), 우리의 모습을 닮은(공), 우리와 비슷하게 우리의 모습으로(천)

㉫ 남자와 여자(개)(표)(공)(천)

㉬ 없음(개)(표), 이제(공)(천)

하나님의 거룩하신 휴식休息 (2:1-3)

2 1 이렇게 하늘과 땅과 그것들의 모든 별〔星辰〕[1]㉠이 이루어졌다.
2 하나님께서 그분이 행하시던 일을 일곱째 날로써 다 이루셨다.
그 다음[2] 일곱째 날에 그분이 행하신 모든 일에서 쉬셨다. 히4:4
3 하나님께서 일곱째 날을 복되게 하시고, 그 날을 거룩하게 하셨다.
그 날에 하나님께서 행하시고 창조하셨던 모든 일에서 쉬셨기 때문
이다. ◯[3] 출20:11 시95:11 겔20:12 히4:9, 10

인간 창조와 낙원樂園 생활 (2:4a-25)

하나님께서 흙과 생기生氣로 인간 창조[4] (2:4a-7)

4a 하늘과 땅이 창조되었던 때, 하늘과 땅의 내력來歷은 이러하였다.[5]
4b 야웨(여호와) 하나님[6]㉡께서 땅과 하늘을 만드시던 날에,[7]
5 야웨 하나님께서 땅 위에 비를 내리지 않으셨기 때문에, 땅에는 아직
모든 초원草原의 덤불이 나지 않았고 모든 초원의 푸성귀가 돋아나지 않
았다. 그리고 거기에는 땅을 갈 사람이 없었다.[8]
6 그러나 샘물[9]㉢이 땅에서 용솟음쳤고, 모든 땅거죽〔地表〕을 적셨다.
욥36:27
7 그 때 야웨 하나님께서 사람을 땅의 흙[10]으로 지으시고 나서,[11] 그
의 콧속에 숨을 불어넣으시니 사람이 살아 있는 생명生命[12]㉣이 되었
다. 창3:19 욥10:9; 33:4 시104:29, 30 고전15:45, 47

에댄과 중동 문명 4대 발상지發祥地 (2:8-15)

8 그 다음 야웨 하나님께서 동방東方[13] 에댄에 낙원樂園[14]㉤을 세우셨다.

2장 ㉠ 다(개), 모든 것(표)(공)(천)
㉡ 여호와 하나님(개), 주 하나님(표), 야훼 하느님(공), 주 하느님(천)
㉢ 안개(개)(천), 물(표)(공)
㉣ 생령(개), 생명체(표)(천), 사람(공)

그리고 그분이 지으신 사람을 그 곳으로 옮기셨다.[15)]
9 야웨 하나님께서 온갖 나무가 땅에서 자라게 하시니, 보기에 탐스럽고
먹기에 좋았다. 그리고 낙원 한가운데는 생명生命나무와 선악善惡을 아
는[16)ⓑ] 나무가 있었다. 창3:22 계2:7; 22:2
10 강江 하나가 에댄에서 나와 낙원에 물을 대었다. 거기서부터 갈라져서
4개의 지류支流가 되었다.[17)]
11 첫째 강의 이름은 피숀이다. 이 강은 금金이 있는 하윌라 온 땅을 흘
렀다.
12 이 땅의 금은 순수純粹하고, 그 곳에는 브돌라흐(베델리엄) 향료香料[18)]와
쇼함(마노瑪瑙) 보석寶石도 있었다.
13 둘째 강의 이름은 기혼이다. 이 강은 쿠쉬(구스, 이디오피아) 온 땅 주
위周圍를 에워싸며 흘렀다.
14 셋째 강은 티그리스(힛데겔)이다. 이 강은 앗쉬르(앗수르, 아시리아) 동편
東便으로 흐른다. 그리고 넷째 강은 유프라테스(유프라데)이다.[19)]
15 그 때 야웨 하나님께서 사람을 데려다 에댄 낙원으로 옮기시고, 그 곳
을 경작耕作하고 지키게 하셨다.

에댄의 선악과善惡果 (2:16-18)

16 야웨 하나님께서 그 사람에게 명령命令하여 이르셨다. "너는 낙원에 있
는 모든 나무의 열매를 마음대로 먹을 수 있지만,
17 너는 그것들 가운데 선악을 아는 나무 열매를 먹어서는 안 된다. 네가
그것을 먹는 날에는 반드시 죽어야 하기 때문이다." 롬6:23
18 야웨 하나님께서 "사람이 혼자 있는 것은 좋지 않다."고 말씀하시고
"나는 그에게 배필配匹로 알맞은 조력자助力者를 만들어 줄 것이다." 하
셨다. 전4:10

ⓜ 동산(개)(표)(공)(천)
ⓑ 알게 하는(개)(표)(공)(천)

말의 시작과 생물 이름 (2:19-20)

19 야웨 하나님께서 흙으로 들판의 온갖 짐승과 공중空中의 모든 새를 지으
셨다. 그 다음 그분은 사람[20]㉦에게 그것들을 데리고 가서 사람이 무엇
이라 부르는지 보려고 하셨다. 사람이 각 생물生物을 부르는 모든 것이
그것들의 이름[21]이 되었다.
20 그와 같이 사람은 모든 가축과 공중의 모든 새와 들판의 모든 짐승의
이름을 불렀지만, 자기를 위한 그의 배필로 알맞은 조력자를 찾지 못
했다.

골육지친骨肉之親의 가정 (2:21-25)

21 그래서 야웨 하나님께서 사람이 깊은 잠에 들어 무감각無感覺해지게[22]
하셨다. 그분은 그의 갈비뼈들 중 하나를 취하시어, 살로 그 자리를
메우셨다.
22 그리고 나서 야웨 하나님께서 남자男子[23]㉧에게서 취한 갈비뼈로 여성女性
을 만드셨다. 그분이 그 여자를 남편男便[24]㉨에게 데리고 오시니,
23 그 때 그 남자는 말했다.
"이는 드디어 내 뼈 중의 뼈요, 살 중의 살이로다.
이를 여자라고 부를 것이니,
이 여자가 남편에게서 취해졌음이라."[25]
24 그렇게 하여 남편은 그의 부모父母를 떠나, 그의 아내와 합하고 그들은
한 몸이 될 것이다. 마19:5-6 고전6:16 엡5:31
25 그 남자와 그의 아내, 그들 두 사람은 벗었지만, 그들은 서로 부끄러워
하지 않았다.

㉦ 아담(개)(공), 사람(표)(천)
㉧ 아담(개)(공), 남자(표), 사람(천)
㉨ 아담(개)(공), 남자(표), 사람(천)

사람의 타락墮落 (3:1-24)

모계母系 중심 배경[1]과 최초의 죄의식罪意識 (3:1-12)

3 1 그런데 뱀은 야웨 하나님께서 만드신 들판의 모든 짐승보다 더
간교奸巧했다.[2] 그래서 그 뱀이 여자에게 말했다. "당신當身들은
에댄에 있는 모든 나무 열매를 먹어서는 안 된다고 하나님께서 참으로
말씀하셨소?" 계12:9; 20:2
2 그 때 여자가 뱀에게 대답했다. "우리는 낙원樂園 나무들의 열매를 먹을
수 있지만, 창2:16
3 '너희가 죽지 않으려면, 낙원 한가운데 있는 나무 열매만은 먹어도 만져
도 안 된다.'고 하나님께서 말씀하셨다." 창2:17
4 뱀이 여자에게 말했다. "당신들은 확실히 죽지 않을 것이오. 요8:44
5 당신들이 그것을 먹는 날에는 당신들의 눈이 열릴 것을 하나님께서 잘
알고 계시오. 그리고 당신들은 무엇이 선善이고 악惡인지를 알아서 하나
님과 같이 될 것이오."
6 그 때 그 나무는 그 여자에게 먹음직했고 보암직했다. 그리고 그 나무가
지혜智慧롭게 되기 위해서는 탐낼 만한 것으로 보였다.[3] 그래서 그 여자
는 그 열매를 따서 먹었다. 그리고 자기와 함께 있던 남편에게도 주니,
그도 먹었다. 약1:14-15 딤전2:14
7 그래서 그 두 사람의 눈이 열렸고, 그들은 자기들이 벗었음을 알게 되어
무화과無花果 잎을 엮어서 허리치마[4]㉠를 만들었다. 창2:25
8 저녁 산들바람이 불 때, 그들은 낙원 안에서 걸으시는 야웨 하나님의
음성音聲을 듣고, 그 남자와 그의 여자는 낙원의 나무 사이[5]에서 야웨
하나님 앞에서 숨었다. 시139:7-10 렘23:24
9 야웨 하나님께서 그 남자[6]를 불러 그에게 말씀하셨다. "너는 어디 있
느냐?"
10 그는 대답했다. "저는 주主님의 음성을 낙원에서 들었습니다. 저는 벗

3장 ㉠ 치마(개)(표), 앞을 가리웠다(공), 두렁이(천)

었기에 두려웠고, 그래서 숨었습니다."
11 야웨 하나님께서 말씀하셨다. "누가 너에게 네가 벗고 있다고 일러 주
었느냐? 너 혹시 내가 네게 먹는 것을 금禁했던 그 나무 열매를 먹은
것이냐?"
12 그러자 그 인간[7]㉡은 말했다. "주님㉢께서 제게 반려자伴侶者로 주신 바
로 그 여자가 저에게 그 나무 열매를 주었기 때문에 먹었습니다."

죄의 유혹誘惑, 타락墮落과 저주詛呪받음 (3:13-15)

13 야웨 하나님께서 그 여자에게 말씀하시기를 "어찌 너는 이런 일을 행
했느냐?" 하시니, 그 여자는 대답하기를 "뱀이 저를 유혹誘惑해서 제가
먹었습니다." 했다. 고후11:3
14 그러자 야웨 하나님께서 뱀에게 말씀하셨다.
"네가 그런 일을 행했으니, 〈모든 가축과〉[8]
들판의 모든 짐승 가운데서 저주詛呪를 받으리라.
너는 너의 배로 기어 다니며, 평생平生 동안 흙먼지㉣를 먹으리라.
15 나는 너와 여자 사이에,
네 후손과 그의 후손 사이에 적개심敵愾心을 일으키게 할 것이다.
그가 너의 머리를 짓밟게 하고㉤,
네가 그의 발꿈치를 덤벼 물게 할 것이다[9]㉥." ⓥ 계12:4-5, 15-17

부계父系 사회[10]와 고통의 운명運命 (3:16-19)

16 그리고 야웨 하나님께서 그 여자에게 말씀하셨다.

㉡ 아담(개)(공), 남자(표), 사람(천)
㉢ 하나님(개)(표), 당신(공)(천)
㉣ 흙(개)(표)(공), 먼지(천)
㉤ 상하게 할 것이요(개), 상하게 하고(표), 밟히리라(공), 상처를 입히고(천)
㉥ 상하게 할 것이니라(개), 상하게 할 것이다(표), 물려고 하다가(공), 상처를 입히리
라(천)

"나는 네 산고産苦를 심히 많게 하며,[11)]
너는 진통陣痛[12)]ⓢ을 겪으며 아이들을 낳으리라.
너는 네 남편을 갈망하겠지만,ⓞ 그가 너를 다스리리라.[13)]"[14)] ◯

엡5:22-23 딤전2:12

17 야웨 하나님께서 남자에게 말씀하셨다. "너는 네 여인이 말한 것을 듣
고, 내가 너에게 명령하여 '너는 그것을 먹지 말라.'고 한 그 나무 열매
를 먹었으니,
그 땅은 너로 인해 저주詛呪를 받으며,
너는 온 평생平生을 수고受苦하여 얻은 것[15)]을 먹으리라.

창8:21-22 욥31:38-39

18 땅은 네게 가시덤불과 엉겅퀴를 내며,
너는 들판의 푸성귀를 먹으리라.[16)]
19 너는 땅에서 취해졌으니, 도로 땅으로 돌아가기까지
얼굴[17)]에 땀방울을 흘리며 양식糧食[18)]을 먹으리라.
너는 흙이며, 흙으로 돌아가기 때문이다."[19)]

창2:7 시90:10; 104:29 전12:7 살후3:10

가죽옷을 입음과 낙원 추방追放 (3:20-24)

20 남자ⓩ는 그의 아내를 하와(생명)라 불렀다. 그 여자는 모든 산 자의 어
머니가 되었기 때문이다.
21 그리고 야웨 하나님께서 남자와 그의 아내에게 가죽옷을 지어 그들에
게 입히셨으며, ◯
22 야웨 하나님께서 말씀하셨다. "자, 사람이 선과 악을 아는 일에 우리
가운데 하나같이 되었으니, 이제 사람이 그의 손을 뻗쳐 생명生命나무
를 취하여 먹고, 영원히 살지는 못하게 해야 한다.[20)]"

ⓢ 수고(개), 고통(표), 고생(공), 괴로움(천)
ⓞ 원하고(개), 지배하려고 해도(표), 마음대로 주무르고 싶겠지만(공), 갈망하고(천)
ⓩ 아담(개)(표)(공), 사람(천)

23 그래서 야웨 하나님께서 그가 생겨난 그 땅을 갈게 하기 위해서, 그들
을 에댄 낙원에서 내보내셨다. 창2:15
24 그 때 그분께서 그 사람들을 내쫓으셨고, 생명나무에 이르는 길을 지
키기 위해서 천사인 크루브[21]들과 빙빙 도는 불꽃 칼[22]로 하여금 에
댄 낙원 동쪽에[23] 주둔駐屯하게 하셨다.[24] ⓧ

카인과 해밸 (4:1-24)

인간 최초의 직업과 제의祭儀 (4:1-7)

4 1 그 남자㉠가 자기 아내 하와와 동침同寢하니, 그 아내가 임신姙娠하
여 카인(가인, 얻음)을 낳았다. 그리고 그 여자는 말했다. "내가 야
웨께서 함께하심으로[1] 사내아이를 낳았어요."
2 그 여자는 또 그의 아우 해밸(아벨, 가축을 모는 자)을 낳았는데, 해밸은 작
은 가축을 치는 목자牧者가 되었고, 카인은 땅을 가는 농부農夫가 되었다.
3 얼마 후 카인은 땅의 열매들[2] 가운데서 야웨㉡께 곡식 제물穀食祭物[3]㉢을
바쳤다. 출23:19
4 해밸도 그의 가축 떼에서 첫 새끼와 그 기름진 부분을 바쳤다. 그러나
야웨께서 해밸과 그의 제물祭物에는 관심을 보이셨으나, 출34:19 레3:16
5 카인과 그의 곡식 제물에는 관심을 보이지 않으셨다. 그러자 카인은 매
우 분하여 얼굴을 숙였다.[4] 출33:19 히11:4
6 야웨께서 카인에게 말씀하셨다. "너는 어찌하여 분노憤怒하느냐? 왜 얼
굴을 숙였느냐?
7 네가 선善하게 행했다면 얼굴을 들지 않겠느냐? 네가 옳지 않게 행하면,
죄罪가 문門 앞에 머물러 너를 원할 테니, 그러면 너는 그 죄를 다스려야

4장 ㉠ 아담(개)(표)(공), 사람(천)
㉡ 여호와(개), 주(표), 야훼(공), 주님(천)
㉢ 제물(개)(천), 곡식(표)(공)

할 것이다." 갈5:17 롬6:12

카인이 아우 해벨 살해 (4:8-16)

8 카인은 아우 해벨에게 말했다. "우리, 들판으로 나가자."[5] 그들이 들판
에 있을 때, 카인은 아우 해벨에게 덤벼들어 그를 쳐서 죽였다.
요일3:12, 15
9 그러자 야웨께서 카인에게 말씀하시기를 "네 아우 해벨은 어디 있느
냐?" 하시니, 그 때 그가 말하기를 "저는 모릅니다. 제가 제 아우를 지
키는 자입니까?" 했다. 창3:9
10 그분께서 말씀하셨다. "네가 무슨 짓을 했느냐? 네 아우의 피맺힌 소
리가 땅에서 나에게 부르짖고 있다. 시9:13 마23:35 히12:24
11 그러니 너는 그 땅에서 저주詛呪를 받으리라. 그 땅이 입을 벌렸으니,
네 손으로 흘린 네 아우의 피를 받기 위해서이다. 민35:33
12 너는 밭을 갈아도, 땅은 네게 지력地力㉣을 보태 주지 못하리라. 너는
그 땅에서 떠돌며 헤맬 것이다.[6]"
13 카인은 야웨께 말씀드렸다. "제가 감당堪當하기에 형벌刑罰이 너무 무겁
습니다.
14 보십시오. 주님께서 저를 이제 이 땅에서 쫓아내셨으니, 주님 앞에서
저는 숨어야 하고, 저는 땅에서 떠돌며 헤매야 합니다. 그래서 저를
만나는 자마다 저를 죽일 것입니다.[7]" 욥15:20-24
15 야웨께서 그에게 말씀하셨다. "그렇지 않다. 카인을 죽이는 자는 7배
의 복수復讐를 당할 것이다." 그리고 나서 야웨께서 카인에게 표지標識를
붙여 주셨다. 그를 만나는 모든 사람이 그를 죽이지 못하도록 하신 것
이다. 겔9:6 계7:3-4
16 이렇게 카인은 야웨 앞에서 떠났다. 그래서 그는 에댄 동쪽 노드(놋) 땅에
서 살았다.

㉣ 효력(개)(표), 소출(공), 수확(천)

카인의 자손과 직업의 분화分化 (4:17-24)

17 그 후 카인이 자기 아내와 동침同寢하니, 〈그 여자는〉 임신하여 하노크
(에녹, 바침)를 낳았다. 카인은 도시都市[8]의 건설자建設者㉤가 되었으며,
그 도시 이름을 그의 아들 이름을 따라 하노크라 불렀다.
18 하노크는 이라드를 낳았고, 이라드는 므후야엘을 낳았다. 므후야엘은 므
투샤엘을, 므투샤엘은 래맥(라멕)을 낳았다.
19 래맥은 두 아내를 가졌으며, 첫째의 이름은 아다이고, 둘째의 이름은
칠라였다.
20 아다는 야발을 낳았으며, 그는 장막帳幕㉥에 살면서 양을 치는 자들의
조상祖上이 되었다.
21 그의 아우 이름은 유발이었으며, 그는 수금竪琴과 피리를 연주演奏하는
모든 이의 조상이 되었다.
22 칠라도 투발카인을 낳았으니, 그는 청동靑銅과 쇠를 만드는 모든 이의
조상[9]이 되었다. 그리고 투발카인의 누이는 나아마로 불렸다.
23 그 때 래맥은 아내들에게 말했다.

"아다와 칠라여, 그대들은 내 말을 들어라.
래맥의 여인들아, 그대들은 내 말에 귀를 기울여라.[10]
나는 멍든 상처傷處로㉦ 한 남자를 죽이고,
나의 찔리고 베인 상처[11]㉧로 한 소년少年을 죽였도다.
24 카인을 해친 자가 7갑절의 복수復讐를 당한다면,
래맥을 해친 자는 77갑절의 복수를 당하리라."

창4:15 레19:18 신32:35 마18:22

㉤ 성을 쌓고(개), 도시를 세우고(표), 세운 고을을(공), 성읍 하나를 세우고(천)

㉥ 장막(개)(표)(공), 천막(천)

㉦ 나의 상처로 말미암아(개), 나에게 상처를 입힌(표), 나를 다치지 말라(공), 내 상처 하나에(천)

㉧ 나의 상함으로 말미암아(개), 나를 상하게 한(표), 나에게 손찌검을 하지 말라(공), 내 생채기 하나에(천)

셰트와 애노쉬, 그리고 원시原始 야웨의 이름 (4:25-26)

25 또 아담[12]은 다시 아내와 동침하여, 그 여자는 아들을 낳았고, 그 여자
는 그를 셰트(셋)라고 부르며 말했다. "하나님께서 나에게 해블 대신 다
른 후손을 두게 하셨으니, 카인이 해블을 죽였기 때문이다."[13]
26 그리고 셰트에게도 한 아들이 출생出生되었고, 그는 그를 애노쉬라 불렀
다. 그 당시 사람들이 야웨의 이름[14]을 부르기 시작했다. ◯

아담에서 노아흐까지의 계보系譜 (5:1-32) 병행문: 대상1:1-4

5
1 이것은 아담 후손의 계보㉠이다. 하나님께서 사람을 창조하시
던 날에, 하나님의 형상形象을 따라 사람을 만드셨다.
누3:37-38 창1:27
2 그분은 사람을 남성男性과 여성女性[1]㉡으로 창조하셨다. 그리고 그분은
그들에게 복福을 주셨고, 그들을 창조하시던 날에 그들의 이름을 사람
이라 부르셨다. ⃠
3 아담이 130세歲였을 때에, 아담은 그의 형상을 따라서 자기와 닮은 아들
을 낳았다. 그리고 아담은 아들 이름을 셰트라 불렀다. 시51:7 고전15:49
4 아담은 셰트를 낳은 후에도, 800세를 살면서 아들들과 딸들을 낳았다.
5 아담의 총 연수年數는 930세[2]였고 그 후 죽었다. ⃠
6 셰트는 105세였을 때 애노쉬를 낳았다.
7 셰트는 애노쉬를 낳은 후에도, 807세를 살면서 아들들과 딸들을 낳았다.
8 셰트의 총 연수는 912세였고 그 후 죽었다. ⃠
9 애노쉬는 90세였을 때 퀘난(게난)을 낳았다.
10 애노쉬는 퀘난을 낳은 후에도, 여전히 815세를 살면서 아들들과 딸들
을 낳았다.

5장 ㉠ 계보(개)(공), 역사(표), 족보(천)
㉡ 남자와 여자(개)(표)(공)(천)

11 애노쉬의 총 연수는 905세였고 그 후 죽었다. ⦸
12 퀘난은 70세였을 때 마할랄렐을 낳았고,
13 마할랄렐을 낳은 후에도, 840세를 살면서 아들들과 딸들을 낳았다.
14 퀘난의 총 연수는 910세였고 그 후 죽었다. ⦸
15 마할랄렐은 65세였을 때 애랫을 낳았고,
16 애랫을 낳은 후에도, 830세를 살면서 아들들과 딸들을 낳았다.
17 마할랄렐의 총 연수는 895세였고 그 후 죽었다. ⦸
18 애랫은 162세였을 때 하노크를 낳았다.
19 애랫은 하노크를 낳은 후에도, 800년을 살면서 아들들과 딸들을 낳
았다.
20 애랫의 총 연수는 962세였고 그 후 죽었다. ○
21 하노크는 65세였을 때 므투샬라흐를 낳았고,
22 하노크는 하나님과 함께 동행同行했으며, 하노크는 므투샬라흐를 낳은
후에도, 300년을 살면서 아들들과 딸들을 낳았다. 창6:9
23 하노크의 총 연수는 365세였으며,
24 하노크는 하나님과 동행했고 더 이상 세상世上에 없었다. 하나님께서 그
를 데려가셨기 때문이다. ○ 왕하2:11 히11:5
25 므투샬라흐는 187세였을 때 래맥을 낳았다.
26 므투샬라흐는 래맥을 낳은 후에도, 782세를 살면서 아들들과 딸들을
낳았다.
27 므투샬라흐의 총 연수는 969세였고 그 후 죽었다. ○
28 래맥은 182세였을 때 한 아들을 낳았다.
29 그 후 래맥은 그 아들을 노아흐(노아)라 부르고 말했다. "이 아이는 우
리의 수고受苦에 원기元氣를 북돋아 줄 것이며, 하나님께서 저주詛呪하셨
던 밭에서 일하는 우리의 노고勞苦에 대해 위안慰安을 줄 것이다."
창3:17-19
30 래맥은 노아흐를 낳은 후에도, 595년을 살면서 아들들과 딸들을 낳
았다.

31 래맥의 총 연수는 777세였고 그 후 죽었다. ⓥ
32 노아흐가 500세가 되었을 때 셈(솀)과 함과 얘팻(야벳)을 낳았다.

신神의 아들들의 타락과 야웨의 후회 (6:1-8)

6 1 사람들이 땅 위에 늘어나기 시작했을 때에 그들에게서 딸들이
태어났다.
2 신神㉠의 아들들[1)]은 사람의 딸들을 보았다. 그 딸들이 아름다웠으므로
신의 아들들은 그들이 선택選擇한 모든 여인女人을 아내로 삼았다.[2)]

욥1:6 벧후2:4 유6

3 그 때 야웨께서 말씀하셨다. "그들의 범행犯行으로 인해 나의 영靈이 사람
안에 영원하게 머물지 않으리라. 그들은 육체肉體㉡이기 때문이다.[3)] 그
래서 그들의 연수年壽는 120세에 달하리라."
4 그 무렵에 느필림 거인족巨人族[4)]이 땅에 있었고, 그런 후에도 신의 아들들은
사람의 딸들에게 다니곤 했으니, 그 여자들은 그들에게 아이들을 낳아 주
었다. 그들은 예부터 유명했던 영웅英雄㉢들이었다. ◯ 겔32:27
5 야웨께서 인간의 죄악罪惡이 땅 위에서 커졌고, 그들이 마음으로 계획計劃하
는 것과 목적目的하는 바가 언제나 악하기만 한 것을 보셨다. 창8:21
6 야웨께서 인간을 땅 위에 창조하신 것을 후회後悔하시고 상심傷心하셨
다.㉣ 삼상15:11, 35 렘18:7-10
7 야웨께서 말씀하셨다. "나는 내가 만든 사람들을 지면地面에서 쓸어버릴
것이다. 사람들로부터 짐승[5)]에 이르기까지, 땅 위에 기는 것들과 공중
空中의 새들까지 없앨 것이다. 그것들을 지은 것이 후회되기 때문이다."

민23:19 롬3:3-4 딤후2:13

6장 ㉠ 하나님(개)(표), 하느님(공)(천)
㉡ 육신(개), 육체(표), 동물(공), 살덩어리(천)
㉢ 용사(개)(표), 장사(공)(천)
㉣ 한탄하사 마음에 근심하시고(개), 후회하시며 마음 아파 하셨다(표)(천), 마음이 아프셨다(공)

8 그러나 노아흐는 야웨 앞에서 은혜恩惠를 받았다. ◯ 히11:7

하나님께서 노아흐 자손의 선택과 방주方舟 준비 (6:9-22)

9 노아흐의 족보族譜ⓜ는 이러하다. 노아흐는 의인義人이요, 그는 그의 세대世代
사람들 가운데서 흠欠이 없었고, 하나님과 동행同行했다. 창5:22
10 노아흐는 3아들들인 셈과 함과 얘팻을 낳았다.
11 그러나 하나님(앨로힘)[6] 앞에서 세상은 부패腐敗했고, 포악暴惡으로 가
득 찼다.
12 하나님께서 땅을 보시고 "보라, 땅은 썩었다. 모든 육신肉身ⓑ이 땅 위에
서 그의 행위行爲와 함께 부패했기 때문이다." 하셨다. ⃠ 시14:2-3
13 그 때 하나님께서 노아흐에게 말씀하셨다. "그들 앞에서 죄악罪惡이 땅
에 가득 찼기 때문에, 모든 육신의 종말終末이 내 앞에 이르렀다. 보라,
내가 그들을 땅에서[7]ⓢ 멸망滅亡시킬 것이다. 암8:2
14 너는 고패르 침엽수針葉樹ⓞ로 방주方舟[8]를 만들어라. 너는 방주에 방들
을 지어라. 그리고 역청瀝青(아스팔트)[9]으로 그 안팎을 발라라.
15 너는 그것들을 이렇게 만들어야 한다. 방주의 길이는 300암마[10]ⓙ
(약 137m)이고, 그 너비는 50암마(약 23m)이며, 그 높이는 30암마
(약 13.7m)이어야 한다.
16 너는 방주 위에 지붕을 만들어라. 그리고 암마에 따라 방주를 완성完成
해야 한다. 그 방주 옆쪽에 출입문出入門을 세워야 한다. 너는 아래층層
과 2층과 3층을 만들어야 한다.
17 보라, 나는 땅 위에 홍수洪水가 오게 할 것이다. 하늘 아래 살아 있는
숨 쉬는 모든 생물生物을 멸절滅絶하기 위해서이다. 땅의 모든 것은 죽
을 것이다.

ⓜ 족보(개), 역사(표)(천), 이야기(공)
ⓑ 혈육 있는 자(개), 살과 피를 지니고……사람(표), 사람(공), 살덩어리(천)
ⓢ 땅과 함께(개), 땅을 함께(표), 땅에서(공), 세상에서(천)
ⓞ 고페르 나무(개), 잣나무(표), 전나무(공)(천)
ⓙ 규빗(개), 자(표)(공), 암마(천)

18 그러나 나는 너와 함께 계약契約㉩을 세우리라. 너는 너와 아들들과 아
내와 며느리들과 함께 방주로 들어가거라. 창9:9
19 그리고 모든 생물生物, 피와 살[11]㉪을 가진 짐승들 중에서 1쌍雙씩을
방주로 데려와라. 그들이 너와 함께 살기 위해서, 그들은 각기 수컷과
암컷이라야 한다.
20 너는 새들을 그 종류種類대로, 가축을 그 종류대로, 땅에 기어 다니는
모든 것을 그 종류대로 살게 하기 위해서 각기 2마리씩 네게 오게 하
여라.
21 그리고 너는 사람이 먹는 각각의 양식糧食을 가지고 가서, 그것이 너와
그들에게 양식으로 쓰이도록 네게 저장貯藏해 두어라."
22 그래서 노아흐는 하나님께서 명령命令하신 대로 정확히 모든 것을 행했
다. ⊘ 히11:7

대홍수大洪水 (7:1-24)

7 1 야웨 하나님께서 노아흐에게 말씀하셨다. "너와 너의 모든 집안
은 방주方舟로 들어가거라. 나는 이 세대世代 중 내 앞에 있는 의義
로운 너를 보았기 때문이다. 창6:8
2 너는 모든 정결淨潔한 짐승 가운데서 암수 7쌍씩을, 부정不淨한 짐승 가
운데서 암수 2쌍씩을 취하여라. 창8:20 레11
3 공중空中의 새들 가운데서 암수 7쌍씩을 취하여라. 모든 지면地面에서 종
자種子를 살리기 위해서이다.
4 나는 7일[1] 이내, 땅에 40일 동안 밤낮으로 비를 내릴 것이다. 내가
창조한 모든 생물生物을 땅에서 없애 버릴 것이다."
5 노아흐는 야웨께서 자기에게 명령命令하신 대로 행했다.
6 노아흐는 600세였고, 그 때 홍수洪水[2]가 땅 위에 넘쳤다.

㉩ 언약(개)(표), 계약(공)(천)
㉪ 혈육(개), 살과 피(표), 목숨(공), 살덩어리(천)

7 노아흐는 그의 아들들과 아내와 며느리들과 함께 홍수를 피해 방주 안
으로 들어갔다. 벧전3:20
8 정결한 짐승들, 부정한 짐승들, 새들과 땅 위에 기어 다니는 모든 것
가운데서
9 수컷과 암컷 2마리씩 하나님께서 노아흐에게 명령하신 대로 노아흐에
게 와서 방주 안으로 들어갔다. 창6:19, 20
10 7일이 지났을 때, 홍수의 물이 땅 위를 덮었다.
11 노아흐의 나이 600세 되던 해의 둘째 달 17일, 이 날에 모든 큰 심연
深淵의 샘이 터졌으며, 하늘의 창문窓門[3]들이 열렸다. 계9:1
12 그 때 비가 땅 위에 40일 동안 밤낮으로 내렸다.
13 바로 그 날에 노아흐는 그의 아들들 셈과 함과 얘펫, 그리고 그의 아내
와 세 며느리와 함께[4] 방주로 들어갔다.
14 그들과 함께 모든 짐승이 그 종류대로, 모든 가축이 그 종류대로, 땅
위에 기는 모든 것이 그 종류대로, 또 모든 조류鳥類가 그 종류대로, 날
수 있는 모든 것이 방주 안으로 들어갔다.
15 살아 숨 쉬는 모든 생물 가운데 2마리씩 노아흐에게 와서 방주로 들어
갔다.
16 모든 생물 중 들어온 수컷들과 암컷들은 하나님께서 노아흐에게 명령
하신 대로 들어갔다. 그리고 야웨께서 그 뒤에서 문을 잠그셨다.[5]
창6:19
17 그 때 홍수는 땅 위에 40일 동안 계속繼續되었다. 물은 불었고 물이
방주를 올렸으며,[6] 방주는 땅 위로 높이 떠올랐다.
18 물이 넘쳐, 지면에 심히 불어나서 방주는 물 위를 떠다녔다.
19 물은 땅 위에 더욱 더 심히 불어나기만 했다. 온 하늘 아래 모든 높은
산山이 잠겼다.[7]
20 물은 산 위에서부터 15엘레(암마, 약 6.87m) 더 높아져서 산들이 잠기
게 되었다.
21 땅 위에 움직이던 모든 생물이 죽었으니, 새와 가축과 짐승과 땅 위에

기어 다니는 모든 것과 모든 사람이었다. 벧후3:5, 6
22 그 코에 생명의 호흡呼吸이 있는 모든 것, 마른 땅에 있는 모든 것이
죽었다.
23 이렇게 그분은 지면 위에 있는 모든 생물을 없애 버리셨다. 사람에서
가축까지, 기어 다니는 것과 공중의 새까지 땅에서 그들은 멸절滅絶되
었다.[8] 노아흐와 그 방주 안에서 그와 함께 있던 자들만 살아남게 되
었다.
24 그리고 물은 150일 동안 땅 위에 넘쳐 흘렀다.

홍수의 그침과 방주方舟에서 나옴 (8:1-19)

8 1 그 때 하나님(앨로힘)께서 노아흐와 그와 함께 방주에 있던 모든
짐승과 가축을 생각하시고, 땅 위에 바람을 불게 하시니 물이 줄
어들었다.[1)㉠]
2 땅속 깊은 샘들과 하늘의 창문들이 닫히고, 하늘의 비도 그쳤다.
3 그러자 물은 땅에서 점차 빠지고, 150일 후에 물은 줄어들었다.
4 일곱째 달 17일에 방주는 아라랏트(아라랏)[2] 산에 머물렀다. 창7:11
5 물은 점차 열째 달까지 줄어들고, 열째 달 초하루에 산봉우리들이 드러
났다.
6 노아흐는 40일이 지난 후, 그가 만들어 두었던 방주의 창문을 열
고, 창7:12, 17
7 까마귀를 내보냈다. 까마귀는 땅의 물이 마르기까지 밖으로 나가 이리
저리 계속繼續 날아다녔다.[3]
8 또 노아흐는 비둘기를 내보내면서, 땅 위에 물이 빠졌는지[4] 보려고[5]
했다.

8장 ㉠ 물이 줄어들었고(개), 물이 빠지기 시작하였다(표), 물이 삐기 시작하였다(공), 물이 내려갔다(천)

9 그러나 비둘기는 그 발을 붙여 쉴 만한 자리를 찾지 못하고, 방주를 향
해 노아흐에게 돌아왔다. 물이 온 땅에 있었기 때문이다. 노아흐는 그의
손을 펴서 비둘기를 잡고, 그것을 방주 안의 자기에게 들어오게 했다.
10 그 후 그는 다시 7일을 더 기다리다가, 다시 한 번 비둘기를 방주에서
내보냈다.
11 비둘기는 저녁 무렵 노아흐에게 돌아왔다. 자, 보라.㉡ 그것은 주둥이
에 감람橄欖나무(올리브) 새 잎사귀를 물고 있었다. 노아흐는 땅에서 물
이 빠진 것을 알았다.
12 그 후 그는 다시 7일을 더 기다려 비둘기를 내보냈다. 그러나 이번에
는 비둘기가 그에게 돌아오지 않았다.
13 노아흐의 나이 601세 되던 해의 첫째 달 초하루에 땅에서 물이 말랐
다. 그 때 노아흐는 방주의 덧창문을 떼어 놓고 보았다. 자, 보라. 땅
이 말라 있었다. 창7:11
14 둘째 달 27일에는 땅이 다 말랐다. ⊘
15 하나님께서 노아흐에게 말씀하셨다.
16 "너는 방주에서 나와라. 너와 아내와 아들들, 그리고 며느리들은 너와
함께 나와라.
17 그리고 네게 있는 모든 육질肉質이 있는 생물生物㉢인 새와 가축, 그리고
땅에 기어 다니는 모든 것을 너와 함께 밖으로 나가게 하여라. 그리고
그들이 땅에서 생육生育하고 번성蕃盛하게 하여라.[6)]㉣"
18 그러자 노아흐가 나왔고, 그의 아들들과 아내, 그리고 며느리들이 그
와 함께 그를 따라 나왔다. 벧후2:5
19 모든 짐승과 가축, 모든 새와 땅에 기어 다니는 모든 것은 그 종류대로
방주에서 나왔다.

㉡ 없음(개)(표)(공)(천)

㉢ 혈육있는 생물(개), 살과 피를 지닌 생물(표), 동물(공), 살덩어리(천)

㉣ 생육하고……번성하리라(개)(표), 떼지어 살며 새끼를 많이 낳아……두루 번져나게 하여라(공), 우글거리며 번식하고 번성하게 하여라(천)

노아흐의 번제燔祭와 야웨의 약속 (8:20-22)

20 그 다음 노아흐는 하나님(야웨)께 제단祭壇을 세웠다. 그리고 그는 모든
정결한 짐승과 새를 취하여 제단에 번제물燔祭物[7]로 바쳤다. 창7:2
21 그 때 야웨께서 그 진상進上의 향기香氣[8]를 맡으시고, 마음속으로 이르
셨다. '내가 앞으로는 사람으로 인해 땅을 저주詛呪하지 않으리라. 인간
人間의 마음은 어려서부터 악惡하기 때문이다. 그러니 나는 내가 행했
던 대로 모든 생물生物을 멸滅하지 않을 것이다.
창6:5 욥14:4 시14:3 마15:19 롬3:23
22 땅이 있는 동안,[9] 파종播種과 수확收穫, 그리고 추위와 더위
또 여름과 겨울, 낮과 밤이 멈추지 않으리라.'[10] 렘33:20, 25

하나님께서 노아흐 자손의 번성을 명하심 (9:1-7)

9 1 그 때 하나님(앨로힘)께서 노아흐와 그의 아들들에게 복福을 주시며,
그들에게 말씀하셨다. "너희는 생육生育하고 번성蕃盛하며, 땅을 채
워라.㉠ 창1:22, 28 출1:7, 12, 20
2 너희에 대한 두려움과 놀라움이 땅의 모든 짐승과 공중의 모든 새에게
나타날 것이다. 땅에서 기어 다니는 모든 것과 바다의 모든 물고기가
너희 수중手中에 주어졌다.
3 살아서 움직이는 모든 것이 너희에게 먹을거리가 될 것이니, 내가 푸른 풀
과 푸성귀 같은 모든 것을 너희에게 주었던 것과 같다. 창1:29 골2:16
4 너희는 생명生命인 피가 있는 채로[1] 고기를 먹지 말아라.
레3:17; 17:10-14 신12:23
5 내가 반드시 너희 피, 곧 생명의 피를 찾을 것이니, 짐승이면 그 짐승에
게서, 사람이나 그의 형제면 그 사람에게서 생명을 찾으리라.
출21:28, 29

9장 ㉠ 생육하고 번성하여 땅에 충만하라(개)(표), 많이 낳아, 온 땅에 가득히 불어나거라(공), 자식을 많이 낳고 번성하여 땅을 가득 채워라(천)

6 사람의 피를 흘리게 한 자,
사람에 의해서 자기自己 피를 흘리게 되리라.[2)]
하나님께서 그분의 형상을 따라 사람을 지으셨음이라.[3)]
출21:12 레24:17 민35:33 마26:52 롬13:4 계13:10
7 너희는 생육하고 번성하고,
땅에 퍼져 그 땅을 다스려라.[4)ⓛ]" ⃠ 창1:28 출1:7, 12

하나님께서 노아흐와 계약 (9:8-17)

8 그 때 하나님께서 노아흐와 그와 함께 있는 그의 아들들에게 말씀하여
이르셨다.
9 "보라, 내가 너희와 함께 나의 계약契約을 세우리라(맺으리라).[5)] 창6:18
10 그리고 너희와 함께한 모든 생물과 새와 가축, 그리고 너희와 함께한
땅의 모든 짐승과 방주方舟에서 너희와 함께 나온 모든 것과 내가 계약
을 세우리라. 호2:20
11 내가 너희와 함께 나의 계약을 세우니, 모든 생물을 홍수洪水로 다시
멸하지 않으리라. 그리고 다시는 땅을 멸할 홍수가 오지 아니하리라."
12 하나님께서 말씀하셨다. "이것은 내가 나와 너희, 그리고 너희와 함께
한 모든 생물 사이에 영원토록 주는 계약의 표시表示이다.
13 내가 나의 무지개를 구름 속에 두니, 그것은 나와 땅[6)ⓒ] 사이의 계약
의 표시가 될 것이다.
14 내가 구름으로 땅을 덮고, 무지개가 구름 속에서 나타나면,
15 이렇게 나는 나와 너희 사이에, 그리고 모든 생물 사이에 맺은 나의
계약을 기억記憶할 것이다. 그리고 다시는 모든 사람과 생물을 멸하기

ⓛ 생육하고 번성하며 땅에 가득하여 그 중에서 번성하라 하셨더라(개), 너희는 생육하고 번성하며 땅에 편만하여, 거기에서 번성하여라(표), 너희는 많이 낳고 불어나거라, 땅에 가득히 퍼져 땅을 정복하여라(공), 너희는 자식을 많이 낳고 번성하여라. 땅에 우글거리고 그곳에서 번성하여라(천)

ⓒ 세상(개), 땅(표)(공)(천)

위해서, 물이 홍수가 되지 않게 하리라. 사54:7-10
16 무지개가 구름 속에 있으리니, 내가 그것을 보고, 나 하나님과 땅 위에
있는 모든 사람과 생물 사이의 영원한 계약을 기억하리라."
17 하나님께서 노아흐에게 말씀하셨다. "이것은 내가 나와 땅 위에 있는
모든 생물 사이에 맺은 계약의 표시이다." ○

노아흐의 세 아들에 대한 저주와 축복의 신탁神託 (9:18-29)

18 방주에서 나온 노아흐의 아들들은 솀과 함과 야펫이었다. 함, 그는 가
나안의 조상祖上㉣이다.[7] 창5:32
19 이들 셋은 노아흐의 아들들이고, 온 땅의 사람들이 이들로부터 분파分
派되었다.[8]
20 노아흐는 농부農夫로서 포도원葡萄園 가꾸기를 시작했다.[9]
21 그리고 그는 포도주를 마시고 취해서 장막 안에서 벌거벗게 되었다.
22 그 때 가나안의 조상 함이 자기 아버지의 벌거벗은 것㉤을 보고, 그는
그의 2형제들에게 그것을 밖에서[10] 말했다. 출20:12 잠30:17
23 그러자 솀과 야펫은 옷을 가져다가 그들의 양 어깨에 메고 뒷걸음으로
가면서 자기 아버지의 벌거벗은 것을 덮으면서 그들의 얼굴은 뒤쪽을
향했고, 그래서 그들은 아버지의 벌거벗은 것을 보지 않았다.
24 노아흐가 술에서 깨어났을 때, 그는 자기 작은아들[11]이 자기에게 어떻
게 했는지를 알게 되었다.
25 그래서 노아흐는 말했다.
"가나안은 저주詛呪받기를 원하며,
그의 형제들에게 가장 비천卑賤한 종[12]이 되게 하소서."
26 또 그가 말했다.
"솀의 하나님, 야웨께서는 찬송讚頌㉥을 받으소서.

㉣ 아버지(개), 조상(표)(공)(천)
㉤ 하체(개), 벌거벗은 몸(표), 벗은 것(공), 알몸(천)
㉥ 찬송(개), 찬양(표)(공), 찬미(천)

그러나 가나안은 셈의 종이 되게 하소서.
27 하나님(앨로힘)께서 얘팻을 창대昌大케 하시고,
그는 셈의 장막 안에 거하게 하시며,
가나안은 얘팻의 종이 되게 하소서."
28 그리고 노아흐는 홍수 후에도 350년을 더 살았고,
29 그의 연수年數 950세가 되어 죽었다. ○

노아흐의 세 아들 셈과 함과 얘팻의 계보 (10:1-32) 병행문: 대상1:5-23

10 1 노아흐의 자손 셈과 함과 얘팻의 계보系譜는 이러하다. 홍수
후에 그들에게 아들들이 출생出生되었다.[1)]
2 얘팻의 자손은 고매르와 마고그와 마다이와 야완과 투발, 그리고 매섀과
티라스이다. 겔27:13-22 겔38:2; 39:1, 6
3 고매르의 자손은 아쉬카나즈[2)]와 리팟과 토가르마이다.
4 야완의 자손은 앨리샤와 타르쉬이쉬와 키티임과 도다니임이다.
5 이들로부터 열방 민족列邦民族들의 바닷가 나라들㉠이 나뉘었고, 그들의
땅에서 각기 자기 언어言語에 따라, 그들의 나라에서 자기 지파支派에 따
라 나뉘었다.[3)]
6 함의 자손은 쿠쉬와 미츠라임, 그리고 풋트와 가나안이다.
7 쿠쉬의 자손은 스바, 하윌라, 삽타, 라아마, 삽트카요, 라아마의 자손은 셔바
와 드단이다.
8 쿠쉬는 또 님로드를 낳았고, 님로드는 세상의 최초 영웅英雄[4)]㉡이었다.
9 님로드는 하나님 야웨 앞에서 용감한[5)]㉢ 사냥꾼이었다. 그러므로 "야웨
앞에 님로드와 같은 용감한 사냥꾼"이라는 말이 전해졌다. 미5:5

10장 ㉠ 바닷가의 땅(개), 바닷가 백성들(표), 바다를 끼고 사는 백성들(공), 바닷가 민족들(천)

㉡ 용사(개), 장사(표)(공)(천)

㉢ 용감한(개), 힘이 센(표), 힘센(공), 용맹한(천)

10 그의 왕국王國의 시초始初는 쉰아르 땅에 있는 바밸과 애랙과 아캇(악갓)
과 칼네에 있었다.
11 님로드는 그 땅에서부터 앗쉬르로 나아갔고, 그는 니느웨와 르호보트와
칼라흐를 세웠다.
12 님로드는 니느웨와 칼라흐 사이에 래샌을 세웠으며, 그것은 거대巨大한
도시都市[6]㉣였다.
13 미츠라임은 루드(루딤)인人과 아남인과 르하브인과 납투인을 낳았다.
14 그는 파트루스인과 카슬루인, 그리고 캅토르인을 낳았으며, 거기서부터
플래섓 족속族屬이 나왔다. ⊘
15 가나안은 그의 장자長子 치돈(시돈)과 헤트(헷)를 낳았다.
16 그리고 여부스 족속과 아모리 족속과 기르가쉬 족속과
17 히위 족속과 아르퀴 족속과 신 족속과
18 아르와드 족속과 츠마리 족속과 하마트(하맛) 족속을 낳았다. 그 후에
가나안 족속들은 갈라졌으며,
19 따라서 가나안의 지역地域은 치돈에서 그라르를 지나 아자(가사)까지와,
그리고 소돔과 아모라(고모라)와 아드마와 츠보임을 지나 래샤까지였다.
20 이들은 함의 자손들이니, 그들의 족속대로, 그들의 언어에 따라, 그들
의 지역과 그들의 민족民族대로㉤ 함께 있었다. ⊘
21 셈에게도 자손이 태어났다. 그는 에배르의 모든 자손의 조상이요, 얘퍳
의 형이다. 창11:10
22 셈의 자손들은 엘람과 앗쉬르와 아르팍샫(아르박삿)과 루드와 아람이다.
23 아람의 자손은 우츠와 후울과 개태르와 마쉬이며,
24 아르팍샫은 섈라흐를 낳고, 섈라흐는 에배르를 낳았다.
25 에배르에게는 2아들이 태어났다. 한 아들의 이름은 팰랙(나뉨)인데, 그
가 사는 동안 세상[7]㉥이 나뉘었기 때문이다. 그리고 팰랙의 아우 이름

㉣ 성읍(개)(천), 성(표)(공)

㉤ 족속과 언어와 지방 나라대로(개), 종족과 언어와 지역과 부족을(표), 씨족과 언어와 지방과 부족을(공), 씨족과 언어와 지방과 민족에(천)

㉥ 세상(개)(표)(천), 인종(공)

은 욕탄이었다. 창11:8, 9 신32:8
26 욕탄은 알모다드와 섈랩과 하차르마웻과 예라흐,
27 하도람과 우잘과 디클라,
28 오발과 아비마엘과 셔바(스바),
29 오피르(오빌)와 하윌라와 요바브를 낳았으니, 이들은 다 욕탄의 자손들
이다.
30 그리고 그들의 거처居處는 메사에서부터 스파르 방향의 동쪽 산악山
岳이다.
31 이들은 셈의 자손들이니, 그들의 족속대로, 언어言語대로, 지역과 민족
대로였다.
32 이들 〈모두는〉 그들의 씨족과 민족들에 따른 노아흐 후손들의 족속들
이다. 그리고 홍수 후에 세상의 민족들은 이들로부터 갈라졌다.[8) ○

바밸 건축과 언어 혼란 (11:1-9)

11 1 온 세상㉠에는 한 가지 말과 한 가지 글[1)]이 있었다.
2 이 때 그들은 동쪽에서부터[2)] 출발하여, 쉰아르 평원平原을
발견한 다음, 그 곳에 거주했다.
3 그들은 서로 말했다. "자, 우리는 벽돌을 찍어 불에 굽자." 그들은 돌
대신 벽돌를 쓰고, 진흙 대신 역청(아스팔트)[3)]을 썼다.
4 그들은 말했다. "자, 우리가 도시都市와 탑塔을 건설建設하자. 탑 꼭대기는
하늘 속에[4)] 있게 하여, 우리 이름을 날리고, 우리가 온 지면地面에 흩어
지지 않도록 하자."
5 야웨께서 사람들이 건설한 그 도시와 탑을 보시려고 내려오셨다.
창18:21 시14:2
6 야웨께서 말씀하셨다. "보라, 그들 모두가 한 겨레[5)]㉡이고, 언어言語도 하

11장 ㉠ 땅(개), 세상(표)(공)(천)
㉡ 족속(개), 백성(표), 종족(공), 겨레(천)

나이다. 이것이 그들이 행하는 행위의 시작始作이다. 이제 그들이 계획計
劃하는 바를 그들에게서 중단中斷시킬 수는 없을 것이다.[6] 행2:1-11
7 어서,[7] 우리가 내려가서 거기서 그들의 언어를 혼란混亂하게 하자. 그러
면 아무도 다른 사람의 언어를 더 이상 이해理解할 수 없으리라."
8 이렇게 야웨께서 그들을 거기서부터 온 세상으로 흩어 놓으시니, 그들
은 도시都市 세우는 것을 그만두었다.[8] 신32:8 눅1:51
9 그러므로 사람들은 그곳의 이름을 바벨(혼란시킴)[9]이라 불렀다. 거기서
야웨께서 온 세상 언어를 혼란하게 하셨기 때문이다.[10] 그리고 야웨께
서 거기서부터 그들을 온 지면에 흩어 버리셨다. ○

셈의 족보 (11:10-26) 병행문: 대상1:24-27

10 셈의 족보族譜는 이러하다. 셈은 100세歲였고, 그 때 그는 홍수洪水 후 2
년에 아르팍샷(아르박삿)을 낳았다. 대상1:24-27 눅3:34-36 창10:21-22
11 셈은 아르팍샷을 낳은 후, 500년을 살면서 자녀子女들을 낳았다. ⃠
12 아르팍샷은 35세에 샐라흐를 낳았다.
13 아르팍샷은 샐라흐를 낳은 후, 403년을 살면서 자녀들을 낳았다. ⃠
14 샐라흐는 30세에 에배르를 낳았다.
15 샐라흐는 에배르를 낳은 후, 403년을 살면서 자녀들을 낳았다. ⃠
16 에배르는 34세에 팰랙을 낳았다.
17 에배르는 팰랙을 낳은 후, 430년을 살면서 자녀들을 낳았다. ⃠
18 팰랙은 30세에 르우를 낳았다.
19 팰랙은 르우를 낳은 후, 209년을 살면서 자녀들을 낳았다. ⃠
20 르우는 32세에 서루그(스룩)를 낳았다.
21 르우는 서루그를 낳은 후, 207년을 살면서 자녀들을 낳았다. ⃠
22 서루그는 30세에 나호르(나홀)를 낳았다.
23 서루그는 나호르를 낳은 후, 200년을 살면서 자녀들을 낳았다. ⃠
24 나호르는 29세에 태라흐(데라)를 낳았다.

25 나호르는 태라흐를 낳은 후, 119년을 살면서 자녀들을 낳았다. ⊘
26 태라흐는 70세에 아브람, 나호르, 하란을 낳았다.

태라흐의 족보와 하란 거류居留 (11:27-32)

27 태라흐의 족보는 이러하다. 태라흐는 아브람, 나호르, 하란을 낳았고,
하란은 롯트(롯)를 낳았다.
28 그런데 하란은 그의 아버지 태라흐보다 앞서[11] 그의 고향故鄕 카스딤(갈
대아)인人의 땅 우르에서 죽었다.
29 아브람과 나호르는 자기들을 위해 여인을 취했고, 아브람의 아내 이름
은 사라이이고, 나호르의 아내 이름은 밀카(밀가)니, 하란의 딸이요, 하
란은 밀카와 이스카의 아버지였다. 창22:20
30 그러나 사라이는 임신姙娠을 못해 아이가 없었다.
31 태라흐는 그의 아들 아브람, 하란의 아들인 그의 손자 롯트와 그의 아들
아브람의 아내인 며느리 사라이를 데리고, 그들과 함께 가나안 땅에 이
르려고 카스딤인의 우르 땅에서 나왔다. 그리고 그들은 하란까지 와서
그 곳에 거주居住했다. 수24:2 느9:7
32 태라흐는 205세에 하란에서 죽었다. ⊘

하란에서 아브람의 소명召命과 가나안 이주移住 (12:1-9)

12 1 야웨께서 아브람에게 말씀하셨다. "너는 네 고향故鄕과 네 친
척親戚과 네 아버지의 집에서 떠나 내가 네게 보여 줄 땅으로
가거라.[1] 민23:9 행7:3 히11:8
2 나는 너를 큰 민족民族[2]으로 만들 것이다. 그리고 네게 복을 주어 네 이
름을 크게 하리라. 그러니 너는 복福이 되어라.[3] 창24:1, 35 시72:17
3 나는 너를 축복祝福하는 자에게는 복을 내리고, 너를 저주詛呪하는 자에게
는 저주를 내리리라. 그리고 땅의 모든 족속이 너로 말미암아 복을 받으

리라." 창18:18; 22:18; 26:4; 28:14 출23:22 행3:25 갈3:8
4 아브람은 야웨께서 말씀하신 대로 떠났고, 롯트도 그와 함께 갔다. 아브
람이 하란을 떠날 때에 75세였다.
5 아브람은 아내 사라이와 조카 롯트와 그들이 모은 모든 재산과 하란에서
얻은 사람들을 이끌고, 가나안 땅으로 옮겨 가려고 떠났으며, 그 후 그
들은 가나안 땅으로 왔다.
6 아브람은 그 땅을 지나 셔켐(세겜) 지역地域, 모오래의 상수리나무㉠에 이
르렀다. 그 당시當時 가나안 사람들이 그 땅에 살고 있었다.
7 그 때 야웨께서 아브람에게 나타나 말씀하셨다. "내가 너의 자손에게 이
땅을 줄 것이다." 그러자 그는 그에게 나타나신 야웨를 위하여 그 곳에
제단祭壇을 세웠다.[4)]
출6:4, 8; 32:13 수21:43 행7:5 창13:15; 15:18; 17:8; 35:12
8 그 후에 그는 거기서부터 베트엘 동쪽에 있는 산악山岳으로 더 나아가서
장막帳幕을 쳤다. 서쪽은 베트엘이요, 동쪽은 아이였다.[5)] 그는 그 곳에
야웨께 제단을 세웠으며, 야웨의 이름을 불렀다.[6)] 창4:26
9 그 다음 아브람은 점진적으로 남부南部(내갭)[7)]㉡로 나아갔다.[8)] ○

이집트에서 아브람 족장의 액운厄運 (12:10-20) 병행문: 창20:1-18; 26:7-41

10 그러나 그 땅에 흉년凶年이 들어 아브람은 이집트로 내려가 그 곳에 거
류居留하려고 했다. 그 땅에 기근飢饉이 아주 심했기 때문이다.
11 그가 이집트에 가까이 이르렀을 때에, 그는 아내 사라이에게 말했다.
"여보,[9)]㉢ 나는 당신이 아리따운 용모容貌를 가진 여인女人임을 잘 알고
있소.
12 그래서 이집트 사람들이 당신[10)]을 보면, '이 여자는 그의 아내이다.'

12장 ㉠ 세겜 땅 모레 상수리나무(개), 세겜 땅, 곧 모레의 상수리나무(표), 모레의 상수리나무가 있는 세겜 성소(공), 스켐의 성소 곧 모레의 참나무(천)
㉡ 남방(개), 남쪽……네겝(표), 네겝 쪽(공)(천)
㉢ 없음(개)(공), 여보(표)(천)

하고 말하면서, 그들은 나를 죽이고 당신은 살려 둘 것이오.
13 당신은 나의 누이라고 말해 주기를 바라오. 그러면 내가 당신 덕분德分
에 안전安全하고, 내 목숨이 보존保存될 것이오."
14 그 다음 아브람이 이집트로 왔을 때, 그 여자가 매우 예뻤기 때문에
이집트 사람들이 그 여자를 보았다.
15 파라오(파로)의 신하臣下들도 그 여자를 보고, 그들은 파라오에게 그 여자
를 칭찬稱讚했다. 그러자 그 여자는 파라오궁宮으로 불려 들어갔다.
16 파라오는 그 여자 일로 아브람을 잘 대해 주었다. 아브람은 양과 소와
수나귀를 받았다. 그리고 남종들과 여종들, 암나귀들과 낙타駱駝들도
받았다.
17 그러나 야웨께서 아브람의 아내 사라이의 일로 파라오와 그 집에 큰 재
앙災殃을 내리셨다.
18 그 때 파라오가 아브람을 불러 말했다. "어찌하여 너는 내게 이렇게 했
느냐? 왜 너는 내게 그 여자가 네 아내임을 알리지 않았느냐?
19 왜 너는 그 여자가 너의 누이라고 말해서, 내가 그 여자를 내 아내로
취하게 했느냐? 이제 자, 너는 네 아내를 데리고 가거라."
20 그 다음 파라오는 아브람에 대해서 신하들에게 명령命令해서 아브람과
그의 아내를 그의 모든 소유와 함께 보내 주게 하였다.

아브람이 베트엘 동쪽의 야웨 제단祭壇을 찾음 (13:1-7)

13 1 이집트에서 아브람은 그의 아내와 모든 소유, 그리고 그와
함께 있는 롯트와 같이 남부(내갭)로 올라갔다.
2 아브람은[1] 가축家畜과 은銀과 금金이 매우 풍부豊富㉠했다.[2]
3 그는 내갭에서 그의 길을 떠나 베트엘까지 갔다. 그리고 베트엘과 아이
사이, 전에 그 곳에 장막이 있던 장소까지 이르렀다.

13장 ㉠ 풍부(개), 큰 부자(표)(공)(천)

4 그는 처음으로 제단祭壇을 세웠던 장소로 갔으며, 거기서 아브람은 야웨
의 이름을 불렀다. 창4:26; 12:8
5 아브람과 함께했던 일행一行 롯트에게도 양과 소와 장막이 있었다.
6 그러나 그 땅은 그들이 함께 거류居留하기에는 좁아서 그들을 감당堪當하
지 못했으니, 그들은 소유所有가 많아 함께 거류할 수 없었기 때문이다.
7 그래서 아브람의 가축을 치는 목자牧者들과 롯트의 목자들 사이에 다툼이
있었다. 그 당시 그 땅에는 가나안 사람과 프리즈 사람도 거주居住하고
있었다.

아브람과 롯트의 헤어짐 (13:8-13)

8 아브람이 롯트에게 말했다. "나와 너 사이에, 그리고 내 목자와 네 목자
사이에 다툼이 일어나지 않게 하자. 우리는 한 집안인 남자들[3]㉡이기
때문이다.
9 네 앞에 얼마든지 땅이 있지 않느냐? 너는 나에게서 떠나 다오. 네가
왼쪽을 원하면, 나는 오른쪽으로 향하리라.[4] 네가 오른쪽을 원하면,
나는 왼쪽으로 향하리라."
10 롯트가 눈을 들어 모든 요르단 평지平地㉢를 보니, 그 전체가 초아르(소
알)까지[5] 물이 풍부했다. 야웨께서 소돔과 아모라를 멸滅하시기 전이었
으므로 야웨의 낙원樂園 같고, 이집트 땅과도 같았다. 창2:8-10
11 그래서 롯트는 요르단의 모든 지역을 택하여 동쪽에서 전진前進하였으
니 그들은 각기 서로 헤어졌다.[6]
12 아브람은 가나안 땅에 거주했고, 롯트는 그 평지의 도시들에 눌러 살았
다. 그리고 롯트는 소돔까지 옮겨 장막帳幕을 쳤다.
13 그러나 소돔 사람들은 심히 악惡하고, 야웨께 큰 죄인罪人들이었다.
창18:20; 19:4-9

㉡ 친족(개), 핏줄(표), 골육(공), 혈육(천)
㉢ 요단 지역(개), 요단 온 들판(표), 요르단 분지(공), 요르단의 온 들판(천)

아브람의 해브론 이주移住 (13:14-18)

14 롯트가 아브람과 떨어진 후에, 야웨께서 아브람에게 말씀하셨다. "너
의 눈을 들어 네가 서 있는 장소場所에서 북쪽과 남쪽, 동쪽과 서쪽을
보아라.
15 네게 보이는 전체全體 땅을 내가 너와 네 후손後孫에게 영원히 줄 것이
다. 창12:7
16 그리고 나는 네 후손을 땅의 티끌처럼 많게 만들 것이다. 사람이 땅의
티끌을 셀 수 있다면, 네 후손도 셀 수 있을 것이다.
민23:10 왕상4:20 창28:14
17 너는 일어나, 그 땅에서 그 길이와 너비대로 종횡縱橫으로 두루 다녀라.
내가 그것을 네게 주려고 하기 때문이다."
18 그래서 아브람은 그의 장막을 가지고 이주移住했다. 그는 해브론에 있는
마므레의 상수리나무 숲에 거주했고, 거기서 그는 야웨를 위해 제단祭壇
을 쌓았다. ○ 창14:13, 24

아브람과 세 동맹군의 롯트 구출 (14:1-16)

14 1 그 당시는 쉰아르 왕 암라팰, 엘라사르 왕 아르요크, 엘람 왕
크도를라오매르, 고임 왕 티드알 때였다. 수12:23
2 그들은 소돔 왕 배라아, 아모라 왕 비르샤, 아드마 왕 쉰아브, 츠보임 왕
솀에배르, 그리고 벨라 곧 초아르 왕과 전쟁戰爭을 했다. 창19:24
3 이들 5명의 왕들 모두가 동맹同盟하여[1)㉠] 싯딤 골짜기, 곧 염해鹽海에
모였다.
4 그들은 12년 동안 크도를라오매르를 섬기다가, 13년 되던 해에 배반背
叛했다.
5 그래서 14년째 되던 해에 크도를라오매르와, 그와 함께하는 왕들이 나

14장 ㉠ 없음(개), 군대를 이끌고(표), 동맹을 맺고(공)(천)

와서, 아쉬타(트)로트 카르나임에서 르파 족속을, 함에서 주즈 족속을,
그리고 샤웨 키르야타임 평원平原에서 엠 족속을 쳤고, 창36:20-30
6 호리 족속을 쳐서 그 산지山地 세이르에서 광야曠野 앞 엘 파란까지 이르
렀다.
7 그 다음 그들은 돌이켜 엔 미쉬팟트 곧 카데쉬에 이르렀고, 아말렉 족속
의 모든 지역地域을 쳤다. 그리고 하자촌 타마르에 거주하는 아모리 족속
도 쳤다.
8 그 때 소돔 왕과 아모라 왕, 아드마 왕과 츠보임 왕, 그리고 벨라 곧 초아
르 왕이 싯딤 골짜기에 출정出征하였으며,
9 엘람 왕 크도를라오매르, 고임 왕 티드알, 쉰아르 왕 암라팰, 엘라사르 왕
아르요크에 대항對抗하여 전열戰列의 진陣을 쳤다. 4명의 왕들이 5명의
왕들에게 대항했다.
10 그런데 싯딤 골짜기는 온통 역청瀝青 구덩이였다.[2)] 그래서 소돔 왕과 아
모라 왕은 도망하다가 그 곳에 빠졌으나, 나머지는 산으로 도망쳤다.
11 그 때 4명의 왕들은 소돔과 아모라의 모든 소유와 모든 양식을 빼앗아
갔다.
12 또 그들은 아브람의 조카 롯트를 사로잡고 그의 소유를 빼앗아 갔는데,
롯트는 소돔에 살고 있었다.[3)] 창13:10-12
13 그 후 도망한 자가 와서 히브리 사람 아브람에게 고告했다. 그 때 그는
아모리 사람 마므레의 상수리나무 숲에 살고 있었다. 마므레는 에쉬콜
과 아네르의 형제인데, 그들은 아브람과 동맹同盟을 맺은 이들이다.
14 아브람은 그의 조카가 포로捕虜로 끌려갔음을 들었다. 그는 그의 집에
서 훈련받은 사병私兵[4)] 318명을 검열檢閱했다.[5)] 그리고 그는 단까지
추격追擊했다. 수19:47 삿18:29
15 아브람과 그의 부하部下㉡들은 나누어서 밤에 그들을 기습奇襲했다. 그들
은 담매색 북쪽인 왼편[6)]㉢ 호바까지 4명의 왕들을 쫓아가서,

㉡ 가신(개), 사병(표), 부하(공), 종(천)

㉢ 왼편(개), 북쪽(표)(공)(천)

16 그는 모든 소유를 되찾았으며, 그의 조카 롯트와 그의 재물과 함께 여
인들과 일족一族[7]㉣들을 되찾았다.

말키채댁이 아브람을 하나님의 이름으로 축복 (14:17-19)

17 아브람이 크도를라오매르와, 그와 함께했던 왕들을 쳐부수고 돌아오는
길에, 소돔 왕은 아브람을 마중하려고 샤웨 골짜기, 곧 왕의 골짜기로
나왔다. 히7:1-4
18 살렘 왕 말키채댁(멜기세덱)이 빵과 포도주를 내왔다.[8] 그는 지극至極히 높
으신 하나님(엘 앨리욘)[9]의 제사장祭司長이었다. 시110:4; 76:3
19 그리고 말키채댁은 아브람을 축복하며 말했다.
"아브람은 지극히 높으신 하나님께,
하늘과 땅을 지으신 분께 복을 받으소서."

아브람의 십일조十一租와 세 동맹군과 분깃 (14:20-24)

20 "당신의 대적對敵㉤을 당신 손에 넘겨주신[10]
지극히 높으신 하나님을 찬송讚頌할지라."
그래서 아브람은 말키채댁에게 자기의 모든 것 중 10분의 1(十一租)을 주
었다.[11] 레27:30-32 창28:22
21 소돔 왕은 아브람에게 말했다. "사람들은 나에게 주고, 소유물所有物은
당신이 가지시오."
22 그러자 아브람은 소돔 왕에게 말했다. "나는 내 손을 들어 야웨께, 하늘과
땅의 창조주創造主이신 지극히 높으신 하나님께 맹세합니다.
23 나는 당신에게 속한 것의 아무것도, 실오라기나 들메끈 한 가닥도 취
하지 않겠습니다. 당신이 '나는 아브람을 부유富裕하게 만들었다.'고 말
하지 못하도록 말입니다.

㉣ 친척(개), 다른 사람들(표)(천), 그 밖의 모든 사람들(공)
㉤ 대적(개), 원수(표)(공), 적들(천)

24 오직 젊은이들이 먹은 것만 제외하고, 나와 함께 출정出征했던 남자
들, 곧 아네르, 에쉬콜, 마므레만은 그들의 몫을 취할 수 있도록 하십
시오." ⃠

야웨께서 아브람 혈통의 약속과 아브람의 의로움 (15:1-6) 병행문: 창17

15 1 이런 일들 후에 야웨의 말씀이 아브람에게 환상幻想[1]으로 나
타났다. "아브람아, 너는 두려워하지 말아라. 나는 너의 방
패防牌요, 너의 보수報酬가 매우 많을 것이다.[2]㉠" 민24:16 시3:4
2 그러자 아브람이 말했다. "나의 주님, 야웨[3]시여. 주님께서 제게 무엇을
주시겠습니까? 저는 아이 없이 지내고 있습니다. 그러나 저의 집에는
종이 있는데, 그는 담매색 사람 앨리 애재르입니다.[4]"
3 또 아브람은 말했다. "웬걸요,[5]㉡ 주님께서 제게 후손後孫을 주지 않으셨
으니, 보십시오, 저의 집 종에게서 낳은 아들[6]㉢이 저를 상속相續할 것
입니다."
4 그 때 또 야웨의 말씀이 그에게 임하셨다. "그 사람이 너를 상속하지
않을 것이고, 너의 몸에서 나온 자가 너를 상속할 것이다."
5 야웨께서 아브람을 밖으로 인도引導하면서 말씀하셨다. "너는 하늘을 향
해 보아라. 네가 셀 수 있을지 별들을 세어 보아라." 또 야웨께서 아브
람에게 말씀하셨다. "저렇게 너의 후손後孫이 있으리라."
출32:13 신1:10 히11:12 창22:17
6 아브람이 주님을 믿었으니, 야웨께서 그 믿음을 아브람의 의義로움[7]으로
여기셨다. 롬4:3-5 약2:23

15장 ㉠ 너의 지극히 큰 상급이니라(개), 네가 받을 보상이 매우 크다(표), 매우 큰 상을 너에게 내리리라(공), 너는 매우 큰 상을 받을 것이다(천)
㉡ 없음(개)(표)(공)(천)
㉢ 내 집에서 길린 자(개), 저의 집에 있는 이 종(표), 내 집의 이 종(공), 제 집의 종(천)

야웨께서 아브람과 계약 (15:7-21)

7 또한 야웨께서 아브람에게 말씀하셨다. "나는 야웨이다. 너를 갈대아의
우르에서 인도引導했고, 너에게 이 땅을 주어 그것을 소유所有하도록 할
것이다." 출3:14 사45:5 요8:24-29 창11:31
8 아브람은 말했다. "나의 주님, 야웨시여. 제가 그것을 소유할 것이라는
것을 무엇으로 알겠습니까?"
9 주님께서 그에게 말씀하셨다. "내게 3년 된 암소, 3년 된 염소[8]와 숫양과
산비둘기와 어린 집비둘기를 가져오라." 레1:3, 10; 1:14; 4:23
10 그래서 그는 주님께 이 모든 것을 가져왔다. 그는 그것들의 가운데를
쪼개어[9] 한 조각씩 다른 조각에 마주 놓았다. 그러나 그는 새들은 쪼
개지 않았다. 렘34:18, 19
11 그 때 수리㉣가 〈쪼개 놓은〉 죽은 동물들 위에 내려왔는데, 아브람은
그것들을[10] 쫓아냈다.
12 해가 졌을 때, 아브람은 이미 깊은 잠에 빠졌는데, 보라, 공포恐怖와 큰
흑암黑暗이 그를 덮쳤다.[11] 창2:21 삼상26:12 사29:10
13 그러자 주님께서 아브람에게 말씀하셨다. "너는 반드시 알아야 한다.[12]
네 후손이 그들에게 속하지 않은 이방異邦 땅에서 나그네가 될 것이며,
그들은 노예奴隸가 되고, 이방 사람들은 그들을 400년 동안 압박壓迫㉤
할 것이다.[13] 출1:13; 12:40 행7:6
14 나는 그들이 섬기는 이방 나라를 징벌懲罰할 것이며, 그런 후에 그들은
큰 재물財物을 가지고 거기서 나오리라. 출3:21, 22 행7:7
15 또한 너는 행복한 노년老年을 누리다가 평안히 네 조상祖上들에게 돌아
갈 것이며 안장安葬될 것이다. 창25:7, 8
16 그 후 네 후손後孫들이 4대代째가 되어서야 비로소 이 곳으로 돌아올
것인데, 아모리 사람들의 죄악罪惡이 아직은 가득 차지 않았기 때문이
다." 행7:7

㉣ 솔개(개)(표)(공), 맹금(천)
㉤ 괴롭히리니(개), 괴로움(표), 압제(공), 학대(천)

17 해가 지고 아주 깜깜하게 되었을 때 저기를 보니, 연기 나는 화덕과
타오르는 횃불, 〈곧 하나님의 현현顯現이〉 고기 조각들 사이로 지나갔
다.[14] 출19:18
18 그 날 야웨께서 아브람과 함께 계약契約을 세우시고 말씀하셨다. "나는
네 자손子孫에게 이 땅을 이집트 강에서부터 큰 강 유프라테스까지 줄
것이다. 창12:7 왕상8:65 왕상5(4):1(21)
19 퀘니 족속族屬과 퀴니즈 족속과 캇몬 족속을,
20 헤트 족속과 프리즈 족속과 르파 족속을,
21 아모리 족속과 가나안 족속과 기르가쉬 족속과 여부스 족속을 줄 것이
다." ⓥ

사라이와 이집트인人 소실 하가르 사이의 불화 (16:1-6) 병행문: 창21:9-21

16 1 그런데 사라이, 아브람의 아내는 아이를 낳지 못했다. 사라이
에게 이집트인 몸종이 있었는데 그 여자의 이름은 하가르였다.
2 사라이는 아브람에게 말했다. "여보,[1]㉠ 야웨께서 저에게 출산出産을 허
락하지 않으셨어요. 그러니 당신은 제 여종에게 들어가세요. 아마도 제
가 그 여종을 통해서 아이를 얻을 수 있을 거예요." 아브람은 사라이의
말을 들었다. 창30:3, 9
3 사라이, 아브람의 아내는 아브람이 가나안 땅에서 산 지 10년 되던 해
에, 이집트 여인, 그의 여종 하가르를 취하여 자기 남편에게 소실小室㉡
로 주었다.
4 그래서 아브람이 하가르에게 들어가니, 그 여자는 임신妊娠을 했다. 그
러나 그 여자는 자기가 임신한 것을 알고 나서, 자기의 여주인女主人을
깔보았다.㉢

16장 ㉠ 없음(개)(표)(공), 여보(천)
㉡ 첩(개), 아내(표)(천), 소실(공)
㉢ 멸시한지라(개), 깔보았다(표), 업신여기게 되었다(공), 업신여겼다(천)

5 그래서 사라이는 아브람에게 말했다. "제게 일어난 부당不當한 일㉣은 당
신이 책임責任져야 해요. 제가 제 여종을 당신 품에 안겨 주었는데도, 그
계집은 자기가 임신한 것을 알고 나서, 저를 깔보고 있단 말예요. 야웨
께서 저와 당신 사이를 심판審判㉤하실 거예요."
6 아브람은 사라이에게 말했다. "여보, 당신 여종은 당신 수중手中에 있으
니, 당신이 옳다고 여기는 대로 그 여자에게 행하오." 사라이가 그 여자
를 학대虐待하자, 하가르는 사라이에게서 도망逃亡쳤다.

하가르의 도망과 이쉬마엘의 출생 (16:7-16)

7 하가르는 광야曠野의 샘물 곁에서 야웨의 사자使者㉥를 만났는데, 수르 광
야로 가는 도중途中에 있는 샘물에서였다.

출14:19; 23:20 민22:22 왕상19:7 왕하19:35

8 그 사자가 말했다. "하가르, 사라이의 여종아. 너는 어디서 와서, 어디로
가고 있느냐?" 그 여자는 대답했다. "저는 제 여주인 사라이에게서 도
망하고 있습니다."
9 야웨의 사자는 그 여자에게 말했다. "네 여주인에게 돌아가거라. 그리고
그의 수하手下에서 복종服從하여라."
10 또 야웨의 사자는 그 여자에게 말했다. "나는 네 후손後孫을 많이 늘릴
것이요, 그들의 수를 셀 수 없게 하리라." 창17:20
11 야웨의 사자가 그 여자에게 말했다.

"보아라, 너는 임신姙娠하여 아들을 낳으리니,
그의 이름을 이쉬마엘이라 불러라.
야웨께서 네 곤경困境㉦을 들으셨음이니라.

출2:23 욥34:28 시9:13 사41:17 약5:4

㉣ 모욕(개), 고통(표), 멸시(공), 부당한 일(천)
㉤ 판단(개)(표), 시비를 가려(공)(천)
㉥ 여호와의 사자(개), 주의 천사(표), 야훼의 천사(공), 주님의 천사(천)
㉦ 고통(개), 고통 가운데서 부르짖는 소리(표), 울부짖음(공), 고통 속에서 부르짖는 소리(천)

12 그러나 그는 들나귀 같은 사람이 되리니,
그의 손이 모든 이를 치고 모든 이가 그를 치리라.
그는 그의 모든 형제와 대항對抗하여 살리라."[2) 창25:18
13 하가르는 자기와 말씀하신 주님의 이름을 "주님께서는 저를 지켜보시
는 하나님(엘로힘)이십니다.[3)" 하였다. 하가르가 "참으로 그분께서 나
를 보신 후에, 내가 하나님[4)]을 뵈었습니다."라고 말했기 때문이다.
출3:7 왕하13:4 창22:14
14 그 때문에 사람들은 그 샘물을 '나를 살피시는 살아 계시는 분께 속한
샘물', 즉 버에르 라하이 로이라고 불렀다. 그것은 카데쉬와 배랫 사이
에 있다. 창24:62; 25:11
15 하가르가 아브람의 아들을 낳으매, 아브람이 하가르가 낳은 그 아들의
이름을 이쉬마엘(이스마엘)이라 불렀다.
16 하가르가 아브람에게 이쉬마엘을 낳아 주었을 때에, 아브람은 86세였
다. ⃠

야웨의 영원한 계약과 아브라함으로 개명改名 (17:1-8)

17 1 아브람이 99세였을 때, 야웨께서 아브람에게 나타나 그에게
말씀하셨다. "나는 전능자全能者 하나님(엘 샤다이)이니, 너는
내 앞에서 온전穩全하게 행하여라. 출6:3 신10:12 창35:11
2 나는 나와 너 사이에 나의 계약契約을 세울 것이며, 너를 넘칠 만큼 번성
蕃盛하게 할 것이라."
3 그러자 아브람은 얼굴을 땅에 대고 엎드렸는데,[1)] 하나님께서 그에게 말
씀하여 이렇게 이르셨다.
4 "보아라, 나의 계약이 너와 함께 있으니, 너는 많은 민족民族의 조상祖上[㉠]
이 될 것이다.

17장 ㉠ 아버지(개)(천), 조상(표)(공)

5 그러므로 너는 더 이상 네 이름을 아브람이라 부르지 말아라. 네 이름은
아브라함[2)]이 되리라. 내가 너를 여러 민족의 조상으로 삼았기 때문이
다. 롬4:11, 17
6 또 내가 너를 심히 번성하게 하리라. 나는 너에게서 여러 민족이 나오게
할 것이며,[3)] 왕王들이 너에게서 나올 것이다.
7 나는 나의 계약을 나와 너 사이에 세울 것이며, 네 뒤에 오는 후손後孫과
대대로 영원한 계약을 세우리니, 내가 너와 네 후손의 하나님이 되기
위해서이다.
8 나는 너와 네 후손에게 네가 거류居留하는 땅 가나안 온 땅을 영원永遠한
토지土地로 줄 것이다. 그리고 나는 그들에게 하나님(앨로힘)이 될 것이
다." 히11:9, 10 행7:5 창35:27

하나님과 맺은 계약의 징표徵標로서 할례割禮 (17:9-14)

9 또 하나님께서 아브라함에게 말씀하셨다. "그러나 너는 나의 계약契約을
지켜야 한다. 너와 네 후손과 그들의 족속이 지켜야 한다.
10 이것은 나의 계약이다. 너는 그것을 나와 너희 사이와 너희 뒤에 오
는 자손子孫들 사이에서 지켜야 한다. 너희 가운데 모든 남자는 할례
割禮[4)]를 받아야 한다. 레12:3 요7:22
11 그리고 너희 포피包皮 살을 베어 내라. 이것이 나와 너희 사이의 계약의
징표徵標가 될 것이다. 겔20:12 신30:6 롬4:11
12 너희에게서 난 모든 사내아이는 대대代代로 난 지 8일 만에 할례를 받
아야 한다. 집에서 난 종과, 너의 족속㉡에 속하지 않은 이방인에게 돈
주고 산 종도 8일 만에 할례를 받아야 한다.
13 네 집에서 난 종도, 돈으로 산 종도 할례를 받아야 한다. 너희 포피
살에 새겨진 나의 계약은 영원한 계약이 될 것이다.
14 그들의 포피 살이 베어지지 않은 남성, 곧 할례받지 않은 이는 그의

㉡ 자손(개)(표), 후손(공)(천)

삶이 그의 민족에게서 끊어질 것이니, 나의 계약을 깨뜨렸기 때문이
다." ⓝ

사라로 개명改名과 이츠하크의 출생 약속 (17:15-19)

15 계속해서 하나님께서 아브라함에게 말씀하셨다. "네 아내 사라이를 더
이상 사라이라고 부르지 말고 사라라고 불러라.
16 그러면 내가 사라에게 복福을 줄 것이며, 나는 그 여자에게서 네게 한
아들을 줄 것이다. 나는 사라에게 복을 줄 것이며, 여러 민족民族이 그
여자에게서 나올 것이며, 민족의 왕들이 그 여자에게서 나올 것이다."
창12:2, 3
17 아브라함은 하나님의 면전面前에 엎드려 웃었다. 그는 마음속으로 말했
다. '100세 된 사람에게서 아들이 태어나겠는가? 그리고 90세 된 사
라가 아이를 낳겠는가?' 눅1:18 롬4:19-21 창18:12; 21:6
18 또 아브라함은 하나님께 말씀드렸다. "다만 이쉬마엘이나 주님 앞에서
살기를 바랍니다."
19 하나님께서 말씀하셨다. "아니다, 네 아내 사라가 네게 한 아들을 낳아
줄 것이요, 너는 그를 이츠하크(이삭)라 불러야 할 것이다. 그러면 나
는 나의 계약契約을 그와 함께 세울 것이며, 그와 그의 후손에게 영원
한 계약을 세울 것이다.

아브라함이 이쉬마엘과 자기 집 모든 남자와 할례 (17:20-27)

20 나는 이쉬마엘을 위해서도 네 청請을 이미 들었다. 보아라, 나는 그에
게 복福을 주어 열매를 맺게 할 것이요, 그를 번성蕃盛케 할 것이다. 그
는 12부족장部族長[5]ⓒ들을 낳을 것이요, 나는 그를 큰 민족民族ⓡ으로
만들 것이다. 창16:10; 21:13, 18; 25:16

ⓒ 두령(개), 영도자(표)(공), 족장(천)
ⓡ 나라(개)(표), 민족(공)(천)

21 나는 나의 계약을 이츠하크와 함께 세울 것이다. 사라는 네게 내년來年
이맘때 그를 낳아 줄 것이다."
22 하나님께서 아브라함과 말씀 나누기를 마치셨다. 그리고 하나님께서
아브라함에게서 떠나 올라가셨다.[6)]
23 그리하여 아브라함은 아들 이쉬마엘과 자기 집에서 출생한 모든 자, 그
리고 돈으로 사들인 종들, 아브라함 집의 사람들 가운데 모든 남성을
데려와서, 하나님께서 그에게 명령하신 대로 같은 날에 그들의 포피
살을 베었다.
24 아브라함은 99세 되던 때, 그의 포피 살을 벰으로써 할례를 받았다.
25 그의 아들 이쉬마엘은 13세 되던 때, 그의 포피 살을 베어 할례를 받
았다.
26 같은 날에 아브라함과 그의 아들 이쉬마엘은 할례를 받았다.
27 그리고 그의 집의 모든 남자, 집에서 출생된 자들과 이방인에게서 돈
으로 사들인 종들도 그와 함께 할례를 받았다. ○

아브라함에게 들른 세 남자와 사라의 아들 약속 (18:1-15)

18 1 그 때 야웨께서 마므레의 상수리나무 숲에서 아브라함에게
나타나셨다. 그는 한낮의 가장 뜨거운 때 장막 입구帳幕入口에
앉아 있었다.
2 그 때 아브라함이 눈을 들어 주위周圍를 보니, 그 앞에 3명의 남자들이 서
있었다. 그가 그들을 보자, 장막 입구에서 그들을 마중하려고 달려 나갔
다. 그리고 그는 땅에 엎드려 큰절을 올렸다. 히13:2, 3
3 아브라함은 말했다. "대인大人이시여.㉠ 제가 대인 눈에 드신다면, 대인
께서는 종의 앞을 그냥 지나치지 마십시오.
4 물을 조금 가져오게 하여 대인들[1)]의 발을 씻으시고,[2)] 나무 아래서 쉬

18장 ㉠ 내 주여(개), 손님들께서(표), 손님네들(공), 나리(천)

십시오.
5 제가 빵을 조금 가져오리니, 대인들께서 들렀다가 마음을 상쾌爽快하게
하신 후에 가십시오. 그러면 대인들께서는 종에게 들러 가시는 것입니
다." 그들은 말했다. "당신이 말한 대로 하시오."
6 아브라함이 장막 안으로 급히 달려가서 사라에게 말했다. "당신은 빨리
고운 밀가루 3스아[3](약 40ℓ)를 반죽해서 빵[4]ⓛ을 구워 내시오."
7 아브라함이 소 떼에게 달려가 연하고 좋은 송아지를 잡아 그것을 종에게
주었다. 그는 그것을 서둘러 조리調理했다.
8 그 다음 그는 치즈와 우유, 그리고 종이 요리料理한 송아지 고기를 가져
다가 그들 앞에 차려 놓았다. 그 자신은 나무 아래서 그들을 향해 서 있
었고, 그들은 식사食事를 했다.
9 그 때 그들은 아브라함에게 물었다. "당신 부인 사라는 어디 있습니까?"
그가 대답했다. "저기 보세요. 장막 안에 있습니다."
10 그는 말했다. "나는 내년來年 이맘때 당신에게 반드시 돌아올 것인데,
당신 부인 사라에게 아들이 있을 것이오." 사라는 장막 문 앞 그의 뒤
에서 듣고 있었다. 롬9:9 창17:19
11 아브라함과 사라는 고령高齡의 늙은이들이고, 사라는 여인의 생리生理가
끊어졌다.
12 사라는 속으로 웃으며 말했다. '내가 다 늙은 후에도 내게 애욕愛慾[5]ⓒ
이 있을까? 내 주인主人도 늙었는데.' 벧전3:6 창17:17
13 야웨께서 아브라함에게 말씀하셨다. "어째서 사라는 웃고 있느냐? 그
리고 사라가 '나는 늙었는데도 정말로 아이를 낳을 수 있을까?'라고 말
하니,
14 야웨에게 불가능不可能한 것이 있겠느냐? 내년 이맘때에 나는 네게 돌
아올 것이며, 사라에게 아들이 있을 것이다." 마19:26 눅1:37
15 사라는 부인否認하기를 "저는 웃지 않았습니다."라고 하니, 이는 그녀가

ⓛ 떡(개)(공), 빵(표)(천)
ⓒ 즐거움(개), 즐거운 일(표), 낙(공), 육정(천)

두려워했기 때문이다. 그러자 야웨께서 말씀하셨다. "아니다. 너는 분
명分明히 웃었다."

소돔을 위한 아브라함의 중보 기도仲保祈禱 (18:16-33)

16 그 다음 그 남자들은 거기서 일어나 떠나면서, 소돔을 향해 내려다보
았다. 아브라함은 그들을 배웅하러 함께 나갔다.
17 야웨께서 말씀하셨다. "내가 행하려는 것을 어찌 아브라함에게 숨기겠
느냐? 암3:7
18 아브라함은 확실確實히 강하고 큰 민족民族이 될 것이다. 그리고 그와 함
께[6] 땅의 모든 민족이 복福을 받게 될 것이다. 창12:3
19 나는 그의 아들과 후손에게 명하여 그들이 공의公義와 심판審判㉣을 행하
기 위한 야웨의 길을 지키게 하려고 아브라함을 택했으니, 나 야웨가 그
에게 말한 바를 그에게서 이루게 하기 위해서이다." 신6:7; 32:46
20 야웨께서 말씀하셨다. "소돔과 아모라에 대한 부르짖음이 참으로[7]㉤
크고 그들의 죄罪가 실로 너무나 무겁다. 창19:13
21 그러므로 내가 내려가 그들이 행한 모든 것이 내게 들려온 그들의 부르
짖음과 같은지 아닌지 알아보려고 한다."
22 그 남자들은 거기서 떠나 소돔으로 갔지만, 아브라함은 아직 야웨 앞에
서 있었다.[8]
23 아브라함은 가까이 나아가서 말씀드렸다. "주님께서 정말로[9]㉥ 의인義
人을 악인惡人과 함께 멸滅하시렵니까? 민16:22
24 만일萬一 그 도시都市 가운데 의인 50명이 있어도, 주님께서 멸하실 것
이며, 그 안에 있는 의인 50명을 위해 그 장소場所를 용서容恕하지 않으
시겠습니까?

㉣ 의와 공도(개), 옳고 바른 일(표)(공), 정의와 공정(천)
㉤ 없음(개)(공), 너무(표), 너무나(천)
㉥ 없음(개), 기어이(표)(공), 진정(천)

25 의인이 악인과 똑같이 되도록, 주님께서 의인과 악인에게 함께 그것을
행하시고 죽이시는 것은 터무니없습니다.[10] 그것은 주님께 당치 않습
니다. 온 세상의 심판자審判者께서는 의롭게 심판하셔야 하지 않습니
까?" 시82:1; 94:2
26 야웨께서 말씀하셨다. "내가 소돔 도시 안에서 의인 50명을 찾으면, 나
는 그들 덕분德分에 모든 지역을 용서하리라." 사65:8 마24:22
27 그와 동시에 아브라함은 대답하여 말씀드렸다. "제발 돌봐 주십시오.
저는 먼지와 재 같을지라도, 감히 저의 주님께 여쭙니다.
28 혹시或是[11]㉦ 50명의 의인보다 5명이 적으면, 주님[12]께서 5명 때문에
온 도시를 멸하시겠습니까?" 그분께서 말씀하셨다. "내가 거기서 45
명을 찾으면, 나는 그 도시를 멸하지 않으리라."
29 그는 또 한 번 그분께 말씀드렸다. "혹시 다만 그 안에 40명만 찾으시
면요?" 그분께서 말씀하셨다. "나는 40명을 위해 멸하지 않으리라."
30 그는 말씀드렸다. "제가 또 말씀드린다고 주님 노怒하지 마십시오. 혹
시 그 안에서 30명을 찾으시면요?" 그러자 주님께서 말씀하셨다. "나
는 거기서 30명을 찾으면 멸하지 않으리라."
31 또 한 번 그는 말씀드렸다. "그런데 보십시오. 저의 주님께 감히 말씀
드립니다. 행여나 거기서 20명을 찾으시면요?" 그러자 주님께서 말
씀하셨다. "나는 20명을 보아서 멸하지 않으리라."
32 그는 말씀드렸다. "제가 또 한 번 말씀드린다고 진노震怒하지 마십시오.
혹시 거기서 다만 10명만이라도 찾으시면요?" 그러자 주님께서 말씀
하셨다. "나는 10명을 보아서 멸하지 않으리라." 삿6:39
33 야웨께서 아브라함과 말씀을 마치고 떠나시니[13] 아브라함도 자기 장소
로 돌아갔다.

㉦ 없음(개)(표)(공), 혹시(천)

두 수호천사守護天使를 해하려는 소돔 사람들 (19:1-11)

19 1 저녁 무렵에 2명의 수호천사守護天使[1]㉠가 소돔으로 왔다.
롯트는 마침 소돔 성문城門에 앉아 있다가 그들을 보자, 마
중하려고 일어났다. 그리고 그는 땅에 얼굴을 대고 엎드렸다.[2]

창18:22

2 롯트는 말했다. "보세요, 저의 대인大人들께서는, 종의 집으로 들어와 하룻밤을 묵으십시오. 그리고 대인들의 발을 씻으십시오. 그런 다음 일찍 일어나서 대인들의 길을 가십시오." 그러나 그들은 말했다. "아니다. 우리는 노숙露宿을 하겠다."

3 그래도 롯트가 그들에게 간절히 권하니, 그들은 그제야 롯트에게 발길을 돌려 그의 집으로 들어왔다. 그리고 롯트가 그들을 위해 상床을 차리고,[3] 무교병無酵餠[4]을 구워 주니 그들은 먹었다.

4 아직 그들이 눕기 전, 그 도시都市 남자들, 소돔의 남자들이 젊은이부터 노인까지 먼 데서부터 모든 백성이 다 모여 그 집을 에워쌌다.

5 그들은 롯트를 불러내어 그에게 말했다. "저녁에 네게 온 그 남자들은 어디 있느냐? 너는 그들을 우리에게 끌어내어라. 우리가 그들과 계간鷄姦[5]㉡을 하겠다."

레18:22-25 삿19:22-24 롬1:27

6 그 때 롯트는 그들을 향해 대문大門 쪽으로 나아갔다. 그리고 그들 뒤로 문을 걸어 잠갔다.

7 그리고 그는 말했다. "나의 형제들이여, 나쁜 일을 하지 마시오.

8 자, 내게 아직 남자를 알지 못하는 2명의 딸이 있소. 내가 그들을 당신들에게 내줄 테니, 당신들은 당신들 눈에 좋을 대로 그들에게 행하시오.[6] 다만 이 남자들에게만은 일을 저지르지 마시오. 그들은 나의 지붕[7]의 그늘 아래 들었기 때문이오."

9 그러나 그들은 소리를 질러 댔다. "너는 비켜라." 그들이 말하기를

19장 ㉠ 천사(개)(표)(공)(천)
㉡ 상관(개)(표), 재미(공)(천)

"한 놈이 거류민居留民으로 들어와서 판관判官 노릇을 하려고 하니,
이제 우리가 그들보다 네게 더 악행惡行을 하겠다."고 했다. 그들은
롯트를 난폭亂暴하게 밀치고 들어왔다. 그리고 대문을 부수려고 가
까이 왔다. 벧후2:7, 8
10 그 때 그 수호천사守護天使들은 그들의 손을 내밀어 롯트를 집안으로 끌
어들였고 문을 닫았다.
11 그리고 수호천사들이 그 집 대문 앞에 있던 사람들을 젊은이부터
노인에 이르기까지 눈을 멀게 했다.[8)] 그들은 문을 찾느라 헛수고
만 했다. 왕하6:18

소돔과 아모라 멸망과 롯트 가정의 구출 계획 (19:12-22)

12 그 때 수호천사들은 롯트에게 말했다. "너는 너 이외에 누구를 데리고
있느냐? 사위들과 너의 아들들과 딸들, 그리고 이 도시에 있는 네게
속한 모든 자를 이 장소에서 나오게 하여라.[9)]
13 야웨 앞에 이르른 도시 주민들에 대한 원성怨聲이 크기 때문에 우리는
이 장소를 멸滅할 것이다. 그래서 야웨께서 이 도시都市를 파멸하기 위
해서 우리를 보내셨다." 창18:20
14 그러자 롯트는 나가서 그의 딸들과 혼인婚姻할 사위들한테 말했다. "너
희는 일어나 이 곳에서 나가거라. 야웨께서 이 도시를 멸하실 것이다."
그러나 그 사위들은 롯트가 농담弄談하는 줄로 알았다. 민16:21
15 동틀 무렵, 수호천사들은 롯트를 재촉하며 말했다. "일어나 네 아내와
여기 있는 두 딸을 데리고 나가거라. 도시의 죄로 인해 죽임을 당하지
않도록 하여라."
16 그래도 롯트가 망설이자, 그 수호천사들이 그의 손과 그 아내의 손,
그리고 그 두 딸의 손을 움켜잡으니, 야웨의 긍휼矜恤ⓒ이 함께하셨다.
수호천사들은 그들을 도시 밖으로 나오게 하여 머물게 했다.

ⓒ 자비(개)(표)(천), 불쌍히(공)

17 그 수호천사들이 롯트의 가족家族들을 바깥으로 안전하게 대피待避시키
는 동안, 수호천사들 중 하나가 말했다. "네 목숨을 구救하여라. 네 뒤
를 돌아보지 말아라. 너는 〈도시의〉 모든 구역區域10)㉣에 서 있지 말아
라. 죽임을 당하지 않도록 산山으로 도망逃亡하여라." 마24:16
18 롯트는 그들에게 말했다. "아닙니다. 제발 저의 대인이시여.
19 제발 봐주십시오. 대인의 종이 대인 보시기에 은혜恩惠를 입었고, 대인
께서는 제 목숨을 보존하기 위해 저에게11) 은혜를 크게 베풀어 주셨
습니다. 그렇지만 재앙을 만나 죽을까 두려워 저 산山까지 도망갈 수가
없습니다.
20 제발 봐주십시오. 저 도시는 도망하기에 가깝고 작습니다. 저를 그 곳
으로 피할 수 있게 해 주십시오. 그 곳은 정말 작지 않습니까? 그러면
제 목숨이 보존될 것입니다."
21 그는 롯트에게 말했다. "보아라. 이런 일을 위해서 나는 너의 소원所願
을 들어주겠다. 나는 네가 말한 그 도시를 멸하지 않으리라.
22 너는 급히 그 곳으로 도피逃避하여라. 나는 네가 그 곳으로 가기까지
어떤 일도 행할 수 없구나." 그러므로 그 도시 이름을 초아르(작음)라고
불렀다.

소돔과 아모라의 유황 불 멸망과 롯트의 구출 (19:23-29)

23 해가 그 땅 위에 솟았고, 롯트는 초아르로 왔다.
24 야웨께서 하늘 곧 야웨께서 계신 곳에서12) 소돔과 아모라 위에 유황硫黃
과 불을 퍼부으셨다.13)
신29:22(23) 시11:6 사1:9, 10; 13:19 암4:11 눅17:29 벧후2:6 계14:10
25 그리고 주님께서 이 도시들14)과 모든 지역地域과 그 도시들의 모든 주
민住民과 그 땅에서 난 것들을 멸하셨다.
26 그런데 롯트의 아내는 뒤쪽을 향해 돌아보았으므로, 소금 기둥이 되어

㉣ 들(개)(표), 분지(공), 들판(천)

버렸다.[15] 눅17:32
27 아브라함은 아침에 일어나서, 그가 야웨 앞에 있던 장소場所로 가 보았
다.[16]
28 그는 소돔과 아모라와 그 지역의 모든 땅 위를 내려다보았다. 그리고
또 보았다. 저것 봐. 땅에서 연기煙氣가 기왓가마[17]ⓜ 연기처럼 솟구치
고 있네.
29 하나님께서 그 지역의 도시들을 멸하실 때, 곧 롯트가 살고 있던 그
도시들을 멸하실 때, 하나님께서 아브라함을 기억記憶하셨다. 그래서
주님은 롯트를 그 파멸의 와중渦中에서 내보내셨다.

롯트의 두 딸이 모압과 암몬 조상을 낳음 (19:30-38)

30 롯트는 초아르에서 산으로 올라온 뒤에 자기와 함께한 2명의 딸과 거
주했으니, 초아르에 머무는 것이 두려웠기 때문이다. 그와 2명의 딸은
동굴洞窟에서 살았다.
31 그 때 맏딸이 막내딸에게 말했다. "우리 아버지는 늙으셨고, 모든 세상
의 풍속風俗에 따라 우리에게 올 사람이 이 땅에는 없다.
32 자, 우리가 우리 아버지를 포도주葡萄酒ⓑ로 취醉하게 하자. 그런 다음
우리가 아버지와 함께 눕자. 그렇게 하여 우리는 아버지로부터 씨를
보존保存하자.[18]" 레18:7
33 그 날 밤에 그 딸들은 아버지를 취하게 했고, 맏딸이 와서 아버지와
함께 누웠다. 그래도 롯트는 자기 딸이 눕고 일어나는 것을 몰랐다.
34 그리고 이튿날이 되었다. 맏딸이 막내딸에게 말했다. "보다시피[19] 내가
간밤에 아버지와 함께 잠을 잤었지. 그러니 오늘 밤에도 우리가 아버
지를 포도주에 취하게 하자. 그리고 네가 가서 아버지와 함께 누워 아
버지의 씨를 보존하여라."

ⓜ 옹기 가마(개)(표), 아궁이(공), 가마(천)
ⓑ 술(개)(표)(공)(천)

35 그래서 그 날 밤에 그 딸들은 아버지를 포도주에 취하게 했고, 막내딸
이 일어나 아버지와 함께 누웠다. 그래도 그는 자기 딸이 눕고 일어나
는 것을 몰랐다.
36 이렇게 롯트의 두 딸은 자기 아버지에 의해 임신姙娠했다.
37 맏딸은 한 아들을 낳았고, 그의 이름을 모압이라 불렀다. 그는 오늘날
까지 모압의 조상祖上이다. 신2:9
38 막내딸도 한 아들을 낳았고, 그의 이름을 밴 암미라고 불렀다. 그는
오늘날까지 암몬 자손子孫의 조상이다. ⃠ 신2:19; 23:4

아비맬랙의 위해危害를 모면한 사라와 아브라함 (20:1-18)

병행문: 창12:10-20; 26:1-11

20 1 아브라함은 거기서부터 남부南部(내갭) 땅㉠으로 떠나 카데쉬
와 수르 사이에 머물렀다. 아브라함이 그라르에서 나그네로
거류居留했을 때, 창12:9; 26:1
2 자기 아내 사라를 '이 여자는 나의 누이'라고 말했다. 그라르 왕 아비맬랙
(아비멜렉)[1]은 사람을 보내 사라를 데려오게 했다.
3 하나님께서 밤중 꿈속에서 아비맬랙에게 나타나셔서 그에게 말씀하셨
다. "진실로 네가 데려온 여인女人으로 인해 너는 죽을 것이다. 그 여자
는 유부녀有夫女이기 때문이다."
4 아비맬랙이 말했다. "저는 그 여자를 건드리지 않았습니다." 그리고 그
는 말했다. "주여, 주님께서 정말로 무죄無罪한 자를 죽이시렵니까?
5 아브라함 자신이 저에게 '이 여자는 제 누이입니다.' 했고, 그 여자 또한
스스로 '그는 제 오라버니입니다.' 하지 않았습니까? 저는 올바른 마음
과 깨끗한 손으로 이렇게 했습니다."
6 하나님께서 그에게 꿈속에서 또 말씀하셨다. "나도 네가 그것을 올바른

20장 ㉠ 네게브 땅(개), 네겝 지역(표), 네겝 쪽(공), 네겝 땅(천)

마음으로 행했다는 것을 잘 알고 있다. 그리고 내 자신이 네가 나를 거
역拒逆하여 죄짓는 것을 막았다. 그러므로 나는 네가 그 여자를 범犯하는
것을 허락하지 않았다.[2)]
7 그러니 이제 너는 그의 남편男便에게 그 아내를 돌려주어라. 그는 예언자
豫言者ⓛ이므로 너를 위해 기도祈禱할 것이다. 그러면 너는 살게 될 것이
다. 그러나 만일 네가 그 여자를 돌려보내지 않으면, 너는 네게 속한 자
들과 함께 마땅히 죽을 줄 알아라." 왕상13:6
8 이튿날 아침 일찍이 아비멜랙이 그의 모든 신하臣下를 불렀다. 그리고 그
들 앞에서 이 모든 사실事實을 그들의 귀에 들려주었다. 그러자 그들은
심히 두려워했다.
9 그리고 아비멜랙은 아브라함을 불러서 말했다. "당신은 우리에게 어찌하
여 이렇게 행했소? 내가 당신에게 무슨 죄罪를 지었기에 당신은 나와
나의 나라가 이렇게 큰 죄를 짓게 행하였소? 당신은 사람이 저지를 수
없는 바를 내게 행하였소."
10 아비멜랙이 아브라함에게 또 말했다. "도대체都大體 내가 이렇게 행하도
록 한 당신의 의도意圖가 무엇이오?"
11 아브라함이 대답했다. "저는 이 곳에는 참으로 하나님을 두려워함이 없
어서, 그들이 제 아내로 인해서 저를 죽일 것이라 생각했습니다.
12 그 여자女子는 실제實際로 저의 누이이며,[3)] 제 아버지의 딸입니다. 다만
제 어머니의 딸이 아닙니다. 그래서 제 아내가 될 수 있었습니다.[4)]
레18:9
13 하나님께서 제 아버지의 집에서 저를 이방異邦으로 가라고 명령하셨을
때, 저는 그 여자에게 '당신은 나를 위해서 처신해야 하오. 우리가 가
는 곳마다 당신은 나에 대해서 내가 당신의 오빠라고 말하오.' 하고 말
했습니다."
14 아비멜랙은 양 떼와 소들, 그리고 남종들과 여종들을 취하여 아브라함
에게 주었으며, 그의 아내 사라를 그에게 돌려보냈다.

ⓛ 선지자(개), 예언자(표)(공)(천)

15 그리고 아비맬랙은 말했다. "보시오, 나의 땅이 당신 앞에 있으니, 당
신이 보기에 좋은 땅에서 거주居住하시오."
16 또 그는 사라에게 말했다. "보시오, 나는 은화銀貨 1,000캐샙(약 400만
원)[5]을 당신 오라버니에게 주겠소. 보시오, 그것은 당신과 함께 있는
모든 사람 앞에서 당신의 훼손된 명예名譽를 회복回復[6]시켜 줄 것이
오.㉢ 그래서 당신은 모든 면에서 의로움이 증명證明될 것이오."
17 그 때 아브라함은 하나님께 기도祈禱했다. 그리고 하나님께서 아비맬랙
과 그의 아내와 여종들을 치료治療해 주심으로써 그들은 출산出産하게
되었다.
18 야웨께서 아브라함의 아내 사라의 일로 아비맬랙의 집에 속한 모든 자
궁子宮㉣까지 닫으셨기 때문이다. ⃠

이츠하크의 출생 (21:1-7)

21 1 그 후 야웨께서 말씀하신 대로 사라를 돌보셨으며, 그분이
이야기하신 대로 사라에게 행하셨다. 창18:10
2 사라는 임신姙娠했고, 하나님께서 아브라함에게 말씀하신 대로, 바로 그
정한 때에 사라는 늙은 아브라함에게 한 아들을 낳아 주었다. 히11:11
3 아브라함은 그에게 태어난 아들 곧 사라가 자기에게 낳아 준 아들의 이
름을 이츠하크(이삭)라 불렀다. 창17:19
4 아브라함은 아들 이츠하크가 난 지 8일 만에 하나님께서 명하신 대로 할
례割禮를 행했다. 행7:8 창17:11, 12
5 아브라함은 아들 이츠하크가 출생出生했을 때 100세였다. 창17:17
6 사라는 말했다. "하나님께서 저를 크게 웃게 하셨다. 이것을 듣는 자

㉢ 여러 사람 앞에서 네 수치를 가리게 하였노니(개), 여러 사람에게서 그대가 받은 부끄러움을, 조금이나마 덜어 보려는 나의 성의의 표시요(표), 사람들에게 네가 아무 일도 없었다는 것을 보증해 주리라(공), 모든 이들 앞에서 그대의 명예를 회복시켜 줄 것이오(천)
㉣ 태(개)(표)(공)(천)

마다 나를 보고 웃을 것이다." 창18:12
7 그러므로 그 여자는 말했다. "누가 아브라함에게 '사라가 아들들에게 젖
을 먹인다.'고 말할 수 있었겠나? 내가 고령高齡인 그분에게 아들을 낳아
주었음이라.[1)]"

아브라함이 하가르와 이쉬마엘을 내쫓음 (21:8-16)

8 아이는 커 갔고 젖을 뗐다. 그래서 아브라함은 이츠하크가 젖을 떼는 날
에 큰 잔치를 베풀었다.
9 사라는 이집트 여인 하가르의 아들, 그 여자가 아브라함에게 낳아 준 아
들이, 자기 아들 이츠하크와 함께 있으면서 놀리는[2)]㉠ 것을 보았다.
10 사라는 아브라함에게 말했다. "당신은 그 여종과 그의 자식子息을 내보
내세요. 그 여종의 자식은 내 아들 이츠하크와 함께 유업遺業㉡을 얻지
못할 것이니까요." 갈4:30
11 자기 아들의 일이기 때문에 아브라함이 보기에 그 사건은 매우 불쾌했다.
12 그러나 하나님께서 아브라함에게 말씀하셨다. "너는 그 아이와 너의
여종 때문에 화내지 말아라. 그리고 사라가 네게 말하는 모든 말을 들
어라. 네 후손後孫은 이츠하크 안에서 출생하는 자라야 네 씨라 불릴 것
이다. 롬9:7, 8 히11:18 창17:21
13 그렇지만 나는 그 여종의 아들도 큰 민족民族으로 삼으리라. 그도 너의
씨이기 때문이다." 창17:20
14 그래서 아브라함은 아침 일찍 일어나, 빵㉢과 물 한 가죽 부대負袋를
가져다가 하가르에게 메어 주고 그녀의 어깨에 소년을 올려 놓고 내보
냈다.[3)]㉣ 그래서 하가르는 떠났고, 브에르섀바 광야曠野에서 헤매고 있

21장 ㉠ 놀리는지라(개), 놀리고(표), 노는(공)(천)
㉡ 기업(개), 유산(표), 상속자(공), 상속(천)
㉢ 떡(개), 먹을거리(표), 양식(공), 빵(천)
㉣ 하갈의 어깨에 메워 주고 그 아이를 데리고 가게 하니(개), 하갈의 어깨에 메워 주고서, 그를 아이와 함께 내보냈다(표), 하갈에게 메어 주며 아이를 데리고 나가게 하였다(공),

었다.
15 가죽 부대의 물이 떨어지자, 그 여자는 그 아이를 한 그루 관목灌木 아
래에 던져 두고,
16 하가르는 저만치 화살 쏜 거리 〈약 150m 만큼〉 떨어져서 주저앉았다.
그리고 그 여자가 '나는 저 아이가 죽는 꼴을 차마 못 보겠다.'고 생각하
고 마주 앉으니, 그 아이는 목청을 돋우어 울었다.[4] 사49:15

하나님께서 하가르와 이쉬마엘을 살려 주심 (21:17-21)

17 그 때 하나님께서 그 아이의 울음소리를 들으셨으니, 하나님의 한 사
자使者가 하늘에서 하가르를 부르며 말했다. "하가르야, 네게 무슨 일이
있느냐? 너는 두려워 말아라. 하나님께서 거기 그 아이가 누워 있는
데서 그 울음소리를 들으셨기 때문이다.[5]
18 너는 일어나 그 아이를 안아 올려라. 그리고 네 손으로 그 아이를 꼭
붙들어라. 나는 그를 큰 민족으로 만들려고 하기 때문이다.[6]"
19 그 때에 하나님께서 하가르의 눈을 밝히시니, 하가르는 샘물을 보고
가서 가죽 부대에 물을 채워 아이에게 마시게 했다. 왕하6:17, 20
20 이렇게 하나님께서 그 아이와 함께 계시며 그 아이는 커 갔고, 그 광야
曠野에서 살면서 활 쏘는 자가 되었다.
21 그는 파란 광야에 거주했고, 그의 어머니는 그에게 이집트 땅에서 온
여인을 얻어 주었다. ○ 창16:3

아비멜랙이 아브라함과 브에르샤바 우물 계약 (21:22-34)

병행문: 창26:15-33

22 그 때에 이러한 일이 일어났다. 아비멜랙과 그의 군대 장관軍隊長官 피콜
이 아브라함에게 말하였다. "당신이 행하는 일마다 하나님께서 당신과
함께하고 계시오.

하가르에게 주어 어깨에 메게 하고는, 그를 아기와 함께 내보냈다(천)

23 이제 당신은 하나님 앞에서[7]㉤ 내게 맹세하시오. 당신은 나에게, 그리
고 나의 아이들과 나의 자손子孫들에게 거짓말을 하지 않겠다고 말입니
다. 내가 당신에게 은혜恩惠㉥를 베푼 것처럼, 당신도 나에게, 그리고
나그네로 거주하는 땅에서 〈은혜를〉 행하여 보시오." 창20:15
24 그러자 아브라함은 말했다. "나는 맹세합니다."
25 그리고 나서 아브라함은 아비멜랙의 종들이 빼앗은 우물에 대하여 아비
멜랙에게 해명解明을 요구했다.
26 아비멜랙이 말했다. "누가 그런 일을 행했는지를 나는 모르오. 당신도
내게 알리지 않았소. 그리고 나 역시 오늘에야 듣게 되었소."
27 그래서 아브라함이 양과 소를 가져다가, 그것들을 아비멜랙에게 주었
고, 두 사람은 계약契約을 맺었다.
28 그러나 아브라함이 어린 암양 7마리를 따로 놓으니,
29 아비멜랙이 아브라함에게 물었다. "당신이 여기 따로 놓은 이 암양 7마
리는 무엇이오?"
30 아브라함이 대답했다. "당신은 내 손에서 암양 7마리를 가져가서, 내
가 이 우물을 팠다는 것을 내게 증거證據로 삼도록 하십시오."
31 그 때문에 사람들은 그 장소를 브에르섀바[8](맹약의 우물)라고 불렀다.
그들이 거기서 서로 맹약盟約했기 때문이다.
32 그들이 브에르섀바에서 계약을 맺고 나서, 아비멜랙과 그의 군대 장관
피콜은 일어나 플래섀 사람의 땅으로 돌아갔다.
33 그리고 아브라함[9]은 브에르섀바에 위성류渭城柳[10]㉦를 심고, 거기서 영원
하신 하나님(엘올람)이신 야웨의 이름을 불렀다. 롬16:26 창12:8
34 그 다음 아브라함은 플래섀 사람 땅에서 오랜 기간을 거류居留했다. ○

㉤ 하나님을 가리켜(개), 하나님 앞에서(표), 하느님을 증인으로 삼고(공), 하느님을 두고(천)
㉥ 후대(개), 친절(표), 신의(공), 호의(천)
㉦ 에셀 나무(개)(표)(공)(천)

이츠하크를 번제물로 바치라는 하나님의 시험과 요구[1] (22:1-10)

22 1 이런 사건들이 있은 후, 하나님께서 아브라함을 시험試驗하시려 말씀하셨다. "아브라함아." 그러자 그는 대답했다. "제가 여기 있나이다." 출15:25; 16:4; 20:20 신8:2; 13:4(3) 삿2:22 히11:17 약1:13

2 하나님께서 말씀하셨다. "너는 어서 네 아들, 네 외아들, 네가 사랑하는 이츠하크를 제발[2] 데리고 모리아 땅으로 가 다오. 그리고 내가 네게 일러 줄 산들 중 한 산에서 너는 그를 번제물燔祭物로 바쳐라."

3 아브라함은 아침 일찍 일어나 그의 나귀에 안장鞍裝을 얹고, 그와 함께한 2명의 종들과 아들 이츠하크를 데리고 번제에 쓸 장작을 팼다. 그리고 하나님께서 그에게 일러 주신 그 장소場所를 향해 떠났다.

4 3일 후에 아브라함은 눈을 들어 멀리 떨어진 그 장소를 보았다.

5 아브라함은 종들에게 일렀다. "너희는 나귀와 함께 여기서 머물러 있어라. 나와 아이는 여기서 저기까지 가서 기도祈禱하고, 그 다음 우리는 너희에게 돌아올 것이다."

6 그리하여 아브라함은 번제용燔祭用 장작을 가지고 아들 이츠하크에게 지게 했으며, 자신은 손에 불과 칼을 잡았다. 그리고 그들은 함께 걸어갔다.

7 그 때 이츠하크는 아버지 아브라함에게 말했다. "아버지." 그러자 그는 말했다. "그래 내 아들아."㉠ 이츠하크는 물었다. "보세요. 불과 나무는 있는데, 번제를 위한 어린 양羊은 어디 있습니까?"

8 아브라함은 말했다. "하나님께서 친親히 번제를 위한 어린 양을 준비準備하실 것이다. 내 아들아." 이렇게 두 사람은 함께 갔다.

9 그들은 하나님께서 아브라함에게 일러 주신 그 장소로 갔으며, 아브라함은 그 곳에 제단祭壇을 쌓고 장작더미를 포개어 쌓은 다음, 아들 이츠하크를 묶었다. 아브라함은 그를 제단 위의 장작 위에 눕혔다.

10 그 다음 아브라함은 손을 펴서 칼을 쥐고 아들을 제물祭物로 바치려

22장 ㉠ 내 아들아 내가 여기 있노라(개), 얘야, 왜 그러느냐?(표)(천), 얘야! 내가 듣고 있다(공)

했다.[3) 마26:39 약2:21

이츠하크의 번제를 철회撤回하시는 야웨의 명령 (22:11-19)

아브라함이 아들 대신 숫양을 번제물로 드림 (22:11-14)

11 그 때 야웨의 사자使者가 하늘에서 그를 부르며 말했다. "아브라함아,
아브라함아." 그러자 아브라함은 말했다. "제가 여기 있습니다."
12 사자가 말했다. "네 손을 그 아이에게 대지 말아라. 그에게 아무것도 행
하지 말아라. 네가 나에게 너의 아들, 너의 독자獨子를 아끼지 않으므로,
네가 하나님을 두려워하는 것을 이제 나는 알았다." 롬8:32 히11:17
13 아브라함이 눈을 들어 살펴보니, 저기 숫양 하나[4)]가 그 뿔이 나뭇가지
에 엉켜 꽉 걸려 있었다. 그래서 아브라함은 가서 그 숫양을 잡아, 그
의 아들 대신代身 번제물燔祭物로 바쳤다.
14 그래서 아브라함은 이 장소의 이름을 야웨이레, 즉 야웨께서 보고 계시
다로 불렀다. 사람들은 오늘날도 "야웨께서 산에서 보고 계신다."[5)]ⓛ
라고 말하고 있다. 창16:13

복 주신다는 맹세의 확인 (22:15-19)

15 또 야웨의 사자가 아브라함을 하늘에서 2번째로 부르며
16 말했다. "나는 내 자신에게 맹세한다. 야웨의 말씀이다. 네가 이 일을
행하여, 네 독자獨子를 아끼지 않았으니,
출32:13 사45:23 암6:8 미7:20 눅1:73 히6:13
17 나는 너에게 복福을 주고 네 자손을 하늘의 별같이, 그리고 해안海岸의
모래같이 넘치도록 많아지게 할 것이다. 그리고 네 후손後孫은 적敵들
의 성문城門을 차지할 것이다. 창13:16 히11:12
18 또 네 후손으로 말미암아 그 땅의 모든 민족이 복을 받을 것이니, 네가

ⓛ 여호와의 산에서 준비되리라(개), 주의 산에서 준비될 것이다(표), 야훼께서 이 산에서 마련해 주신다(공), 주님의 산에서 마련된다(천)

나의 말을 지킨 덕분이다." 갈3:16 창12:3

19 그 다음 아브라함은 그의 종들에게 돌아갔고, 그들은 일어나 함께 브에르
새바로 갔다. 아브라함은 브에르새바에 거주居住했다. ○

나호르의 후손 (22:20-24)

20 이런 일들이 있은 후에 어떤 소식이 아브라함에게 전달傳達되기를 "밀카
가 당신 형제 나호르에게 아들들을 낳아 주었다." 하였다. 창11:29
21 곧 맏아들 우츠, 그의 아우 부즈와 아람의 아버지인 크무엘,
22 그리고 캐샛, 하조, 필다쉬, 이들라프, 브투엘이다.
23 이 브투엘이 립콰(리브가)를 낳았다. 이 8사람을 밀카가 아브라함의 아
우 나호르에게 낳아 주었다. 창24:15
24 나호르는 르우마라는 이름의 첩妾을 두었는데, 그는 태바흐, 가함, 타하
쉬, 마아카를 낳았다. ⃠

사라의 죽음과 막펠라 묘지墓地 구입 (23:1-20)

23 1 사라의 나이는 127세였으며,[1)]
2 그 해 사라는 퀴르얏 아르바에서 죽었고, 그 곳은 가나안 땅
해브론이다. 그 때 아브라함은 그리로 가서 사라를 위해 곡哭하고 슬피
울었다.㉠
3 그 다음 아브라함은 아내의 시신屍身 앞에서 일어나 헤트(헷) 사람들에게
말했다.
4 "나는 당신들에게 있는 이방異邦 거류민居留民이오. 죽은 내 아내를 내어
다 안장安葬할 수 있게, 여러분 곁에 있는 묘지墓地를 양도讓渡해 주십시
오." 창17:8

23장 ㉠ 슬퍼하며 애통하다가(개), 곡을 하며 울었다(표), 가슴을 치며 슬피 울었다(공), 애도하며 슬피 울었다(천)

5 헤트 사람들은 아브라함에게 대답하여 말했다.
6 "대인[2]이시여,㉡ 대인께서 우리의 말을 들어 주십시오. 대인께서는 우
리 가운데서 하나님의 부족장部族長㉢격이십니다. 우리들의 묘지 가운데
최상最上의 것에 대인의 돌아가신 마나님을 안장하십시오. 우리 가운데
누구도 대인의 돌아가신 마나님을 묻는 데 자기 묘지를 거절하지 않을
것입니다."
7 그러자 아브라함은 일어나서 그 땅의 사람들, 헤트 사람들 앞에서 허리
를 굽혔다.
8 그리고 그는 그들에게 이렇게 말했다. "내가 나의 죽은 아내를 들어내어
안장하는 것을 당신들이 허락許諾한다면, 당신들은 내 말을 듣고, 나를
위해서 초하르의 아들 에프론에게 간청懇請해 주시오.
9 에프론이 그의 밭 끝머리에 있는 그에게 속한 막펠라 동굴洞窟을 나에게
팔아 그 값을 다 받고, 당신들 가운데 있는 묘지 땅에서 그것을 나에게
넘겨 주도록 해 주시오."
10 에프론은 헤트 사람들 가운데 앉아 있다가, 헤트 사람들 귀에 들
리게 도시 성문城門을 나가고 들어오는 모든 사람 앞에서 아브라
함에게 말했다.
11 "아닙니다. 저의 대인大人께서는 제 말을 들어주세요.[3] 저는 대인께
그 밭을 드릴 것입니다. 저는 그 밭에 딸린 동굴도 대인께 드릴 것입
니다. 저는 저의 동족同族들이 보는 앞에서 그것을 대인께 드릴 테니,
마나님의 시신屍身을 매장埋葬하십시오."
12 그러나 아브라함은 그 땅 주민住民들 앞에서 허리를 굽히고,
13 그 땅 주민들이 듣는 데서 에프론에게 말했다. "당신이 내[4] 말을 들어
준다면, 나는 그 밭 값을 줄 테니, 그것을 내게서 받아 가시오. 그러면
나는 거기에 내 아내의 시신을 안장할 것이오."
14 그러자 에프론은 대답하여 그에게 일렀다.

㉡ 내 주여(개), 어른(표), 영감님(공), 나리(천)
㉢ 지도자(개)(표), 귀인(공), 제후(천)

15 “대인께서는 제 말을 들어 보세요, 그 땅 값은 은화銀貨 400새켈입니
다. 하지만 저와 대인 사이에 그것이 무슨 문제가 되겠나요? 대인께서
는 그 곳에 마나님의 시신을 묻으십시오.”
16 그래서 아브라함은 에프론의 말을 들어주었으니, 아브라함은 에프론에
게 그가 헤트 사람들 귀에 들려준 그 값, 상인商人에게서 통용되는 값인
은화 400새켈을 지불했다.
17 그래서 마므레 맞은편㉣ 막펠라에 있는 에프론의 밭과, 그 주위의 모
든 경계境界에 있던 그 밭 안의 모든 나무와, 그 안에 동굴이 있는 그
밭은,
18 그 성문에 나와 있는 모든 이, 헤트 사람들이 보는 데서 아브라함이
값을 치르고 얻은 소유지所有地[5)]㉤가 되었다.
19 그 후 아브라함은 자기 아내 사라를 마므레 맞은편 막펠라 밭에 있는
동굴 안에 매장했으며, 그 곳은 가나안 땅에 있는 해브론이다.
20 이렇게 그 밭과 그 안에 있는 동굴은 헤트 사람으로부터 아브라함에게
묘지墓地 터로 넘어와 그의 소유가 되었다.[6)] ⃠

창25:9, 10; 47:30; 49:29, 32; 50:13

이츠하크가 립콰를 아내로 맞이함 (24:1-67)

24

1 아브라함이 늙어 고령高齡이 되었다. 야웨께서 범사凡事에 아
브라함에게 복을 내려 주셨다. 창12:2
2 아브라함은 자기 집에서 가장 연장자年長者가 되는 종으로서 그에게 속
한 모든 것을 관리했던 시종侍從㉠에게 말했다. “너는 나의 샅㉡ 아래
너의 손을 넣어 다오.

㉣ 앞(개), 근처(표), 동쪽(공), 맞은쪽(천)
㉤ 아브라함의 소유(개), 아브라함의 것(표), 아브라함의 땅(공), 아브라함의 재산(천)
24장 ㉠ 늙은 종(개)(표)(천), 늙은 심복(공)
㉡ 허벅지(개), 다리 사이(표), 사타구니(공), 샅(천)

3 나는 네가 하늘과 땅의 하나님이신 야웨 앞에서 서약誓約하게 하리라.
너는 내가 살고 있는 가나안 사람의 딸들 가운데서 내 아들을 위해 아내
를 취하지 말고, 출34:16 창28:1
4 너는 나의 본고장, 나의 친척親戚에게 가서, 내 아들 이츠하크를 위해 아
내를 데려오너라.[1)]"
5 그 시종은 그에게 말했다. "아마도 그 여인은 저를 따라 이 땅으로 오려
고 하지 않을 수도 있습니다. 그렇다면 제가 주인님의 아드님을 주인님
이 떠나오신 땅으로 반드시 데려가야만 합니까?[2)]"
6 아브라함은 그에게 말했다. "너는 내 아들을 그 곳으로 데려가지 않도록
삼가라.
7 야웨께서는 하늘의 하나님이시요,[3)] 주님께서는 나를 내 조상祖上의 집
과 내 친척의 땅에서 데리고 나오셨고, 나와 말씀하시고 서약하신 하
나님이시다. 주님께서 이르시기를 '내가 네 후손後孫에게 이 땅을 줄 것
이다.' 하셨다. 주님께서 네 앞에 천사天使를 보내셔서, 네가 그 곳에서
내 아들을 위해 아내를 데려오게 하실 것이다. 대하36:23 느2:20
8 그러나 만일 그 여인이 너와 함께 따라오려 하지 않으면, 나에게 행한
맹세는 네가 괘념掛念치 않아도 괜찮다. 너는 내 아들을 그 곳으로 데려
가서는 안 된다."
9 그래서 시종은 그의 손을 주인主人 아브라함의 샅에 넣고, 이런 일에 대
해 그에게 맹세했다.
10 그 다음 그는 자기 주인의 낙타駱駝 가운데 10마리를 데리고, 주인의
모든 재물財物에서 얼마를 가지고 출발出發하여,[4)] 나호르가 사는 도시都
市인 아람 나하라임[5)]으로 떠났다. 창11:22-31
11 그 후 그는 낙타들을 도시 앞에 있는 들 밖 우물가에 뉘어 놓았다. 때
는 여인들이 물을 길으러 나올 시간時間인 저녁 무렵이었다.
12 그 때 그는 속으로 기도祈禱하고 있었다. "야웨, 저의 주인 아브라함의
하나님이시여! 제가 이번 일을 성공하게 하시고, 저의 주인 아브라함
에게 자비慈悲㉢를 행하여 주십시오.

13 보십시오, 제가 우물 곁에 있으면, 그 도시 주민住民의 딸들이 물을
길으러 나올 것입니다.
14 제가 '댁宅의 물동이를 기울여서 물을 마시게 해 주시오.' 하고 청請할
때, '드세요, 낙타들에게도 제가 물을 먹이겠습니다.' 하고 대답하는
그 처녀處女[6]ⓡ가 주님께서 주님의 종 이츠하크를 위해 정하신 그 여인
이게 하소서. 그것으로 저는 주님께서 제 주인에게 자비를 행하신 줄
알겠습니다."
15 그런데 그가 채 말을 끝내기도 전에, 보니 립콰(리브가)가 나와 있었다.
그 여자는 아브라함의 동생 나호르의 아내 밀카의 아들인 브투엘의 딸
이었다. 그 여자는 어깨에 물동이를 메고 있었다. 창22:23
16 그 처녀는 얼굴이 매우 아리따운 숫처녀[7]ⓜ라, 아직 남자와 가까이하
지 않았다. 그 여자는 우물 아래로 내려와서, 자기 물동이를 채워 다시
위로 올라갔다.
17 그러자 시종은 여자를 향해 뛰어가 마주보면서[8] 말했다. "내가 댁의
물동이에서 물 좀 마시게 해 주시오."
18 그 때 그 여자가 말했다. "드세요, 어르신[9]ⓑ" 그리고 그 여자는 급히
자기 물동이를 자기 손에서 내려놓으면서, 그가 마시도록 했다.
19 그에게 충분充分히 마실 만큼 물을 준 다음 그 여자는 말했다. "제가
어르신의 낙타駱駝들도 충분히 마실 때까지 물을 긷겠습니다."
20 그 여자는 급히 물동이를 물받이 긴 구유[10]에 쏟아 비웠다. 그 다음
다시 물을 길으러 우물로 걸어가서 그의 모든 낙타를 위해서 물을 길
었다.
21 시종은 잠자코 그 여자를 응시凝視하고 있었다. 야웨께서 그의 여행 목
적을 이루어 주실지, 아니하실지 알기 위해서였다.

ⓒ 은혜(개), 은총(표), 신의(공), 자애(천)
ⓡ 소녀(개)(표)(천), 아가씨(공)
ⓜ 처녀(개)(표)(공)(천)
ⓑ 내 주여(개), 할아버지(표)(공), 나리(천)

22 낙타들이 물을 충분히 다 마셨을 때, 그는 반 섀캘 무게의 금 코걸이
1개와 10섀캘 무게의 금 팔찌 1쌍을 주면서
23 말했다. "댁㉦은 누구의 따님입니까?[11] 나에게 말해 주시오. 우리들
이 댁의 부친父親 집에서 밤을 지낼 만한 자리를 구할 수 있나요?"
24 그 여자는 말했다. "저는 밀카가 나호르에게 낳아 준 아들 브투엘의 딸
이에요."
25 그 여자는 계속해서 말했다. "우리에게 꼴과 여물이 충분하고 밤을 지
낼 자리도 있습니다."
26 그러자 그 시종은 몸을 굽혀 야웨께 경배敬拜드리고 나서,
27 말했다. "저의 주인 아브라함의 하나님, 야웨께서는 찬양讚揚을 받으소
서. 주님께서 인애仁愛와 신실信實㉧을 저의 주인에게서 빼앗아 가지 않
으셨습니다. 야웨께서 저를 진정眞正 저의 주인의 아우 집으로 인도引導
하셨습니다."
28 그 처녀는 자기 어머니의 집에 달려가서 모두 이야기했다.
29 립콰에게는 한 오빠가 있었다. 그가 라반이다. 라반은 우물에 있는 그
사람에게 뛰어나갔다.
30 라반은 그 때 그의 누이동생의 코걸이와 팔목의 팔찌를 보았고, 그의
누이 립콰에게서 '시종이 저에게 이러이러하게 말했어요.' 하는 이야기
를 듣고는, 시종을 향해 우물가로 마중을 나갔다.[12] 가 보니, 그 남자
가 거기 우물가 낙타들 곁에 있었다.
31 라반은 그에게 말했다. "들어오시오. 당신은 야웨의 복을 받으신 분입
니다. 왜 당신은 밖에 머물러 있습니까? 저는 이미 집을 치워 놓고 낙
타들이 있을 자리를 만들어 놓았습니다."
32 그러자 시종은 그 집으로 들어갔고, 라반은 낙타들의 재갈을 벗기
고,[13]㉨ 꼴과 여물을 주었다. 그리고 그는 아브라함의 시종과 그의 일

㉦ 네(개), 아가씨(표)(공), 그대(천)

㉧ 사랑과 성실(개), 인자와 성실(표), 버리지 않으시고, 참으로 신의를 지키셨구나(공), 자애와 신의(천)

행一行들에게 발 씻을 물을 주었다.
33 그리고 나서 라반은 그에게 음식을 차려 냈다. 그런데 아브라함의 시종
은 말했다. "저는 임무任務를 마칠 때까지 먹지 않겠습니다." 라반은 대
답했다. "그럼 말씀해 보시지요."
34 시종은 말했다. "저는 아브라함의 시종입니다.
35 야웨께서 저의 주인主人에게 복을 주시어 그분은 매우 부요富饒하게 되
셨습니다. 야웨께서 그분에게 양과 소, 그리고 은과 금, 남종과 여종,
낙타와 나귀를 주셨습니다.
36 제 주인의 마나님[14] 사라께서 그에게 늘그막에 한 아들을 낳아 주셨습
니다. 주인께서는 아드님에게 그의 모든 재산財產을 넘겨주셨습니다.
37 저의 주인께서 저에게 맹세하게 하셨습니다. '너는 내 아들에게 내가
살고 있는 가나안 사람의 딸들 중에서는 아내를 데려와서는 안 되니,
38 너는 내 아버지의 집안과 친족에게 가서 내 아들의 아내감을 데려와야
한다.'
39 그래서 저는 저의 주인에게 대답했습니다. '혹시라도 그 여인이 저를
따라오지 않는다면요?'
40 그분은 저에게 말씀하셨습니다. '내가 면전面前에서 모셨던[15] 야웨께서
천사天使를 너와 함께 보내실 것이요, 네 여행을 성사成事케 하실 것이
다. 그러니 너는 내 아들을 위해 내 친족, 내 아버지의 집에서 여인을
데려와야 한다.
41 네가 나의 친족에게 갈 때에 너는 내 맹세와 상관相關이 없으며, 설령設
令 그 사람이 그 여인을 네게 주지 않을지라도, 너는 내 맹세에 책임이
없을 것이다.'
42 그래서 제가 오늘 우물가에 왔을 때, 저는 기도祈禱했습니다. '야웨시
여, 제 주인 아브라함의 하나님이시여, 주님께서 제가 행하는 여행을
성사케 해 주십시오.

ⓩ 낙타의 짐을 부리고(개)(표)(천), 낙타 등에 실은 짐과 안장을 풀어 내리고(공)

43 보십시오, 저는 이제 여기 우물가에 있습니다. 물을 긷기 위해서 나온 묘령妙齡의 여인[16]ⓩ이 있어, 제가 그 여자에게 「나에게 물동이에서 마실 물을 좀 주시오.」라고 말하고,
44 그 여인이 저에게 「드세요. 저는 어르신의 낙타들을 위해서도 물을 긷겠습니다.」라고 대답하면, 바로 그 여인이 야웨께서 제 주인의 아들에게 정해 놓으신 여인이 되는 것입니다.'
45 그리고 제가 아직 제 말을 마치기도 전에 보니, 립콰가 어깨에 물동이를 메고 와서 우물로 내려가 물을 길었습니다. 그래서 저는 그 여자에게 말했습니다. '내게 마실 물을 좀 주시오.'
46 그러자 그 여자는 서둘러서 그의 물동이를 아래로 내려놓고 말했습니다. '드세요, 저는 어르신의 낙타들도 물을 마시게 할 것입니다.' 그래서 저는 물을 마셨고, 그 여자는 낙타들에게도 물을 마시게 했습니다.
47 저는 그 여자에게 물었습니다. '댁은 누구의 따님이시오?' 그 여자는 대답하기를 '저는 밀카가 나호르에게 낳아 준 아들 브투엘의 딸입니다.' 라고 했습니다. 그래서 저는 그 여자에게 코에는 코걸이를 끼워 주었고, 팔에는 팔찌를 채워 주었습니다.
48 그 다음 저는 몸을 굽혀서 야웨께 경배敬拜하며 찬양讚揚했습니다. 저의 주인 아드님을 위해서 그의 동생의 따님을 데려오도록 저를 바른 길로 인도引導해 주신 저의 주인 아브라함의 하나님을 찬양했습니다.
49 그러니 이제 당신들이 저의 주인에게 인애仁愛와 신실信實ⓚ을 베풀어 주시려거든, 저에게 그렇다고 말씀해 주십시오. 아니면 그렇지 않다고 제게 알려 주십시오. 그러면 저는 오른쪽으로든 왼쪽으로든 향할 것입니다."
50 라반과 브투엘은 대답했다. "이 일은 야웨로부터 비롯되었으니, 우리는 당신에게 좋다 나쁘다고 말할 수 없소.
51 보시오, 당신 앞에 있는 립콰를 데리고 떠나시오. 그리고 야웨께서 말씀

ⓩ 젊은 여자(개), 처녀(표)(천), 혼기가 찬 여자(공)
ⓚ 인자함과 진실함(개), 인자하심과 진실하심(표), 참 호의(공), 자애와 신의(천)

하신 대로 당신 주인 아들의 아내로 삼으시오."
52 아브라함의 시종은 이 말을 들었을 때, 야웨 앞에서 땅에 엎드렸다.
53 그 다음 그는 금과 은의 패물佩物과 옷가지들을 꺼내 들고 와서 립콰에게
주었다. 그의 오빠와 어머니에게도 예물禮物[17]ⓣ을 건넸다.
54 그리고 나서 그와 그 남자들은 먹고 마셨다. 그리고 밤을 지냈다. 아침
에 일어났을 때, 시종은 말했다. "당신들은 저를 저의 주인主人께 보내
주십시오."
55 그러나 립콰의 오빠와 어머니는 말했다. "그 어린 것[18]을 며칠 아
니면 열흘쯤 우리에게 더 있게 하세요. 그 다음에 당신은 가도 되
겠지요."
56 아브라함의 시종은 대답했다. "당신들은 저를 더 붙잡지 마십시오. 야
웨께서 저의 여행旅行을 성사成事시키셨기 때문입니다. 제가 주인께 가
도록 저를 보내 주십시오."
57 그들은 말했다. "우리가 그 아이를 불러 놓고 직접 물어 보겠소."
58 그리하여 립콰를 불러들여 말했다. "너, 이분과 함께 가겠느냐?" 그러
자 그 여자는 말했다. "예, 가겠습니다."
59 그래서 그들은 라반의 누이 립콰와 그 여자의 유모乳母, 그리고 아브라
함의 시종과 그의 일행들과 작별했다.
60 그들은 립콰에게 축복祝福하며 말했다.

"우리 누이, 너는 〈자손이〉 수천수만數千數萬ⓟ이 되어라.[19]
네 자손이 그 적敵의 성문城門을 차지하여라."[20] 창22:17

61 그 다음 립콰는 일어나 그의 몸종과 함께 낙타를 탄 후 그 시종을 따랐
다. 그 시종은 립콰를 데리고 행선지行先地로 향했다.
62 그 때에 이츠하크는 광야曠野를 거쳐[21] 브에르 라하이 로이로 왔으며,
그는 남부南部(내갭) 지역에서 살고 있었다. 창16:14; 25:11
63 이츠하크가 저녁 무렵 산책散策ⓗ하기 위해서[22] 들판으로 나가 있다가,

ⓣ 보물(개), 값나가는 선물(표), 선물(공), 값진 선물(천)
ⓟ 천만 인의 어머니(개)(표), 억조창생의 어머니(공), 수천만의 어머니(천)

눈을 들어 보니 낙타들이 오고 있었다.
64 그 때 립콰는 눈을 들어 이츠하크를 보고서 낙타에서 내렸다.
65 립콰는 그 시종에게 말했다. "저 들판에서 우리를 보려고 온 저분이 누
구신가요?[23]" 그는 대답했다. "저분이 제 주인主人 되십니다." 그러자
그 여자는 너울을 꺼내 자신을 가렸다.
66 그 시종은 그가 겪었던 모든 일을 이츠하크에게 이야기했다.
67 그 다음 이츠하크는 립콰를 자기 어머니 사라가 살던 장막帳幕으로 안내
하여, 립콰를 아내로 맞이하고 사랑해 주었다. 이렇게 이츠하크는 그의
어머니를 여읜 후[24] 위로慰勞를 받았다. ○ 창23:1, 2

아브라함의 후처 컷투라의 자손과 아브라함의 운명 (25:1-11)

25 1 아브라함은 다시 또[1] 아내를 맞이했다. 그 여자의 이름은 컷
투라(그두라)였다.
2 그 여자는 그에게 짐란, 욕샨, 므단, 미드얀, 이쉬바크, 슈아흐를 낳아
주었다.
3 욕샨은 셔바와 드단을 낳았다. 그리고 드단의 아들들은 앗슈르 족속, 릇
투쉬 족속, 르움밈 족속이 되었다.[2]
4 미드얀의 아들들은 에파, 에패르, 하노크(하녹), 아비다, 앨다아이고, 이
들 모두는 컷투라의 자손이었다.
5 그러나 아브라함은 그의 모든 소유所有를 이츠하크에게 주었다.
6 아브라함은 소실小室들의 아들들에게도 한 몫씩[3]을 주었으니,㉠ 자기 생
전生前에 그들이 그의 아들 이츠하크에게서 떠나 동쪽 땅으로 떠나도록
했다.[4]

ⓗ 묵상(개), 산책(표), 바람쐬러(공), 바람을 쐬러(천)

25장 ㉠ 자기 서자들에게도 재산을 주어(개), 첩들에게서 얻은 아들들에게도 한 몫씩 나누어 주었는데(표), 소실들에게서 난 자식들에게도 살림 밑천을 골고루 나누어 주었다(공), 소실들이 자기에게 낳아 준 아들들에게도 한몫씩 나누어 주었다(천)

7 아브라함이 살아온 연수年數는 175세였다. 창12:4
8 아브라함은 숨을 거두어 천수天壽를 누리고, 만족滿足스런 나이로 죽어서,
그의 열조列祖에게 돌아갔다.[5] 창15:15
9 그의 아들들 이츠하크와 이쉬마엘은 그를 마므레 맞은편 헤트 족속 초하르
의 아들 에프론의 밭에 있는 막펠라 동굴에 장사 지냈다. 창23:13-20
10 아브라함이 헤트 족속에게서 사들였던 밭, 그 곳에 아브라함과 그의 아
내 사라는 매장埋葬되었다.
11 아브라함이 죽은 후 하나님께서 그의 아들 이츠하크에게 복을 내리셨
고, 이츠하크는 브에르 라하이 로이에서 살았다. ⃠ 창17:19; 24:62

이쉬마엘의 자손 (25:12-18)

12 아브라함의 아들, 사라의 여종인 이집트 여인 하가르가 아브라함에게 낳
아 준 이쉬마엘의 족보族譜는 이러하다. 창21:13
13 그들의 이름과 세대에 따른 이쉬마엘의 아들들의 이름은 이러하다. 느
바요트(느바욧), 케다르, 앗브엘, 밉삼,
14 미쉬마, 두마, 맛사,
15 하닷, 테마, 엿투르, 나피쉬, 그리고 퀘드마,
16 이들은 이쉬마엘의 아들들이며, 그의 유목민遊牧民 농장農場과 야영지野營
地 촌락村落에 있던 그들의 지파支派들에 따른 12부족장部族長들이다.
민1:44 창17:20
17 이쉬마엘이 산 연수는 137세이다. 그는 숨을 거두어 죽었으며, 그의
혈족血族[6]㉡에게 돌아갔다.
18 그들은 하윌라에서 슈르에 이르기까지 살았고, 슈르는 이집트 동편東便
에서 앗쉬르로 향한 길까지였다. 그리고 그는 모든 형제 맞은편에 정
주定住했다. ◯ 창16:12

㉡ 자기 백성(개), 조상(표), 없음(공), 선조(천)

에사우와 야코브의 출생 (25:19-26)

19 아브라함의 아들 이츠하크의 족보族譜는 이러하니, 아브라함은 이츠하크
를 낳았다.
20 그리고 이츠하크는 40세에 립콰를 아내로 맞이했으니, 립콰는 파단 아
람의 아람 사람 브투엘의 딸이요, 아람 사람 라반의 누이였다.
21 이츠하크는 아내가 임신하지 못하므로 아내 앞에서[7] 야웨께 간구懇求했
다. 야웨께서 그의 청을 들어주시어, 그의 아내 립콰는 임신했다.
22 그러나 그 여자의 자궁에서 아들들이 밀치고 있을 때, 그 여자는 말했다.
"이런 경우에 나는 어찌 할꼬?" 그래서 그 여자는 야웨께 물으러 갔다.
23 그 때 야웨께서 그 여자에게 말씀하셨다.

"두 민족ⓒ들(고임)이 네 태胎ⓡ 안에 있는데,
두 민족[8]ⓜ들(르움밈)이 네 자궁子宮ⓑ 안에서 갈라졌다.
한 민족이 다른 민족보다 강하니,
나이 든 자가 어린 자를 섬기리라.[9]"[10]

24 때가 차서 그 여자가 해산하니, 저런, 그 태 안에 쌍둥이(雙童)가 있었네.
25 선둥이(先童)는 붉고, 온몸이 털옷 같아 사람들은 그를 에사우(에서, 털)
라 불렀다.
26 그 후에 후둥이(後童)가 나왔는데, 그는 형의 발꿈치를 손으로 잡았으므
로, 사람들은 그를 야코브(야곱, 발꿈치를 잡음)라 불렀다. 그들이 태어났
을 때 이츠하크의 나이는 60세였다. 호12:4(3)

에사우가 야코브에게 장자 신분長子身分 매도[11] (25:27-34)

27 그 소년들이 장성長成하여, 에사우는 사냥에 익숙한 남자, 즉 들사람이

ⓒ 국민(개), 민족(표)(공)(천)
ⓡ 태(개)(표)(공), 배(천)
ⓜ 민족(개), 백성(표), 부족(공), 겨레(천)
ⓑ 복중(개), 태(표)(공), 몸(천)

되었다. 그러나 야코브는 조신操身하고 장막帳幕 안에 거주했다.
28 이츠하크는 에사우가 사냥한 고기가 그의 입맛에 맞아 에사우를 사랑했
지만, 립콰는 야코브를 사랑했다.
29 야코브가 요리料理를 만들고 있는데, 에사우가 들판에서 지칠 대로 지쳐[12]㉦
돌아왔다.
30 에사우는 야코브에게 말했다. "제발 내가 그 붉은 것[13]㉧ 좀 실컷
먹게 해 주려무나,[14] 그 붉은 것을. 나는 허기虛飢졌기 때문이야." 그
래서 사람들은 그의 이름을 애돔(붉은 자)이라 불렀다.
31 그러나 야코브는 말했다. "형은 내게 장자 신분㉨을 우선 팔아요.[15]"
32 에사우는 대답했다. "이것 봐. 난 배고파서 거의 죽을 지경이야. 내게
이런 장자 신분이 무슨 대수인가?"
33 야코브는 말했다. "형은 나에게 먼저 서약誓約부터 해요." 에사우는
그에게 서약했다. 그는 그의 장자 신분을 야코브에게 팔았다.
히12:16 창27:36
34 그 다음 야코브는 에사우에게 빵과 불콩 요리[16]㉩를 주었고, 그는 먹
고 마시고서 일어나 가 버렸다. 에사우는 그의 장자 신분을 가볍게
보았다. ⊘

그라르에서 이츠하크와 립콰의 위해危害 상황[1] (26:1-11)

병행문: 창12:10-20; 20:1-18

26 1 아브라함 때에 첫 번 흉년凶年이 들었는데 또 흉년이 닥쳤다.
그래서 이츠하크는 그라르를 향해 플래섓 왕 아비맬랙에게
갔다.

㉦ 피곤하여(개), 허기진(표), 허기져(공), 허기진(천)
㉧ 붉은 것(개)(천), 붉은 죽(표)(공)
㉨ 장자의 명분(개), 맏아들의 권리(표), 상속권(공), 맏아들 권리(천)
㉩ 떡과 팥죽(개), 빵과 팥죽(표), 떡과 불콩죽(공), 빵과 불콩죽(천)

2 그 때 야웨께서 이츠하크에게 나타나셨다. 그리고 주님께서 말씀하셨다.
"너는 이집트로 내려가지 말고, 내가 네게 일러 주는 땅에서 머물러라.
3 너는 이 땅에서 거류居留하여라. 그러면 나는 너와 함께할 것이며, 너에
게 복福을 주리라. 나는 너와 네 후손後孫에게 이 모든 땅을 줄 것이다.
그리고 내가 너의 아버지 아브라함에게 맹세했던 서약誓約을 보증保證할
것이다. 창17:19; 22:16, 17
4 나는 네 후손을 하늘의 별처럼 번성蕃盛하게 할 것이다. 나는 네 후손에
게 이 모든 땅을 줄 것이다. 그리고 땅의 모든 민족民族이 네 이름으로
복福을 받을 것이다. 창15:5
5 이는 아브라함이 내 말을 듣고, 또 그가 나의 계명誡命과 명령命令, 규정規
程과 율법律法㉠을 지킨 덕분이다."
6 이츠하크는 그라르에 살게 되었다.
7 그 곳 남자들이 이츠하크의 아내에 대해서 묻자, 그는 말했다. "그 여자는
내 누이요." 그는 생각하기에[2] 그 여자의 얼굴이 예뻐서, 그 곳 남자들이
립콰로 인해 자기를 죽일까 하여, 그 여자가 자기 아내라고 말하기가 겁
났기 때문이었다.
8 그가 그 곳에 오랫동안 있었더니, 플래솃 왕 아비맬랙이 창문 밖을 내다
보다가, 그는 저기 이츠하크가 자기 아내 립콰를 애무愛撫하는 것[3]을 보
았다.
9 그래서 아비맬랙은 이츠하크를 불러냈다. "그래, 그것 봐. 그 여자가 당
신 아내였군. 어찌하여 자네는 그 여자가 자네 누이라고 말했는가?" 이
츠하크가 그에게 대답했다. "그 여자로 인해 제가 목숨을 잃게 될까 생
각했기에 그랬습니다."
10 아비맬랙이 말했다. "자네는 어쩌자고 우리에게 이런 일을 저질렀나?
자칫하면 백성의 하나가 당신 아내와 잠을 잤겠지. 그래서 자네가 우

26장 ㉠ 명령·계명·율례·법도(개)(표), 지키라고 일러준 계명·규정·훈계(공), 명령·계명·규정·법(천)

리에게 죄과罪過를 가져다줄 뻔했단 말이네."
11 아비멜랙은 그의 모든 백성에게 명령命令했다. "누구든지 이 남자나 그
의 아내를 건드리는 자는 죽임을 당하리라."

그라르의 목자牧者들과의 우물 싸움 (26:12-21)

12 이츠하크는 그 땅에 씨를 심어, 그 해에 100배의 결실結實을 거두었다.
야웨께서 그에게 복을 내리셨기 때문이다. 잠10:22
13 그는 부유富裕하게 되었고, 점차 매우 넘칠 정도로 큰 부자가 되었다.
14 그가 양 떼와 소 떼, 그리고 많은 종을 갖게 되자, 플래셋 사람들은
그를 시기猜忌했다.
15 플래셋 사람들은 이츠하크의 아버지 아브라함의 종들이 그의 아버지 때
에 팠던 모든 우물을 막아 버리고 흙으로 메웠다. 창21:22-34
16 그 때 아비멜랙은 이츠하크에게 말했다. "자네는㉡ 우리에게서 떠나 주
게. 자네는 우리보다 심히 강해졌으니 말이네."
17 이츠하크는 거기서 떠나 그라르 계곡溪谷에 자리잡고 그 곳에서 살았다.
18 그 후 이츠하크는 우물들을 다시 팠다. 그것은 자기 아버지 아브라함의
종들이 아브라함 때에 팠던 우물들이었다. 이것들은 아브라함이 죽은
뒤에 플래셋 사람들이 막아 버린 우물들이다. 이츠하크는 아버지가 부
르던 우물들 이름을 그대로 불렀다.
19 이츠하크의 종들이 그라르 냇물 골짜기[4]㉢를 팠을 때, 그들은 거기서
우물과 샘물을 찾아냈다.
20 그러자 그라르 목자牧者들이 이츠하크의 목자들과 말다툼을 벌이면서
말했다. "이 우물은 우리 거야." 그들이 우물을 두고 다투었다고 해서
사람들은 그 우물의 이름을 에색(다툼)이라 불렀다.
21 그 후 이츠하크의 종들이 다른 우물을 팠다. 그러나 그라르 목자들은

㉡ 네가(개), 너는(표)(공), 그대가(천)
㉢ 골짜기(개)(공)(천), 평원(표)

또 그 우물에 대해서 다투었다. 그래서 사람들은 그 이름을 싯트나(반
대)라고 불렀다.

르호보트와 브에르섀바 우물과 제단祭壇 (26:22-25)

22 그 후 이츠하크는 거기서 자리를 옮겨서 다른 우물을 팠다. 그들은 그
것에 대해서 더 이상 다투지 않았다. 그래서 그는 그 이름을 르호보트
(넓은 곳)라 불렀다. 이츠하크는 말했다. "이제 야웨께서 우리를 위해 공
간空間을 넓게 하셨으니, 우리가 이 땅에서 퍼져 나갈 수 있게 되었다."
23 그는 그 곳에서 브에르섀바로 올라갔다.
24 야웨께서 그 날 밤에 그에게 나타나셔서 말씀하셨다. "나는 네 아버지
아브라함의 하나님이다. 너는 두려워하지 말아라. 내가 너와 함께하느
니라. 그리고 나는 내 종 아브라함을 봐서 너에게 복을 주고, 네 후손
을 번성하게 할 것이다."
25 이츠하크는 거기에 제단祭壇을 쌓았고 야웨의 이름을 불렀다. 그리고 거
기에 그의 장막帳幕을 치고, 종들은 거기에 우물을 팠다. 창12:8

아비맬랙이 이츠하크와 브에르섀바 우물 계약 (26:26-33)

26 아비맬랙은 그라르에서 그의 친구 아후잣과 그의 군대 장관軍隊長官 피콜
과 함께 이츠하크에게 갔다.
27 이츠하크는 그들에게 물었다. "당신當身들은 어째서 저에게 왔습니까?
당신들은 저를 미워했고, 저를 쫓아내지 않았습니까?"
28 그러자 그들은 대답했다. "우리는 분명分明히 야웨께서 당신과 함께하
심을 보았소. 그래서 우리는 당신과 계약契約을 맺어야 한다고 생각했
소. 신29:3(4) 마13:13[5)]
29 우리가 당신을 건드리지 않고 당신에게 좋게만 행했으며, 당신을 평화
平和롭게 보내 주었듯이 당신도 우리에게 악惡하게 하지 않기를 바라오.
이제 당신은 야웨께 복을 받았소."

30 그래서 이츠하크가 그들에게 잔치를 베풀었고, 그들은 먹고 마셨다.
31 이튿날 아침 일찍이 그들은 서로 맹세㉣한 후 이츠하크가 그들을 보내
자, 그들은 평안히 떠났다.
32 같은 날에 이츠하크의 종들이 와서 그에게 그들이 파 놓았던 우물에
대한 소식消息을 전하며 말했다. "우리가 물을 찾아냈습니다."
33 그 때 그는 그 우물을 쉬브아(맹약)라 불렀다. 그러므로 그 도시는 오늘
날까지도 브에르섀바로 불린다. ⃠

에사우가 헤트 족속 아내를 얻음 (26:34-35)

34 에사우는 40세가 되었을 때, 헤트 족속 브에리의 딸 여후디트와 헤트
족속 엘론의 딸 바스맛을 아내로 맞아들였다. 창36:2, 3
35 그들은 이츠하크와 립콰에게 정신적인 고통苦痛이 되었다. ⃠

이츠하크의 축복을 야코브가 속임수로 받음[1] (27:1-29)

27 1 이츠하크는 늙어서 시력視力이 흐려지자,[2] 자기 큰아들 에사우
를 불렀다. 이츠하크가 에사우에게 "내 아들아."㉠ 하고 말하자,
에사우는 아버지에게 "제가 여기 있습니다." 하고 대답했다.
2 이츠하크가 말했다. "제발 좀 봐라. 나는 늙어서 내가 죽을 날을 알지 못
한다.
3 그러니 이제 너는 네 기구器具들, 화살통과 활을 메고 들로 나가서, 나를
위해 사냥감을 사냥해서 오너라.
4 너는 내가 좋아하는 별미別味를 만들어서 내게 가져오려무나. 내가 그것을
먹고, 죽기 전에 내 심령心靈[3]이 너를 축복祝福하도록 말이다."
5 립콰는 이츠하크가 자기 아들 에사우에게 말하는 것을 엿들었다. 그리고

㉣ 맹세(개)(표)(천), 서약(공)
27장 ㉠ 내 아들아(개)(천), 나의 아들아(표), 얘야(공)

에사우는 자기 아버지를 위하여 사냥하러[4] 들로 나갔다.
6 립콰는 자기 아들 야코브에게 말하여 일렀다. "날 좀 보아라. 내가 네 아버지가 네 형 에사우에게 해 준 말을 들었는데."라고 하면서 일렀다.
7 " '너는 나에게 사냥한 고기를 가져오너라. 그리고 나를 위해 별미를 만들어라. 내가 죽기 전에 먹고 야웨 앞에서 너를 축복해 주겠다.' 하셨다.
8 그러니 이제 내 아들아, 내 말을 들어라. 내가 너에게 시키는 대로 말이다.
9 너는 염소 떼에게 가서, 거기서 좋은 염소 새끼 2마리를 내게 가져오너라. 나는 그것으로 네 아버지께서 좋아하시는 대로 네 아버지를 위해 별미를 요리料理하려고 한다.
10 그러면 너는 네 아버지께 가져가 드시게 하고, 아버지께서 돌아가시기 전에 너를 축복祝福하도록 하여라."
11 야코브는 어머니 립콰에게 말했다. "보세요. 제 형 에사우는 털북숭이고 저는 매끈한 사람입니다. 창25:25
12 혹시或是나 아버지께서 저를 만져 보시면, 저는 아버지께서 보시기에 놀리는 것처럼 될 것이며, 저는 저주詛呪를 가져올지언정 축복祝福을 가져오지는 못할 것입니다."
13 그의 어머니는 그에게 말했다. "너의 저주는 내가 받을 테니, 내 아들아, 너는 어서 내 말만 듣고, 가서 그것을 나에게 가져오너라."
14 그러자 그는 가서 어린 염소를 어머니에게 가져왔다. 그 다음 어머니는 아버지가 좋아하는 대로 별미를 요리했다.
15 립콰는 자기 집에 가지고 있던 큰아들 에사우의 나들이옷을 꺼내, 작은 아들 야코브에게 입혔다.
16 또 립콰는 어린 염소 가죽을 그의 손과 매끈한 목에 싸맸다.[5]
17 그리고 나서 그녀는 아들 야코브의 손에 자기가 만든 빵과 별미를 들려 주었다.
18 야코브는 자기 아버지에게 가서 말했다. "아버지." 그러자 이츠하크는 대답했다. "나, 여기 있다. 내 아들아, 넌 누구냐?"
19 야코브는 자기 아버지에게 말했다. "저는 아버지의 맏아들 에사우입

니다. 제가 아버지께서 저에게 명命하신 대로 행하였으니, 제가 사냥
한 고기를 드시고 나서 아버지의 심령心靈이 저를 축복祝福해 주십시
오." 레19:14
20 이츠하크는 자기 아들에게 말했다. "어떻게 너는 이처럼 빨리 찾았느
냐? 내 아들아." 그는 대답했다. "아버지의 하나님, 야웨께서 제 앞에
서 쾌快히 들어주셨기[6] 때문입니다."
21 이츠하크는 야코브에게 말했다. "너 좀 가까이 오너라. 내가 너를 만져
보아야겠다. 내 아들아, 네가 바로 내 아들 에사우인지 아닌지.[7]"
22 야코브는 그의 아버지 이츠하크에게 가까이 갔다. 그러자 이츠하크는
그를 만져 보고 말했다. "음성音聲은 야코브의 음성인데, 두 손[8]은 에
사우의 손이로구나.[9]"
23 이츠하크는 야코브의 손이 야코브의 형 에사우의 손처럼 털북숭이였기
에 그를 알아보지 못하고, 그만[10]ⓛ 그를 축복해 주려고 했다.
24 그 때에 그는 물었다. "네가 바로[11] 내 아들 에사우냐?" 그는 대답했
다. "네, 접니다."[12]
25 그러자 이츠하크는 말했다. "너는 그것을 내게 가져와 보거라. 내 아들
이 사냥한 고기를 먹어 보자. 내 심령이 너를 축복하기 위해서 말이
다." 그래서 야코브가 아버지에게 음식飮食을 식탁食卓에 올리니 이츠하
크는 먹었고, 포도주葡萄酒[13]도 가져다 드리니 그는 마셨다.
26 그의 아버지 이츠하크는 그에게 말했다. "내게 가까이 와서 나에게 입
을 맞추어라. 내 아들아."
27 그래서 야코브는 가까이 가서 그에게 입을 맞추었다. 그러자 이츠하크
는 그의 옷의 향취香臭를 맡고, 야코브를 축복하여 말했다.

"보라, 내 아들의 체취體臭는
야웨께서 복을 주신
들판의 향내와 같구나.

ⓛ 없음(개)(표)(공)(천)

28 하나님께서 너에게
하늘의 이슬을,
기름진 땅을 주시고,
곡식穀食과 포도즙葡萄汁[14]을 많게 하리라. 히11:20
29 겨레㉢들이 너를 섬길 것이며,
민족㉣들이 네게 무릎을 꿇으리라.
너는 네 형제㉤들의 지배자支配者㉥가 되어라.[15]
그리고 네 어머니의 아들들이 네게 무릎을 꿇으리라.
너를 저주詛呪하는 자는 저주를 받으나,
너를 축복祝福하는 자는 복을 받으리라." 창25:23 창12:3

에사우가 상실한 장자의 축복 (27:30-40)

30 이츠하크가 야코브에게 축복하기를 마치고, 야코브가 아버지 이츠하크 앞
에서 바로 떠나자마자, 형 에사우가 사냥에서 돌아왔다.
31 그도 역시 별미別味를 만들어 아버지에게 들고 들어갔다. 그는 아버지
에게 말했다. "나의 아버지, 일어나셔서 아들이 사냥해 온 고기를 드
시고 나서 아버지의 심령이 저를 축복해 주십시오."
32 아버지 이츠하크는 말했다. "너는 누구지?" 그는 대답했다. "저는 아버
지의 아들, 아버지의 장자長子 에사우입니다."
33 그러자 이츠하크는 아주 크게 경악驚愕하여 부르르 떨면서 말했다. "그
러면 사냥감을 사냥하여 내게 그걸 가지고 들어왔던 자가 누구였느
냐? 네가 오기 전에 나는 벌써 먹었다. 나는 그에게 이미 축복해 주었
으니 그가 축복을 받게 될 것이다."
34 에사우는 아버지의 이런 말을 듣고는, 소리 높여 심히 통곡痛哭하며 아

㉢ 만민(개), 민족(표)(천), 백성(공)
㉣ 열국(개), 백성(표), 족속(공), 겨레(천)
㉤ 형제(개)(천), 친척(표), 겨레(공)
㉥ 주(개), 다스리고(표), 영도자(공), 지배자(천)

버지에게 말했다. "아버지, 저,[16)]㉦ 저에게도 축복해 주십시오, 나의
아버지." 히12:17
35 그러나 이츠하크는 말했다. "네 동생同生이 와서 속임수를 써서, 네 축
복을 가로챘구나."
36 그러자 에사우가 말했다. "아무려면, 사람들이 그의 이름을 야코브(발꿈
치를 잡음)라 부르고 있겠습니까. 이 놈이 2번이나 저를 속였습니다. 제
장자 신분長子身分을 가로채더니, 보십시오, 이제는 제 축복마저 가로채
갔습니다." 그러면서 그는 말했다. "아버지는 저를 위해 축복을 남겨 두
시지 않으셨습니까?" 창25:26; 25:33
37 이츠하크는 에사우에게 대답했다. "자, 나는 그를 너의 지배자支配者로
세웠다. 나는 그의 모든 형제를 그에게 종으로 주었다. 그리고 나는
그에게 곡식穀食과 포도즙葡萄汁을 마련해 주었다. 그러니 내 아들아, 도
대체都大體 내가 무엇을 행할 수 있겠느냐?"
38 그러자 에사우는 아버지에게 말했다. "아버지, 아버지는 축복을 단지
하나만 가지셨습니까? 아버지, 저에게도 축복해 주세요." 하면서 에
사우는 목청을 돋우어 통곡痛哭했다.
39 그 때에 아버지 이츠하크는 대답하면서 그에게 일렀다.
"보아라. 네가 살 곳은 기름진 땅에서도,
저 위 하늘의 이슬에서도 멀리 떨어져 있으리라.
40 너는 너의 칼로 살아야 할 것이며,
네 동생同生에게 종이 되어야 할 것이다.
그렇지만 네가 노력努力하고 수고受苦하면,
너를 가둔 그의 멍에[17)]를 벗겨 낼 것이다.[18)]" 왕하8:20, 22

립콰가 야코브에게 하란으로 피신 권유 (27:41-46)

41 에사우는 아버지가 야코브를 축복한 그 축복 행위祝福行爲 때문에 야코브

㉦ 없음(개)(표)(공), 저에게(천)

를 죽이려고 했다.[19] 에사우는 아버지의 상喪을 당하는 날이 오면, 동
생 야코브를 죽여 버리겠다고 계획計劃했다.
42 그런데 립콰가 큰아들 에사우의 말을 전해 듣고는, 사람을 보내어 그의
작은아들을 불러 놓고 그에게 일렀다. "보아라, 네 형 에사우가 네게
복수復讐를 하여, 너를 죽이려 한다고 한다.
43 그러니 이제 너는 내 말을 들어라, 내 아들아. 너는 떠날 채비를 하여
라. 서둘러 하란을 향해 내 오라버니 라반에게 피해 있어라.[20]
창24:29
44 그리고 네 형의 분노憤怒가 풀릴 때까지, 너는 한동안[21]◎ 그와 함께
살고 있어라.
45 네 형의 분노가 네게서 풀리고, 네가 그에게 저질렀던 일을 그가 잊을
때까지, 그 때가 되면 내가 사람을 보내어, 거기서 너를 데려올 것이
다. 어찌 내가 하루에 너희 둘을 잃겠느냐?"
46 그 때에 립콰는 이츠하크에게 말했다. "나는 헤트 족속族屬의 딸들 앞에
서 사는 것이 진저리가 나요. 만일 야코브가 이제라도 세상世上의 이와
같은 헤트 족속의 딸들 가운데서 아내를 취한다면, 나는 어찌 살아야
하나요?" 창26:34, 35

이츠하크가 야코브를 외가外家 파단 아람으로 보냄 (28:1-5)

28 1 그 때 이츠하크는 야코브를 불러 놓고 그를 축복祝福했다. 그
리고 이츠하크는 그에게 지시指示하며 일렀다.[1] "너는 가나안
여인女人들 중에 아무도 취하지 말아라. 창24:3
2 너는 채비를 차리고, 파단 아람을 향하여 네 외할아버지 브투엘의 집으로
떠나라. 그리고 너는 그 곳에서 네 외삼촌外三寸 라반의 딸들 중에서 여인
을 맞이하여라. 창22:23; 24:29

◎ 몇 날 동안(개), 얼마 동안(표)(천), 잠시(공)

3 그러면 전능자全能者 하나님(엘 샤다이)께서 너에게 복을 주실 것이고, 너를
풍요豊饒하게 하실 것이며, 너는 여러 민족의 집회集會[2]가 될 것이다.㉠
4 그분께서 아브라함에게 베푸신 복을 네게 주실 것이며, 네가 거주하는
땅, 하나님께서 아브라함에게 주셨던 땅을 네가 소유할 수 있도록, 또
한 하나님께서 너에게, 그리고 너와 함께한 네 후손들에게 복을 주시
리라."
5 이렇게 해서 이츠하크는 야코브를 떠나보내고, 야코브는 파단 아람으로
떠났다. 그는 에사우와 그 자신의 어머니 립콰의 오라버니이고, 아람 사
람 브투엘의 아들 라반에게로 갔다.

에사우가 이쉬마엘의 딸 마할랏을 아내로 취함 (28:6-9)

6 그 때 에사우는, 이츠하크가 야코브를 축복하고 그를 파단 아람 평원平原으
로 보내어 거기서 그가 여인을 맞이하도록 한 것과, 이츠하크가 그를 축
복하면서 그에게 명령命令하여 이르기를, "가나안 딸들 중에 아내를 취하
지 말아라."고 한 것을 들었고,
7 또한 야코브가 아버지와 어머니에게 순종順從하여 파단 아람으로 떠났
을 때,
8 에사우는 아버지 이츠하크의 눈에 가나안의 딸들이 나쁘게 보인다는 것
을 알아차렸다.
9 그래도 에사우는 그의 아내들이 있음에도,[3] 이쉬마엘에게 가서 아브라
함의 아들 이쉬마엘의 딸, 느바요트의 누이 마할랏을 자기 아내로 취했
다. ⓥ

창16:16; 26:34; 25:13

야코브의 베트엘에서의 꿈과 하나님의 집을 세움과 십일조 서약[4] (28:10-22)

10 야코브는 브에르섀바에서 떠나 하란(파단 아람)으로 가다가,

28장 ㉠ 여러 족속을 이루게 하시고(개), 여러 민족을 낳게 하실 것이다(표), 여러 민족의 집단으로 발전할 것이다(공), 민족들의 무리가 되게 해 주실 것이다(천)

11 한 장소場所에 들러 그 곳에서 하룻밤을 보내게 되었다. 해가 이미 저물
었기 때문이었다. 그래서 그는 그 장소의 돌들 가운데 하나를 집어서
그것을 머리 밑에 베고, 그 곳에서 잠이 들었다.
12 그 때 그는 꿈을 꾸었는데, 한 층층대層層臺ㄴ가 땅 위로 세워져 그 끝이
하늘에 닿았고, 하나님의 천사天使들이 층층대에서 오르락내리락하는
것을 보았다. 요1:51
13 또 보니, 야웨께서 야코브를 향해 서 계셨는데, 주님께서 말씀하셨다.
"나는 야웨, 너의 조부祖父[5]ㄷ 아브라함의 하나님, 그리고 이츠하크[6]의
하나님이니, 나는 네가 누워 있는 땅을 너와 네 후손에게 줄 것이다.
14 네 씨는 땅의 모래처럼 많아질 것이다. 너는 서쪽과 동쪽, 북쪽과 남
쪽[7]으로 퍼져 나갈 것이다. 그리고 너와 네 후손으로 인하여 땅의 모
든 족속族屬ㄹ이 축복祝福을 받게 될 것이다. 창13:14, 15
15 보라, 나는 너와 함께 있고 네가 어디를 가든지, 모든 곳에서 너를
지키고 보호保護할 것이다. 그리고 나는 너를 이 땅으로 데려올 것이
다. 내가 네게 약속約束한 모든 것을 이루기까지 너를 떠나지 않을 것
이다."
16 그 때에 야코브는 잠에서 깨어난 후 말했다. "정말 야웨께서 이 곳에
계셨는데, 나는 그것을 모르고 있었구나."
17 그는 무서워하면서 말했다. "이 곳은 얼마나 무서운가! 여기는 하나님
의 집 외에 다른 것은 없으니, 이 곳은 하늘의 문門이로구나!" 출3:5
18 이튿날 아침 일찍 야코브는 머리 밑에 베었던 돌을 집어 그것을 제단祭
壇 선돌[8]ㅁ로 세우고, 그 돌머리에 기름을 부었다.[9] 창35:14, 15
19 그는 이 장소에 베트엘(하나님의 집)이라는 이름을 붙였다. 그러나 초기

ㄴ 사닥다리(개), 층계(표)(공)(천)

ㄷ 조부(개), 할아버지(표)(공), 아버지(천)

ㄹ 땅의 모든 족속(개), 땅 위의 모든 백성(표), 땅에 사는 모든 종족(공), 땅의 모든 종족(천)

ㅁ 기둥(개)(표), 석상(공), 기념 기둥(천)

初期에 그 도시의 지명地名은 루즈였다.
20 야코브는 서원誓願하여 말했다. "하나님께서 저와 함께하시고, 제가 가
고 있는 이 길에서 저를 보호하시고, 주님께서 저에게 먹을 양식糧食과
입을 옷을 주시면,
21 그리고 제가 무사히 제 아버지의 집으로 돌아가게 되면, 야웨께서 저
의 하나님이 되실 것입니다.
22 제가 제단 선돌로 세우는 이 돌은 하나님의 집이 되며, 하나님께서 제
게 주실 모든 것에서 저는 하나님께 신실信實하게 십일조十一租를 바칠
것입니다." 창35:1

야코브가 우물가에서 라헬과 라반을 만남[1] (29:1-14)

29 1 그 때 야코브는 발걸음을 옮겨, 동방東邦 사람의 땅으로 갔다.
2 그가 쳐다보았을 때, 저기, 들판에 한 우물이 있어 그 곁에
바로 양 떼 3무리가 엎드려 있었다. 이는 사람들이 그 우물에서 양 떼
에게 물을 먹이기 위해서이다. 하나의 큰 덮개 돌이 그 우물 위에[2]㉠
있었다.
3 모든 양 떼가 그 곳으로 모여들면, 사람들이 그 우물 위의 덮개 돌을
굴려 내고 양 떼들에게 물을 먹였다. 그리고 나서 사람들은 그 돌을 다
시 우물 위 제자리에 놓았다.
4 야코브는 그들에게 물었다. "당신들은 어디서 왔습니까? 나의 형제들이
여.㉡" 그들은 대답했다. "우리는 하란에서 왔습니다."
5 그러자 그는 그들에게 물었다. "당신들은 나호르의 아들 라반을 아십니
까?" 그들은 대답했다. "우리는 그를 알고 있습니다." 창24:10, 24
6 야코브는 그들에게 물었다. "그분은 잘 계십니까?"[3] 그들은 대답했다.

29장 ㉠ 우물 아귀(개)(표), 우물(공), 우물 위(천)
㉡ 내 형제여(개), 여보십시오(표)(공), 형제들(천)

"그는 잘 있습니다. 저기 보세요. 그의 딸 라헬이 양 떼를 데리고 옵니다."
7 그 때 야코브는 말했다. "아직은 한낮이고 양 떼를 우리에 넣을 시간이
아닐 테니, 양들에게 물을 먹이고 다시 풀을 뜯게 해야 하지 않습니까?"
8 그들은 대답했다. "우리는 그렇게 할 수 없습니다. 모든 양 떼가 한자리
에 모인 다음에, 우물 위에서 덮개 돌을 굴려 내고, 우리는 양들에게 물
을 먹입니다."
9 야코브가 그들과 이야기를 나누고 있는 동안, 라헬이 자기 아버지의 양
들을 몰고 왔다. 그 여자는 양치기[4)]이기 때문이다.
10 야코브는 그의 외삼촌 라반의 딸 라헬과 라반의 양들을 보자, 다가가서
우물 위에서 돌을 굴려 냈다. 그리고 그는 그의 외삼촌 라반의 양 떼에
게 물을 먹였다.
11 그 다음 야코브는 라헬과 입 맞추고 소리 내어 울었다.
12 그는 라헬에게 자기는 그녀 아버지의 생질甥姪이고[ㄷ] 립콰의 아들이라
고 일렀다. 그러자 그 여자는 달려가 그것을 아버지에게 전했다.
13 라반은 자기 생질[ㄹ] 야코브의 소식消息을 듣자, 그를 마중하러 달려 나와서
얼싸안고 입 맞춘 다음 자기 집으로 들였다. 그리고 야코브는 라반에게
이런 모든 사실事實을 이야기했다.
14 라반은 그에게 말했다. "그래 너는 내 혈육血肉이다." 그리고 나서 야코
브는 라반에게서 한 달을 머물렀다.

야코브가 라헬을 얻으려 7년을 일함 (29:15-20)

15 라반이 야코브에게 말했다. "그래도 너는 내 생질[ㅁ]인데, 네가 나에게
마냥 거저 일을 해서야 되겠느냐? 너는 내게 네 품삯이 얼마면 되겠는

ㄷ 그에게 자기가 그의 아버지의 생질이요(개), 라헬의 아버지가 자기의 외삼촌이라는 것과(표), 라헬의 아버지가 자기의 외삼촌이며(공), 야곱은 라헬에게 자기가 그 아버지의 혈육이고(천)

ㄹ 생질(개), 누이의 아들(표)(천), 친누이의 몸에서 난 조카(공)

ㅁ 생질(개), 조카(표), 골육(공), 혈육(천)

지 알려 다오."
16 라반에게 2명의 딸이 있었다. 언니는 레아이고 아우는 라헬이다.
17 레아는 총기聰氣가 없는 눈을 가졌지만,ⓗ 라헬은 예쁜 용모容貌와 아리
따운 자태姿態를 지녔다.
18 그래서 야코브는 라헬을 사랑하면서 말했다. "저는 7년을 외삼촌의 작
은딸 라헬을 얻기 위해[5] 일하겠습니다."
19 라반은 대답했다. "내가 그 아이를 남에게 주느니, 네게 주는 것이 낫
겠지.[6] 너는 내게 머물러라."
20 그래서 야코브는 라헬을 얻기 위해 7년을 일했으나, 그가 그 여자에게
반했으므로 사랑 속에서 그 세월은 하루같이[7]ⓢ 지나갔다.

야코브가 자매인 레아와 라헬과 혼인 (29:21-30)

21 그 후에 야코브는 라반에게 말했다. "외삼촌은 이제 저에게 제 아내를
내주세요.[8] 제가 라헬에게 장가들어야겠습니다."
22 그 때 라반은 그 고장의 모든 사람을 불러 모아 잔치를 베풀었다.
23 그러나 저녁이 되어 그는 딸 레아를 데리고 와서 그에게 들여보냈다.
야코브는 그 여자에게 들어갔다.
24 이 때 라반은 자기 여종 질파(실바)를 딸 레아에게 몸종으로 주었다.
25 그런데 아침이 되어 야코브가 보았을 때, '레아라니!'[9]ⓞ 그래서 그는
라반에게 따졌다. "도대체都大體 외삼촌은 저에게 이럴 수가 있습니까?
저는 라헬을 얻기 위해 외삼촌에게서 일하지 않았습니까? 그런데 어
째서 외삼촌은 저를 속였습니까?"
26 라반은 대답했다. "우리 고장에서는 형에 앞서 아우를 먼저 내주는 것
은 있을 수 없다.

ⓗ 레아는 시력이 약하고(개), 레아는 눈매가 부드러웠으며(표), 레아는 부드러운 눈매를 하고 있었지만(공), 레아의 눈은 생기가 없었지만(천)

ⓢ 며칠같이(개)(표), 며칠밖에(공), 며칠로밖에(천)

ⓞ 레아라(개), 레아가 아닌가(표)(천), 레아였다(공)

27 너는 레아와 신혼 주간新婚週間[10)㉧] 7일을 채워라. 우리는 네가 다음 7
년을 다시 내게서 일을 더 해 주면 너에게 다른 아이도 내줄 것이다."
창31:14, 15
28 그래서 야코브는 그렇게 하기로 했다. 그리고 그는 레아와 신혼 주간을
마쳤다. 그러자 라반은 야코브에게 딸 라헬을 아내로 주었다.
29 그리고 라반은 딸 라헬에게 자기 여종 빌하를 몸종으로 주었다.
30 야코브는 라헬에게도 들어갔다. 그는 레아보다 라헬을 더 사랑했다. 그
리고 그는 라반과 함께 다음 7년을 더 일했다. 레18:18

레아의 네 아들 르우벤, 쉼오온, 레위, 유다 (29:31-35)

31 야웨께서 레아가 냉대冷待받는 것을[11)] 보시고, 그의 태胎를 열어 주셨
다. 그러나 라헬은 임신姙娠하지 못했다.
32 레아는 임신하여 한 아들을 낳았다. 레아는 그를 르우벤(비참한 처지를 봄)
이라 불렀으니, 레아는 이렇게 말했다. "야웨께서 내 곤경困境을 살펴
주셨기에 말이다. 이제 남편男便은 나를 사랑하게 되리라."
33 그 후 그 여자는 또 임신하여 한 아들을 낳고 말했다. "야웨께서 내가
냉대받는 것을 들어주셨으므로 나에게 이 아이도 주셨다." 그 여자는
그의 이름을 쉼오온(시므온, 들음)이라 불렀다.
34 그 후에 그 여자는 또 임신하여 한 아들을 낳았다. 그래서 레아는 말했
다. "이제 마침내 남편은 내게 마음을 붙일 것이다. 내가 그에게 세 아
들을 낳아 주었기 때문이다." 그러므로 그 여자는 그를 레위(매임)라고
불렀다.
35 그 여자는 또 다시 임신하여 한 아들을 낳고 말하기를 "나는 이제부터
야웨를 찬양讚揚하리라." 하고, 그를 유다(찬송함)라고 이름 지었다. 그
후 레아는 출산出産이 멈추었다.

㉧ 없음(개), 초례 기간(표)(공), 초례 주간(천)

라헬의 몸종 빌하의 두 아들 단, 납탈리 (30:1-8)

30 1 라헬은 야코브에게 아이를 낳아 주지 못함을 알고, 언니를
시샘했다. 그리고 야코브에게 말했다. "나에게도 아들들을
주세요. 만일 안 주면, 나는 죽어 버릴 거에요."
2 그러자 야코브는 화가 나서 말했다. "내가 당신에게서 태胎의 열매를 거
절拒絶하시는 하나님을 대신代身하겠소?" 시127:3
3 라헬은 말했다. "여보, 내 몸종 빌하가 있으니, 당신은 그 여자에게 들어
가세요. 그 여자가 내 슬하膝下에㉠ 아이를 주면, 나 역시 그 여자로부터
아들을 가질 것이예요.[1)]" 창16:2
4 그 때에 라헬은 야코브에게 몸종 빌하를 소실小室로 주자, 야코브는 그
여자에게 들어갔고,
5 빌하는 임신姙娠하여, 야코브에게 한 아들을 낳아 주었다.
6 그 때에 라헬은 말했다. "하나님께서 나에게 권리權利를 얻게 하셨다. 주
님이 나의 소원所願을 들어주셨고 내게 한 아들을 주셨다." 그래서 그 여
자는 그 아들을 단(권리 되찾아 주심)이라 불렀다.
7 그 다음 라헬의 몸종 빌하가 또 임신하여 야코브에게 둘째 아들을 낳아 주
었다.
8 그 때에 라헬이 말했다. "나는 하나님과의 씨름을, 나의 언니와 씨름하
여 이길 수 있었다."[2)] 그래서 라헬은 그의 이름을 납탈리(납달리, 싸움)라
불렀다. 창32:25, 26

레아의 몸종 질파의 두 아들 가드, 아셰르 (30:9-13)

9 레아는 자기가 출산出産이 끝났음을 알고, 몸종 질파를 데려다가 야코브
에게 소실로 내주었다.
10 레아의 몸종 질파는 야코브에게 한 아들을 낳아 주었다.
11 그러자 레아는 말했다. "복福 터졌구나."㉡ 그래서 그 여자는 그를 가드

30장 ㉠ 무릎에(개)(공)(천), 안겨 주면(표)

(갓, 다행)라 불렀다.
12 그 다음 레아의 몸종 질파는 야코브에게 둘째 아들을 낳아 주었다.
13 그 때에 레아는 말했다. "나는 행복幸福해.[3)]㉢ 여인들이 나를 행복하다
고 일컬을 것이다." 그래서 그 여자는 그를 아셰르(행복)라고 불렀다.

레아가 잇사쉬카르, 즈불룬과 고명딸 디나를 낳음 (30:14-21)

14 그런데 밀 수확기收穫期에 르우벤이 나아가서 들에서 합환合歡 열매[4)]㉣를
발견하고, 그것을 어머니 레아에게 가져왔다. 그러자 라헬이 레아에게
말했다. "내게 언니 아들의 합환 열매 좀 주세요."
15 레아는 라헬에게 대답했다. "너는 내게서 내 남자를 빼앗고도, 그것이
네게는 성이 차지 않아, 이제는 내 아들의 합환 열매까지도 가로채려
드느냐?" 그러자 라헬은 말했다. "그럼 언니 아들의 합환 열매 대신
오늘밤 남편이 언니와 함께 잠잘 수 있도록 하지요."
16 저녁이 되어 야코브가 들에서 들어왔다. 그 때 레아는 밖으로 나가서
그를 마중하면서 말했다. "당신은 제게 들어오세요. 저는 제 아들의
합환 열매로 당신을 잡아 놓았어요." 그러자 야코브는 그 날 밤 레아와
잠을 잤다.
17 하나님께서 레아의 소원所願을 들어주셨으니, 임신하여 그녀는 야코브
에게 다섯째 아들을 낳아 주었다.
18 레아는 말했다. "하나님께서 내가 남편에게 내 몸종을 내준 것에 대해
서 내게 보상報償해 주셨다." 그래서 레아는 그를 잇사쉬카르(값)라고 불
렀다.
19 그 다음 레아는 또 한 번 임신하여 야코브에게 여섯째 아들을 낳아
주었다.

㉡ 복되도다(개), 복을 받았구나(표), 행운이 돌아 왔구나(공), 다행이로구나(천)
㉢ 기쁘도다(개), 행복하구나(표)(천), 참 잘 됐다(공)
㉣ 합환채(개)(천), 자귀나무(표)(공)

20 레아는 말했다. "하나님께서 내게 귀한 선물膳物을 주셨다. 내가 남편에
게 아들을 6명이나 낳아 주었으니, 이제는 남편이 나를 존중尊重해 줄
것이다.[5)]ⓜ" 그리고 그의 이름을 즈불룬(거居함)이라 했으며,
21 그 후에도 레아는 딸 하나를 낳고, 그를 디나라 불렀다.

라헬이 요세프를 낳음 (30:22-24)

22 하나님께서 라헬에게도 마음을 쓰셨으니, 하나님께서 그녀의 청을 들
어 주셔서,[6)] 그녀의 태胎를 열어 주셨다. 삼상1:19
23 라헬은 임신하여 아들을 낳고 말했다. "하나님께서 내 치욕恥辱의 딱지
를 떼어 주셨다." 사4:1 눅1:25
24 그래서 라헬은 그를 요세프(치움)라 부르고 말했다. "야웨께서 내게 또
아들 하나를 더 주신다면 좋겠네." 창35:17, 19

야코브가 라반과 품삯을 정하고 계략으로 재산을 늘림 (30:25-43)

25 라헬이 요세프를 낳자, 야코브는 라반에게 말했다. "장인丈人께서는 저를
놓아 주어서 제가 저의 고장과 저의 땅으로 가게 해 주세요.
26 장인께서는 저의 아내들과 아이들을 놓아 주세요. 저는 그들을 얻기
위해서 장인의 일을 해 드렸으니 제가 떠날 수 있도록 해 주세요. 장
인께서는 정말로 제가 어떻게 장인의 일을 해 드렸는지 아실 것입니
다." 창29:20; 30:31, 43
27 그러자 라반은 그에게 대답했다. "혹시 내가 자네의 눈에 들었는지 내
가 점占을 쳐 봤더니,[7)] 야웨께서 자네 덕분德分에 나에게 복福을 내리셨
더군." 창39:5
28 그는 계속 말했다. "자네는 자네 품삯을 내게 정확히 정하게. 그러면
나는 줄 것일세."
29 야코브는 대답했다. "장인께서는 제가 장인께 어떻게 일했고, 제 곁에서

ⓜ 함께 살리라(개), 잘해 주겠지(표), 위해 주시겠지(공), 잘 대해 주겠지(천)

장인의 양 떼가 얼마나 되었는지를 확실히 알고 계실 텐데요.
30 확실히 장인께서 가진 것은 제가 오기 전에는 보잘것없었지요. 그러
나 그것이 넘치게 많아졌습니다. 야웨께서 저의 발이 가는 곳마다 장
인께 복을 주셨으니, 이제 저도 언제쯤 제 가정家庭을 위해 돌볼 수 있
겠습니까?"
31 라반이 말했다. "내가 자네에게 무엇을 주어야 하겠는가?" 야코브는
대답했다. "장인께서는 제게 아무것도 줄 것이 없습니다. 장인께서는
제게 다만 제가 장인께 지금 말하는 것만 행하신다면, 저는 다시 장인
의 양 떼를 방목放牧하고 지킬 것입니다.
32 저는 오늘 중으로 장인의 모든 양과 염소 떼ⓑ 사이를 두루 돌아다니면
서, 그들에게서 모든 얼룩무늬와 반점斑點무늬 짐승을 떼어 놓을까 합
니다. 그리고 어린 양 무리 가운데서 모든 검은색 양[8]과 염소 가운데
서 얼룩무늬와 반점무늬인 것들을 떼어 놓을 것이며, 그것은 저의 품
삯이 되게 하셔야 합니다.
33 그래서 장인께서 나중에 저의 품삯 때문에 오실 때, 장인 앞에서 저의
올바름을 입증立證할 것입니다. 만일 염소들 가운데 얼룩무늬와 반점무
늬가 아닌 것과, 양들 가운데 검둥이가 아닌 것이 있으면, 모두 제가
훔쳐 낸 것이 됩니다."
34 그 때 라반은 응답應答했다. "좋다. 자네가 말한 대로 그렇게 하세."
35 그래서 그 날로 라반은 반점무늬와 얼룩무늬의 숫염소들과, 흰 바탕의
얼룩무늬와 반점무늬 암염소들과, 검고 어린 양들을 모두 골라냈고,
그것들을 그의 아들들에게 보호保護하도록 맡겼다.
36 라반은 자기와 야코브 사이에 4일 거리 길을 떼어 놓았고, 야코브는
라반의 나머지 양을 치게 되었다.
37 야코브는 은백양銀白楊, 아몬드, 플라타너스의 싱싱한 나뭇가지를 꺾어
들고, 그것들의 흰 줄무늬 껍질을 벗겨, 그 가지들의 하얀 부분이 드

ⓑ 양 떼(개), 가축 떼(표), 양떼(공), 양과 염소(천)

러나게 하였다.
38 그는 벗긴 나뭇가지들을, 양 떼가 물 마시는 도랑 같은 긴 구유통[9]㉦
속에 세워, 물을 마시고 있는 양 떼 앞에 놓았다. 그러면 양들은 물을
마시러 와서 짝짓기를 했다.
39 이렇게 짐승들은 나뭇가지들 앞에서 짝짓기를 하여, 줄무늬와 얼룩무
늬와 반점무늬 새끼를 낳았다.[10]
40 그러면 야코브는 어린 양들을 따로 떼어 놓았고, 그 양들의 얼굴을 라
반의 양 무리 가운데 줄무늬 양들과 모든 검은 양과 마주 보게 했다.
이렇게 그는 자기 양들을 만들었고, 그들이 라반의 짐승들과 섞이지
못하게 했다.
41 그리고 이렇게 튼튼한 짐승들이 짝짓기를 할 때마다, 야코브는 그런
짐승들 앞의 긴 물 도랑 구유에다가 나뭇가지들을 세웠고, 그들은 나
뭇가지 앞에서 짝짓기를 했다.
42 그러나 약한 것들이면, 그는 나뭇가지들을 세워 놓지 않았다. 그래서 약
한 것들은 라반에게 갔으며, 튼튼한 것들은 야코브에게로 갔다.
43 이렇게 야코브는 강하게 넘치도록 뻗어 나갔고, 많은 가축家畜, 양과 염
소, 여종과 남종을 거느렸고, 낙타와 나귀를 갖게 되었다.

야코브가 라반에게서 도망 (31:1-21)

31 1 야코브는 라반의 아들들의 구설수口舌數㉠에 올랐는데, "야코
브가 우리 아버지에게 있던 것을 송두리째 가져갔으며, 그
는 우리 아버지에게 속한 것으로 이런 모든 재산財産을 이루었다."는 것
이다.
창30:35
2 그래서 야코브가 라반의 안색顔色을 살펴보니, 그가 평소 같지 않았다.

㉦ 물구유(개)(천), 구유(표)(공)
31장 ㉠ 말(개)(표)(천), 수군거리는 소리(공)

3 그 때 야웨께서 야코브에게 말씀하셨다. "너는 네 조상祖上의 땅으로 네
친척親戚ⓛ에게 돌아가거라. 내가 너와 함께하리라." 창28:15
4 그러자 야코브는 사람을 보내어, 그의 양 떼가 있는 들에서 라헬과 레아
를 불러냈다.
5 그는 아내들에게 말했다. "내가 장인丈人의 안색을 보니, 그분은 내게 평
상시平常時와 같지 않으시오. 그러나 내 조상의 하나님께서 나와 함께 계
셨소.
6 내가 온 힘을 다해 당신들 아버지께 일을 해드렸다는 것을 당신들 스스
로 분명히 알고 있을 터이오.
7 그러나 당신들의 아버지는 나를 속이셨고, 내게 올 품삯을 10번이나 바꾸
셨소. 그래도 하나님께서 내게 손해損害가 나도록 놓아두지 않으셨소.
8 장인께서 '얼룩무늬들이 자네 품삯이네.' 하면, 모든 양과 염소 떼는 얼
룩무늬들을 낳았고, 장인께서 '흰줄무늬들이 자네 품삯이네.' 하면, 모
든 양과 염소 떼는 흰줄무늬들을 낳았소.
9 하나님께서 장인의 가축家畜을 가져다가 나에게 주셨소.
10 그 후 양과 염소 떼가 짝짓기하는 때에 나는 꿈속에서 눈을 들어 보니,
암컷들과 교미交尾하고 있는 수컷들이 흰줄무늬, 얼룩무늬, 반점무늬뿐
이었소.
11 그 때에 하나님의 사자使者가 나에게 꿈속에서 말했소. '야코브야.' 그래
서 나는 말했소. '제가 여기 있습니다.'
12 그분께서 말씀하시기를 '네 눈을 좀 들어 양羊 위에 오르는 모든 흰줄무
늬, 반점斑點무늬와 얼룩무늬 숫양을 보아라. 왜냐하면 나는 라반이 네
게 행한 모든 것을 보았기 때문이다.
13 나는 베트엘의 그 하나님[1] 즉 베트엘에서 너에게 나타났던 그 하나님
이다. 네가 그 곳에서 제단 선돌에 기름을 부었고, 너는 그 곳에서 내
게 서약誓約을 했었다. 그러니 이제 너는 일어나 이 땅에서 떠나라. 그

ⓛ 족속(개), 친족(표)(천), 친척(공)

리고 네 고향故鄕 땅으로 돌아가라.' 하셨소." 창28:18-22
14 라헬과 레아는 대답하여 야코브에게 말했다. "우리가 아버지의 집에서
얻을 몫과 유산遺産이 아직 있단 말입니까?
15 우리는 아버지에게 이방인異邦人 취급取扱을 받는 것이 아닙니까? 그분은 우
리를 팔아 우리에게 올 돈을 번번이 가로채 왔습니다.[2] 창29:18, 27
16 진정 하나님께서 우리 아버지가 〈가로채〉 벌어 놓은 모든 재물을 우리
와 우리 아이들에게 돌아오게 하셨습니다. 그러니 이제야말로 하나님
께서 당신에게 말씀하신 모든 것을 당신은 실행實行하십시오."
17 그 때에 야코브는 일어나 그의 자녀들과 아내들을 낙타 위에 태웠다.
18 그는 모든 가축을 몰고, 그가 벌어들인 모든 소유所有, 그의 가축과 파
단 아람에서 모은 재산財産을 가지고, 그의 아버지 이츠하크를 향해 가
나안 땅으로 가려고 떠났다.
19 그런데 라반은 그의 양들의 털을 깎으려고 출타중出他中이었다. 그 틈을
타서 라헬은 자기 아버지의 가신상家神像들인 트라핌(드라빔)[3]㉢을 훔쳐
냈다. 삿17:5; 18:17 삼상19:13 왕하23:24 슥10:2
20 야코브는 아람 사람 외삼촌 라반을 속여, 도망逃亡하려는 낌새를 보이지
않았다.
21 이렇게 그는 그가 가진 모든 것을 가지고 도망逃亡쳐 길을 떠났다. 그
는 냇물을 건넌 다음 길아드(길르앗) 산지山地로 방향方向을 잡아 나아
갔다.

라반의 야코브 추격 (31:22-42)

22 3일째 되던 날 라반에게 야코브가 도망쳤다는 사실이 알려졌다.
23 그제야 라반은 자기 형제㉣를 데리고, 7일 거리 여행길을 떠나 야코브
의 뒤를 추격追擊했다. 그 후 라반은 길아드 산지에서 야코브에게 도달到

㉢ 드라빔(개), 수호신의 신상들인 드라빔(표), 수호신들(공)(천)
㉣ 형제(개), 친족(표)(천), 일가친척(공)

達했다. 창31:47
24 그러자 하나님께서 꿈으로 아람 사람 라반에게 나타나셔서 말씀하셨
다. "선善한 것이든 악惡한 것이든 어떤 말도㉤ 야코브와 함께 말하지
않도록 너는 삼가라."
25 이렇게 라반이 야코브에게 도달했을 때, 야코브는 장막帳幕[4]을 산지에
쳐 놓고 있었다. 그래서 라반도 그의 형제와 함께 장막을 길아드 산에
쳤다.
26 그 때 라반은 야코브에게 말했다. "자네가 나를 속이고 내 딸들을 전쟁
포로捕虜처럼 끌고 가다니, 내가 도대체 자네에게 어떻게 했단 말인가?
27 어째서 자네는 몰래 도망逃亡치고, 나를 속이고 나에게 아무 말도 하지
않았는가? 내가 환호歡呼와 노래로, 방울북인 탬버린과 수금竪琴으로 자
네를 환송歡送해 주었을 텐데 말이네.
28 그리고 나로 하여금 내 손자손녀들과 내 딸들에게 입 맞추지 못하게
하지 않았는가? 자네는 어리석게 굴었네.
29 나는 자네에게 해코지를 할 수 있는 힘을 가지고 있지만, 자네 조상祖上
의 하나님께서 간밤 꿈에 나에게 말씀하셨네. '선이든지 악이든지 야코
브와 함께 말하지 않도록 너는 삼가라.' 하고 말일세.
30 그럼 이제 자네는 진정眞正 자네 아버지의 집으로 가야 하겠지. 자네가
그토록 자네 아버지의 집을 그리워하니 말일세. 그런데 어째서 자네는
내 신神(가신상)㉥을 훔쳐 가는가?"
31 그 때 야코브는 라반에게 대답했다. "장인께서 장인 어르신의 딸을 제
게서 빼앗아 갈 것이라는 생각이 들어 두려워했기 때문입니다.
32 그러나 장인께서 장인의 신(가신상)을 어느 누구에게서라도 발견發見하
면, 그 자는 살아남지 못할 것입니다. 저의 형제들 앞에서 장인께서는
저에게 무엇이 있는지 뒤져 보세요. 그리고 가져가세요." 그러나 야코

㉤ 선악간에(개), 좋은 말이든지 나쁜 말이든지(표), 시비를(공), 좋은 말이든 나쁜 말이든(천)

㉥ 신(개)(천), 수호신상(표), 수호신(공)

브는 라헬이 그것들을 훔쳐 낸 것을 모르고 있었다. 창31:19
33 라반은 야코브의 장막과 레아의 장막, 두 여종의 장막으로 들어갔지만, 찾아내지 못하고 레아의 장막에서 나왔다. 그리고 라헬의 장막으로 들어갔다.
34 라헬은 신(가신상)을 가져다가 낙타 안장鞍裝 속에 넣고 그 위에 앉아 있었다. 라반은 온 장막을 샅샅이 다 뒤져 보았지만 찾아내지 못했다.
35 라헬은 자기 아버지에게 말했다. "아버님,[5]㉦ 제가 보는 데서 화내지 마십시오. 저는 아버님 앞에서 일어날 수가 없습니다. 저는 생리중生理中입니다." 그래도 그는 샅샅이 찾았지만, 그는 가신상들인 트라핌을 끝내 찾아내지 못했다. 레15:19, 20
36 그러자 야코브는 분노憤怒가 치밀어서 라반과 옥신각신했다.[6]㉧ 야코브는 라반에게 대답했다. "제가 무슨 잘못을 저질렀으며 무슨 죄를 지었기에, 장인께서는 제 뒤를 밟아 쫓아온 것입니까?
37 장인께서 제 모든 물건을 샅샅이 뒤지셨으니, 장인께서는 장인 집의 모든 기구器具 가운데서 무엇 하나라도 찾아내셨습니까? 그것들이 우리 양쪽 사이를 판가름하도록, 저의 친족과 장인의 친족이 보는 앞에서 물증物證을 이리 내놓아 보십시오.
38 저는 장인과 함께 있은 지 어느덧 20년이나 됩니다. 장인의 어미 양들과 염소들은 유산流産되지 않았고, 저는 장인의 양 떼에서 숫양을 잡아먹지도 않았습니다.
39 저는 짐승에게 찢긴 것[7]을 장인께 가져가지 않았습니다. 제 스스로 눈치껏 그것을 장인께 물어내야 했고, 장인께서는 낮에 도둑맞고 밤에 도둑맞은 것을 저에게 물게 하셨습니다. 출22:11, 12
40 낮에는 더위가 저를 지치게 했고, 밤에는 추위가 저를 쇠약衰弱하게 했던 데서 저는 지내야 했습니다. 그럴 때는 저의 잠마저 눈앞에서 달아났습니다.

㉦ 주(개), 아버지(표)(천), 아버님(공)
㉧ 책망할새(개), 따졌다(표)(천), 따지고 들었다(공)

41 여태껏 저는 20년 동안 장인의 집에서 장인께 품 일을 해 왔습니다.
14년은 장인의 두 딸을 위해서였고, 6년은 장인의 양 떼를 위해서였
지만, 장인께서는 제 품삯을 10번이나 바꾸셨습니다.

창29:20, 30; 30:31-36

42 만일 제 조상祖上의 하나님, 아브라함의 하나님과 이츠하크의 두려운 분
께서 저와 함께하시지 않으셨다면, 확실히 장인께서는 저를 지금 빈손
으로 나가게 했을 것입니다. 하나님께서 제 곤경困境과 제 손의 수고를
알아보셨고, 그래서 간밤에 판가름하셨습니다.ⓩ" 창31:24, 54

라반과 야코브의 협약協約 (31:43-54)

43 라반은 야코브에게 대답했다. "이 딸들은 내 딸들이요,[8] 이 아이들은
내 아들들이네.[9]ⓒ 그리고 이 양 떼는 내 양 떼이네. 자네가 여기서
보고 있는 모두가 내 것이네. 그러나 오늘에 와서 내가 이런 딸들에게
어떻게 할 수 있단 말인가? 그리고 그들이 낳은 아들들에게 어찌하겠
는가? 출21:4, 5
44 그러니 이제 어서 나와 자네, 우리는 계약契約을 맺어 보세. 그러면 그
것은 나와 자네 사이의 증거證據가 될 것이네."
45 야코브는 돌 하나를 취하여 그것을 제단 선돌로 세웠다.
46 그 때 야코브[10]는 그의 형제들에게 말하기를 "너희는 돌들을 모아라."[11]
하니, 그들은 돌들을 취하여 돌무더기를 쌓아 놓고, 그 곳 돌무더기 위
에서 음식을 나누었다.
47 라반은 돌무더기를 〈아람어로〉 여가르 사하두우타[12]라고 불렀고, 야코
브는 돌무더기를 〈히브리어로〉 갈에드[13]라 불렀다. 창31:23
48 라반은 말했다. "오늘 나와 자네 사이의 증거는 바로 이 돌무더기이

ⓩ 책망하셨나이다(개), 꾸짖으셨습니다(표), 판결을 내리신 것입니다(공), 시비를 가려 주신 것입니다(천)

ⓒ 자식들은 내 자식이요(개), 이 아이들은 다 나의 손자손녀요(표), 이 아이들은 내 손자요(공), 이 아이들은 내 손자들이며(천)

네." 그래서 사람들은 그것의 이름을 갈에드, 곧 증거의 돌무더기라고
불렀다. 수24:27
49 이른바 미츠파[14], 곧 "우리가 서로 눈에 보이지 않아도, 야웨께서 나와
자네 사이에서 감시자監視者가 되리라."라고 라반이 말했기 때문이다.
삿11:11
50 "자, 자네가 내 딸들을 학대虐待하거나 내 딸들을 두고 다른 여인들을
얻을 경우, 우리 곁에 아무도 없다 해도, 하나님께서 나와 자네 사이에
계신 증인證人임을 명심銘心하게."
51 라반은 야코브에게 말했다. "보라, 이 돌무더기를! 그리고 보라, 내가
나와 자네 사이에 세워 놓은 이 제단 선돌[15]을!
52 이 돌무더기가 증거요, 이 제단 선돌이 증거이니, 결코 나는 이 돌무더
기를 넘어 자네에게 가지 않겠으며, 자네 또한 악한 마음으로 이 돌무
더기와 이 제단 선돌을 넘지 말아야 하는 것이네.
53 아브라함의 하나님과 나호르의 하나님, 〈자네 조상들의 하나님께서〉
우리 사이를 심판審判하시리라." 그리고 야코브는 아버지 이츠하크의
'두려운 분'을 두고 서약誓約했다.
54 그리고 나서 야코브는 산山 위에서 제물祭物을 잡아, 자기의 형제들을
불러 음식飮食을 먹도록 했으니, 그들은 음식을 먹고 그 산에서 밤을
지냈다.[16] 창31:42

야코브가 형 에사우와 만날 준비 (32:1-22)

32 1(불가타31:55)[1] 이튿날 아침에 라반은 일어나, 그의 손자손녀
들과 딸들에게[2] 입 맞추고 그들을 축복祝福했다. 그리고 나
서 라반은 길을 떠나 자기가 있던 고장으로 돌아갔다.
2(1) 야코브도 자기 길을 갔다. 그 때 하나님의 사자使者㉠들이 그와 마

32장 ㉠ 사자(개), 천사(표)(천), 사역꾼(공)

주쳤다. 창28:12
3(2) 야코브는 그들을 보자 말했다. "여기가 하나님의 진영陣營㉡이구나."
그러면서 그는 그 장소의 이름을 마하나임(진영)이라 불렀다. ○
4(3) 야코브는 자기보다 먼저 심부름꾼㉢들을 형 에사우가 있는 애돔 벌판
세이르 땅으로 보냈다. 창36:8
5(4) 그는 그들에게 명령命令했다. "너희는 나의 형님[3]㉣ 에사우께 이렇게
말씀드려야 할 것이다. '당신의 종 야코브는 이렇게 말합니다. 저는 라
반 외삼촌外三寸 곁에 거류居留하면서 여태껏 머물러 있었습니다.
6(5) 그래서 저는 소들, 나귀들, 양들, 남종들과 여종들을 얻었습니다. 그
리고 이제 저는 형님 보는 데서 은혜恩惠를 얻기 위해서, 이렇게 사람들
을 보내어 형님께 알려드립니다.'라고 말이다."
7(6) 심부름꾼들이 야코브에게 돌아왔을 때, 그들은 말했다. "우리는 주인
어르신의 형님 에사우께 갔었는데, 그분은 주인 어르신을 맞으러 이미
나오고 있었고, 400명이 그분과 함께 있었습니다."
8(7) 그래서 야코브는 심히 두려워했으며, 겁을 먹고는 자기와 함께 있는
일행에게 양들과 염소들과 소들, 그리고 낙타들을 두 떼로 나누었다.
9(8) 그 때 만일萬一 에사우 형이 한 떼에게 들이닥쳐서 치더라도, 나머지
떼는 빠져나올 수 있을 것이라고 그는 생각했다.
10(9) 그래서 야코브는 기도祈禱했다. "저의 조부 아브라함의 하나님과 저
의 아버지 이츠하크의 하나님, 야웨께서 제게 말씀하셨습니다. '너는
네 고향故鄕과 네 친척親戚에게로 돌아가거라. 나는 네게 선善을 행하리
라.' 창31:3, 13
11(10) 저는 주님㉤께서 주님의 종에게 베풀어 주신 모든 인애와 신실에
비하면 너무 미천합니다. 저는 단지 제 지팡이 하나만 달랑 들고 이

㉡ 군대(개), 진(표), 진지(공), 진영(천)
㉢ 사자(개), 심부름꾼(표)(천), 머슴(공)
㉣ 내 주(개), 나의 형님(표), 형(공), 나의 주인(천)
㉤ 주(개)(표), 당신(공)(천)

요르단을 건넜습니다만, 지금 저는 2무리를 이루었습니다. 삼하7:18
12(11) 주님께서 제발 저를 형 에사우의 손에서 건져 주십시오. 저는 그
가 들이닥쳐 어미들과 아이들을 쳐 죽이지 않을까 두려워하기 때문입
니다.[4]
13(12) 주님께서 친히 말씀하시기를 '나는 네게 많은 선善을 행할 것이며,
네 후손後孫을 바다의 모래처럼 셀 수 없을 만큼 많게 할 것이다.' 하셨
습니다." 창28:13, 14
14(13) 그리고 나서 그는 그 곳에서 그 날 밤을 지냈고, 자기 형 에사우를
위해 선물膳物할 것을 그가 벌어들인 것에서 꺼냈다.
15(14) 암염소 200마리, 숫염소 20마리, 어미 양 200마리, 숫양 20마리,
16(15) 새끼 딸린 젖먹이는 낙타 30마리, 암소 40마리, 수소 10마리,
암나귀 20마리, 어린 나귀ⓗ 10마리,[5]
17(16) 그는 종들에게 가축 떼를 제각기 따로따로 넘겨주었다. 그리고 그
는 종들에게 말했다. "너희는 나보다 앞서 가거라. 그리고 각기 가축
떼들 사이에 간격間隔을 두어라."
18(17) 그 다음 그는 첫 번째 종에게 명했다. "만일 나의 에사우 형님이
너를 만나서 '너는 누구에게 속해 있느냐, 어디를 가고 있느냐, 그리고
이것들은 누구 것이냐?' 하고 묻는다면,
19(18) 이렇게 대답對答하여라. '주인 어르신의 종 야코브의 것입니다. 이
선물膳物[6]은 그의 형님[7] 에사우께 보내는 것입니다. 그분 역시 우리
뒤에 오고 있습니다.' 하고 말이다."
20(19) 이와 똑같이 그는 2번째 종, 3번째 종, 그 다음 가축 떼 뒤를 따라
오는 모든 종에게 명령命令했다. "너희가 그분을 만나게 되면 이렇게
내가 말한 대로 말해야 한다.
21(20) 그리고 너희는 말해라. '주인 어르신의 종 야코브가 친히 우리 뒤
에 오고 있습니다.'라고 말이다." 야코브는 '내 앞에 선물을 보내 형님

ⓗ 새끼 나귀(개)(표), 수나귀(공)(천)

을 무마撫摩시킨 다음 그를 본다면 아마도 나를 관대寬大하게 받아들일 것이다.'라고 생각했다.

22(21) 이렇게 그는 선물을 앞서 보내고 야영지野營地에서 그 날 밤을 지냈다.

야코브의 얍보크 강가의 씨름과 이스라엘로 개명改名 (32:23-33)

23(22) 그 날 밤 야코브는 일어나, 두 아내와 두 여종, 그리고 11명의 아들을 데리고 얍보크강 나루를 건넜다.

24(23) 야코브는 그들을 데리고 강을 건너가게 한 다음, 그의 모든 소유물을 건네 보냈다.

25(24) 그리고 야코브는 혼자 남아 있었다. 그 때 어떤 분(敵手)㉦이 그와 함께 동이 틀 때까지 씨름을 했다.[8)] 창30:8 호12:4, 5

26(25) 그러나 그분은 야코브를 이길 수 없음을 보자, 그의 엉덩이뼈㉧를 힘주어 쳤다.[9)] 그래서 야코브가 그분과 씨름을 할 때 엉덩이뼈가 빠졌다.

27(26) 그 때 그분은 말했다. "동이 트고 있으니, 너는 나를 보내 다오." 야코브는 대답했다. "당신이 저를 축복祝福하지 않으면, 저는 당신을 못 보냅니다." 마15:22-28

28(27) 그러자 그분이 야코브에게 물었다. "네 이름이 무엇이냐?" 야코브는 대답했다. "야코브입니다."

29(28) 그분이 말했다. "너는 더 이상 야코브라고 부르지 말고, 이스라엘이라고 하여라. 너는 하나님과도 사람들과도 겨루어서 이겼기 때문이다."[10)] 렘20:7 창35:10

30(29) 야코브는 그분에게 물으며, "당신 이름을 제발 알려 주십시오." 하고 졸랐다.[11)] 그분은 "어째서 너는 내 이름을 묻는 것이냐?" 하고는 그 자리에서 야코브에게 축복해 주었다. 삿13:17, 18

㉦ 어떤 사람(개)(천), 어떤 분(표)(공)

㉧ 허벅지 관절(개), 엉덩이뼈(표)(공)(천)

31(30) 그래서 야코브는 그 장소場所의 이름을 프니엘(브니엘) 즉 하나님의
얼굴이라 불렀다. "내가 하나님의 얼굴을 마주하여 보았는데도, 내
생명生命을 건졌기 때문이다.[12)]" 출33:20
32(31) 야코브가 프니엘을 지날 때, 해가 그의 위에 떠올랐다. 그런데 그
는 엉덩이뼈로 인해 절뚝거렸다.
33(32)[13)] 그러므로 이스라엘의 자손들은 오늘날까지도 엉덩이뼈 위에 있
는 그 부위部位의 힘줄[14)]을 먹지 않는다. 그분이 야코브의 엉덩이뼈의
힘줄㉧을 쳤기 때문이다.

야코브와 형 에사우의 만남과 화해和解 (33:1-16)

33 1 그리고 나서 야코브가 그의 눈을 들어 보니 에사우가 400명
의 장정壯丁들과 함께 오고 있었다. 그러자 야코브[1)]는 레아
와 라헬과 두 여종에게 아이들을 맡겼다. 창32:7
2 그 다음 그는 여종들과 그들의 아이들을 앞장서게 하고, 그 뒤에는 레아
와 그의 아이들을, 그리고 그 뒤에는 라헬과 요세프를 배치配置했다.
3 그리고 자기는 그들 앞에 가면서 자기가 형에게 다가갈 때까지, 7번이
나 땅에 엎드려 절했다.
4 그러자 에사우는 그를 마중하러 달려와서 그를 얼싸안고, 목을 끌어안
고 그의 입을 맞추면서 그들은 울었다.
5 에사우가 눈을 들어 아이들과 함께 있는 여인女人들을 보자, 그는 물었
다. "네 곁에 있는 이들은 누구냐?" 야코브가 말했다. "하나님께서 형님
의 아우에게 은혜恩惠를 베풀어 주신 아이들입니다." 시127:3
6 그러자 두 여종과 그들의 아이들이 앞으로 나와 엎드려 큰절을 했다.
7 그 다음 레아도 그의 아이들과 함께 앞으로 나와 큰절을 했다. 그 뒤에

㉧ 허벅지 관절에 있는 둔부의 힘줄(개), 엉덩이뼈의 힘줄(표), 환도뼈……힘줄(공), 허벅지 힘줄이 있는 엉덩이뼈(천)

요세프와 라헬이 나와 큰절을 했다.
8 그 때 에사우가 말했다. "너는 내가 오다가 만난 이 모든 가축 떼로 어찌
하자는 것이냐?" 야코브는 말했다. "저는 형님 앞에서 은혜를 구하려
합니다." 창32:14-21
9 에사우는 말했다. "나는 많이 가지고 있다. 아우야,[2] 네 것은 너나 가
져라."
10 "그래도 아닙니다. 형님 보시기에 제가 은혜를 받았다면, 형님께서 제
손에서 저의 선물膳物을 받아 주십시오. 저는 분명히 형님 얼굴을 하나
님 얼굴을 뵙는 것처럼 보았습니다.[3] 형님도 저를 기꺼이 받아주시니
말입니다. 창32:31
11 하나님께서 은혜를 베푸시어 제게는 모든 것이 있으니, 형님은 제발
제가 형님께 가져 온 제 선물을 받아 주십시오." 야코브가 그에게 강권
強勸하자, 그는 받아들였다.
12 그 다음 에사우는 말했다. "자, 우리 일어나 떠나자. 내가 앞장서 가마."
13 그러자 야코브는 형에게 말했다. "형님께서 아시다시피 아이들은 연약
軟弱하고, 젖 먹이는 양 떼와 소 떼가 제게 걸려[4] 있습니다. 하루만 그
들을 몰아대도, 모든 양 떼가 죽을지도 모릅니다.
14 형님, 형님이 저보다 앞서 가십시오. 저는 형님을 향해 세이르에 도달
할 때까지, 저는 제 앞에 소득所得을 주는 가축家畜 떼[5]와 어린 것들의
느릿느릿한 걸음을 따라 천천히 나가도록 하겠습니다."
15 그러자 에사우는 말했다. "나는 함께 있는 사람들 중 몇 명을 너와 함께
하도록 뒤에 남게 하겠다." 그러자 야코브가 말했다. "어째서 그리 하
십니까? 저는 그저 형님의 목전目前에서 은덕恩德을 입고 싶습니다."
16 그 날로 에사우는 자기 길을 향해[6] 세이르로 돌아갔다.

야코브의 셔캠 정착定着 (33:17-20)

17 야코브는 수코트로 떠났다. 그는 자기를 위해 집을 지었고, 가축 떼를

위해 나뭇잎 초막草幕 우리를 만들었다. 그래서 사람들은 그 곳을 수코
트(초막들)라고 불렀다. ⃠
18 야코브는 파단 아람 땅에서 나와, 가나안 땅에 있는 셰캠(세겜) 도시에
무사히 이르러 그 도시 앞에서 야영野營을 했다.
19 그는 그 곳, 그가 장막을 친 임야林野를 셰캠의 아버지 하모르의 아들들
수중手中에서 은화銀貨 100커싯타[7]㉠로 사들였다. 수24:32
20 그는 그 곳에 제단祭壇을 세우고 그 이름을 엘 엘로헤 이스라엘㉡, 곧
이스라엘의 지고至高의 하나님[8]이라 불렀다. ⃠ 창12:7, 8

야코브의 딸 디나가 셰캠에게 겁탈劫奪당함 (34:1-7)

34 1 그 때 레아가 야코브에게 낳아 준 딸 디나는 그 고장 딸들을
방문하러 외출外出을 한 적이 있었다. 창30:21
2 그런데 그 고장의 부족장部族長 히위 사람 하모르의 아들 셰캠[1]이 그 여자
를 보자, 붙잡아 잠을 자면서[2] 겁탈劫奪했다. 삿9:28
3 그의 마음은 야코브의 딸 디나에게 강렬하게 집착執着하게 되었다. 그는
그 처녀處女[3]㉠를 사랑했고, 다정하게 이야기를 나누었다.
4 셰캠은 아버지 하모르에게 말하기를 "아버님은 제게 이 처녀를 아내로
얻어 주세요."라고 졸랐다.
5 야코브는 셰캠이 자기 딸 디나를 더럽혔다는 말을 들었지만, 자기 아들
들이 들판에 가축 떼와 함께 있어, 그들이 올 때까지 잠자코 있었다.[4]
6 그러는 사이 셰캠의 아버지 하모르가 야코브와 상의相議하러 왔다.
7 마침 야코브의 아들들이 들판에서 들어와 그 말을 듣고는 심히 진노瞋怒
했다. 셰캠이 야코브의 딸과 잠을 자며, 이스라엘[5]에 대해서 어리석은
짓을 행했기 때문이었다.[6] 그런 일은 있을 수 없는 일이었다.

33장 ㉠ 백 크시타(개), 은 백 냥(표)(공), 돈 백 닢(천)
㉡ 엘엘로헤이스라엘(개)(표), 이스라엘의 하느님 엘(공), 엘 엘로헤 이스라엘(천)
34장 ㉠ 소녀(개), 디나(표)(공), 소녀(천)

거짓 혼인 약속과 할례割禮 요구 (34:8-24)

8 하모르는 그들에게 말하여 일렀다. "내 아들 셔캠이 당신 딸에게 온 마음
으로 반해 버렸으니, 당신들은 제발 그 여자를 그에게 아내로 내주시오.
9 당신들은 우리와 사돈査頓을 맺읍시다. 댁의 딸을 우리에게 데려오고,
우리 딸을 댁으로 데려가십시오.
10 이렇게 당신들은 우리와 함께 거주居住하시지요. 이 땅이 당신들 앞에
있으니, 살면서 두루 다니며 장사도 하고,[7] 거기서 안주安住하여 재산
財産㉡을 늘리시오.[8]"
11 셔캠은 디나의 아버지와 오빠들에게 말했다. "나는 당신들에게서 은혜
恩惠를 구하고 싶소. 당신들이 나에게 말하는 것이면, 나는 무엇이든
줄 것이오.
12 당신들이 내게 신부新婦의 몸값과 예물禮物[9]㉢을 얼마든지 더 늘려 보세
요. 나는 당신들이 요구하는 대로 내놓을 것이요. 그러니 내게 그 처
녀處女를 아내로 주십시오." 출22:15(16)
13 그렇지만 야코브의 아들들은 셔캠과 그의 아버지 하모르에게 거짓으로
대답對答했다. 그가 자기들의 누이 디나를 더럽혔기 때문이다.
14 그들은 하모르와 셔캠에게 말했다. "우리는 할례割禮받지 못한 남자에게
우리 누이를 내주는 일을 할 수 없소. 그것은 우리에게 수치羞恥이기 때
문이오.[10]
15 다만 우리와 똑같이 당신들㉣ 모든 남자가 할례를 받는다면, 이런 조건
條件으로써 우리는 당신들을 따르리다.[11] 창17:10, 14
16 그러면 우리는 당신들에게 딸을 줄 것이오. 우리에게는 당신들의 딸을
데려오리다. 그리고 우리는 당신들과 함께 살 것이며, 한 겨레가 될 것
이오.

㉡ 기업(개), 재산(표), 땅(공), 없음(천)

㉢ 혼수와 예물(개), 데려오는 데 치러야 할 값·가져 와야 할 예물의 값(표), 몸 값과 선물(공)(천)

㉣ 너희(개), 당신들(표), 당신네(공), 여러분(천)

17 그러나 만일 당신들이 할례하도록 동의同意하지 않으면, 우리는 딸을
데리고 떠날 것이오."
18 그들의 말이 하모르와 그의 아들 셔캠의 마음에 들었다.
19 셔캠은 지체 없이 그 말을 실행實行했다. 그가 야코브의 딸을 좋게 여겼
기 때문이고, 그는 자기 아버지 집안의 모든 사람 가운데서 가장 존경
尊敬받았다.
20 그리고 나서 하모르와 그의 아들 셔캠은 그들의 도시 성문都市城門으로
와서, 도시 남자들에게 말하여 일렀다.
21 "저 남자들은 우리에게 우호적友好的이오. 그러니 우리는 그들이 이 땅
에서 우리와 같이 살게 하고 두루 다니며 장사도 하게 합시다. 보다시
피 이 땅은 그들 앞에 종횡縱橫으로 넓으니, 그들의 딸들을 우리의 아
내들로 데려오고, 우리 딸들을 그들에게 줍시다.
22 저 남자들은 그들이 할례割禮를 받은 것처럼, 우리가 남자들을 할례한
다는 데서, 우리와 함께 살고 한 겨레가 되는 것에 동의同意했소.
23 그렇게 되면 그들의 양 떼와 소유, 그리고 모든 가축 떼, 그것들이 우
리에게 속하지 않겠소? 우리는 어쨌든 그들과 동의해 봅시다. 그러면
그들은 우리와 함께 살 것이오."
24 그 때 그 도시 성문에 나온[12] 모든 이는 하모르와 그의 아들 셔캠에
게 찬동贊同했다. 그리고 그 도시 성문에 나온 모든 남자는 할례를 받
았다.

쉼오온과 레위가 셔캠 사람들을 살육 (34:25-31)

25 그런데 3일 뒤 그들이 아픔을 느끼고 있었을 때, 디나의 오라버니인
야코브의 두 아들 쉼오온과 레위는 각기 칼을 들고 그 도시 안으로 버
젓이[13] 들어가서 모든 남자를 죽였다. 창49:5-7
26 그들은 하모르와 그의 아들 셔캠을 날선 칼로 죽인 후에 디나를 셔캠의
집에서 데리고 나왔다.

27 야코브의 아들들은 살해殺害된 자들을 덮쳐서 털고, 그 도시를 약탈掠奪
했다.
28 그들은 양, 염소, 소, 나귀, 그리고 그 도시 안에 있는 것과 들판에
있는 것을 빼앗아 갔고,
29 그들의 모든 재물을 빼앗고, 모든 아이와 여자를 붙잡았고, 집에 있는
모든 것을 약탈해 갔다.
30 그러자 야코브는 쉼오온과 레위에게 말했다. "너희는 나를 불행不幸에
빠뜨렸다. 너희는 본고장인들인 가나안 족속에게, 그리고 프리지 족
속에게 나를 흉측凶測하게 만들었구나. 나는 수적으로 적은데, 그들이
합세合勢하여 나를 대항對抗해서 치면, 나와 내 가족은 몰살沒殺당할 것
이다."
31 그러자 그들은 말했다. "셔캠이 우리 누이를 창녀娼女처럼 다룰 수 있단
말입니까?" ○

야코브가 베트엘에서 복 받음과 이스라엘로 개명 (35:1-15)

35 1 그 후에 하나님께서 야코브에게 말씀하셨다. "너는 일어나
베트엘로 올라가, 그 곳에서 살아라. 너는 형 에사우의 낯을
피해 도망逃亡했을 때 네게 나타나셨던 하나님(엘)을 위해 제단祭壇을 쌓
아라." 창28:11-22; 31:13
2 그래서 야코브는 가족과 그와 함께한 모든 이에게 말했다. "너희는 너희
중에 있는 이방 신상異邦神像들을 버려라. 그리고 몸을 깨끗하게 씻고,
너희 옷들을 갈아입어라. 신27:15 수24:23 창31:19
3 그 다음 우리는 일어나 베트엘로 올라가자. 나는 그 곳에서 제단을 쌓으
리니, 내가 곤경에 빠졌던 날 나의 청을 들어주시고, 내가 가던 길에 나
와 함께하셨던 하나님(엘)을 위해서이다."
4 그래서 그들은 수중手中에 있던 낯선 신상神像들을 야코브에게 내놓았다.

그들 귀에 달았던 귀고리를 빼서 내놓았다. 야코브는 그것들을 셔캠에
있는 상수리나무[1]㉠ 아래 묻었다. 수24:26 삿9:6
5 그 후 그들은 출발했는데, 하나님께서 내리신 두려움과 공포恐怖가 주위
도시들 위에 감돌았다. 그래서 아무도 야코브의 아들들의 뒤를 쫓지
못했다. 출23:27 수10:10
6 그 다음 야코브는 루즈로 갔다. 그 곳은 가나안 땅에 있는 베트엘이다.
그와 함께 있는 모든 친척이 그리로 갔다.
7 그는 그 곳에 제단을 쌓고, 그 곳을 엘 베트엘, 즉 베트엘의 하나님[2]이라
불렀다. 그가 형의 낯을 피하여 도망했을 때, 하나님께서 그 곳에서 그
에게 〈자신을〉 보이셨기 때문이다.
8 그 때 립콰의 유모乳母 드보라는 죽어서 베트엘 아래쪽 상수리나무 밑에
장사葬事되었는데, 사람들은 나무 이름을 알로온 바쿠트, 즉 눈물의 상
수리나무라 불렀다. ○ 창24:59
9 야코브가 파단 아람에서 돌아왔을 때, 하나님께서 다시 그에게 나타나
셔서 복을 주셨다.
10 하나님께서 그에게 말씀하셨다. "네 이름이 야코브이지만 네 이름
이 다시는 야코브라고 불리지 않으리라. 네 이름은 이스라엘[3]이
될 것이다." 그래서 그분은 야코브의 이름을 이스라엘이라고 부르
셨다. 창32:29
11 또 하나님께서 그에게 말씀하셨다. "나는 전능자 하나님(엘 샤다이)이다.
너는 번성하고 늘어나라. 네게서 한 민족과 여러 민족의 집회集會가 생
기리라. 열왕들이 네 허리(혈통)에서 나오리라. 창17:1; 28:3, 4; 17:6
12 내가 아브라함과 이츠하크에게 주었던 그 땅을 네게 줄 것이다. 그리고
나는 네 뒤에 오는 자손子孫에게 그 땅을 주리라."
13 그리고 하나님께서 야코브와 함께 말씀을 나누시던 장소에서 그를 떠
나 올라가셨다.[4]

35장 ㉠ 상수리나무(개)(표), 느티나무(공), 향엽나무(천)

14 이리하여 야코브는 하나님께서 그와 함께 말씀을 나누시던 그 장소에
제단 선돌을 세웠으며, 그 위에 헌주獻酒를 따랐고 기름을 부었다.
창28:18, 19
15 그리고 야코브는 하나님께서 그와 함께 말씀을 나누셨던 그 장소를 베
트엘이라 불렀다.

벤야민의 출생과 라헬의 사망 (35:16-22)

16 그 다음 야코브는 베트엘에서 떠났지만, 에프라트로 가자면 아직 얼마
의 거리가 더 남았는데, 라헬이 해산解産함에 산고産苦가 심했다.
17 그 때 라헬이 난산難産이라서, 산파産婆는 그에게 말했다. "두려워하지
마세요. 당신은 이번에도 아들이에요." 창30:24
18 그러나 라헬은 숨을 거두며 죽어 가면서 아들의 이름을 벤오니(고통의 아
들)라 불렀다. 그러나 그의 아버지는 그를 벤야민(오른손의 아들)이라 불
렀다.
19 이렇게 라헬은 죽었다. 그 여자는 에프라트로 향한 길, 즉 지금의
베틀래헴[5]에 장사葬事되었다. 삼상10:2 렘31:15 마2:18 창48:7
20 야코브는 그의 무덤에 비석碑石을 세웠다. 그것은 오늘날까지 남아 있
는 라헬 무덤의 묘비墓碑이다.
21 그 다음 이스라엘은 길을 떠나 믹달 에대르 건너편에 장막을 세웠다.
22 이스라엘이 그 땅에서 살고 있었을 때, 르우벤은 가서 그의 아버지의
소실小室ⓛ 빌하와 함께 잠을 잤다. 이스라엘은 그것에 대해 들었다. 야
코브는 12아들을 두었다.[6] ○ 창49:4

야코브의 12아들 (35:23-26) 병행문: 대상2:1, 2

23 레아의 아들들은 야코브의 맏아들 르우벤과, 쉼오온, 레위, 유다, 잇사
스카르, 즈불룬이고,

ⓛ 첩(개)(표), 소실(공)(천)

24 라헬의 아들들은 요세프와 벤야민이다.
25 라헬의 몸종 빌하의 아들들은 단과 납탈리이다.
26 레아의 몸종 질파의 아들들은 가드와 아세르이다. 이들은 파단 아람에
서 그에게 태어난 야코브의 아들들이다.

해브론에서 이츠하크의 임종臨終 (35:27-29)

27 그 때 야코브는 마므레, 곧 키르얏 아르바에 계신 자기 아버지 이츠하크
에게로 왔다. 그 곳은 아브라함과 이츠하크가 거류居留했던 해브론이다.
28 이츠하크의 나이는 180세였다.
29 이츠하크는 임종臨終하여 만족스런 연수의 노년으로 자기 선조先祖㉢에게
돌아갔다. 그의 아들 에사우와 야코브는 이츠하크를 안장安葬했다. ○

에사우 곧 애돔의 후손들 (36:1-19) 병행문: 대상1:35-54

36 1 에사우 곧 애돔의 계보系譜㉠는 이러하다. 신23:8 창25:30
2 에사우는 아내들을 가나안의 딸들에게서 데려왔다. 그의 아
내들은 헤트 사람 엘론의 딸인 아다, 그리고 히위(호리트) 사람 칩오온(시
브온)의 딸 아나에게서 난 딸 오홀리바마, 창26:34
3 그리고 이쉬마엘의 딸이며, 느바요트의 누이 바스맛이다. 창28:9
4 아다는 에사우에게 엘리파즈를 낳아 주었고, 바스맛은 르우엘을 낳아 주었고,
5 그리고 오홀리바마는 여우쉬, 얄람, 코라흐를 낳아 주었다. 이들은 가나
안 땅에서 그에게 출생出生된 에사우의 아들들이다.
6 그 때 에사우는 아내들, 아들들과 딸들, 그 집의 모든 사람, 그리고 그의
소유所有와 모든 가축家畜과 그가 가나안 땅에서 얻은 모든 재산財産을 가
지고 그의 아우 야코브에게서 떠나 세이르(세일) 땅[1]으로 갔다.㉡

㉢ 열조(개), 조상(표), 선조(공)(천)
36장 ㉠ 족보(개)(표)(천), 계보(공)

7 왜냐하면 그들이 함께 살기에는 그들의 소유가 너무 많았으므로, 그들
이 거류하는 땅은 가축으로 인해 그들과 함께 살기에는 견딜 수가 없었
다. 창13:6
8 그래서 에사우는 세이르산山에 거주居住해야만 했다. 에사우 그 자신은 에
돔이라고도 한다.
9 그리고 세이르산에 있던 애돔의 조상祖上 에사우의 계보系譜는 이러하다.
10 에사우의 아들들의 명단名單은 이러하다. 에사우의 아내 아다의 아들 엘
리파즈, 에사우의 아내 바스맛의 아들 르우엘이다.
11 그리고 엘리파즈의 아들들은 테만, 오마르, 츠포, 가아탐, 쿼나즈이다.
12 그런데 에사우의 아들 엘리파즈에게는 팀나라는 후처後妻가 있었는데,
그는 엘리파즈에게 아말렉을 낳아 주었다. 이들은 에사우의 아내 아다
의 아들들이다.
13 또 르우엘의 아들들은 이러하다. 나핫, 재라흐, 샴마, 미자이다. 이들은
에사우의 아내 바스맛의 손자들이다.
14 칩오온의 딸 아나에게서 난 딸 에사우의 아내 오홀리바마의 아들들은
이러하다. 그 여자는 에사우에게 예우쉬, 얄람, 코라흐를 낳아 주었다.
15 에사우 자손의 족장族長㉢들은 이러하다. 에사우의 맏아들 엘리파즈의
아들들은 족장 테만, 족장 오마르, 족장 츠포, 족장 쿼나즈,
16 족장 코라흐, 족장 가아탐, 족장 아말렉이다. 이들은 애돔 땅에 있는
엘리파즈의 족장들이다. 이들은 아다의 자손들이다.
17 에사우의 아들 르우엘의 아들들은 이러하다. 족장 나핫, 족장 재라흐,
족장 샴마, 족장 미자이다. 이들은 애돔 땅에 있는 르우엘의 족장들이
다. 이들은 에사우의 아내 바스맛의 자손들이다.
18 그리고 에사우의 아내 오홀리바마의 아들들은 이러하다. 족장 예우쉬,
족장 얄람, 족장 코라흐이다. 에사우의 아내 아나의 딸 오홀리바마의 족

㉡ 야곱을 떠나 다른 곳으로 갔으니(개), 야곱과는 좀 떨어진 다른 곳으로 갔다(표), 야곱을 떠나 세일 땅으로 갔다(공), 야곱에게서 좀 떨어진 땅으로 갔다(천)

㉢ 족장(개)(천), 종족(표), 추장(공)

장들이다.
19 이들이 에사우, 곧 애돔의 자손들이니 그들의 족장들이다. ⓟ

호리 족속族屬인 세이르의 자손 (36:20-30)

20 그 땅의 주민 호리 족속㉣인 세이르의 자손들은 이러하다. 로옷탄(로단),
쇼오발, 칩오온, 아나, 신2:12, 22 창14:6
21 디숀, 에채르, 디샨이다. 이들은 애돔 땅에 있는 세이르의 아들들인 호
리의 족장族長들이다.
22 로옷탄의 아들들은 호르와 헤맘이고, 로옷탄의 누이는 팀나이다.
23 쇼오발의 아들들은 알완, 마나핫, 에발, 셔포, 오오남이다.
24 칩오온의 아들들은 아야와 아나이며, 아나는 그의 아버지 칩오온의 나
귀를 치다가 광야에서 온천溫泉[2)]을 발견했다.
25 아나의 자녀들은 디숀과 아나의 딸 오홀리바마이다.
26 디숀의 아들들은 햄단, 애쉬반, 이트란, 크란이다.
27 에채르의 아들들은 빌한, 자아완, 아콴이다.
28 디샨의 아들들은 우츠와 아란이다.
29 호리 족속의 족장들은 족장 로옷탄, 족장 쇼오발, 족장 칩오온, 족장
아나,
30 족장 디숀, 족장 에채르, 족장 디샨이다. 이들은 세이르 땅에 있는 그들
의 족속에 따른 호리 족장들이다. ⓞ

애돔의 초창기 왕들 (36:31-39)

31 애돔 땅을 다스렸던 왕王들은 이러하다. 이는 이스라엘 자손子孫의 왕이
다스리기 앞서 있었다. 민20:14
32 브오르의 아들 밸라가 애돔을 다스렸고, 그의 도시都市의 이름은 딘하바
였다.

㉣ 족속(개), 사람(표)(천), 족(공)

33 밸라가 죽었을 때, 그 대신代身 보츠라 출신出身 재라흐의 아들 요바브가
왕이 되었다.
34 요바브가 죽자 그 대신 테만 사람 땅의 출신 후샴이 왕이 되었다.
35 후샴이 죽자 그 대신 브닷의 아들 하닷이 왕이 되었고, 그는 모압 광야
曠野에서 미드얀(미디안)을 쳤으며, 그 도시의 이름은 아위트(아윗)였다.
36 하닷이 죽자 그 대신 마스레콰 출신 사믈라가 왕이 되었다.
37 사믈라가 죽자 그 대신 강가 르호보트 출신인 샤울이 왕이 되었다.
38 샤울이 죽자 그 대신 악보르의 아들 바알 하난이 왕이 되었다.
39 악보르의 아들 바알 하난이 죽자 그 대신 하다르가 왕이 되었다. 그 도
시의 이름은 파우이고, 그의 아내의 이름은 메자하브 출신 마트레드의
딸 므헤타브엘[3]이었다.

애돔의 족장族長들 (36:40-43)

40 에사우의 족장族長들의 명단名單은 그들의 씨족氏族, 지역地域, 이름㉺에
따라 나누면 이러하다. 팀나 족장, 알와 족장, 여테트 족장,
41 오홀리바마 족장, 엘라 족장, 피논 족장,
42 쿼나즈 족장, 테만 족장, 밉차르 족장,
43 막디엘 족장, 이람 족장이다. 이들은 그들이 차지했던 땅에 있던 그들
의 거주지에 따른 애돔의 족장들이다. 에사우, 그가 애돔 사람의 조상祖
上이다. ○

야코브의 아들 요세프의 꿈과 형들의 증오憎惡 (37:1-11)

37 1 야코브는 자기 아버지가 거류居留했던 가나안 땅에 거주했다.
2 야코브의 이야기㉠는 이러하다. 17세인 요세프는 양 떼 가운

㉺ 종족과 거처와 이름(개), 종족들을 가문과 거주지……이름(표), 씨족별, 지역별 명단(공), 씨족과 지역과 이름(천)

데서 그의 형兄들과 함께했던 목자牧者였다. 그는 아버지의 아내들인 빌
하와 질파의 아들들과 같이 있던 십대 소년十代少年[1]이었다. 요세프는 아
버지에게 그들의 나쁜 흉凶을 고자질하곤 했다.
3 이스라엘은 그의 모든 아들보다 요세프를 더 사랑했는데, 요세프가 늘그
막에 얻은 아들이었기 때문이다. 그래서 그는 요세프에게 긴 채색彩色
저고리[2]㉡를 지어 주었다.
4 그리하여 요세프의 형들은 아버지가 모든 형제兄弟 가운데서 요세프를 가
장 사랑하고 있음을 보았다. 그래서 요세프를 시기猜忌하며, 그에게 하는
말이 곱지 않았다.
5 그런데 한 번은 요세프가 꿈을 꾸고 그의 형들에게 알렸는데, 그들은
더욱 그를 증오憎惡하게 되었다.
6 요세프는 형들에게 말했다. "제가 이런[3] 꿈을 꾸었는데 들어 보세요.
7 보세요,[4]㉢ 우리가 들판 한가운데서 곡식穀食 단을 묶고 있었는데, 제
곡식 단이 일어났었지요. 그런데 보세요, 형님들의 곡식 단이 빙 둘러
서서 저의 곡식 단에게 절을 했습니다."
8 그러자 형들은 그의 아우에게 말했다. "네가 우리 위에 왕王이 되려 하
느냐? 아니면 네가 우리를 다스리려고 하느냐?" 형들은 그의 꿈과 말
로 인해 그를 더욱 미워하게 되었다.
9 또 요세프는 다른 꿈을 꾸었고, 그것을 형들에게 말하여 일렀다. "보세요,
저는 또 꿈을 꾸었어요. 해와 달과 11개의 별들이 저에게 절을 했어요."
10 이렇게 요세프가 아버지와 형들에게 이야기하자, 아버지는 그를 꾸짖
으면서 말했다. "네가 꾼 이 꿈이 도대체都大體 뭐냐? 나와 네 어머니
가, 그리고 형들이 땅바닥에 대고 너에게 절하러 와야 한단 말이냐?"
11 형들은 그를 시기猜忌했지만, 아버지는 그 말을 간직했다.

37장 ㉠ 족보(개), 역사(표)(천), 아들들의 이야기(공)
㉡ 채색옷(개), 화려한 옷(표), 장신구를 단 옷(공), 긴 저고리(천)
㉢ 없음(개)(표)(천), 글쎄(공)

요세프가 이집트로 팔려감 (37:12-36)

12 그 때 형들은 아버지의 양羊 떼에게 풀을 뜯기러 셔캠으로 떠났다.
창33:18, 19
13 이스라엘은 요세프에게 말했다. "네 형들이 셔캠에서 양 떼를 먹이고
있지 않느냐? 이리 오너라, 내가 너를 형들에게 보내려 한다." 요세프
는 아버지에게 대답했다. "제가 그리 하겠습니다."
14 그 때 이스라엘이 요세프에게 이르기를 "너는 가서, 네 형들과 양 떼가
잘 있는지 보아라. 그리고 너는 나에게 사정事情을 알려 다오." 하고 나
서, 그는 요세프를 해브론 골짜기에서 떠나보냈으며, 요세프는 셔캠으
로 갔다. 창35:27
15 때마침 어떤 남자가 그를 보았는데, 그는 들판에서 헤매고 있었다.
그래서 그 남자는 요세프에게 물었다. "자네는 무얼 찾고 있나?"
16 그는 대답했다. "저는 저의 형들을 찾고 있습니다. 그들이 어디서 양을
치고 있는지 좀 알려 주십시오."
17 그 남자는 말했다. "그들은 여기서 떠났네. 나는 그들이 '우리는 도탄
으로 가자.'고 말하는 것을 들었네." 그러자 요세프는 그의 형들 뒤를
따라갔다. 그리고 도탄에서 형들을 찾았다.
18 그 때 이미 형들은 요세프를 멀리서 알아보았다. 그가 형들에게 가까이
오기 전에, 형들은 그를 죽이려고 간계奸計를 세웠다.
19 그래서 형들은 서로 그의 아우에 대해서 말했다. "보라, 꿈쟁이[5]가 이
쪽으로[6] 온다.
20 이제 어서 우리는 그를 죽여서, 구덩이들 중 하나에 쳐박고는 악惡한
짐승이 그를 먹어 버렸다고 말하자. 그리고 그의 꿈들이 어떻게 될 것
인지 보자."
21 그러나 르우벤이 듣고, 그들 손에서 요세프를 구救해 내려고 말했다.
"우리는 목숨만은 해치지 말자." 창42:22
22 그리고 르우벤은 아우들에게 말했다. "너희는 피를 흘려서는 안 된다.

너희는 그를 광야曠野에 있는 이 구덩이로 던져 넣어라. 그러나 그에게
손을 대지는 말아라." 그는 요세프를 형제들 손에서 구하여 그의 아버
지에게로 돌려보내려 했다.
23 요세프가 그의 형들에게 왔을 때, 형들은 요세프가 걸치고 있던 긴 채
색彩色 저고리를 벗겼다. 창37:3
24 그리고 나서 그들은 요세프를 붙잡아 구덩이 안으로 밀어 던졌다. 그
곳은 텅 비었고 물이 없었다.
25 그리고 나서 그들은 식사食事를 하려고 자리를 잡고 앉아 눈을 들어 보
니, 길르앗에서부터 이쉬마엘 사람 대상隊商이 오고 있었다. 그들의 낙
타駱駝들은 향신료, 유향乳香, 몰약沒藥[7]ⓡ을 싣고 이집트로 내려가고 있
었다.
26 그 때 유다가 그의 형제들에게 말했다. "우리가 아우를 죽여 그의 피를
덮어 둔들 무엇을 얻겠느냐?[8]
27 자, 어서 우리는 이쉬마엘 사람들에게 그를 팔아넘기자. 그리고 그의
생명生命에는 손을 대지 말자. 그는 우리 형제이고 살붙이이다." 그러
자 형제들은 그의 말을 따랐다.
28 그 때에 미디안 사람 대상隊商이 지나가다가, 구덩이에서 요세프를
끌어 올렸다. 그리고 그들은 요세프를 이쉬마엘 사람들에게 은화銀貨
20캐샙으로 팔았다. 그리고 이쉬마엘 사람들은 이집트로 요세프를
데리고 갔다.[9] 레27:1-8 창25:2
29 그 후 르우벤이 구덩이로 돌아왔는데, 그 구덩이 안에 요세프가 없는
것을 보고 자기 옷을 찢었다.
30 르우벤은 그의 아우들ⓜ에게 돌아와 말했다. "아우가 없어졌다. 나
는,[10]ⓑ 나는 어디로 가야 한단 말이냐?"
31 그러자 그들은 요세프의 옷을 가져다 숫염소를 잡아 피에 그 옷을 적

ⓡ 향품·유향·몰약(개)(표), 향고무·유향·몰약(공), 향고무·유향·반일향(천)
ⓜ 아우들(개), 형제들(표)(공)(천)
ⓑ 없음(개)(표)(공), 난(천)

셨다.
32 그들은 긴 채색 저고리를 그들 아버지에게 가지고 가서 말했다. "우리
가 이것을 찾았습니다. 보십시오. 아버지의 아들 옷인지 아닌지를 살
펴보십시오."
33 그러자 야코브는 그것을 살펴보고 말했다. "이거 내 아들 옷이다. 악한
짐승이 그를 먹어치웠구나. 요세프가 분명히[11] 찢겼구나." 창37:20
34 그 때 야코브는 그의 옷을 찢고, 상복喪服인 자루옷[12]㉦을 그의 허리에
두른 뒤, 많은 날을 그의 아들을 위해 슬퍼했다.
35 그의 모든 아들과 딸이 나서서 그를 위로慰勞하려고 했지만, 그는 그들
의 위로를 받아들이지 않으면서 말했다. "나는 내 아들을 슬퍼하며 저
승(스올)㉧으로 내려가련다." 그리고 요세프를 생각하며 울었다.
36 그런데 미디안 사람들은 그를 이집트에서 파라오의 환관宦官[13]㉨ 호위대
장護衛大將 포티파르에게 팔아넘겼다. ○

유다와 세 아들 에르, 오난, 쉘라 (38:1-5)

38 1 그 때에 유다는 그의 형제들을 떠나 내려와, 따로 나가[1] 아
둘람 사람에게서 눌러 살았던 적이 있었다. 그의 이름은 히
람이었다.
2 그 곳에서 유다는 가나안 사람으로 이름이 슈아인 사람의 딸을 알게 되었
다. 그는 그 여자를 아내로 맞아 동침同寢했다.
3 그 여자는 임신하여 아들을 낳고 그의 이름을 에르라 불렀다.
4 그 다음 그 여자는 또 임신하여 아들을 낳고 이름을 오난이라 불렀다.
5 또 그 여자는 끝으로[2]㉠ 막내아들을 낳았다. 그리고 그의 이름을 쉘라라

㉦ 굵은 베(개), 베옷(표)(공), 자루옷(천)
㉧ 스올(개)(표), 지하(공), 저승(천)
㉨ 신하(개)(표)(공), 내신(천)
38장 ㉠ 다시(개)(표)(공)(천)

고 불렀다. 그리고 그 여자가 출산出産할 때, 유다는 크지브에 있었다.

타마르와 유다 아들들의 형사취수혼兄死娶嫂婚 (38:6-11)

6 그 때 유다는 그의 맏아들 에르에게 한 여인을 얻어 주었다. 그 여자의
이름은 타마르였다.
7 그러나 유다의 맏아들 에르는 야웨께서 보시기에 악惡했다. 그래서 야웨
께서 그를 죽게 하셨다.
8 그 후 유다는 오난에게 말했다. "너는 네 형의 아내에게 들어가거라. 그
리고 과부寡婦 된 네 형수兄嫂와 연분緣分을 맺어라.[3]㉡ 그리고 네 형의 씨
를 일으켜라." 신25:5-10
9 그러나 오난은 그 씨가 자기의 것이 안 되는 것을 알고, 형수에게 들어
가서 형의 씨를 주지 않으려고 땅바닥에 사정射精했다.
10 그가 행한 것이 야웨께서 보시기에 악했기에 그를 죽게 하셨다.
11 그러자 유다는 그의 며느리 타마르에게 말했다. "너는 내 아들 쉘라가
장성長成할 때까지 친정親庭에 돌아가 과부로 살고 있어라." 유다는 그의
형들처럼 막내인 쉘라도 죽을지 모른다고 생각했기 때문이다. 그리하여
타마르는 가서, 자기 아버지 집에 머물렀다.

유다와 타마르의 비상非常한 관계 (38:12-26)

12 그리고 많은 세월이 지나갔다.[4] 유다의 아내인 슈아의 딸은 죽었다.
유다는 애도哀悼했고, 그는 친구親舊 아둘람 사람 히람과 함께 팀나로 자
기 양들의 털을 깎는 사람들에게 올라가고 있었다.
13 그런데 그런 일이 타마르에게 전해져서, 사람들이 말했다. "보라, 네
시媤아버지가 그의 양들의 털을 깎기 위해서 팀나로 올라가고 있다고
한다." 수15:57

㉡ 남편의 아우 된 본분을 행하여(개), 시동생으로서의 책임을 다해라(표), 시동생으로서의 할 일을 하여(공), 시동생의 책임을 다하여(천)

14 그러자 그 여자는 자기가 입던 과부寡婦의 옷[5])을 벗고, 너울을 걸치고 자신을 가리어 변장變裝한 다음, 팀나로 가는 길가 에나임 입구入口에 앉아 있었다. 막내 쉘라가 장성長成했는데도 유다가 막내에게 자기를 아내로 주지 않고 있음을 알았기 때문이다.[6])

15 그 때 유다는 타마르를 보았지만, 그 여자를 창녀娼女로 생각했다. 그 여자가 자기 얼굴을 가렸기 때문이었다.

16 그래서 유다는 그 여자가 있는 길쪽으로 들어서서 말했다. "자, 어서 나는 네게 들어가겠다." 그는 그 여자가 자기 며느리라는 것을 알지 못했기 때문이다. 그 여자가 말했다. "당신이 들어오면 제게 무얼 주실 건가요?" 레18:15

17 그는 말했다. "나는 가축 떼 가운데 어린 염소를 보내겠다." 그렇지만 그 여자가 말했다. "당신이 염소를 보내기까지 담보물擔保物을 주신다면요."

18 그러자 그는 말했다. "내가 네게 줄 담보물은 어떤 것이냐?" 그 여자는 말했다. "당신의 인장印章과 끈[7]), 그리고 당신이 짚고 있는 지팡이에요." 그러자 그는 그 여자에게 담보물을 주고 들어갔고, 그 여자는 그 남자에게서 임신姙娠했다.

19 그리고 나서 그 여자는 자리에서 일어나 떠났다. 그리고 걸치고 있던 자기의 너울을 벗고 과부의 옷으로 갈아입었다.

20 그런데 유다는 자기 친구親舊 아둘람 사람 편便에 어린 염소를 보내어 그 여자 손에서 담보물을 되찾으려 했으나, 그는 그 여자를 찾지 못했다.

21 그는 그 곳 사람들에게 물었다. "에나임 길가에 있는 〈가나안 이방異邦〉 신전神殿에 있던 창녀는 어디 있습니까?" 그들은 대답했다. "여기는 창녀가 없습니다."

22 그러자 친구는 유다에게 돌아가서 말했다. "나는 그 여자를 찾지 못했네. 그리고 그 곳 사람들이 말하기를 '여기는 창녀가 없습니다.' 하더군."

23 유다는 말했다. "우리가 웃음거리가 되지 않도록 그 여자가 담보물이

라도 갖도록 하세. 보게, 내가 이 염소 새끼를 보냈는데도, 자네는 그
여자를 찾지 못했단 말일세."
24 그 후 3개월쯤 지나서였다. 유다에게 소문所聞이 들렸다. "당신 며느리
타마르가 창녀 짓을 하고 임신姙娠까지 했다네." 유다는 말했다. "그 여
자를 당장 끌어내어 화형火刑에 처하라.[8)]"
25 그런데 그 여자는 밖으로 끌려오는 동안 시아버지에게 사람을 보내어
말했다. "저는 이것들을 가진 남자에게서 임신했습니다." 그리고 말했
다. "이런 인장印章과 끈과 지팡이ⓒ가 누구의 것인지 좀 살펴 주세요."
26 그러자 유다는 살펴보면서 말했다. "그 여자가 나보다 더 의義롭다. 내
가 그 여자를 내 아들 쉘라에게 주지 않았기 때문이다.[9)]" 그리고 그는
다시는 그 여자와 관계關係를 갖지 않았다.[10)]

타마르의 쌍둥이 아들 페레츠와 재라흐 (38:27-30)

27 타마르가 아기를 낳게 되었을 때, 보니 그 여자의 태胎에는 쌍둥이가
있었다.
28 그 여자가 해산解産하는 중에 아기가 손을 내밀었다. 그래서 산파産婆가
나오는 아기를 잡아 그의 손에 붉은 실ⓓ을 매어 주면서 말했다. "요것
이 먼저 나왔구나."
29 그런데 그의 손이 도로 들어가고, 그의 아우가 나왔다. 산파가 말했다.
"요것아, 어찌 너는 틈새를 냈느냐?" 그래서 그의 이름을 페레츠(터뜨
림)라 불렀다. 룻4:18 마1:3
30 그런 후에 손에 붉은 실을 맨 그의 형이 나왔으니, 그의 이름을 재라
흐(떠오름)[11)]라고 불렀다. ⃠

ⓒ 이 도장과 그 끈과 지팡이(개), 이 도장과 이 허리끈과 이 지팡이(표), 이 줄 달린 인장과 지팡이(공), 이 인장과 줄과 지팡이(천)

ⓓ 홍색 실(개), 진홍색 실(표), 진홍실(공), 붉은 실(천)

요세프가 환관宦官 호위대장 포티파르 집 관리인이 됨 (39:1-6)

39 1 요세프는 이집트로 끌려 내려갔다. 그리고 파라오(파로)[1]의 환
관㉠이며 호위대장인 이집트 사람 포티파르가 그를 그 곳으로
끌고 내려온 이쉬마엘 사람들[2] 손에서 요세프를 샀다. 창37:28, 36
2 그러나 야웨께서 요세프와 함께 계셔서, 그는 모든 일을 성공하는 사람[3]
이 되었으며,㉡ 그는 이집트 사람인 그의 주인 집에 있었다. 창26:24
3 그의 주인은 야웨께서 요세프와 함께하시고, 야웨께서 그가 행하는 모든
것을 그의 손에서 형통亨通케 하심을 보았다.
4 이렇게 요세프는 주인의 눈에 들어서, 그의 주인을 섬기게 되었다. 그리
고 주인은 요세프에게 그의 집 모든 것을 관리管理하게 하고, 주인에게
속한 모든 것을 그의 수중手中에 맡겼다.
5 그래서 주인이 요세프에게 그의 집안과 그에게 속한 모든 것을 감독監督하
게 한 후부터, 야웨께서 요세프를 보시고 이집트 사람 집에 복을 주셨다.
그 집과 그 밭에서 그가 가지고 있는 모든 것에 복이 내렸다. 창30:27
6 이와 같이 주인은 요세프 손에 그가 가지고 있는 모든 것을 맡겼다. 그
리고 주인은 자기가 먹는 음식飮食 외에는 전혀 간섭干涉하지 않았다. 그
런데 요세프는 모습과 얼굴이 아름다웠다.[4]㉢ 창43:32

요세프를 유혹한 포티파르 아내의 무고誣告 (39:7-18)

7 이런 일들이 있은 후에, 주인의 아내는 요세프에게 눈길을 주며 말했다.
"그대, 나와 같이 자요.㉣"

39장 ㉠ 신하(개)(표)(공), 내신(천)

㉡ 형통한 자가 되어(개), 앞길이 잘 열리도록 그를 돌보셨다(표), 돌보아 주셨으므로 앞길이 열려(공), 모든 일을 잘 이루는 사람이 되었다(천)

㉢ 용모가 빼어나고 아름다웠더라(개), 용모가 준수하고 잘생긴 미남이었다(표), 끼끗하고 잘생긴 사나이여서(공), 몸매와 모습이 아름다웠다(천)

㉣ 동침하기를 청하니(개), 나하고 침실로 가요(표), 자기 침실로 가자고 꾀는 것이었다(공), 나와 함께 자요(천)

8 그러나 요세프는 거절拒絶하면서 그 주인 아내에게 말했다. "보시다시피
저의 주인께서는 제 곁에 있는[5] 집안의 무엇이나 상관相關치 않고, 그리
고 그분이 소유所有한 모든 것을 제 손에 맡기셨습니다.
9 이 집에서는 저보다 큰 이가 없습니다. 그리고 그분은 저에게서 마나님
외에 아무것도 금禁하지 않으셨습니다. 마나님께서는 주인 어른의 부인
夫人이십니다. 그런데 제가 어찌 이런 큰 악惡을 저지르며 하나님께 죄罪
를 짓겠습니까?" 출20:14 레18:20
10 그래도 그 여자는 날마다 요세프에게 졸랐지만, 그는 그 여자의 말을
귀담아 듣지 않고 곁에서 잠을 자지도[6] 않았다.
11 여느 때처럼 요세프가 자기 업무業務를 보려고, 그 집에 들어갈 일이 있었
다. 그 곳에는 마침 그 집의 사람들이 아무도 없었다.
12 그 때 그 여자는 그의 옷을 잡고 말했다. "나와 같이 자요." 그러나
요세프는 그 여자의 손에 자기 옷을 버려둔 채 도망逃亡하여 밖으로 뛰
쳐나왔다.
13 그 여자는 그가 자기 손에 옷을 버려두고 집 밖으로 도망치는 것을
보고,
14 그 집 하인下人들을 불러서 말했다. "너희는 보아라. 주인께서 우리를
희롱戱弄하는 히브리 녀석을 우리에게 데려다 놓았구나. 그가 나와 같
이 자려고 내게 들어왔길래 내가 큰 소리를 질렀다.
15 그는 내가 목청을 높여 외마디 소리를 지르는 것을 듣자, 내 곁에 자기
옷을 버린 채로 도망쳐 집 밖으로 나갔다."
16 그리고 나서 그의 주인이 집에 올 때까지 그 여자는 자기 곁에 그의
옷을 놓아두었다.
17 그 여자는 그에게 이런 말들로 일러 바쳤다. "히브리 종이 제게 들어왔
어요. 당신이 우리에게 데려다 놓은 히브리 종이 저를 희롱하기 위해
제게 들어왔단 말입니다.
18 그래서 제가 외마디 소리를 질렀더니, 그 녀석은 자기 옷을 제 옆에
버려둔 채 집 밖으로 도망쳤어요."

감옥에 갇힌 요셉프 (39:19-23)

19 이와 같이 그의 주인은 그 여인에게서 "당신의 종이 이런 짓들을 제게
행했어요." 하는 말을 듣고 몹시 분노憤怒했다.
20 요세프의 주인은 그를 붙잡아 왕의 죄수罪囚들이 갇혀 있는 장소인 감옥
監獄에 집어넣었다. 요세프는 감옥에 갇혔으나,
21 야웨께서 요세프와 함께 계셨다. 그리고 주님께서 그에게 인자仁慈하
심을 베푸시고 은혜恩惠를 주시자, 그 감옥 간수장看守長[7]㉤의 눈에 들
었다.
22 그래서 간수장이 요세프의 손에 감옥 안 모든 죄수를 맡기니, 그 곳에
서 일어나는 모든 일은 그가 처리處理했다.
23 간수장은 요세프의 손에 맡긴 그 어떤 것도 간섭干涉하지 않았는데, 야
웨께서 그와 함께하셨기 때문이다. 그리고 야웨께서 그가 행하는 것은
무엇이든 성취成就하게 하셨다. ⊘

요세프가 감옥 죄수들의 꿈 해석 (40:1-23)

수감된 두 시종장侍從長의 시중꾼 요세프 (40:1-8)

40 1 이런 일들이 있은 후에 이집트 왕의 술 맡은 시종侍從과 빵
굽는 시종이 그들의 주군主君㉠ 이집트 왕에게 범행犯行을 저
질렀다.
2 그래서 파라오는 그의 두 환관宦官㉡, 곧 술 맡은 시종장侍從長과 빵 굽는
시종장에게 진노瞋怒했다.
3 파라오는 그들을 요세프가 갇혀 있는 장소인 호위대장護衛大將 집의 감옥監
獄에 넣었다.

㉤ 간수장(개)(표)(공), 전옥(천)
40장 ㉠ 주인(개), 상전(표)(공), 주군(천)
㉡ 관원장(개), 시종장(표), 사람(공), 대신(천)

4 호위대장은 요세프를 그들과 함께 감찰監察했고,[1] 요세프는 그들의 시중
을 들었으니,[2] 이렇게 그들은 오랫동안 감옥에 있었다.
5 그 때 그들 두 사람은 똑같이 하룻밤에 꿈을 꾸었는데, 각기 특별特別한
의미意味의 꿈을 꾸었다. 그들은 다름 아닌 감옥에 갇힌 이집트 왕의 술
맡은 시종장과 빵 굽는 시종장이었다.
6 요세프가 아침에 그들에게 들어가 보니 그들은 언짢아하고[3] 있었다.
7 그래서 요세프는 그 주인 집 감옥에 그와 함께 있는 파라오의 환관㉢들
에게 물었다. "어찌 오늘 시종장님들의 얼굴이 언짢아 보이십니까?"
8 그들은 그에게 대답했다. "우리가 꿈을 꾸었는데, 그것을 풀어줄[4] 사람이
없다네." 요세프는 그들에게 말했다. "해몽解夢은 하나님께 속한 것이 아닙
니까? 부탁付託컨대 저에게 이야기 좀 해 보세요." 창41:15, 16 단2:27, 28

술 맡은 시종장의 길몽吉夢 (40:9-15)

9 그러자 술 맡은 시종장이 요세프에게 그의 꿈을 이야기했다. 그리고 그
는 요세프에게 말했다. "내 꿈에 보니, 내 앞에 한 그루 포도나무가 있
었네.
10 그 포도나무에는 가지가 3개 있었네. 가지에서 싹이 돋고 꽃이 피고,
그 송이가 익어 열매가 되었네.
11 그 때 내 손에 파라오의 잔盞이 있었다네. 그래서 나는 그 송이들을 따
서, 그것들을[5] 파라오의 술잔에 짜서 넣었지. 그리고 나는 파라오 손
위에 그 술잔을 건네 드렸다네."
12 그러자 요세프는 그에게 대답했다. "그 꿈 풀이는 이러합니다. 3개의
가지는 3일을 의미합니다.
13 3일 안에[6] 파라오께서 시종장님을 다시 부를 것입니다. 그분께서 시
종장님을 다시 그 자리에 앉히실 것입니다. 그 다음 시종장님은 파라
오께 그분의 잔을, 시종장님이 술 맡은 시종장이었던 때처럼 올려 드

㉢ 신하(개), 시종장(표), 관리(공), 대신(천)

리실 것입니다.
14 그러니 시종장님이 잘 되시면, 저를 기억記憶해 주십시오. 제게 은혜恩惠
를 베푸시고, 파라오께 제 이야기를 해서 이런 감옥[7]에서 저를 석방釋
放되게 해 주십시오.
15 저는 히브리 땅에서 유괴誘拐되어 팔려 왔기[8]㉣ 때문입니다. 또한 저는
여기서도 사람들이 저를 이런 구덩이 감옥㉤ 속으로 던질 만한 짓은 하
지 않았습니다." 창37:28

빵 굽는 시종장의 흉몽凶夢 (40:16-19)

16 그 때 빵 굽는 시종장도 그가 꿈을 잘 풀이하는 것을 보고, 요세프에게
말했다. "나도 내 꿈에 보니, 내 머리 위에 구운 과자菓子[9] 바구니㉥ 3개
가 있었다네.
17 그런데 맨 꼭대기 바구니에는 빵 굽는 이가 파라오를 위해 만든 음식飮
食들이 있었네. 그런데 새가 내 머리 위의 바구니에서 그것들을 쪼아
먹고 있었다네."
18 그러자 요세프는 이렇게 대답했다. "그 꿈 풀이는 이렇습니다. 그 3
개의 바구니는 3일입니다.
19 3일 안에 파라오께서 나리 머리를 들어 올려, 나리를 나무에 매달고,
새가 위에 있는 나리의 살을 쪼아 먹을 것입니다."

술 맡은 시종장의 복직과 빵 굽는 시종장의 교수絞首 (40:20-23)

20 드디어 3일 후 파라오의 탄신일誕辰日에 파라오는 그의 모든 신하들을
위해서 잔치를 베풀었다. 그 때 그는 술 맡은 시종장과 빵 굽는 시종
장을 그의 신하들 좌중座中으로 불러 올렸다.

㉣ 끌려온(개), 강제로 끌려온(표), 유괴되어 온(공), 붙들려 왔습니다(천)
㉤ 옥(개), 구덩이 감옥(표), 구덩이(공)(천)
㉥ 흰 떡 광주리(개), 빵이 담긴 바구니(표), 흰 과자를 담은 바구니(공), 과자 바구니(천)

21 파라오가 술 맡은 시종장을 그의 자리에 복직復職시켜 주니, 그는 파라
오 손 위에 잔을 받들어 올렸다.
22 그러나 파라오가 빵 굽는 시종장은 요세프가 그들에게 해몽解夢한 대로
매달았다.
23 그럼에도 술 맡은 시종장은 요세프를 기억記憶하지 못하고 잊었다. ○

파라오의 꿈의 7암소와 7이삭 (41:1-7)

41 1 그 후에 2년이 끝나 가는 무렵이었다. 파라오가 꿈을 꾸었는
데, 그는 나일강 위에 서 있었다.
2 그 때 보니, 나일강에서 외양外樣[1]이 아름답고 살찐㉠ 7마리 암소가 올라
왔다. 그들은 갈대 습지濕地[2]에서 풀을 뜯고 있었다.
3 그 다음에 보니, 그 뒤에 또 다른 외양이 흉하고 야윈㉡ 7마리 암소가
나일강에서 올라와서 강가에 있는 그 암소들 곁으로 가더니 멈추었다.
4 외양이 흉하고 야윈 암소들이 외양이 아름답고 살찐 7마리 암소를 먹어
치웠다. 곧 파라오는 잠을 깼다.
5 그리고 나서 그는 다시 잠이 들어 2번째 꿈을 꾸었다. 그런데 보라, 낟
알이 알차게 잘 여문㉢ 7개의 이삭이 한 줄기[3]에서 올라왔다.
6 그 다음에 보니 동풍東風,[4] 즉 열풍熱風으로 속이 비고,[5] 메마르고,[6] 검
게 그을은[7]㉣ 이삭 7개가 그 후에 돋아나더니,
7 그 쭉정이 이삭들이 알차게 잘 여문㉤ 7개의 이삭들을 삼켰다. 파라오가
잠이 깬즉, 꿈인 것을 알았다.

41장 ㉠ 아름답게 살진(개), 잘생기고, 살이 찐(표), 살이 찌고 잘생긴(공), 잘생기고 살진(천)
㉡ 흉하고 피리한(개), 흉측하고 야윈(표), 여위고 볼품없는(공), 못생기고 야윈(천)
㉢ 무성하고 충실한(개), 토실토실하고 잘 여문(표), 토실토실 여물어(공), 살지고 좋은(천)
㉣ 가늘고 동풍에 마른(개), 열풍이 불어서, 야위고 마른(표), 샛바람에 말라 여물지 못하
는(공), 야위고 샛바람에 바싹 마른(천)
㉤ 무성하고 충실한(개), 토실토실 잘 여문(표)(공), 살지고 여문(천)

해몽가解夢家를 찾는 파라오 (41:8-13)

8 아침이 되었다. 파라오의 마음은 불안不安해졌다. 그는 사람을 보내 이집
트의 모든 점술가占術家와 현자賢者㉥를 불러다가 그의 꿈을 이야기했다.
그러나 파라오에게 그 꿈을 풀이하는 이가 없었다. 단2:2
9 그 때 술 맡은 시종장이 파라오에게 말하여 일렀다. "저는 오늘에야 제
죄罪를 기억記憶하나이다.
10 파라오께서 폐하陛下의 신하들[8]에게 노怒하셔서, 폐하께서 그들을[9] 호
위대장 집 감옥에 가두셨고, 저와 빵 굽는 시종장도 가두셨습니다.
11 저희는 같은 날 밤에 꿈을 꾸었습니다. 그리고 각기 다른 의미意味의
꿈을 꾸었습니다.
12 그 때 거기에 호위대장의 종인 히브리 청년靑年㉦이 우리와 함께 있었습
니다. 그리고 저희가 그에게 이야기하니, 그는 저희가 꾼 꿈을 풀어 주
었습니다.
13 그리고 난 후 그가 저희에게 풀이한 대로 되었습니다. 폐하께서는 저
를 제자리에 복직復職시키셨고,[10] 〈빵 굽는 시종장인〉 그를 매다셨습
니다."

요세프가 풀이한 7년의 풍년, 7년의 흉년 (41:14-36)

14 그러자 파라오는 사람을 보내어 요세프를 불렀다. 그래서 사람들은 그
를 구덩이 감옥에서 급히 끌어냈다. 그리고 그는 면도面刀를 하고, 죄
수복罪囚服을 갈아입고서[11] 파라오에게 들어갔다.
15 파라오가 요세프에게 말했다. "내가 꿈을 하나 꾸었는데, 그것을 풀이
하는 자가 없다. 그런데 나는 너에 대해서 들었다." 그리고 말했다.
"너는 꿈을 듣기만 하면, 그것을 풀이한다고 들었다."
16 요세프는 파라오에게 대답했다. "저는 할 수 없지만, 하나님께서 폐하

㉥ 점술가 · 현인(개), 마술사 · 현인(표), 마술사 · 현자(공), 요술사 · 현인(천)
㉦ 히브리 청년(개), 히브리 소년(표), 젊은 히브리 사람(공), 젊은 히브리인(천)

께 구원救援하실 것을 알려주실 것입니다." 창40:8
17 파라오는 요세프에게 이야기했다. "내 꿈에 보니, 내가 나일강가에 서
있었다.
18 그 때 보니, 나일강에서 살찌고 예쁜 7마리 암소가 올라오더니, 갈대
습지대에서 풀을 뜯고 있었다.
19 그 뒤에 다른 가냘프고 흉凶하게 생긴 마른◎ 암소 7마리가 올라오는
데, 나는 모든 이집트 땅에서 그들처럼 흉한 것을 본 적이 없다.
20 그런데 이 마르고 흉한 암소들이 먼저 올라온 그 살찐 암소 7마리를
잡아먹었다.
21 그러나 살찐 암소들이 흉한 암소들의 뱃속으로 들어갔지만, 사람은 살
찐 암소들이 흉한 암소들의 뱃속으로 들어간 것을 알아 보지 못했다.
그런데 흉한 암소들의 얼굴은 여전히 흉했으며,[12] 그리고는 나는 잠
에서 깼다.
22 그 다음 내가 또 다시 꿈에 보니, 알차고 좋은 이삭 7개가 한 줄기에서
올라왔다.
23 그 후에 동풍, 즉 열풍으로 속이 비고, 메마르고, 검게 그을은 이삭
7개가 그들 뒤에 돋아났다.
24 메마른 이삭들이 알차게 여문 이삭 7개를 삼켰다. 그래서 나는 그것을
점술가占術家들에게 이야기했지만, 내게 확답確答을 주는 이가 없었다."
25 그 때 요세프는 파라오에게 말했다. "파라오 대왕大王님의 꿈들은 그 뜻
이 단 한 가지입니다. 하나님께서 행하실 일을 폐하께 알렸습니다.
26 좋은 암소 7마리는 7년이고, 좋은 이삭 7개도 7년입니다. 그 꿈들은
그 뜻이 한가지입니다.
27 그리고 그들 뒤에 올라온 마르고 흉한 7마리 암소들은 7년이고, 열풍
으로 속이 비고 메마르고 검게 그을은 이삭 7개도 7년이니, 흉년凶年

◎ 약하고 심히 흉하고 파리한(개), 약하고 아주 흉측하고 야윈(표), 볼품없고 여윈(공), 가냘프고 아주 못생기고 마른(천)

이 될 것입니다.
28 제가 폐하께 드리는 이 말씀은 바로 하나님께서 행하실 것을 폐하陛下
께 보여 주신 것입니다.
29 '보라, 7년이 오고, 온 이집트 땅에 풍요豊饒함이 있을 것이다.
30 그러나 그 후에는 7년의 흉년凶年이 들 것이다.[13] 사람들은 이집트 땅
에 있던 모든 풍요함을 잊을 것이다. 기근飢饉이 그 땅을 멸망滅亡시킬
것이다.'
31 사람들은 이런 기근으로 그 땅에 풍요가 있었던 것을 알지 못하게 될
것입니다. 기근이 매우 심할[14] 것이기 때문입니다.
32 그런 꿈이 폐하께 2번 거듭되는 것은 하나님 편에서 그런 일이 결정決
定되었기 때문이요, 하나님께서 그것을 신속히 행하실 것입니다.
33 그러니 이제 폐하께서는 명철明哲하고 지혜智慧로운ⓩ 사람을 선정選定하
시어, 그를 이집트 땅에 임명任命하십시오.
34 폐하께서는 이같이 행하사 나라에 감독관監督官들을 임명하시고, 풍년
이 드는 7년 동안 이집트 땅에서 거둔 수확收穫의 5분의 1을 받아들
이게 하소서.
35 그들은 앞으로 올 이런 풍년豊年[15]의 전체 양곡糧穀을 거두어들이고, 폐
하의 관장管掌 아래 곡식穀食을 거두어들이되, 도시에 양곡을 저장貯藏하
여 보관保管하여야 합니다.
36 그리고 그 양곡은 이집트 땅에 닥칠 7년의 흉년에 대비對備해서 세상을
위한 비축 양식備蓄糧食[16]이 되어야 할 것입니다. 그러면 이 땅은 기근
으로 멸망하지 않을 것입니다."

이집트 실권자 요세프가 온의 제사장 딸 아세낫과 결혼 (41:37-45)

37 이런 제안提案은 파라오와 그의 모든 신하의 마음에 들었다. 잠14:35
38 그래서 파라오는 그의 신하들에게 말했다. "우리가 하나님의 영靈이 함

ⓩ 명철하고 지혜 있는(개), 명철하고 슬기로운(표), 슬기롭고 지혜로운(공)(천)

께하는 이와 같은 사람을 찾을 수 있겠는가?" 출31:3 잠2:6
39 그런 다음 파라오는 요세프에게 말했다. "하나님께서 네게 이런 모든
것을 알게 하셨으니, 너처럼 명철하고 지혜로운 이가 없도다.
40 너는 내 집을 다스릴 것이요, 나의 모든 백성은 네 명령命令에 복종해야
할 것이다. 다만 왕좌王座로만 나는 너보다 강强하리라.[17]" 시113:7
41 그리고 파라오는 요세프에게 말했다. "보아라, 나는 네가 이집트 모든
땅을 관장管掌하게 하노라.[18]㉨" 행7:10
42 그런 다음 파라오는 자기의 손에서 자기의 인장 반지印章斑指[19]㉪를 빼
서 그것을 요세프의 손에 끼워 주고는 그에게 아마포亞麻布 옷[20]㉫을 입
혀 주고, 그의 목에 금 목걸이를 걸어 주었다. 에3:10 단5:29
43 그리고 파라오는 요세프를 자기가 가지고 있는 2번째 병거兵車에 태웠다.
그러자 사람들은 그 앞에서 외쳤다. "무릎을 꿇어라(아브레크).[21]㉬" 그리
고 파라오는 요세프에게 이집트 모든 땅을 관장하게 하였다. 에10:3
44 파라오는 요세프에게 말했다. "나는 파라오이다. 네 허락 없이는 아무
도 모든 이집트 땅에서 손과 발을 옴짝달싹할 수 없다.[22]"
45 그리고 파라오는 요세프의 이름을 차프낫 파네아흐[23](신께서 말씀하시고
사신다)라 불렀고, 그는 그에게 온[24]의 제사장 포티페라의 딸 아세낫을
아내로 주었다. 요세프는 이집트 땅을 행차行次하며 호령했다.[25]㉭

요세프의 이집트 기근 구제와 두 아들 므낫새와 애프라임

(41:46-57)

46 요세프가 이집트 왕 파라오 앞에 섰을 때 나이는 30세였다. 그리고 요세

㉨ 총리가 되게 하노라(개), 총리로 세운다(표), 통치자로 세운다(공), 온 땅을 그대 손 아래 두오(천)

㉪ 인장 반지(개)(천), 옥새 반지(표)(공)

㉫ 세마포 옷(개), 고운 모시 옷(표)(공), 아마 옷(천)

㉬ 엎드리라(개), 물러나거라(표), 물렀거라(공), 무릎을 꿇어라(천)

㉭ 애굽 온 땅을 순찰하니라(개), 이집트 땅을 순찰하러 나섰다(표), 에집트 온 땅의 통치자로 나타났다(공), 이집트 땅을 살펴보러 나섰다(천)

프는 파라오 면전面前을 떠나 모든 이집트 땅을 순회巡廻했다. 창37:2
47 그리고 그 땅은 7년 동안 넘칠 정도로 풍년豊年이 들었다.
48 그는 7년 동안 이집트 땅에 넘쳤던 전체 양곡糧穀을 모았고, 그 양곡을 도시들에 저장貯藏했다. 그리고 그는 각 도시마다 양곡을 저장해 두었다. 그 도시 양곡은 그 주변에 있는 들판에서 거둔 것이다.
49 요세프는 바다의 모래처럼 엄청난 규모規模로 양곡을 쌓아 두었는데, 그 양이 셀 수 없을 만큼 많아져서 셈하는 것을 그만둘 수밖에 없었다.
50 흉년이 들기 전, 요세프에게 두 아들이 태어났다. 온의 제사장祭司長 포티페라의 딸 아세낫이 그에게 낳아 준 아들들이다.
51 요세프는 〈아세낫이 낳아 준〉 맏아들의 이름을 므낫새(므낫세, 잊게 해 줌)라고 불렀으니, 하나님께서 나의 모든 고통苦痛을, 그리고 나의 아버지 집을 모두 잊게 하셨다 함이요,
52 그리고 그는 둘째 아들의 이름을 애프라임(자식을 낳게 함)이라고 불렀으니, 하나님께서 나의 고난苦難의 땅에서 나를 열매 맺게 하셨다 함이었다.
53 이집트 땅에 있던 7년의 풍년이 끝나 갈 때,
54 요세프가 말한 대로 7년의 흉년凶年이 시작되었다. 그리고 모든 땅에 기근飢饉이 있었지만, 이집트 모든 땅에는 양식糧食이 있었다.
55 그럼에도 이집트의 모든 땅에 기근이 들었고, 그 백성百姓은 파라오에게 양식을 구하기 위해 부르짖었다. 그러자 파라오는 이집트의 모든 백성에게 말했다. "너희는 요세프에게 가거라. 그가 너희에게 시키는 대로 행하여라."
56 모든 지면에 기근이 들어서 요세프는 모든 곡식 창고를 열어 이집트 사람들에게 곡식을 팔았다. 기근은 이집트에서도 몹시 심했다.
57 그 때 모든 땅에 기근이 심했기 때문에 세상世上 모든 백성이 이집트를 향해 요세프에게서 곡식을 사려고 왔다.

가나안 땅의 기근과 야코브 아들들의 1차 이집트 여행 (42:1-8)

42 1 야코브는 이집트에 곡식穀食이 있다는 것을 알고, 아들들에게 말
했다. "어찌해서 너희는 서로 멍하니 보고만 있느냐?[1)]"
2 또 그는 말했다. "이것 보아라, 나는 이집트에는 곡식이 있다고 들었다.
너희는 그리로 내려가서 우리를 위해서 곡식을 사 오너라. 그러면 우리
는 살고 죽지 않으리라."
3 그래서 요세프의 형 10명은 이집트에서 곡식을 사려고 내려갔다.
4 그러나 야코브는 요세프의 아우 벤야민을 그의 형들과 함께 보내지 않았
으니, 그가 비명횡사非命橫死㉠하지나[2)] 않을까 염려했기 때문이다.
5 이렇게 이스라엘의 아들들은 곡식을 사러 가는 사람들 틈에 끼어 내려갔
으니, 가나안 땅에 기근飢饉이 있었기 때문이다.
6 요세프는 그 땅의 실권자實權者㉡였고, 그는 그 땅 모든 백성百姓에게 곡식
을 파는 자였다.[3)] 그래서 요세프의 형들은 와서, 땅에다 얼굴을 대고
요세프에게 절했다.
7 그 때 요세프는 그의 형들을 보자마자 그들을 알아보았으나 모르는 체했
다. 그리고 요세프는 그들에게 냉정冷情하게 이야기했다. "너희는 어디서
왔느냐?" 그들이 말했다. "곡물을 사려고 가나안에서 왔나이다."
8 이렇게 요세프는 형들을 알아보았지만 그들은 그를 몰라보았다.

정탐꾼 누명陋名을 쓴 10형제들 (42:9-14)

9 그 때 요세프는 형들에 대해 꾸었던 꿈들을 기억記憶하고 있었다. 그래서
그는 형들에게 말했다."너희는 정탐偵探꾼㉢들이지? 이 나라의 허술한
무방비 지역無防備地域[4)]을 엿보려고 왔지?" 창37:5-9
10 그러자 그들은 말했다. "아닙니다. 대감大監마님,[5)]㉣ 대감마님의 종들

42장 ㉠ 재난(개), 무슨 변(표)(공)(천)
㉡ 총리(개)(표), 통치자(공)(천)
㉢ 정탐꾼(개), 간첩(표)(공), 염탐꾼(천)

은 양식糧食을 사려고 왔습니다.
11 저희 모두는 한 사람의 아들입니다. 저희는 정직正直합니다. 대감마님
의 종들인 저희는 정탐꾼이 아닙니다."
12 요세프는 그들에게 말했다. "아니다. 확실히 너희는 이 땅의 무방비 지
역을 정탐하려고 왔다."
13 그들은 말했다. "대감마님의 종들은 12형제兄弟로서 저희는 가나안 땅
에 있는 한 남자의 아들입니다. 그리고 보십시오, 지금 막내아우는 저
희 아버지와 함께 있고, 아우 하나는 없어졌습니다."
14 그 때 요세프는 그들에게 말했다. "내가 너희에게 말했던 그대로이다."
또 말했다. "너희야말로 정탐꾼들이야."

볼모가 된 쉼오온 (42:15-25)

15 "나는 이것으로 너희를 시험試驗하려고 한다. 파라오의 생명을 걸고 말
인데, 만일 너희 형제들 중 막내가 이 곳으로 오지 않을 경우에, 너희
는 여기서 나가지 못할 것이다.
16 너희는 너희 중 한 사람을 보내어 아우를 데려오너라. 그리고 너희는
감옥監獄에 갇혀 있어라.[6] 그리고 나는 너희 말이 참말인지 시험할 것
이다. 그렇지 않으면 파라오의 생명을 걸고 맹세하는데, 너희는 분명
히 정탐꾼들이다."
17 그리고 나서 그는 그들을 3일 동안 감옥에 가두었다. 창37:24
18 요세프는 3일 만에 그들에게 말했다. "너희가 살려거든 이대로 행하여
라. 나는 하나님을 경외敬畏한다.
19 너희가 정직正直하다면 너희 중에 한 사람만 감옥監獄에 남아 있고, 너희
는 가서 너희 가족의 굶주림을 위해 곡식穀食을 날라 가거라.[7]
20 너희는 너희 막내아우를 내게로 데려오너라. 그러면 너희 말이 참말이
되어서 너희는 죽지 않을 것이다." 그들은 그대로 행하기로 했다.

㉣ 내 주(개), 총리 어른(표), 나리(공)(천)

21 그 때 그들은 서로 자기 형제들에게 말했다. "정말로 우리는 우리 아우
에게 죄를 지었어. 그가 애원哀願했을 때 우리는 곤경困境에 처한 그의
목숨을 보면서도 들어주지 않았지. 그래서 우리에게 실로 곤경이 닥쳤
구나." 시50:21
22 그 때 르우벤이 아우들에게 대답했다. "내가 그 아이에게 너희는 죄罪
를 짓지 말라고 말하지 않았느냐? 그러나 너희는 듣지 않았고, 이제
그의 핏값을 치르게 되었구나.[8)]" 창37:21, 22
23 그들은 요세프가 듣고 있다는 사실事實을 알지 못했다. 그들 사이에는
통역通譯이 있었기 때문이다.
24 요세프는 그 형들에게서 물러나와서 울었다. 그리고 다시 그들에게 돌
아가서 이야기했다. 그리고 그는 그들 가운데 쉼오온을 붙잡아 놓고,
그들이 보는 데서 그를 결박結縛 지었다.
25 그 다음 요세프는 명령命令하여 그들의 곡식 자루를 채우고, 각자 자루에
그들의 돈을 도로 돌려 넣으며, 그들에게 여행중旅行中 노자路資[9)]를 주도
록 하니,[10)] 그대로 그 형제들에게 행했다.[11)]

요세프 형들의 가나안 귀향 (42:26-38)

26 그 다음 그들은 나귀 위에 곡식을 싣고 그 곳을 떠났다.
27 그런데 한 사람이 여관旅館에서 나귀에게 여물[12)]을 주려고 자루를 열
었을 때, 그는 자루 부리에 자기 돈이 그대로 있는 것을 보았다.
28 그러자 그는 형제들에게 말했다. "내 돈이 되돌려졌네."[13)] 그러나 그
들은 얼이 빠져 놀라며 서로 말했다. "하나님께서 어찌하여 우리에게
이런 일을 하셨는가?"
29 그들은 가나안 땅에 있는 아버지 야코브에게 와서, 그들이 겪었던 일들[14)]
을 전했다.
30 "그 땅의 주인主人㉰ 되는 분이 저희에게 냉혹冷酷하게 말했으며, 그분은

㉰ 땅의 주인(개), 나라의 높으신 분(표), 나라의 어른(공), 나라의 주인(천)

저희를 그 땅의 정탐偵探꾼으로 여기고 감옥監獄에 집어넣었습니다.[15)]
31 그래서 저희는 그분에게 말했습니다. '저희는 정직正直한 사람들이고,
정탐꾼들이 아닙니다.
32 저희는 한 아버지의 아들들로서 12형제입니다. 한 형제는 없어졌고,
막내는 현재 가나안 땅에서 저희 아버지와 함께 있습니다.'
33 그 다음 그 땅의 주인 되는 분은 저희에게 말하기를 '너희가 정직한
사람들이라는 것을 나는 이렇게 해서 확인確認해야겠다. 너희 형제들
중 하나는 나와 함께 남아 있고, 너희는 너희 집의 기근을 위한 곡식을
가지고 가거라. 창42:24
34 그러나 너희는 너희 막내아우를 내게 데리고 오너라. 그래야 너희가
정탐꾼이 아니라는 것을 내가 알게 될 것이다. 그리하면 나는 너희 형
제를 넘겨줄 것이고, 너희는 이 땅에서 자유롭게 이동移動할 수 있을
것이다.'라고 했습니다."
35 그런데 그들은 자루를 비우면서 각자 자기 돈꾸러미[16)]ⓑ가 자기 자루
안에 들어 있는 것을 보고, 그들과 아버지는 그것이 자기들의 돈뭉치
라는 것을 알고서 두려워했다.
36 그 때 아버지 야코브는 그들에게 말했다. "너희는 내가 아이를 잃게 했
다. 요세프가 없어졌고 쉼오온이 없어졌는데, 또 너희는 벤야민을 데려
가려고 하는구나. 나에게 이런 모든 것이 닥쳤구나."
37 르우벤이 그의 아버지에게 말하여 일렀다. "만일萬一 제가 아버지께[17)]
쉼오온을 데려오지 못하면, 아버지께서 저의 두 아들을 죽이셔도 좋습
니다. 아버지는 그를 제 손에 맡기십시오. 저는 아버지께 그를 데리고
오겠습니다."
38 야코브가 말했다. "내 아들 벤야민은 너희와 함께 내려가지 못한다. 그
의 형은 죽었고 그만 혼자 남았다. 그 아이가 너희와 함께 가다가 횡사
橫死를 당한다면, 너희는 백발白髮이 성성星星한 나를 비참悲慘하게 저승
으로 내려가게 할 것이다."

ⓑ 돈뭉치(개)(표), 돈주머니(공)(천)

벤야민과 야코브 아들들의 2차 이집트 여행 (43:1-15)

43 1 그런데 그 땅에 기근飢饉이 여전히 심했다.
2 그들이 이집트에서 가져온 식량食糧을 다 먹었을 때, 아버지
는 그들에게 말했다. "너희는 다시 가서 우리를 위해 곡식을 조금 사 가
지고 오너라."
3 그 때 유다가 아버지에게 말했다. "그분이 우리에게 엄중嚴重히 명령命
令㉠하여[1] 이르기를 '너희와 함께한 아우 없이는 너희는 내 얼굴을 볼
수 없으리라.'고 했습니다. 창42:15, 34
4 만일 아버지께서 벤야민을 저희와 함께 자유롭게 떠나게 하신다면,[2] 내
려가서 아버지를 위해 양곡糧穀을 살 것입니다.
5 만일 아버지께서 떠나게 하지 않으시면, 저희는 내려가지 않겠습니다.
왜냐하면 그분이 말하기를 '너희가 너희 아우와 함께하지 않으면,[3] 너
희는 내 얼굴을 볼 수 없으리라.' 했기 때문입니다."
6 그래서 이스라엘은 말했다. "어찌하여 너희는 그 사람에게 또 한 아우가
있다고 말하여 나를 괴롭게 하느냐?"
7 그들이 대답했다. "그분은 저희와 저희 가정家庭에 대해서 자세히 물었
습니다. 그분이 말하기를 '아직 너희 아버지가 살아 계시느냐? 너희에
게 또 아우가 있느냐?' 했습니다. 그래서 저희는 그분에게 이런 사실事
實들을 알려 주었습니다. 그분이 저희 아우를 데리고 내려오라고 말할
줄을 저희가 어찌 알았겠습니까?" 창42:7-13
8 그 때[4]㉡ 유다가 아버지 이스라엘에게 말했다. "아버지께서는 저와 함께
벤야민을 보내 주세요. 그럼 저희는 출발하여 떠날 것이며 저희는 살 것
입니다. 저희도 아버지도 우리 식솔食率[5]㉢도 죽지 않을 것입니다.
9 제 자신이 막내 벤야민을 위해 보증保證이 될 것이며, 아버지는 저에게

43장 ㉠ 경고(개)(표)(공)(천)
㉡ 없음(개)(표)(공)(천)
㉢ 어린 아이들(개), 어린 것들(표)(천), 자식들(공)

그를 요구要求하셔도 됩니다. 만일萬一 제가 아버지께 그를 도로 데려오지 못하거나, 아버지 앞에 세우지 못하면, 저는 평생平生 아버지께 죄인罪人이 되어 살겠습니다.

10 저희가 망설이지 않았다면, 정말로 지금쯤은 벌써 2번이나 다녀왔을 것입니다."

11 그 때 그들의 아버지 이스라엘이 말했다. "만일 그렇다면, 이제 너희는 이렇게 행하여라. 너희는 자루에 토산 명물土産名物[6]㉣을 그분에게 예물禮物㉤로 가지고 내려가거라. 그것은 약간의 유향乳香과 꿀, 향료香料와 몰약沒藥, 유향乳香나무 열매(피스타치오)와 아몬드[7]㉥ 등이다. 잠18:16

12 그 다음 너희는 너희 손에 갑절의 돈을 가지고 너희 자루들 부리에 돌려졌던 그 돈을 다시 돌려보내라. 그것은 아마도 착오錯誤였을 것이다.[8] 창42:27, 35

13 너희는 벤야민을 데리고 출발出發하여 대감마님에게 가 보거라.

14 전능자 하나님(엘 샤다이)께서 그 사람 앞에서 너희에게 자비慈悲를 주실 것이요, 그 사람은 너희에게 너희 한 형제 쉼오온과 벤야민[9]㉦을 보내 줄 것이다. 내가 자식子息을 잃으면 잃으리라." 창42:36

15 그리하여 그 형제[10]㉧들은 이런 예물[11]을 비롯하여, 그들 손에 갑절의 돈을 가지고서 벤야민을 데리고 출발出發하여, 이집트로 내려가서 요세프 앞에 섰다.

㉣ 소산(개), 토산물(표)(천), 소출(공)

㉤ 예물(개), 선물(표)(공)(천)

㉥ 유향 조금과 꿀 조금과 향품과 몰약과 유향나무 열매와 감복숭아이니라(개), 유향과 꿀을 얼마쯤 담고, 향품과 몰약과 유향나무 열매와 감복숭아를 담아라(표), 유향과 꿀을 얼마쯤, 그리고 향고무, 몰약, 유향나무 열매, 감복숭아를 가지고(공), 약간의 유향과 꿀, 향고무와 반일향, 향과와 편도를 가져가거라(천)

㉦ 다른 형제와 베냐민(개), 거기에 남아 있는 아이와 베냐민(표), 남기고 온 그 아이와 베냐민(공), 다른 형제와 벤야민(천)

㉧ 형제(개), 사람(표)(천), 그들(공)

요세프의 친동생 벤야민과 형제들을 위한 잔치 (43:16-34)

16 요세프는 형제들과 함께 있는 벤야민을 보고 그의 집 관리인管理人에게
말했다. "이 사람들을 집으로 인도引導하여라. 그리고 짐승을 잡아 음
식을 요리料理하여라. 이 사람들은 점심點心 때 나와 함께 먹을 것이다."
17 그 관리인은 요세프가 명한 대로 행하면서, 그 사람들을 요세프의 집으
로 안내案內했다.
18 그러나 그 형제들은 요세프의 집으로 인도되는 것을 두려워했다. 그래
서 형제들은 말했다. "우리 자루에 지난번 되돌려진 그 돈으로 인해서
우리가 끌려 들어왔다. 우리를 몰래 갑자기 습격하여[12] 우리 나귀와
함께 우리를 종으로 삼으려고 할 것이다." 창42:28
19 그래서 그들은 요세프의 집 관리인에게 다가가서, 요세프의 집 어귀에
서 말을 걸었다.
20 형제들은 말했다. "실례失禮합니다. 나리,[13]ⓩ 저희는 지난번에 양식을
사러 이 곳으로 내려왔었습니다.
21 저희가 여관에 다다랐을 때 저희의 곡식穀食 자루를 열어 보니, 각자의
돈이 자루 부리에 돈 무게 그대로 있었습니다. 그래서 저희는 저희 손
으로 그것을 도로 가져왔습니다.
22 저희는 양식 살 돈을 따로 가져왔습니다. 누가 그 돈을 저희 곡식 자루
속에다가 넣어 두었는지 잘 모릅니다."
23 그러자 관리인은 말했다. "당신들은 안전安全할 것입니다. 두려워하지
마십시오. 당신들의 하나님, 당신들 아버지의 하나님께서 당신들을 위
해 당신들 자루 안에 보배를 넣어 주셨습니다. 나는 당신들의 돈을 이
미 받았습니다." 그리고 그는 그들에게 쉼오온을 데려왔다. 창42:24
24 그 관리인이 그 형제들을 요세프의 집으로 데리고 간 다음 물을 주니,
그 형제들은 발을 씻었다. 그리고 관리인은 그들의 나귀에게 여물을
주었다.

ⓩ 내 주(개), 없음(표), 나리(공)(천)

25 요세프가 정오正午에 오기까지,[14] 그들은 예물을 정돈整頓했다. 그들은
요세프가 거기서 음식을 먹겠다는 이야기를 들었기 때문이다.
26 요세프가 그 집으로 오자, 형제들은 그에게 그 예물을 가져왔다. 그것
은 그들의 손으로 그 집에 가져온 것들이다. 그리고 그들은 요세프에
게 땅에 엎드려 절했다.
27 요세프는 그들의 안부安否를 물었다.[15] "너희가 말한 너희의 연로年老하
신 아버지는 평안平安하신가? 아직도 생존生存해 계시는가?"
28 그들은 말했다. "대감마님의 종인 저희 아버지는 평안하고, 아직도 생존
해 계십니다." 그리고 그들은 무릎을 꿇고 절했다. 창37:7, 9
29 요세프는 눈을 들어 자기 어머니의 아들, 자기 친동생 벤야민을 보고
말했다. "너희가 내게 말했던 막내아우[16]가 이 젊은이인가?" 그리고
그는 말했다. "하나님께서 네게 은혜恩惠로우시기를 비노라. 나의 젊
은이여!㉩"
30 요세프는 자기 아우에 대한 연민憐憫의 정이 북받치는 순간 말을 잇지
못하고, 울 곳을 찾아 안방으로 들어가 거기서 울었다.
31 그는 얼굴을 닦고 나와서 스스로 감정感情을 억제抑制하고 말했다. "음식
을 차려라."
32 그 종들은 요세프에게 상床을 따로 차렸고, 그 형제들에게도 상을 따로
차렸다. 그리고 요세프와 겸상兼床[17]하는 이집트 사람에게도 상을 따로
차렸다. 이집트 사람들은 히브리 사람들과 겸상을 할 수 없었으며, 히
브리 사람들과 겸상하는 것은 이집트 사람에게 역겨운 것이기 때문이
었다. 출8:22(26) 창39:6; 46:34
33 그들은 요세프 앞에 앉았는데, 맏형은 맏이의 자리대로, 아래 작은 이
는 작은 이의 자리대로 앉혔으니, 그 형제들은 자기 옆 형제들을 어리
둥절하게 보고 있었다.
34 요세프는 자기 앞에 있는 한 사람분 음식飮食[18]을 그들에게 나누었는

㉩ 소자여(개), 귀엽구나(표), 너 참 귀엽구나(공), 얘야(천)

데, 벤야민의 음식은 다른 사람의 음식보다 5배나 많았다. 그들은 요세프와 함께 마시고 또 마시며 흥겨워했다.[19]

요세프의 친동생 벤야민을 붙들려는 계략 (44:1-13)

44 1 요세프는 그의 집에 있는 관리인管理人에게 명령命令했다. "이
사람들의 자루에 곡식을 담을 수 있을 만큼 채우고, 그 자루
부리에 각자의 돈을 넣어 놓아라.
2 그리고 너는 나의 포도주 잔, 곧 은배銀杯[1]㉠를 곡식 대금穀食代金과 함께
막내의 자루 부리에 넣어라." 하니, 관리인은 요세프가 말한 대로 행하
였다.
3 아침이 밝자, 그 남자들과 나귀들은 풀려났다.[2]
4 그들이 그 도시都市를 빠져나와 멀리 가지 않아서, 요세프는 그 집의 관
리인에게 말했다. "너는 일어나서 그 사람들의 뒤를 쫓아가서 그들을 잡
아라.[3]㉡ 그리고 이렇게 말하여라. '어찌하여 너희는 선善을 악惡으로 갚
느냐?
5 이것은 나의 주인이 그것으로 마시고, 술잔 점占[4]을 치는 것이 아니냐?
너희는 악행惡行을 저질렀다.'라고 말이다."
6 관리인은 그들을 따라잡고, 이런 사실들을 일러 주었다.
7 그들은 관리인에게 말했다. "어찌하여 저의 나리께서 이런 일들을 말
씀이라고 하십니까? 이 같은 일을 행함은 나리의 종들에게 터무니없
습니다.
8 보십시오. 우리는 우리 곡식 자루 부리에서 찾은 돈을 가나안 땅에서
당신에게 갖다가 돌려 드렸습니다. 그런데 어찌 저희가 당신 대감마님
집에서 은이나 금을 도둑질하겠습니까? 창43:21

44장 ㉠ 은잔(개)(표)(공)(천)
㉡ 없음(개), 따라잡거든(표)(공)(천)

9 나리의 종들에게서 그 은배銀杯가 발견發見되는 자는 죽을 것이요, 저희
도 대감마님에게 종이 되겠습니다."
10 그러자 관리인은 말했다. "자, 이제 당신들의 말대로 그렇게 하자. 그
것이 발견되는 자는 나에게 종이 될 것이고, 나머지는 면책免責될 것이
다.[5)]"
11 그들은 서둘러서 각자 자기의 자루를 땅에 내려놓았다. 그리고 그들은
각기 자루를 열었다.
12 관리인은 뒤졌다. 큰형부터 시작하여 막내에게서 끝내려는데, 그 은배
는 벤야민의 자루 속에서 발견되었다.
13 그러자 그들은 자기들의 옷을 찢고[6)], 각자는 나귀 위에 짐을 실은 뒤
그 도시都市로 되돌아갔다.

유다의 벤야민 석방 탄원釋放歎願과 볼모 자청自請 (45:14-34)

14 유다와 그의 형제들은 요세프의 집으로 갔다. 요세프는 그 때까지도 거
기 있었다. 그 때 그들은 얼굴을 땅에 대었다.
15 그러자 요세프가 그들에게 말했다. "너희는 어찌하여 이런 짓을 저질
렀느냐? 나 같은 사람이 점占치는[7)] 줄을 너희는 알지 못했느냐?"
16 유다가 말했다. "저희가 대감마님께 무어라 말씀드리며, 무엇을 주장主
張하며, 무엇을 변명辨明하겠습니까?[8)][ㄷ] 하나님께서 대감마님의 종들
의 죄罪를 찾아내셨으니, 저희와 더불어 그의 손에 은배가 발견된 자도
대감마님께 속한 종이 될 것입니다." 창42:21, 22
17 요세프는 대답했다. "그렇게 일을 처리하는 것은 나에게 당치 않다. 그
은배가 발견된 자만이 내 종이 되어야 하겠다. 너희는 평안히 너의 아

ㄷ 무슨 설명을 하오리이까 우리가 어떻게 우리의 정직함을 나타내리이까(개), 무슨 변명을 할 수 있겠습니까? 어찌 우리의 죄없음을 밝힐 수 있겠습니까?(표), 어찌 입을 놀릴 수 있겠습니까? 변명할 여지도 없습니다(공), 무어라 여쭙겠습니까? 또 무어라 변명하겠습니까?(천)

버지에게로 돌아가거라." ○
18 그 때 유다가 요세프에게 다가가서 말했다. "죄송罪悚합니다. 대감마님
이시여. 대감마님의 종이 대감마님의 귀에 제발 한 말씀만 드리게 하
소서. 저의 대감마님, 대감마님의 진노가 대감마님의 종에게 미치지
않게 하옵소서. 대감마님은 파라오와 같으신 분이기 때문입니다.
19 대감마님께서 종들에게 물으며 이르시기를 '너희는 아버지와 형제가
있는가?' 하셨습니다. 창42:7, 13; 43:7
20 그래서 저희는 대감마님께 말씀드렸습니다. '저희는 연로年老한 아버지
가 계시고 그가 늘그막에 낳은 막내아우가 있지만, 그의 형은 죽고, 그
의 어머니의 아이로는 그 아이만 남아 있어, 아버지는 그 아이를 사랑
하고 있습니다.'라고 말입니다.
21 그러자 대감마님께서 종들에게 말씀하셨습니다. '나에게 그를 데리고 내
려오너라. 그를 내가 내 눈으로 볼 수 있도록 그를 내게 데리고 오너라.'
하고 말입니다.
22 저희는 대감마님께 말씀드렸습니다. '그 아이는 저희 아버지를 떠날
수 없습니다. 그가 아버지를 떠나면, 아버지는 돌아가실 것입니다.'라
고 말입니다.
23 그래도 대감마님께서 종들에게 말씀하셨습니다. '너희 막내아우가 너
희와 함께 내려오지 않으면, 내 눈앞에 더 이상 나타날 수 없다.'고 말
입니다. 창42:15; 43:3-5
24 저희가 대감마님의 종인 저희 아버지에게 올라갔을 때, 아버지에게 대
감마님의 일을 전해 드렸습니다.
25 그 때 저희 아버지는 말하였습니다. '너희는 또 가서, 우리를 위해 약
간의 양식糧食을 사 가지고 오너라.'라고 말입니다.
26 저희는 말씀드렸습니다. '저희는 막내아우 없이는 내려갈 수 없게 되었
습니다. 저희와 함께 막내아우 없이는 그 대감마님의 얼굴을 볼 수 없
습니다.' 하고 말입니다.
27 그러자 대감마님의 종, 저희 아버지[9)]는 저희에게 말하였습니다. '내

아내(라헬)가 내게 두 아들을 낳아 준 것을 너희는 알고 있겠지.
28 그런데 한 아이는 나에게서 나갔고, 나는 그가 분명히 짐승에게 찢겨
죽었다고 말했고,[10] 지금까지 그를 보지 못하고 있다. 창37:32, 33
29 그런데 너희가 이 아이마저 내게서 떼어 데리고 가다가 그가 비명횡사
非命橫死를 당하면, 너희는 백발白髮이 성성星星한 나를 불행不幸하게[11] 저
승으로 내려가게 할 것이다.'라고 말입니다. 창42:38
30 이제 대감마님의 종, 저희 아버지에게 그 아이가 우리와 함께하지 않
은 채로 갈 때, 아버지의 목숨은 그 아이에게 달려 있기에,
31 아버지가 그 아이가 없는 것을 보게 되면 아버지는 돌아가실 것입니
다. 대감마님의 종들은 대감마님의 종인 백발이 성성한 저희 아버지
를 비참悲慘하게 저승으로 내려가게 할 것입니다.
32 대감마님의 이 종이 제 아버지에게 그 아이를 보증保證하면서, '만일 저
희가 아버지께 그를 다시 데려오지 못한다면, 저는 평생平生 아버지께
죄인罪人이 되어 살겠습니다.'라고 말하였습니다. 창43:9
33 그러니 이제 대감마님의 이 종이 그 아이를 대신代身해서 대감마님의
종이 되게 하시고, 그 아이를 그의 형들과 함께 올려 보내소서.
34 그 아이가 저와 함께하지 않고서야 어찌 제가 아버지에게 돌아갈 수
있겠습니까? 저는 아버지가 불행을 당하는 것을[12] 볼 수가 없습니다."

요세프가 이복형異腹兄들의 악을 선으로 대함 (45:1-8)

45 1 요세프는 그를 둘러 서 있는 모든 시종侍從이 보는 데서 감정
感情을 스스로 억제抑制할 수 없어, 그에게서 모든 사람이 물
러가도록 소리쳤다. 그래서 요세프가 형제들에게 자기를 고백告白했을
때에는, 그의 곁에 아무도 있지 않았다.
2 그가 목 놓아 소리 내어 울자 이집트 사람들이 들었고, 파라오 궁전에도
들렸다.[1)㉠]

3 요세프는 형들에게 말했다. "제가 요세프입니다. 아직 저의 아버지께서
는 생존生存해 계십니까?" 그러나 그의 형제들은 대답對答할 수 없었다.
그들은 요세프 앞에서 경악驚愕했기 때문이다.
4 요세프는 형들에게 말했다. "제게 좀 가까이들 오십시오." 그래서 그들
이 가까이 오자 말했다. "제가 형님들의 아우 요세프입니다. 형님들이
이집트로 팔아넘겼던 그 아우입니다. 창37:28
5 그러나 이제부터는 형님들이 저를 이 곳으로 팔아넘겼다고 비탄悲歎에
젖거나 분노憤怒하지들 마십시오.[2)]㉡ 우리 목숨을 살리시려고 하나님께
서 저를 형님들보다 앞서 보내신 것입니다. 창50:20
6 땅에는 기근飢饉이 든 지 이렇게 2년이 되었고, 앞으로도 5년은 밭도
못 갈고 추수秋收하는 일도 없을 것이니,
7 하나님(앨로힘)께서 이 땅에 형님들[3)]㉢의 자손子孫을 세우시고, 형님들을
크게 구원救援[4)]하시려고 저를 형님들보다 먼저 보내셨습니다.
8 그러니 형님들이 저를 이 곳으로 보낸 것이 아니라, 하나님께서 보내셨
던 것입니다. 그리고 하나님께서 저를 파라오의 사부師父[5)]㉣로 그분 집
의 모든 사람에게 주인主人으로 세우시고, 이집트의 모든 땅을 관장管掌하
게 세우셨습니다. 창41:39-43

요세프와 파라오가 야코브 가족에게 이집트 이주 초청 (45:9-28)

9 형님들은 서둘러 아버지께 올라가십시오. 그리고 아버지의 아들 요세프

45장 ㉠ 애굽 사람에게 들리며 바로의 궁중에 들리더라(개), 이집트 사람들에게도 들리고, 바로의 궁에도 들렸다(표), 에집트의 모든 사람에게 들렸고, 파라오의 집에도 들렸다(공), 이집트 사람들에게 들리고 파라오의 궁궐에도 들렸다(천)

㉡ 근심하지 마소서 한탄하지 마소서(개), 걱정하지 마십시오. 자책하지도 마십시오(표), 마음으로 괴로와할 것도 얼굴을 붉힐 것도 없읍니다(공), 괴로워하지도, 자신에게 화를 내지도 마십시오(천)

㉢ 당신들(개), 형님들(표)(공), 여러분(천)

㉣ 아버지(개)(표)(천), 어른(공)

가 이와 같이 말씀드린다고 아버지께 말씀하십시오. 하나님께서 저를
모든 이집트의 주인으로 세우셨다고 말입니다. 그리고 지체遲滯 마시고
저에게 내려오십시오.
10 아버지께서 고샌 땅에 사시게 되면, 아버지와 아들들과 손자들이 저와
가까이 있을 것이고, 양 떼와 소 떼, 그리고 아버지께 속한 모든 것도
저와 가까이 있을 것입니다.
11 저는 그 곳에서 아버지의 생계生計를 부양扶養해 드릴 것입니다. 아직도
기근이 5년이나 남았으니, 아버지와 아버지의 집, 그리고 아버지에게
딸린 모든 이가 궁핍窮乏해지지 않도록 해 드리겠습니다.
12 보세요, 저의 입이 형님들에게 하는 구두 약속口頭約束을, 형님들의 눈
이, 그리고 제 아우 벤야민의 눈이 보고 있습니다.
13 그리고 형님들은 아버지께 이집트에서 누리는 저의 모든 영화榮華와 형
님들이 본 모든 것을 전해 드리십시오. 그리고 형님들은 서두르셔서
이 곳으로 아버지와 함께 내려오십시오."
14 요세프는 아우 벤야민의 목을 부둥켜안고 울었고, 벤야민도 그를 부둥
켜안고 울었다.
15 그리고 그가 모든 형과 입 맞추며 그들을 안고 우니, 그제야 그의 형들
이 그와 말했다.
16 요세프의 형들이 왔다는 소문所聞이 파라오 궁宮에 들렸다. 그리고 그
일이 파라오와 그의 신하의 마음에 들었다.
17 파라오가 요세프에게 말했다. "그대 형제들에게 이렇게 행하라고 전해
주시오. 당신들은 짐승들에게 짐을 싣고 떠나 가나안 땅에 가시오.
18 당신들은 당신들의 아버지와 가족家族을 모시고 짐朕에게로 오시오. 그
러면 이집트의 좋은 땅을 줄 것이며, 당신들은 토산土産의 진수珍羞㉣를
먹도록 하시오.[6)]
19 당신들은 이집트 땅에서 자녀들과 아내들을 위해 수레들을 가져가시

㉣ 나라의 기름진 것(개), 기름진 땅에서 나는 것(표), 땅의 기름진 것(공)(천)

오. 그리고 아버지를 태워 모시고 오시오.
20 당신들의 세간들을 아끼지 마시오. 이집트 모든 땅의 좋은 것이 당신들
의 것이기 때문이오."
21 이스라엘의 아들들은 그렇게 행했다. 그리고 요세프는 그들에게 파라오
의 명령대로 수레들을 주고, 그들에게 여행길의 노자路資도 주었다.
22 그들 모두에게 나들이옷을 주었고, 벤야민에게는 은화銀貨 300캐샙과
5벌의 나들이옷을 주었다.
23 그리고 아버지에게 이집트의 토산 명물土産名物을 나를 나귀 10마리,
그리고 여행길에 아버지를 위한 곡식穀食과 음식飮食과 보양 식품補養食
品[7]ⓑ을 나를 암나귀 10마리를 보냈다.
24 요세프는 형들을 떠나보냈고, 형들을 배웅하면서 말했다. "형님들은
길에서 화들을 내지 마세요."
25 그들은 이집트에서 올라와 가나안 땅으로 온 다음, 아버지 야코브에게
로 갔다.
26 그들은 아버지에게 고告하여 일렀다. "요세프가 아직 살아 있습니다.
그는 이집트 온 땅을 관장管掌하는 사람입니다." 그래도 아버지의 마음
은 냉담冷淡했는데, 그가 그들을 믿지 않았기 때문이다.
27 그들은 또 아버지에게 요세프가 그들에게 이야기한 모든 말을 전했다.
그리고 아버지는 요세프가 그를 태우려고 보내 준 수레를 보았다. 그
래서 아버지 야코브는 기운氣運이 났다.
28 이스라엘은 말했다. "더 바랄 게 없다.[8]ⓢ 내 아들 요세프가 아직도 살
아 있다니, 내가 가서 죽기 전에 그를 보리라."

ⓑ 곡식과 떡과 양식(개), 곡식과 빵과 다른 먹을거리(표), 먹을 밀이나 빵 같은 음식(공), 곡식과 빵과 음식(천)

ⓢ 족하도다(개), 이제는 죽어도 한이 없다(표)(공), 이제 여한이 없구나(천)

야코브 가족의 이집트 이주移住 (46:1-27)

야코브가 브에르셰바에서 하나님 음성을 들음 (46:1-4)

46 1 그 때 이스라엘과 그의 식솔食率들은 모든 소유를 가지고[1] 떠
나, 브에르셰바로 왔다. 그리고 그의 아버지 이츠하크의 하
나님께 희생제물犧牲祭物㉠을 드렸다. 창26:23-25
2 그러자 하나님께서 이스라엘에게 그 날 밤에 환상幻想으로 말씀하셨다.
주님께서 "야코브야, 야코브야." 하고 말씀하시니, 그는 "제가 여기 있
습니다." 하고 대답했다.
3 하나님께서 말씀하셨다. "나는 네 아버지의 하나님, 그의 하나님(엘)이
다. 너는 이집트로 내려가는 것을 두려워하지 말아라. 내가 너를 그 곳
에서 큰 민족民族이 되게 하리라. 출1:7 창47:27
4 나 하나님(엘)은 너와 함께 이집트로 내려갈 것이며, 나는 너를 또한 다시
올라오게 하리라.[2]㉡ 그리고 요세프가 손을 네 눈에 얹어 감겨 줄 것이다."

이집트로 이주한 야코브의 70인 가족들 (46:5-27)

5 야코브는 브에르셰바에서 출발出發했다. 그리고 이스라엘의 아들들은 파
라오가 야코브를 태우기 위해 보내 준 수레들에 그들의 아버지 야코브와
어린 것들과 여인들을 태우고,
6 그 아들들은 그들의 가축家畜과 가나안 땅에서 얻은 재물財物을 가지고 이
집트로 갔으며, 야코브와 그와 함께한 모든 자손이 이집트로 들어갔다.
7 야코브의 아들들과 그와 함께한 손자들, 딸들과 손녀들, 그리고 모든
자손이 야코브와 함께 이집트로 들어갔다. ⓢ
8 이집트로 내려간 이스라엘의 아들들은 이러하다. 야코브와 그의 아들들

46장 ㉠ 희생제사(개)(표), 제사(공)(천)

㉡ 반드시 너를 인도하여 다시 올라올 것이며(개), 내가 반드시 너를 거기에서 데리고 나오겠다(표), 내가 너를 거기에서 반드시 다시 올라 오게 하리라(공), 내가 그곳에서 너를 다시 데리고 올라오겠다(천)

의 이름은 야코브의 맏아들 르우벤, 출6:14-16
9 그리고 르우벤의 아들들은 하노크, 팔루, 해츠론, 카르미이다.
10 쉼오온의 아들들은 여무엘, 야민, 오핫, 야킨, 초하르, 그리고 가나안 여
인의 아들 샤울이다.
11 레위의 아들들은 게르숀, 커하트, 므라리이다.
12 유다의 아들들은 에르, 오난, 셸라, 페래츠, 제라흐인데, 에르와 오난은
가나안 땅에서 죽었다. 그리고 페래츠의 아들들은 해츠론과 하물이다.
창38:3, 4, 29, 30
13 이사쉬카르의 아들들은 톨라, 푸와, 야수브, 심로온이다.
14 즈불룬의 아들들은 새랫, 엘론, 야흘르엘이다.
15 이들은 레아가 파단 아람에서 야코브에게 낳아 준 아들들이요, 그의 딸
디나와 함께 그의 아들과 딸들은 모두 33명이다.
16 그리고 가드의 아들들은 치프욘, 하기, 슈니, 애츠본, 에리, 아로디, 아
르엘리이다.
17 아셰르의 아들들은 임나, 이쉬와, 이쉬위, 브리아이며, 새라흐라는 그들
의 누이가 있었다. 브리아의 아들들은 해배르와 말키엘이다.
18 이들은 라반이 그의 딸 레아에게 준 질파의 자손들이다. 질파가 이들을
야코브에게 낳아 주었다. 이들은 16명이다. 창29:24
19 야코브의 아내 라헬의 아들들은 요세프와 벤야민이다.
20 요세프에게는 이집트 땅에서 태어난 아들들이 있는데, 온의 제사장祭司
長 포티페라의 딸 아스낫이 그에게 므낫섀와 애프라임을 낳아 주었다.
창41:50-52
21 벤야민의 아들들은 밸라, 배캐르, 아쉬벨, 게라, 나아만, 에히, 로쉬, 무
핌, 후핌, 아르드이니,
22 이들은 야코브에게서 태어난 라헬의 자손들이며 모두 14명이다.
23 단의 아들은 후심이다.
24 납탈리의 아들들은 야흐츠엘, 구니, 예채르, 쉴렘이다.
25 이들은 라반이 그의 딸 라헬에게 준 빌하의 자손들이다. 빌하가 이들을

야코브에게 낳아 주었다. 이들은 모두 7명이다. 창29:29
26 이집트로 들어간 야코브의 모든 사람[3)]은 야코브의 며느리들을 뺀 그의
친족 직계親族直系가 모두 합해 66명이었다. 출1:1-5
27 이집트에서 태어난 요세프의 아들들은 2명이다. 그래서 이집트로 들어
간 야코브 집에 속한 모든 사람은 70명[4)]이 되었다. ○

야코브의 고샌 땅 정착 (46:28-34)

28 야코브[5)]㉢는 유다로 하여금 고샌으로 향한 길을 가르쳐 주도록[6)] 그를
미리 요세프에게 보냈으며, 그런 다음 그들은 고샌 땅으로 갔다.
창45:10
29 그리고 요세프는 자기 병거兵車를 준비시켜 아버지 이스라엘을 맞이하
려고 고샌으로 올라갔다. 그는 아버지를 보자 목을 부둥켜안았고, 또
그의 목을 부둥켜안은 채 울었다.
30 그 때 이스라엘은 요세프에게 말했다. "네가 아직도 살아 있다니. 내가
네 얼굴을 보게 되었으니 나는 이제 죽어도 좋다." 창45:28
31 그 때 요세프는 형들과 아버지 집안[7)] 사람들에게 말했다. "저는 올라가
서 파라오에게 전할 것입니다. 그리고 그분께 말할 것입니다. '가나안
땅에 있던 저의 형들과 아버지 집안이 저에게 왔습니다.
32 집안 남자들은 양 떼 목자牧者들입니다. 그들은 가축을 치는 사람들입
니다. 그들은 양 떼와 소 떼, 그리고 그들에게 속한 모든 것을 가지고
왔습니다.'라고 말입니다.
33 그러면 파라오께서 형님들을 불러서 직업職業이 무엇이냐고 물을 것입
니다.
34 그러면 형님들은 '대왕 폐하大王陛下[8)]㉣의 종들은 어린 시절부터 지금
까지 가축家畜을 치는 사람이며, 저희와 조상祖上들도 그러합니다.' 하

㉢ 야곱(개), 이스라엘(표)(공)(천)
㉣ 주(개), 없음(표)(공), 임금님(천)

고 대답하세요. 그 덕분德分에 형님들은 고센 땅에서 살게 될 것입니다. 가축을 치는 목자牧者는 이집트 사람에게 혐오嫌惡[9]의 대상對象이기 때문입니다." 창43:32

야코브의 파라오 알현과 축복, 라아므세스 땅 하사받음 (47:1-12)

47 1 그 다음[1] 요세프는 파라오에게 가서 전했다. "저의 아버지와 형제들, 그들의 양 떼와 소 떼, 그들에게 딸린 모든 재산이 가나안 땅에서 와서 고센 땅에 있습니다."

2 그리고 요세프는 그의 형들 중에서 5명을 데리고 와서 그들을 파라오 앞에 세웠다.

3 그 때 파라오는 그의 형들에게 물었다. "당신들의 직업職業은 무엇인가?" 그들은 파라오에게 대답했다. "폐하陛下의 종들은[2]㉠ 양 치는 목자牧者이며, 저희도 조상祖上들도 그렇습니다." 창46:33, 34

4 그들은 파라오에게 또 말했다. "저희는 이 땅에 나그네로 머물려고 왔습니다. 가나안 땅에는 기근飢饉이 심하여, 폐하의 종들이 가진 양 떼에게 목초지牧草地가 없기 때문입니다. 그러니 바라건대 이제 폐하의 종들이 고센 땅에 살게 해 주십시오."

5 그러자 파라오는 요세프에게 말하여 일렀다. "그대㉡ 아버지와 형들이 그대에게 왔군요.

6 이집트 땅이 그대 앞에 있으니, 이 땅의 가장 좋은 곳에 그대 아버지와 형제들이 살게 하시오. 그들을 고센 땅에 거주居住하게 하시오. 만일 그들 가운데 유능有能한 사람을 보면, 그대는 그들을 내 소유 가축 떼의 관리자管理者로 세우시오."

7 그리고 요세프는 아버지 야코브를 모셔다가 파라오 앞에 서게 했다. 그

47장 ㉠ 종들은(개), 임금의 종들은(표), 소인들은(천), 이 종들은(공)
㉡ 네(개), 그대(표)(천), 경(공)

러자 야코브는 파라오를 축복祝福했다.[3)]
8 그 때 파라오는 야코브에게 물었다. "그대의 연세年歲가 얼마나 되시오?"
9 야코브는 파라오에게 대답했다. "제 나그네 연수年數는 130입니다. 그러
나 제가 산 연수는 얼마 안 되며 불행不幸했습니다. 저의 조상祖上이 산
연수, 그들이 나그네로 산 연수를 따르지 못합니다." 히11:13
10 그리고 나서 야코브는 다시 파라오를 축복하고, 그 앞에서 나왔다.
11 그리고 요세프는 파라오가 분부吩咐한 대로 자기 아버지와 형제들을 이
집트 땅, 그 땅에서 가장 좋은 라아므세스(라암셋) 땅[4)]을 소유지所有地로
주어 살게 했다.
12 요세프는 아버지와 형들, 그리고 아버지의 온 집안 식솔食率을 부양扶養
했고, 자녀들의 숫자대로 양식을 대 주었다. 창45:11

파라오가 굶주린 백성의 가축과 전답田畓 매입 (47:13-26)

13 온 땅에 양식糧食이 떨어졌다. 기근飢饉이 매우 심했기 때문이다. 이집트
땅과 가나안 땅은 기근으로 인해서 피폐疲弊되었다.
14 요세프는 이집트 땅과 가나안 사람들이 곡식穀食을 사면서 곡식 값을 치
르느라 빠져나간 돈을 모조리 끌어모아서[5)] 그 돈을 파라오 궁전宮殿 안
으로 끌어들였다.
15 이집트 땅과 가나안 땅에서 돈이 떨어지자, 모든 이집트 사람이 요세
프에게 와서 말했다. "어서 저희에게 양식을 주십시오. 돈이 떨어졌
다고 해서 어찌 저희가 대감마님 앞에서 마주 보고 죽어야 한단 말
입니까?
16 요세프는 대답했다. "돈이 떨어졌으면, 당신들의 가축家畜을 몰고 오시
오. 나는 당신들의 가축 값으로[6)] 양식을 내주겠소."
17 그들이 가축을 요세프에게 몰고 오자, 요세프는 말과 양 떼, 그리고 소
떼와 나귀 값으로 그들에게 양식을 내주었다.
18 이렇게 그 해가 끝났고 이듬해가 돌아왔을 때, 그들은 그에게 말했다. "돈

과 가축 떼가 없으니, 저희가 대감마님께 무엇을 숨기겠습니까? 대감마
님 앞에 남은 것은 저희 몸과 농토農土㉢밖에 없습니다.
19 어찌하여 저희가 농토와 함께 대감마님 보는 앞에서 죽어야 합니까?
저희와 저희 농토를 양식 값으로 사십시오. 이렇게 저희는 저희의 전
농토에 딸려 파라오께 종이 되겠습니다. 그러나 저희가 살아서 죽지
않고 농토가 황폐荒弊해지지 않도록 곡식 종자穀食種子를 내주십시오."
20 그러자 요세프는 이집트의 모든 농토를 파라오의 것으로 사들였다. 그
들에게 기근이 심하여, 이집트 사람들은 각자 자기의 농토를 팔았기
때문이다. 그래서 그 땅은 파라오의 것이 되었다.
21 그는 이집트 국경 끝에서 끝까지 그 백성을 종들로서 일하게 했다.[7)]
22 그는 제사장祭司長들의 농경지農耕地만은 사들이지 않았다. 그것은 파라
오에게서 나오는[8)] 제사장들의 소득所得이기 때문이다. 그래서 그들은
파라오가 그들에게 주는 소득으로 먹고 살았으므로 농경지를 내놓지
않았다. 민18:20 수13:14 겔44:28; 45:1-5
23 그 때 요세프는 자기 백성에게 말했다. "나는 이렇게 오늘 당신들과
당신들의 농경지를 파라오의 것으로 사들였소. 자, 여기 당신들을 위
한 종자種子가 있소. 당신들은 농경지에 씨를 뿌리시오.
24 그러나 추수秋收할 때에 당신들은 5분의 1을 파라오께 내야 하오. 그리
고 5분의 4는 당신들의 것이 될 것이니, 밭에 씨를 뿌리는 것, 당신들
과 집안 식솔食率들이 먹는 것, 그리고 어린 자녀子女들이 먹는 것으로
삼으시오."
25 그 때 그들은 말했다. "대감마님께서 저희를 살려 주셨습니다. 대감마
님 보시는 데서 저희는 은혜恩惠를 받았습니다. 그러니 저희는 파라오
의 종이 되려고 합니다."
26 이렇게 요세프는 오늘날까지도 이것을 이집트 농경지農耕地에 유효有效한
법法으로 정해 놓았다. 즉 수확의 5분의 1은 파라오에게 속한다는 것

㉢ 토지(개), 밭뙈기(표), 땅(공), 농토(천)

이었다. 다만 제사장祭司長들의 농경지만은 파라오의 것이 아니었다.

야코브가 유언으로 막펠라 동굴 묘지에 안장安葬 요청 (47:27-31)

27 이렇게[9] 이스라엘은 이집트 땅 고샌 지방에서 살았고, 그들은 그 곳
에 소유지를 얻어 자손들을 많이 낳고 심히 번성하였다.
출1:7, 12 창46:3
28 그리고 야코브는 이집트 땅에서 17년을 살았으니, 야코브의 나이는
147세였다.
29 이스라엘은 죽을 날이 가까웠다. 그래서 그는 아들 요세프를 불렀다.
그리고 이스라엘은 요세프에게 말했다. "내가 네게 은혜를 입었다면,
바라건대[10] 너는 네 손을 내 샅 아래 넣고 나에게 인애仁愛와 신실信實
을 행하여, 나를 이집트에 장사葬事하지 않도록 해 다오. 창50:5
30 내가 조상祖上들과 함께 잠들거든 너는 나를 이집트에서 옮겨, 나를 그
분들의 무덤에 묻어 다오." 그러자 그는 말했다. "아버지 말씀대로 행
하겠습니다." 창23:20
31 야코브가 말하기를 "너는 나에게 맹세하여라." 하니, 그는 아버지에
게 맹세했다. 이스라엘은 침상寢牀 머리맡에 엎드려 하나님께 경배敬拜
했다. ○ 히11:21

야코브가 애프라임과 므낫새를 아들로 삼고 축복함 (48:1-22)

48 1 이런 일이 있은 뒤에, 어떤 이가 요세프에게 말했다. "보십
시오. 당신 아버지께서 병환病患이 드셨습니다." 그러자 요세
프는 자기 두 아들 므낫새와 애프라임을 데리고 야코브에게로 갔다.
2 어떤 이가 야코브에게 이르기를 "보십시오. 당신 아들 요세프가 당신께
왔습니다." 하니, 이스라엘이 기운을 내어 일어나 침상寢牀에 앉았다.
3 야코브는 요세프에게 말했다. "나의 전능자 하나님(엘 샤다이)께서 가나안

땅 루즈(베트엘의 옛 명칭)에서 나에게 나타나 보이셨다. 그 때 주님께서
나에게 복福을 내려주셨다. 창28:12-19
4 주님께서 나에게 말씀하시기를 '나는 네가 자식子息을 많이 낳고 번성蕃盛
하게 하겠다. 그리고 나는 네가 여러 민족의 집회集會[1]가 되게 할 것이
니, 이 땅을 네 뒤에 오는 후손後孫들에게 영원永遠한 소유所有로 주겠다.'
고 하셨다. 창35:11, 12
5 그러니 이제 〈내가 이집트에 오기 전〉 이집트 땅에서 네게 태어난 네
두 아들 애프라임과 므낫새는 르우벤과 쉼오온같이 내 아들로 내게 속할
것이다.[2]㉠ 창41:50-52
6 그러나 그들 뒤에 네게 태어날 네 자식들은 네가 가질 것이요, 그들은
그들 형제의 이름으로 그들의 상속 재산相續財産을 받을 것이다.
7 내가 파단에서 오는 도중 에프라트까지 아직 먼 거리가 남았는데, 가나
안 땅에서 도중에 라헬이 죽어서, 나는 그를 에프라트 방향 길에 장사葬
事 지냈다. 그 곳이 베틀래햄(베들레헴)이다." 창35:19
8 이스라엘이 요세프의 아들들을 보았을 때,[3] 그는 물었다. "이 아이들이
누구냐?"
9 요세프는 아버지에게 대답했다. "그들은 하나님께서 저에게 선물膳物로
주신 제 아들들입니다." 그는 말했다. "너는 그들을 이리 나에게 데려오
너라. 내가 그들을 축복祝福하리라."
10 그런데 이스라엘의 눈이 나이로 인해 흐릿했다. 그래서 그는 볼 수가
없었다. 요세프가 그들을 아버지에게[4] 데려다 놓자, 이스라엘은 그들
을 입 맞추고 안아 주었다.
11 그리고 나서 이스라엘은 요세프에게 말했다. "나는 너를 다시 보리라고
상상想像도 못했었다.[5] 그런데 이제 하나님께서 나로 하여금 너의 후
손後孫도 보게 하셨구나." 시128:6 창37:33, 35; 45:26

48장 ㉠ 르우벤과 시므온처럼 내 것이 될 것이요(개), 르우벤과 시므온이 나의 아들이듯이……나의 아들로 한다(표), 르우벤이나 시므온과 같이 내 아들 항렬에 들어야 한다(공), 르우벤과 시메온처럼 내 아들이 되는 것이다(천)

12 요세프는 아이들을 아버지의 무릎에서 물러나게 하고, 얼굴을 땅에 대
고 절했다.
13 그리고 요세프는 그 둘을 데려다가, 애프라임은 오른편에, 그래서 그는
이스라엘 왼편에 있었고, 므낫새는 그의 왼편에, 따라서 그는 이스라엘
오른편에 있었다. 그리고 이스라엘은 그들을 자기에게 끌어왔다.
14 이스라엘은 오른손을 펴서 그 손을 애프라임의 머리에 놓았다. 그가 므
낫새보다 어렸지만 말이다. 그리고 그는 왼손을 므낫새의 머리에 얹었
다. 그래서 그는 므낫새가 맏아들인데도 양손을 십자十字로 엇걸었다.
15 그 다음 이스라엘은 요세프를 축복祝福하며 말했다.

"나의 조상祖上들이 모셨던 그분 하나님,
아브라함과 이츠하크가 그분 앞에 있었고,
오늘날까지 하나님께서는 나를 길러주신 목자牧者이셔라.

16 모든 곤경困境에서 나를 구원救援하신 하나님의 천사,[6)]ⓛ
그분께서 소년少年들에게 복福을 내리시고,
그들에게서 내 이름이 불리고,
내 조상 아브라함과 이츠하크의 이름이 불리리라.
그들은 세상에서 수가 대단히 많아지리라.[7)]"[8)] 사41:14 창32:25-30

17 요세프는 자기 아버지가 그의 오른손을 애프라임의 머리에 얹은 것을
알고는, 그것을 불쾌不快하게 생각했다. 그래서 그는 아버지의 오른손
을 애프라임의 머리에서 므낫새의 머리로 놓으려고 붙잡았다.
18 동시에 요세프는 아버지에게 말했다. "그렇게 하지 마십시오. 사랑하
는 아버지, 이 아이가 맏아들이니 아버지의 오른손[9)]을 그의 머리에
얹으십시오."
19 그러나 그의 아버지는 거절拒絶하며 말했다. "나는 잘 알고 있다. 내 아
들아, 나도 잘 알아. 그는 백성을 이루고 크게 될 것이다. 그래도 그의
손아래 동생同生이 그보다 더 크게 될 것이다. 그리고 그의 자손子孫이

ⓛ 여호와의 사자(개), 천사(표)(천), 하느님의 천사(공)

여러 민족民族들이 될 것이다." 민1:33, 35 신33:17
20 그 날 이스라엘은 그들을 축복하며 말했다. "이스라엘 사람들은 너희
이름으로 축복받기를 원할 것이다. 그들은 '하나님께서 너를[10] 애프
라임과 므낫새같이 만드시리라.'고 말할 것이다." 그리고 이스라엘은
애프라임을 므낫새보다 앞에 세웠다. 히11:21
21 그 다음 이스라엘은 요세프에게 말했다. "나는 이제 죽겠지만, 그러나
하나님은 너희와 함께 계실 것이다. 그리고 그분께서 너희를 조상들의
땅으로 도로 데려가 주실 것이다.[11]
22 더욱이 나는 네게 형제들보다 셔캠 한 도시都市를 더 준다.[12] 그것은
내가 칼과 활로써 아모리 족속族屬에게서 빼앗은 것이다." ○ 요4:5

야코브의 12아들에 대한 축복의 신탁神託 (49:1-28) 병행문: 신33

49 1 그 다음 야코브는 그의 아들들을 불러 놓고 말했다.
"너희는 모여라.
내가 너희가 훗날 당할 일을
너희에게 알려 주겠다.
2 너희는 무리를 지어 모여 와
들어라. 너희 야코브의 아들들아.
너희 아버지 이스라엘의 말을 들어라.

3 르우벤, 나의 맏아들은 너,
장자長子는 나의 힘과 나의 강强함이다.
기품氣稟이 탁월卓越하며, 힘도 우세優勢하지만,㉠ 신21:17 창29:32
4 너는 물처럼 끓어오르다가,

49장 ㉠ 위풍이 월등하고 권능이 탁월하다마는(개), 그 영예가 드높고, 그 힘이 드세다(표), 너무 우쭐하고 세차구나(공), 영광이 넘치고 힘이 넘친다(천)

우월優越하지는 못하겠으니,
너는 네 아비의 침상寢牀에 올라와,
그 때 너는 기어올라 와서[1)]
내 침상을 더럽혔기 때문이다. ○ 창35:22

5 쉼오온과 레위는 형제들,
그들의 연장[2)]들은 폭행暴行의 도구道具. 창34:25
6 내 심령心靈은 그들의 회의會議[3)]에 참여하지 않겠고,
내 심사心事[4)]는 그들의 집회集會에 관여하지 않겠다.ⓛ
그들은 분노忿怒하여 사람들을 죽이고,
황소들을 마음대로 불구不具로 만드니,
7 그들이 그렇게 잔혹殘酷하게 행하는 진노瞋怒,
그렇게 분노하는 격정激情은 저주詛呪를 받으리라.
나는 그들을 야코브 〈자손〉 안에서 갈라놓고,
이스라엘 〈백성〉 안에서 흩어 버릴 것이다. ⃠ 수19:1-9; 21:1-42

8 너 유다야, 네 형제들은 너를 찬양讚揚하리라.
네 손이 네 원수怨讐들의 목을 잡고,
네 아버지의 아들들이 네 앞에 엎드릴 것이다. 민10:14 삿1:1, 2
9 유다는 젊은 사자獅子,
내 아들아, 너는 짐승을 잡으면서 컸다.
그가 사자처럼, 암사자처럼 구부리고 엎드려 있으니,
누가 그를 일어나게 건드리겠느냐?[5)] 민23:24 겔19:2 계5:5
10 유다를 섬기는 자가 오기까지,[6)]

ⓛ 내 혼아 그들의 모의에 상관하지 말지어다 내 영광아 그들의 집회에 참여하지 말지어다(개), 나는 그들의 비밀 회담에 들어가지 않으며, 그들의 회의에 끼어들지 않을 것이다(표), 나는 그들의 모의에 끼어들 생각도 없고 그들이 모이는 자리에 섞일 마음도 없다(공), 나는 그들의 모의에 끼지 않고 그들의 모임에 들지 않으리라(천)

여러 민족民族들이 그에게 순종順從하기까지,
홀笏이 유다에게서 떠나지 않고,
통치 지휘봉이 그의 다리 사이에서(혈통) 떠나지 않으리라.[7)]

민24:17 대상5:2 28:4 히7:14 겔21:32(27)

11 그는 어린 나귀를 포도葡萄 덩굴에,
암나귀 새끼는 포도나무 그루에[8)] 매며,
포도주로 자기 옷을 빨고,
포도즙으로 자기 복장服裝을 빤다.[9)] 욜4(3):18
12 그의 눈은 포도주보다 검고,
그의 이는 우유牛乳보다[10)] 희다. ◯

13 즈불룬은 바닷가에 살며,
그는 항구港口 해변海邊에 있으면서,
그의 경계境界[11)]㉢는 치돈까지 이른다. ⃠ 수19:10-16

14 잇사스카르[12)]는 힘센 나귀,
양羊 우리 사이에 누워 있다.
15 그는 마냥 쉬기 좋은 것을 보고,
쾌적快適한 땅을 보며,
그의 목은 등짐을 지려고 구부리며,
부역 노동賦役勞動을 하게 되었다. ⃠

16 단은 이스라엘 지파支派들의 하나처럼,
자기 지파를 다스릴 것이다. 삿13:2, 24, 25
17 단은 길 위의 뱀,
좁은 길 위의 살무사,

㉢ 경계(개)(공)(천), 영토(표)

그는 말발꿈치를 물어,
그 위에 탄 자가 떨어진다.

18 야웨시여, 저는 주님의 구원을 기다려 왔습니다. 시119:166 합2:3

19 가드는 곧 약탈자掠奪者 무리가 그를 습격襲擊하지만,
그는 그들의 뒤를 공격攻擊하리라.[13] ⊘

20 아셰르는 그의 양식糧食이 넉넉하며,
왕의 진상進上을 조달調達한다. ⊘ 수19:24-31

21 납탈리는 풀어 놓은 암사슴,
그는 예쁜 새끼들을 낳는다.[14]㉣ ⊘ 삿4:6-10

22 요세프는 과일나무의 열매,[15]㉤
샘가에 심어진 과일나무의 열매.
그의 가지들은 담장을 넘어간다.
23 궁수弓手들이 그를 노怒하게 하며,
화살을 쏘고 그를 공격해도,
24 그의 활은 끄떡없었고,
그의 손과 팔은 잽싸게 움직였다.
야코브의 강한 자㉥의 도움으로,[16]
이스라엘의 목자牧者, 반석盤石의 이름 덕분德分이다. 신32:18
25 네 아버지 하나님 덕분, 그분께서 너를 도우시고,

㉣ 아름다운 소리를 발하는도다(개), 그 재롱이 귀여울 것이다(표), 아양떠는 소리 요란하구나(공), 예쁜 새끼들을 낳는다(천)

㉤ 무성한 가지(개), 들망아지(표), 열매가 주렁주렁한 가지(공), 열매 많은 나무(천)

㉥ 전능자(개), 전능하신 분(표), 강하신 이(공), 장사(천)

전능자 하나님, 그분께서 네게 복福을 주신다.
위로부터 하늘의 복을, 저 아래 깔려 있는 심연深淵의 복을,
젖가슴과 모태母胎의 복을 주신다.ⓢ 신28:3-6; 33:13
26 네 아버지 하나님께서 주신 복은
양친兩親[17]의 축복ⓞ을 능가凌駕했으니,
영원한 언덕들의 좋은 것까지도
그것은 요세프의 머리로 올 것이며,
너희 형제 중 성별聖別 봉헌奉獻된 자의 정수리에 내리리라.ⓙ ○

27 벤야민은 탈취奪取하는 이리,
그는 아침에 잡은 고기를 먹고,
저녁까지도 나눈다.[18]" 삿20:25 삼상9:12
28 이들 모두는 12무리의 이스라엘 지파支派들이다. 이것은 그들의 아버
지가 그들에게 한 말이니, 그는 그들 각자各自에게 복福을 준 것이다.
야코브는 그들에게 그들의 복에 따라 복을 주었다.

야코브의 운명殞命 (49:29-33)

29 야코브는 그들에게 명령命令하여 말했다. "내가 나의 선조先祖에게 가면,
너희는 나를 나의 조상祖上들이 묻힌, 헤트 사람 애프론의 밭에 있는 동

ⓢ 위로 하늘의 복과 아래로 깊은 샘의 복과 젖먹이는 복과 태의 복이리로다(개), 위로 하늘에서 내리는 복과, 아래로 깊은 샘에서 솟아오르는 복과, 젖가슴에서 흐르는 복과, 태에서 잉태되는 복을 베푸실 것이다(표), 위로 하늘에서 내리시는 복, 땅 속에 숨겨두신 지하수의 복, 젖가슴과 태에서 솟아나게 하시는 복(공), 위에 있는 하늘의 복, 땅속에 놓여 있는 심연의 복, 젖가슴과 모태의 복을 내리시리라(천)

ⓞ 내 선조의 축복(개), 태고적 산맥이 받은 복(표), 태고적 산맥에서 흘러 내리시는 복(공), 예로부터 있던 산들의 복(천)

ⓙ 그 형제 중에 뛰어난 자의 정수리로 돌아오리로다(개), 형제들 가운데서 으뜸이 된 사람에게 돌아갈 것이다(표), 뭇 형제들 가운데서 뽑힌 요셉의 정수리에 내리시기를 비노라(공), 제 형제들 가운데에서 봉헌된 자의 정수리로 내리리라(천)

굴에 묻어다오. 창23:13-20
30 가나안 땅에 있는 마므레 맞은편 막펠라 밭에 있는 동굴, 그것은 아브라
함께서 헤트 사람 애프론에게서 유산遺産 상속 묘지相續墓地로 구입한 밭
이다.
31 선친先親들[19)]께서 그 곳에 아브라함과 그분의 아내 사라를 매장埋葬했고,
그 곳에 이츠하크와 그분의 아내 립콰를 매장하셨다. 그리고 나는 레아
를 그 곳에 묻었으니, 창25:9; 35:29
32 그 곳은 헤트 자손에게서 매입한 밭과 동굴이다."
33 이렇게 아들들에게 명령을 끝마치자, 야코브는 자기 다리를 침대寢臺
쪽으로 올려놓고 운명殞命하여 선조先祖[ㅊ]들에게로 돌아갔다.

해브론에 미이라로 매장埋葬된 야코브 (50:1-14)

50 1 그 때 요세프는 자기 아버지의 얼굴 위에 엎드려, 그 위에서
울고 그에게 입 맞추었다.
2 그 다음 요세프는 그의 종들과 시의侍醫들에게 아버지를 미이라로 방
부 처리防腐處理하도록 명하니, 시의들은 이스라엘을 미이라로 방부 처
리했다.
3 그들은 40일 동안 그를 위해 방부 처리하는 일을 마쳤다. 미이라로 방부
처리하는 날은 그렇게 걸렸다. 그리고 이집트 사람들은 그를 위해 70일
동안 애도哀悼했다.
4 그의 애도 기간이 지났다. 요세프는 파라오 궁에 말하여 일렀다. "내가
당신들에게서 은혜를 받는다면, 제발 당신들은 파라오의 귀에 말씀 좀
해 주시오.
5 '저의 아버지는 저로 하여금 맹세하게 하며 「보아라, 내가 죽거든 가나
안 땅 그 곳에, 내가 나를 위해 파 놓은 무덤에 나를 묻어 다오.」 하고

ⓩ 백성(개), 조상(표), 세상(공), 선조(천)

일러주셨으니, 이제 제가 제발 올라가서 저의 아버지를 장사葬事 지내고
다시 돌아오게 해 주십시오.' 하고 말이오." 창47:29, 30
6 그러자 파라오는 말했다. "아버지가 그대에게 맹세하게 한 대로 그대는
올라가서 그대 아버지를 장사 지내시오."
7 이렇게 요세프는 아버지를 장사 지내기 위해서 올라갔다. 그리고 그는
파라오의 모든 신하, 그의 궁의 원로元老들과 이집트 땅의 모든 원로와
함께 올라갔다.
8 그리고 요세프의 집안 모든 이와 그의 형제들, 그리고 아버지의 가솔家率
들이 올라갔다. 다만 그들의 아이들과 양 떼, 그리고 소 떼만 고섄 땅에
남아 있었다.
9 그가 병거兵車와 기병騎兵들과 함께 올라가니, 그 군대軍隊의 행렬行列은 수
가 매우 많았다.[1)]
10 그들은 요르단 건너편에 있는 고랜 하앗타드, 즉 찌르는 가시나무 타작
마당으로 와서, 거기서 심히 크고 장엄하게 통곡痛哭했다. 그는 아버지
를 위해 7일간 애도哀悼했다.㉠
11 그 때 가나안 땅의 주민들은 고랜 하앗타드에서 거행하고 있던 애도를
보고 말했다. "이것이 이집트 사람들의 장엄한 애도로구나㉡." 그래서
그 곳의 이름을 아벨 미츠라임, 즉 이집트의 애도라 불렀다. 그 곳은 요
르단 건너편에 있다.
12 야코브의 아들들은 아버지가 그들에게 명령命令한 대로 그를 위해 행하
였다. 창49:29
13 그의 아들들은 그를 가나안 땅으로 올려 모셨고, 그를 막펠라 밭에 있는
동굴에 안장安葬했다. 그 밭은 마므레 맞은편에 있으며, 아브라함이 헤트

50장 ㉠ 크게 울고 애통하며……애곡하였더니(개), 크게 애통하며 호곡하였다……애곡하였다(표), 성대하고 정중하게 장례식을 올렸는데……곡했다(공), 크고 아주 장엄하게 호곡하였다……애도하였다(천)

㉡ 큰 애통이라 하였으므로(개), 크게 애곡하고 있구나(표), 중대한 상사를 당했나보다(공), 장엄한 애도로구나(천)

사람 애프론에게서 사 두었던 묏자리였다. 창23:13-20
14 그 다음 요세프는 아버지를 장사葬事 지낸 후, 그를 장사 지내기 위해
자기와 함께했던 형제들과, 올라온 모든 이와 함께 이집트로 돌아왔다.

악을 선으로 바꾸신 하나님의 역사와 요세프의 임종 (50:15-26)

15 그런데 요세프의 형들은 아버지가 돌아가신 것을 보고 말했다. "요세프
가 우리를 미워하면, 그는 반드시 우리가 그에게 가했던 모든 악에 대
해 복수復讐할 것이다." 창27:41
16 그래서 그 형들은 요세프에게 전하게 하면서 말했다. "아버지께서 돌
아가시기에 앞서 명하여 이르시기를,
17 '이와 같이 너희는 요세프에게 말하여라. 「아아, 제발 너는 너의 형들
이 네게 가했던 범행犯行과 죄과罪過를 용서容恕하라.」 하셨네.' 그러니
이제 아우님은 제발 아버지의 하나님의 종들의 범행을 용서해 주게."
요세프는 형들이 자기에게 보낸 전갈傳喝을 받고 울었다.[2)]
18 그 후 그의 형들은 직접 와서, 그 앞에 엎드리면서 말했다. "우리는
대감마님의 종입니다."
19 그러나 요세프는 그들에게 말했다. "형님들은 두려워하지 마십시오.
제가 하나님을 대신代身한다는 말입니까?
20 형님들은 저에 대해서 악惡을 품었겠지만, 하나님께서 오늘날처럼 많
은 백성百姓이 살도록 행하시려고, 그런 악惡을 선善으로 바꾸어 놓으셨
습니다. 창45:5, 7
21 그러니 이제 형님들은 두려워하지 마세요. 저는 형님들과 형님 자녀들
을 부양扶養할 것입니다." 그리고 그는 그들을 위로慰勞했고, 그들에게
친절親切하게 말을 건넸다.
22 그 후 요세프는 자기 아버지의 집안과 함께 이집트에 머물렀다. 요세프
는 110세를 살았다.
23 그리고 요세프는 애프라임에게서 증손자曾孫子까지 보았고, 므낫새의 아

들 마키르의 아들들도 요세프의 생존시生存時에 태어나, 그의 슬하膝下에
있었다.
24 요세프는 자기 형들㉢에게 말했다. "제가 죽으면, 하나님께서 형님들㉣
을 반드시 돌봐 주시고,[3] 이 땅에서부터 주님께서 아브라함, 이츠하
크, 야코브에게 맹세하신 땅으로 올라가게[4] 하실 것입니다."
25 그리고 나서 요세프는 이스라엘의 아들㉤들에게 맹세하게 하면서 일
렀다. "하나님께서 반드시 형님들을 돌봐 주실 것이니, 그 때 형님들
은 여기서 제 유골遺骨을 가지고 올라가십시오." 출13:19 수24:32
26 요세프가 110세에 죽자, 사람들은 그를 미이라로 방부 처리防腐處理하
여, 미이라의 관棺에 넣어 이집트에 모셨다.

㉢ 형제들(개)(천), 친족들(표), 일가 사람들(공)
㉣ 당신들(개), 너희(표)(공), 여러분(천)
㉤ 자손(개)(표)(공), 아들(천)

주 석

【1장】

1) 우리말 성경은 창1:1-2:3의 제목을 '천지 창조'(개역개정, 천주교성경, 공동번역, 표준새번역), '창조'(관주해설개역개정)로 달았다. 그런데 창1:1-2:4a의 제목을 독일어성경과 불어성경은 '창조'(독일어성경), '세계 창조'(취리히성경, 불어성경, C. Westermann(1976) 104쪽 참조)로, 영어성경은 '창조사(이야기)'(NKJV 1쪽)로 달았다. 창1:1-19은 우주 창조라면 창1:20-31은 땅과 인간 세계 그리고 창2:1-3은 우주, 땅과 인간 천지인天地人 삼재三才를 아우르는 동양 우주관과 견줄 수 있다. 그래서 창1:1-2:3은 '천지(우주)와 세계 창조'라는 제목이 가장 적합하다고 본다.

그렇다면 우리의 창조 이야기는 바벨론 신화의 비신화화非神話化 이상以上의 정신 서술이 아닐까? 이미 제사 문서祭祀文書(Priesterschrift) 기사記事는 그 당시 창조에 관한 세계적인 과학 자료를 이용했을 수도 있다고 짐작된다. 우주 창조의 피조물들인 ① 빛과 어둠, ② 물과 궁창, ③ 바다와 땅(뭍), ④ 별, 그리고 세계 피조물인 ⑤ 푸성귀(창1:11-12), 물고기, 조류, 들짐승, ⑥ 사람 등의 창조 순위는 우주 대폭발 후 지구와 생물의 생성 과정과 일치하기 때문이다. 단 창1:11-12에 나오는 푸성귀는 창1:19 다음에 오는 것이 창조 순위상 적합하겠다. 그러면 기존의 창1:11-13(풀, 푸성귀, 열매 나무)은 창1:16-19(두 광체와 별)로 가고, 창1:16-19은 창1:11-13로 옮겨져야 하겠다.

2) '버(브)레쉬트'(בְּרֵאשִׁית B^{e}rē'šîth 처음에)는 하나님의 창조와 연결되어 '태초에'로 번역된다. 히브리어 반모음半母音 ְ(셔와)의 유음 표기는 훈민정음 아래아(·)로 표기하는 것이 좋겠다. 아래아는 ㅡ(으)와 ㅓ(어) 사이의 원설음原舌音이기 때문이다. 서구 성서학자들은 히브리어 ְ(셔와)를 'ə'와 'e' 또는 '으'로 표기하지만, 훈민정음 아래아(예 ᄇᆞ레쉬트)가 가장 정확한 표기라 생각한다(C. Westermann(1976) 108~109쪽 참조).

창1:1에 대해서 여러 주석자들(Ridderbos 등)은 문법적 구문적으로 음미하여 '버(브)레쉬트'를 하나님의 창조 행위, 그분의 천지 창조 때의 시초로 연관지어 보려고 시도하고 있다.

그러나 천주교성경은 '태초에'를 '한처음'으로 번역했다. '한'은 하나, 큰, 가득을 의미한다. '처음'은 일의 시초, 차례의 첫 번을 의미한다. 이런 두 단어를 결합하여 '큰 시초', 즉 태초를 한글로 조어造語한 것 같다. 오히려 '맨 처음'으로 표현하는 것이 자연스럽다.

C. 세이건, 코스모스(61~66, 462쪽 참조)에 보면, 우주의 대폭발(Big Bang)에서 태양계와 지구가 만들어졌다. 이는 인간과 관계없이 우주-천지 창조 시기에 해당한다. 대폭발 후 우주가 약 200~100억 년 전에 생긴 다음, 은하가 150억 년, 태양이 50억 년, 지구가 45, 6억 년 전에 생겼다. 최근에 박순경 박사(전 이화여대 교수)도 우주 과학자들이 연구한 지구·태양·우주의 나이를 창1의 우주 창조에서 받아들이고 있다. 그가 집필 중에 있는 '시간론', 특히 '창조자 하나님의 영과 생명·역사·사회의 시간성'에서 우주의 나이를 언급하고 있다.

3) '하나님'만의 칭호는 '앨로힘'을 표시하는 것이다. 야웨 'J문서'와 앨로힘 'E문서'를 구별하기 위해 때로는 '하나님 야웨' 또는 '야웨', 그리고 '하나님(앨로힘)' 또는 '하나님'으로 표시했다.

유일唯一은 모든 존재로부터 떨어져 있으며, 물질 이전의 것이다. 유일에서 나온 우주적인 마음은 사고의 주체-객체가 된다. 유일은 양적이거나 질적인 존재가 아니다. 동적이거나 정적이지도 않다. 우리는 그것을 생각하거나 표현할 수 없다. 그것은 숫자가 아니다. 그러나 그것은 무한대로 커지는 자체 안에 존재하는 숫자들이다. 즉 유일은 숫자 영(0) 이전의 것이 된다.

피타고라스(기원전 580~500년)의 영(0)은 유일의 가능성과 본질을 나타낸다. 유일은 신이고, 영(0)은 영원하고 완전하며 스스로 존재하면서 진화하고 퇴보하는 우주를 나타낸다. 따라서 피타고라스의 정리에 의하면 유일신은 우주 밖에 있다(P. 핏사노스, 우주의 시작과 끝 156~157, 167쪽 참조).

4) '바라'(בָּרָא bhārā' 창조하다)는 하나님만 하시는 우주와 삼라만상森羅萬象의 창조 행위이다. 특히 '무無에서 유有를 창조하는 하나님의 역사役事'를 의미한다. 재료 없이 힘 안 들이고 창조함을 말한다(G. von Rad(1982) 1권 149쪽, 사40:26, 28; 45:18 등. 무에서의 창조(Creatio ex nihilo)라는 개념적인 표현은 제2마카비서(외경서)7:28에 처음 나온다).

우리는 우주 과학자들의 우주 창조와 대폭발(Big Bang) 시기인 137억 년은 제쳐 놓고, 지구의 역사만을 본다면, 이는 최근 생명 과학자들이 연구한 지구의 역사 중 신생대新生代의 여러 세世들에서 가장 후기의 선신세鮮新世와 구석기 시기(약 15만 년 전)에 가깝다.

이런 태고사太古史 이야기는 아무리 늦어도 아마도 구석기舊石器 후기(2만5천 년 전후) 당시 인류가 경험한 하나님의 창조 세계가 창조 신앙의 증언의 기억된 자료로 정리되었던 것으로 짐작할 수 있겠다.

5) 창1:2 첫머리 접속사 '웨'(וְ w^e)는 '그러나'로 번역된다. 그것은 창1:1의 내용과 대조적이기 때문이다. 개역개정, 천주교성경에는 '그러나'가 빠져 있다.

기존 창1:1-2:4a은 내용적으로 절수節數가 맞지 않게 분절分節된 것 같다. 문맥적文脈的으로 창1:1-31은 창1-34로 매겨져야 하고, 현재 창2:1-3은 창1:32-34로 옮겨져야 할 것 같다. 그러면 현재 창2:4-25은 창2:1-22로 절수가 줄어든다.

6) 우주의 본체는 점點이었다. 우주 전체, 물질과 에너지, 그리고 이 모든 것이 들어 있는 공간마저 하나의 '점'에 우그러져 있었다. 점은 부피를 갖지 않는 수학적 의미의 점이다(C. 세이건, 코스모스 396쪽). 그렇다면 '무無'는 무엇인가? '무'는 물질과 생명 이전에 '수소'와 그것이 태양의 자외선에 의해 타고 남은 재가 떠돌던 상태의 우주 과학적인 의미의 '무'이다.

이에 대해서 G. 폰 라트는 창세기의 제사 문서祭祀文書 기자記者의 우주론적인 사고를 지적했다(G. 폰 라트, 창세기, 국제성서주석, 1983, 51쪽 참조). 히브리어 동사 '바라'(בָּרָא bārā' 저절로 생기게 하다, 창생創生케 하다)는 개념적으로 전혀 힘들이지 않고 재료 없이 만드는 행위이다. 이것이 바로 '무'에서의 창조를 의미한다.

그와 연결하여 '토후 봐보후'(תֹהוּ וָבֹהוּ thōhû wābhōhû 모양 없이 텅

빈)와 '테홈'(תְּהוֹם th^{ə}hôm 혼돈混沌의 바다, 우주적인 심연深淵-공간적 개념)은 대폭발 때의 우주적인 시간과 공간을 의미한다. 그러나 '테홈'은 지구를 받치고 있는 심연 바다로도 쓰인다. '트(테)홈'(תְּ(תְ)הוֹם)은 ① 원시 바다(Urwasser), 혼돈(Chaos), 혼돈의 심연(창1:2 시33:7; 104:6), ② 대양大洋의 물이 지구地球 위로 흘러나옴(창8:2 사51:10 겔26:19 등), ③ 깊은 바다(겔26:19 시42:8 출15:5 시77:17; 78:15; 106:9)와 샘솟는 냇물(신8:7), ④ 해저의 심해深海(시107:26; 135:6; 148:7)라는 4가지 의미를 가진다(이에 대해서는 W. Gesenius 871쪽 참조). 창1:2에서 '트(테)홈'(תְּ(תְ)הוֹם t(ṯ)əhôm)은 원시 바다를 의미한다. 고대 바벨론이나 창세기에서 말하는 혼돈의 바다, 원시 바다는 매우 과학적-지질학적인 관점에서 말하고 있다.

7) 여기서 영靈은 숨결, 기운, 바람을 의미한다. 욥27:3; 33:4 시104:30과 비교. 사34:16 욥26:13과 공동번역 창1:2 참조.

'루아흐 앨로히임 머라해패트'(רוּחַ אֱלֹהִים מְרַחֶפֶת rûaḥ ^{e}lōhîm məraḥæphæth' 하나님의 기운(힘)이 진동한다 또는 움직인다(신32:11 렘23:9 참조))는 우주 공간 속 창조의 에너지를 의미한다.

G. 폰 라트는 창조에서 '하나님의 영靈'은 아무런 역할을 못하며, 이런 '영' 개념은 우주론적인 의미에서 낯선 것(G. von Rad(1972) 52쪽 참조)이라고 했지만, 그리스의 철학자 엠페도클레스는 운동의 원인을 세상의 전체성을 지배하는 영혼이라고 하였다. 이것은 기원전 5세기 말부터 4세기 초 데모크리토스의 과학적인 신학을 통해서 이해할 수 있다.(P. 핏사노스, 우주의 시작과 끝 136~140, 142~159, 176~180쪽 참조).

하나님의 말씀(로고스)은 에너지 형태이며 살아 있는 영혼이다. 따라서 우주의 크기는 영혼의 운동 공간으로 생각하고 있다. 영혼은 우주의 본질이요, 인간 중심中心의 원리原理로 해석된다.

앞에서 본 창조와 관련된 용어들은 고대 중동의 신화적神話的인 서술이 아니라, 우주적宇宙的인 창조를 표현하는 것이다. 따라서 필자는 창세기 해석에 현대 우주 천문 과학宇宙天文科學의 연구 성과를 끌어들여서 창조의 신비神秘를 설명할 수 있다고 생각한다.

8) 고대 그리스의 우주는 신적神的인 우주였다. 신적인 것은 생명이었다. 아낙사고라스가 제시한 마음은 지적인 능력과 영혼이 결합한 것이다. 영혼은 만물의 운동 원인을 포함한다. 이는 물질을 움직이고 배열하고 감독한다. 이는 창1-2장의 증거가 되는 고대 그리스의 사상이다.

9) '그 때' 또는 '그 다음'은 개역개정과 천주교성경에 빠져 있지만, NKJV는 'Then'(그 때, 그 다음)을 사용한다.

10) 빛은 우주를 창조하는 빛이요, 혼돈을 이기고 구원에 이르게 하는 힘이다. 그러므로 빛은 창조와 구원의 의미를 동시에 가진다. 다신들의 신화와 강대국의 억압의 세상에서 벗어나는 '해방'이다. 이는 매우 신학적인 의미를 주고 있다. 태초에 하나님이 말씀과 함께 계셨고, 말씀이 곧 하나님이요, 만물이 하나님(말씀)으로 말미암아 지은 바이기 때문에 그 안에 생명生命은 사람들의 빛이라(창1:1-3 요1:1-4), 창세기의 빛은 요한복음 저자에게서 '예수구원 중심中心'으로 해석되었다.

11) '빛이 하나님 보시기에 좋았더라.'(개역개정), '하느님께서 보시니, 그 빛이 좋았다.'(천주교성경)로 번역했다. 필자는 '봐야르'(그분이 보시다), '앨로힘'(하나님께서), '애트 하오르'(그 빛을), '키-토오브'(כִּי־טוֹב kî-ṭôbh) '키'(כִּי kî 확실히, 참), '토오브'(טוֹב ṭôbh 그것은 좋았다, 아름다웠다) 즉 '키-토오브'(כִּי־טוֹב kî-ṭôbh) 원문에서 '키'(כִּי kî 접속사 왜냐하면, 부사 확실히)를 목적 문장 '~것'으로 읽지 않고, 부사 '확실히, 참'으로 번역한다. 즉 '참 좋다.'이다(창1:4). 이에 대해서는 W. Gesenius 341쪽 '키-라바'(כִּי־רָבָּה kî rābâ gewiss es ist gross 확실히(참으로) 그것은 크다)와 비교된다. 창18:20 등 참조.

'키-토오브'(כִּי־טוֹב kî-ṭôbh)는 직역하면 '참 아름다웠다.'는 의미이다. 이는 인정과 허용[認許]의 문구이기도 하다(G. von Rad(1972) 64쪽 참조). W. Gesenius에 보면, '토오브'는 그 의미가 다양하다. 마음에 든, 만족스러운, 즐거운, 기쁜, 행복한, 좋은, 풍족한 또는 윤리적으로 '선한'을 의미한다. 이런 다양한 의미는 '기쁜'으로 응축해서 하나님의 창조 역사에 대한 '하나님의 기쁨'으로 표현하여 소제목들로 삼았다(W. Gesenius(1962) 272~273쪽 참조).

12) '욤 애하드'(יוֹם אֶחָד yôm 'eḥādh)는 '첫째 날'로 서수序數를 의미한다 (W. Gesenius 23쪽). 천주교성경은 '첫날'로 번역했다. 창1:5, 8, 12, 19, 23, 31의 '저녁이 되고 아침이 되니 하루(첫째 날)'에서 '하루의 시간'은 현재의 24시간을 말하는 것이 아니다(C. Westermann(1976) 159쪽 참조). 창1:5에서 하루가 지금의 하루가 아닌 것은, 금성의 하루가 지구 시간으로 118일(약 4달) 걸린다고 하는 우주과학자들의 연구와 대비할 만하다(C. 세이건, 코스모스 164~165쪽 참조). 아무튼 '욤 애하드'는 '하루'로 번역하는 것이 적합하다(C. Westermann 107쪽, 표준새번역 참조).

13) 고대 바벨론의 세계상은 하늘 대양 속에 3층 구조의 하늘 궁창이 있어 땅 위의 궁창을 이루었으며, 궁창 1, 2, 3층으로 불리었다. 땅은 물 가운데 솟아 있었으며, 땅 아래 지하 2층과 지하 3층의 지하 세계(망자의 나라)가 있다. 태양은 궁창 1층에 머물러 동쪽에서 서쪽으로 움직였다. 위에는 하늘, 아래는 땅, 땅 아래 물인 3층 구조를 이루며 혼돈의 바다를 분리시키는 궁창(Feste)이 우주론적으로 나타난다(창1:6-8 시148:4-6, BHH Ⅲ, P-Z 1966, 2161-2162단 참조).

14) '함마임'(הַמַּיִם hammāyim 물)과 선행사 '아새르 미타하트 라라키아'(אֲשֶׁר מִתַּחַת לָרָקִיעַ 'ăšer mitaḥath lārāqîa' 궁창 아래 있는 바(것))의 관계 문장은 '궁창 아래 있는 바 그런 물'로 번역된다. 개역개정은 이런 관계절을 '궁창 아래의 물', 즉 주격과 소유격 형식으로 줄여서 번역했다.

15) BHS에 의하면 창1:4, 10, 12, 18, 21, 31과 함께 창1:7에 '봐야르 앨로힘 애트 하오르 키 토브'(וַיַּרְא אֱלֹהִים אֶת־הָאוֹר כִּי טוֹב wayyar' 'ĕlōhîm 'eth hā'ôr kî ṭôbh 그리고 하나님께서 보시니 참으로 그것은 아름다웠다)가 추가되었다.

이 문장은 창1:4, 10, 12, 18, 21, 31의 반복 구(후렴 절)와 같이 들어간다(70인역 참조).

16) '대새'(דֶּשֶׁא deše')는 어린, 싱싱한, 갓 피어난을 의미한다. 본문 비평을 위해 BHS, 70인역, 불가타역 참조. C. Westermann(1976) 107쪽, W. Gesenius 170쪽 참조.

17) 아낙사고라스(기원전 500~428)는 원시 물질의 혼합물 속에는 씨앗과 곡물의 축소 모형이 포함되어 있다고 주장했다(P. 핏사노스, 우주의 시작과 끝 137쪽).

18) 해양海洋과 하천河川은 히브리어로 '함마임 바얌밈'(הַמַּיִם בַּיַּמִּים hammayim bayyammîm, W. Gesenius 302쪽 참조)을 번역한 것이다. 시104:25, 'the water in the seas'(KJV), '물들'(개역개정) 참조.

19) '하탄니님 하게돌림'(הַתַּנִּינִם הַגְּדֹלִים hatannînim hag^edhōlîm), 여기에서 '하탄니님'은 헬라어로 '케토스'(κῆτος, W. Gesenius 884쪽), 즉 큰 바다의 고래와 상어, 뱀, 용(신화적인 바다 괴물)을 말한다.

그러나 여기서는 큰 바닷고기, 즉 '바다 동물'로 번역되어야 한다. Holzinger 10쪽에서는 'die grossen Seetiere(큰 바다 짐승들)', 개역개정에서는 '큰 바다 짐승들', C. Westermann(1976) 108쪽에서는 '바다의 거대한 것'으로 번역했다. 그러나 이런 '하탄니님'은 유대인에게 '신화적인 괴물'로도 사용되고 있었다.

천주교성경은 '큰 용들'로 번역했다. 그러나 여기서는 창조 자연 영역의 생물 중 바다 포유류 동물(고래)로 번역하는 것이 적합하다.

20) 천주교성경의 "……바닷물을 가득 채워라."는 의미가 확실하지 않다. 창1:22은 "생육하고, 번성하며, 가득하라."는 '우점능력優占能力'(일정 범위 안의 생물 군집 가운데서 우위를 차지하는 생물 종류의 번식력)을 독려하는지를 깨달아야 할 것이다.

우점 표현 공식優占表現公式으로써 "생육하고, 번성하며, 가득하라."(창1:22, 28)는 생명의 보존과 번성의 힘을 독려하며, 그런 힘 속에 창조주의 능력이 나타나며 축복祝福받은 생명은 모든 피조물에 긍정적으로 부여되고 있음을 보여 준다. 이런 생명은 환경 속에 적응하며 진화하는 힘과 모습도 준비하고 있다고 하겠다. 우점종優占種(dominant species)은 군집 내에서 가장 수가 많거나 또는 총체적으로 생물량(biomass, 한 개체군에서 모든 개체의 총량)이 가장 많은 종이다. 그 결과 우점종은 다른 종의 출현과 분포를 조절할 정도의 힘을 발휘한다. 예를 들어 북미 동부에 있는 '사탕단풍나무'는 다른 어떤 종이 그 곳에 살 수 있을지에 영향을 준다. 이는 높은 생물

량을 나타내는 종류이다(Campbell 외 공저, Biology 8판, 대표역자 전상학, 생명과학 8판, 2009년, 1221쪽 참조; 더 나아가서 상게서 459, 461~482쪽 참조: "한 생명체의 형질들은 이 개체 자신의 능력에 영향을 줄 뿐만 아니라 환경 변화에 어떻게 맞서 나가는가에도 영향을 줄 수 있다. 다른 개체들에 비해서 더 높은 비율로 생존과 번식을 하는 과정이다. 이를 자연 선택이라 한다.").

필자는 원시사회의 자연현상 앞에 우선적으로 석기시대의 시작에서 하나님의 창조세계를 보려고 한다. 여기서 인류는 이미 기원전 3만 년~2만5천 년 사이에 오리냐크 문화와 그라베트 문화의 예술을 발전시키고 있었다. 동굴 다색벽화多色壁畵의 조상彫像이 구석기시대의 응용기술을 나타내고 있었다. 그들은 신인新人 호모 사피엔스로 불린다. 이들은 지구상의 역사기간에 해당하는 인류라고 볼 수 있다.

21) 마소라 원문은 '베찰메누 키드무테누'(בְּצַלְמֵנוּ כִּדְמוּתֵנוּ b^eṣalmēnû kidhmûthēnû), 즉 '우리 모형模型 같은 우리 형상形象'이란 의미이다. 그러나 사마리아오경, 70인역, 불가타역은 '베찰메누'와 '키드무테누' 사이에 접속사 '그리고'를 넣어서 '우리 형상과 그리고 우리 모형과 같이'라고 읽고 있다. 이런 경우 인간은 하나님과 똑같은 '형상形象'이거나, '하나님을 닮은 모형模型'이거나 두 의미가 가능해진다.

그러나 여기서 '하나님 형상'은 뒤에 이어진 하나님을 닮은 '모형'으로써 형상이 된다. 지금까지 우리는 하나님 형상 '챌램'만을 인간의 형상으로 분리해서 읽고 있지만, 이런 형상은 뒤에 이어지는 '모형'에 의해 규정되고 제한받고 있다는 것을 보아야 할 것이다. 하나님의 원래 형상이 그분을 닮은 모형과 혼동이 되면 하나님이 인간을 창조하신 뜻을 왜곡하게 된다.

인간은 우주가 내놓은 '눈부신 변환의 결과물'이라고 한 우주 과학자(C. 세이건)의 찬탄讚嘆은 이미 기원전 6세기 이스라엘의 예언자豫言者 에스겔이 말했던 것에 가깝다. "그 보좌의 형상 위에 한 형상이 있어 인간의 모양 같다."(겔1:26 창1:26-27 비교)라는 구절은 야웨의 영광의 광채는 인간 모습의 윤곽을 보여 준다. 이는 인간의 모형이 피조물 영역 외부에서 찾아지며, 인간은 야웨와의 관계에서 비슷함을 말하는 것이다(G. 폰 라트, 구약성서 신학(1978) 1권 153쪽 참조).

이와 같이 구약의 이스라엘 예언자와 현대 우주 과학자는 과거 2550년 차이를 가지고 우주가 내놓은 인간을 공통적으로 '우주 최상의 생물로서의 인간'임을 말하고 있다. 다시 말하자면, 구약의 에스겔서는 이미 우주 과학적인 관점에서 창조주 하나님의 창조물을 보고, 그 중에 인간을 하나님의 형상과의 관계로 높이 평가했다.

22) '베찰모'(בְּצַלְמוֹ b^eṣalmô 그의 형상대로)가 70인역에 빠져 있다. 그러나 그대로 두어도 무방하다(C. Westermann(1976) 108쪽 참조). 그 다음 '베챌램'은 '바라'와 연결되어 하나님의 형상을 따라 창조된 인간이 나온다.

이것은 하나님 형상과의 동일성이 아니라, 그를 닮은 형상 '베찰메누 키드무테누'(우리와 닮은 우리의 형상)가 전제된 것이기 때문이다. 창1:26에 나오는 복수 형태의 '우리'는 선하고 지혜로운 앨로힘 천사들의 속성屬性을 말한다. 즉 그들은 하나님의 심중에 관념의 표상表象일 것이다(이에 대해서 G. von Rad(1982) 1권 152~153쪽, 삼상29:9 삼하14:17, 20 참조, 시8:5 '천사보다 조금 못하게'와 관련된다).

창1:26에서 '챌램'(צֶלֶם ṣelem 형상)은 '데무트'(דְּמוּת dh^emûth 닮은 모양, 즉 형상을 근거한 '모형')라는 수식어를 가진다. 따라서 형상은 '닮은'이라는 형용사로 제한된 형상이 된다. 인간은 하나님과 동일한 형상이 아니라, 하나님을 닮은 모형적인 형상이다. 그럼에도 우리는 형상과 모형을 동일한 것으로 해석하는 경향이 있다(배철현(2001) 119쪽 각주 28 참조).

'우리의 형상으로, 우리의 모습처럼 인간을 만들자.'에서 배철현은 형상(챌램)을 제한하는 모형(데무트)를 간과하고 있다. 그래서 '인간은 앨로힘의 형상으로 앨로힘과 똑같이 만들어졌다.'는 것이다. 이는 인간이 하나님(앨로힘)과 동일한 형상이라는 오해를 불러일으킨다(배철현 119쪽 각주 28 참조).

이에 대해서 W. Gesenius 80쪽, '베'(בְּ be)는 'nach'(따라서)의 의미이다. 종전의 '……대로'(같이, 똑같이)와는 다르다. 즉 'in(nach) unserem Bilde, nach unserer Ähnlichkeit'(우리의 형상을 따라, 우리

의 유사함을 따라)로 번역된다.

하나님의 형상대로(개역개정), 하느님의 모습으로(천주교성경) 참조.

23) '아담'(인간, 사람)은 창1:27에서 '자카르'(זָכָר zākhār 남성)와 '네케바'(נְקֵבָה n^eqēbhâ 여성)로 창조된다. '자카르'와 '네케바'를 개역개정과 천주교성경은 '남자와 여자'로 번역했다. 이는 '이쉬'(אִישׁ 'îš)와 '이솨'(אִשָּׁה 'îšâ)에 적합한 번역이며, 이것이 구별되게 '자카르'와 '네케바'는 '남성과 여성'으로 번역되어야 한다.

이런 서술 배경에는 부녀자의 역할(창1:27에서 남성과 여성의 독립적인 지위)이 컸으며, 혈연혼인血緣婚姻(동일씨족혼同一氏族婚, 자기 집안간의 결혼)은 창2:22-24에서 아담이 자기 몸에서 만든 여인과 가정을 이루는 데서 암시되고 있다. 그리고 모계 사회가 남성 중심 사회(창3:16-19, 21 참조)로 발전되면서, 족외혼인族外婚姻이 시작되었다.

24) 우주 만물의 창조에서 인간은 정점에 서 있다. 인간의 생각은 전체의 일부분이고, 인간의 영혼은 우주 영혼의 일부분이다. 과학은 신성과 관계없이 자연 물질이 법칙이 있음을 보여 주려고 한다. 그러나 이런 법칙은 신의 행위 안에 있다(P. 핏사노스, 우주의 시작과 끝 136~140, 143~159 참조).

25) 그들의 경제는 자연에 의존했고, 석기 제품, 수렵狩獵, 어로漁撈, 집단 거주와 언어 사용(창2:19 참조)이 가능했다. 그들은 창1:24-25, 28, 29의 각종 풀, 푸성귀, 열매와 벌레와 짐승 고기와 물고기 등을 식생활食生活로 삼았다.

26) '힌네'(הִנֵּה hinnê 자, 보라)가 개역개정에는 빠졌다.

27) '얘래크 에새브'(יֶרֶק עֵשֶׂב yereq 'ēśebh)는 나무와 관목의 푸른 것(W. Gesenius 320쪽) 또는 푸성귀(채소)이다. 즉 나무의 푸른 잎, 풀과 푸성귀를 아우르는 것이다(Holzinger 11쪽, C. Westermann(1976) 108쪽, 취리히성경 참조). 개역개정과 천주교성경은 '푸른 풀'로 번역했다. '푸성귀'는 빠져 있다.

'에새브'(עֵשֶׂב 'ēśebh)는 풀, 채소, 나물, 곡류穀類를 아우르는 채식菜食을 의미한다(W. Gesenius 622쪽 참조).

28) 창1:31과 마19:17은 유일한 창조주 하나님의 생명 창조라는 측면과 관

계가 있다.

【2장】

1) '차바'(צָבָא ṣāḇâ)는 유럽 신화적인 용어인 '마왕魔王의 군세軍勢'를 의미한다. '차바'는 수많은 성신星辰을 뜻하기도 한다. 그래서 독일어성경에서 'Heer(군대)'는 하늘과 땅의 관계에서 '그의 모든 성신星辰'으로 번역되어 있지만, 우리말 개역개정에는 '(천지와) 만물'로, 천주교성경에는 '(그 안의) 모든 것'으로 번역되어 있다(공동번역, 표준새번역과 같음).

즉 우리말 성경에는 '차바'가 '만물'이나 '모든 것'으로 번역되었다. 더욱이 천주교성경에는 '차바' 앞의 관형사 '모든'('콜' 'כָּל' ḵol, 모든 것)과 융합되어 '차바'(성신星辰) 자체의 의미가 빠져 있다. 다른 구약 문서 사40:26 렘33:22에서 '차바', '체바암'이 나온다(사34:2, 4; 45:12 시33:6 등 참조).

이런 '체바암'(צְבָאָם ṣebhā'ām 차바의 복수)은 천주교성경에는 신화적인 표현인 '(하늘의) 군대軍隊'로, 개역개정에는 '하늘의 만상萬象'으로 번역되었다. 그러나 '차바', '체바암'의 원의는 천지 창조를 하시는 하나님의 우주론적宇宙論的인 하늘의 모든 성신星辰을 의미한다. 창1:1-2:4a이 하나님의 우주 창조 역사役事를 말한다면, '차바'는 '하늘의 별들'〔星辰〕로 번역하는 것이 적합適合하다고 본다. 표준새번역이 우주론적-신화적으로 혼합하여 '천체를 군대처럼'으로 번역한 것이 흥미롭다.

'차바'가 성신이라면, 개역개정의 '수효대로 만상萬象'(사40:26 참조)도 원의에서 크게 벗어나지 않는다. 창2:1에 나오는 '콜 체바암'은 '모든 그들의 성신'으로 번역된다(W. Gesenius 671쪽 참조). 하늘의 군대는 곧 '별들'(Gestirne)을 의미한다. 이런 표현은 우주론적인 의미에 더 가깝다.

사40:26 "누가 저 별들을 창조하였느냐? '그 군대'를 (수대로) 다 불러내시고"(천주교성경, 공동번역), "누가 이 모든 것을 창조하였나 보라 주께서는 '수효대로 만상'을 이끌어 내시고"(개역개정), "누가 이 모든 별을 창조하였느냐? 바로 그분께서 '천체를' 군대처럼 불러내신다"(표준새번역),

"누가 이것을 창조하였느냐? 그분이 그들의 성신(Heer(군대), Gestirne(별들))을 수효대로 이끌어 내시고."(독일어성경) 참조.

개역개정(창2:1) "천지와 만물이 다 이루어지니라." 공동번역(창2:1) "하늘과 땅과 그 가운데 있는 모든 것이 다 이루어졌다." 표준새번역(창2:1) "하나님은 하늘과 땅과 그 가운데 있는 모든 것을 다 이루셨다." 천주교성경(창2:1) "이렇게 하늘과 땅과 그 안의 모든 것이 이루어졌다."

2) 창1:3, 6, 9, 14, 20, 24의 6일 동안 하나님의 창조 명령들과 7일째 쉬시는 날은 우주 창조 행위의 순서順序에 속한다. 이런 순서는 마소라사본에서 '와우'(ו 그 다음)는 접속사적 또는 부사적으로 규칙적으로 연결連結되는 데에서 알 수 있다.

3) 창1:1-2:3과 2:4-25의 분절分節 문제. '세대르'(סֵדֶר sēdher, 순서, 차례)는 히브리어 마소라 본문의 장章에 해당한다. 즉 문장을 몇 부분으로 크게 나눈 단락이다.

'세대르', '스다림'(סְדָרִים s^{e}dhārîm, 순서들, 차례들)은 창세기에서 다음과 같이 나누어져 있다.

창1:1-2:3 '스다림'(장章), 이는 현재 사제司祭 문서 P의 창조 기사 단락인 창1:1-2:4a와 좀 다르게 나누어져 있다. 그러나 내용으로 보면, 현재 창1:1-2:4a 단락보다 창1:1-2:3의 단락이 더 분명한 것 같다. 천지 창조가 1일에서 7일까지 정리되어 있기 때문이다. 현 창2:4a는 실제로 창2:3에서 분리되어야 한다.

원래 히브리어 마소라사본은 현재의 장章의 1장을 때로는 1장의 분량으로 나누고, 때로는 1장을 넘어 2장에 걸쳐 '스다림(세대르)'을 각 장 첫머리에 표기하였다. 히브리어 본문의 장과 함께 절節들도 내용에 따라 한 절 또는 몇 개의 절이 열린 절(프투하), 닫힌 절(스투마)로 매겨졌다.

히브리어 열린 절 '프투하'(פְּתוּחָא p^{e}thûḥâ)는 히브리어 동사 '파타흐'(פָּתַח pāthaḥ '열다'의 수동태 분사 '열려진')이다(W. Gesenius 667쪽 참조). 히브리어 '닫힌 절' 스투마(סְתוּמָא s^{e}thûmā)는 히브리어 동사 '사탐'(סָתַם sātham 닫다)의 수동태 분사 '닫힌' '막힌'이다(W. Gesenius 553쪽 참조).

성경은 현재 영어로 Chapter, 독일어로 Kapitel, 우리말로 장章으로 나누어졌다. 특히 70인역과 불가타역(라틴어역)의 장절章節과 서구와 아시아의 성경의 장절은 일치하는 장절을 사용하고 있다. 그러나 역사적으로 거슬러 올라가 보면, 마소라의 장절들은 이미 스테판 랑톤(대략 1150~1228년)으로 소급되며, 14세기 불가타역으로 넘겨져, 16세기부터 장절 사용이 실행되었다(이에 대해서 E. 뷔르트봐인(1987) 40~41쪽).

우리는 지금까지 마소라사본이 시대적으로 기원전 자음 문자만 기술한 히브리어 원문과, 기원후 모음과 결합된 자음 본문임을 알게 되었으며, 동시에 장절 표기들이 원래는 유대적인 장절은 스다림(장), 열린 절(프투하), 닫힌 절(스투마)로 구분되고, 기독교 장절들은 아라비아 숫자로 '1장, 2장……'으로 표기된 것을 알게 되었다. 서구적인 성경 역본들은 아라비아 숫자 표기의 장절을 사용하고 있다.

그럼에도 우리말 성경은 기독교 마소라와 서구적인 성경의 아라비아 숫자의 장절을 사용하면서도, 구약의 각 책의 단락과 절에 '○' 표를 붙이고 있다. 이는 유대적 마소라의 단락과 절, 즉 '열린 절'(프투하)과 '닫힌 절'(스투마)을 구별 없이 '○'으로 표기한 것 같다. 그럼으로써 '열린 절'과 '닫힌 절'이 통합되어 쓰이게 된 것이다. 그러나 개역개정이나 천주교성경은 이런 '○' 표에 대한 설명을 하지 않고 있다.

그러므로 우리는 이제라도 유대적 마소라사본의 '열린 절'(프투하)은 종전대로 '○'으로 표기하되, 닫힌 절은 다르게 표기하여(⦸) 열린 절과 구별할 필요가 있다고 본다.

열린 절은 '○'으로, 닫힌 절은 '⦸'으로 표기하면, 유대적 마소라의 열린 절 פ(프투하)는 우리말 성경에서 ○에 해당되며, 유대적 마소라의 닫힌 절 ס(스투마)는 ⦸ 표로 만들어 사용하는 것이 적합하다고 본다.

4) G. von Rad(1972) 70쪽에 이스라엘은 고대 동양의 중립적인 세계상世界像을 빌려온 것이 아니며, 제신諸神들의 투쟁에 관해서 신화적으로 말하거나 창조의 대지를 신격화하지 않았다(창1:24). 그 세계상이 현대 과학적인 관점에서는 좀 뒤떨어진 것이라 해도, 창1 속의 신학적인 내용(과학적인 신학)을 무시해서는 안 된다.

이에 대해서 월터 브루거만은 창조와 세계 시작에 관해서 창조 기사를 현대의 과학적인 가설假說들과 관련시키는 시도가 필요하다고 하였다(월터 브루거만(1982) 48쪽 참조).

그러나 이 주석에서는 그런 쟁점을 구체적으로 다루지 않았다. 그리고 자료들이 역사적인 것이라면, 과학적인 이론들과 충돌이 불가피하며, 창세기 본문은 신화로 이해되어서도 안 된다는 것이다. 오히려 본문은 하나님께서 피조물을 다루시는 것에 관한 '선포宣布' 또는 '신앙信仰'(고백적인 언어)으로 이해한다는 것이다.

그러나 필자는 창1-2 본문은 그 당시 우주론을 배경으로 준비된 자료에 기초해서 하나님의 창조의 지혜를 과학적인 관점에서 이해하고, 우주를 신들의 세계가 아니라 하나님의 창조 영역으로 선포했다고 본다. 즉 창세기 창조 기사를 작성한 이는 그 당시 신화적인 배경을 뛰어넘어서 우주 과학적-인류 문화적인 배경에서 자료를 숙지熟知하고, 하나님의 우주성과 세계성을 선포한 것으로 생각한다.

기원전 6~5세기 제사 문서 기자(P기자)의 창조에 관한 진술은 그 당시 종교적, 자연 과학적인 형식 안에서 긴밀히 연관 지어 진술하였음을 보여준다. 즉 신학적인 것과 고대 세계상에 속한 것이 결합되어 있다. G. von Rad(1972) 81~82쪽에서 창2:4은 야뷔스트 자료로써 앞에 나온 창1:1-2:3의 제사 문서와 다르다. 즉 앞의 제사 문서는 우주적인 표상인데 반하여 창2:4, 7은 전혀 다른 생활권과 전승권傳承圈에서 유래한다.

G. von Rad(1972) 77~82쪽에서 보면 창2:4, 7은 문학적 문서적으로 고정되기 전에 고대 전승들이 점차로 결합되어 형성되었다. '빈틈과 모순'(예를 들면. 창1:26-27은 하나님의 형상을 따른 사람, 남성과 여성을 말한다면, 창2:7은 흙으로 창조 된 사람을 말한다.)은 교설적敎說的인 것이 아니라, 간접적인 재료에 속하며, 이야기는 통일성과 유기적인 성장을 인정(J. Begrich)하고, 재료 비평이 병행되어야 한다(P. 핏사노스, 우주의 시작과 끝 79쪽).

아득한 선사시대에 공동체에게 이미 중요한 의미를 가진 구전口傳 전승이 있었다는 추측이 가능하다. 이는 첫 번 세계 창조 이야기(창1:26-27)와 다른 상황을 가졌던 창조 전승의 기능성이다. 이런 두 가지 전승은 ① 인간 창조 과정을 진술한다면, ② 인류의 특별한 위치는 인류의 역사 시기(아마도 구석기시대)의 전승일 수 있다. 창2-3에서 하나님의 인간 창조는 한계성을 가진 인간인 동시에 저주의 역사를 유도하는 인간의 타락을 말한다. 이는 구속사救贖史(창12)의 배경에서 하나님이 인류에게 영향을 주고 있었음을 가리킨다(C. Westermann, 267~268쪽 참조).

고든 웬함은 이제까지 주석자들에게 창1-3은 핵심으로 다루어졌지만, 창4-11의 원시 역사는 무시되어 왔다고 하면서, 창1-9의 배경은 신화적인 배경 특히 아트라하시스 서사시를 평행문으로 받아들인 것으로 보고 있다.

웬함은 창조 해석의 설명은 가능하나 불확실한 채로 남겨 두고 있다. 그는 G. 폰 라트와 C. 붸스터만의 창세기 주석을 따르면서도, 그들이 제시한 우주 과학적-인류 문화사적인 해석은 비켜 가고 있다. 동시에 현대 주석자 대부분은 아직도 G. 폰 라트와 C. 붸스터만의 창조 해석과 관점을 넘지 못하고, 창세기 창조를 신화적인 배경에서 맴돌게 하고 있다(고든 웬함(1982) 63~64, 67, 73~74, 94, 101, 107쪽 참조).

그러나 필자는 창세기 창조는 이미 신화와 소박한 고대 사회의 종교를 넘어서 그 당시 과학적인 신학(그리스 철학)과 인류 문화사적인 배경에서 하나님의 창조가 선포宣布되었다고 생각한다.

5) 기독교 마소라는 현 창2:4a(초반절)을 창1:31에 연결하여 창2:1-3에 올려 붙였다. 즉 창1:1-31; 2:1-3 창조 서술의 결구結句로 창2:4a(천지가 창조되었던 때에 하늘과 땅의 내력은 이러하였다.)을 사용한 것이다. 그러나 지시대명사 '엘래'(אֵלֶּה 'ellê 이것들)는 한 단위를 시작하는 지시대명사 역할을 하는 것이 자연스럽다. 예로서 창5:1 '이것', 출1:1의 "이들은 이집트로 왔던 이스라엘 아들들의 이름"을 참조. 그 외에 창25:19; 36:1, 9, 31; 37:2 등 많은 절에서 '이것들'(지시대명사)은 단락의 시작을 표기한다. 좀 더 완전한 문구는 '엘래 톨르도트'(אֵלֶּה תּוֹלְדוֹת 'ellê thôlədhôth 이들은(이것은) ~의 내력, 족보이다)이며, 단락 서두序頭의 지시대명사이다. 그러므로 현재 창1:1-2:4a은 창1:1-2:3로 끝맺고, 창2:4a은 본래대로

창2:4로 매겨져 난외欄外의 스다림(+ס)과 함께 2번째 창조의 서두가 되어야 한다.

창2:4의 '이것은'(엘래)은 위의 창1:1-34(1:1-2:4a)을 말하는 것이 아니라 다음에 나오는 인간 창조와 에댄 낙원을 지시하는 것이다. 그러면 종래의 창조 설화 자료층인 제사 문서는, 분절을 다시 한다면, 창1:1-34이고, 야뷔스트 문서(Jahwist)는 창2:1-22로 고쳐진다. 창2:1-22(2:1-25)에서는 야웨 하나님이 흙으로 사람을 지으시고 에댄 낙원을 설치하는 데 집중하는 창조 기사가 된다.

6) 야웨의 3가지 칭호 : 주, 야웨(여호와), 하나님

\- 개역개정과 천주교성경 대조표 -

원문 장절	히브리어 원문	개역개정	천주교성경
창15:2	אֲדֹנָי יֱהוִה	주 여호와여…… 무엇을 주시려하나이까?	주 하느님, 저에게
출3:15	יְהוָה אֱלֹהֵי	조상의 하나님 여호와께서	(야곱의) 하느님이신 야훼
출4:10	יְהוָה אֲדֹנָי	여호와께 아뢰되 오 주여	주님, 주님께
출6:2-3	אֲנִי יְהוָה	나는 여호와 이니라	나는 야훼
	שְׁמִי יְהוָה	나의 이름을 여호와로는	'야훼'라는 내 이름으로
사41:4	אֲנִי יְהוָה רִאשׁוֹן	나 여호와라 처음에도	나 주님이 시작이고
사42:6	אֲנִי יְהוָה	나 여호와가	주님인 내가
사42:8	אֲנִי יְהוָה	나는 여호와이니	나는 야훼

위 도표에서 우리는 천주교성경이 יְהוָה(여호와, 야웨)를 하느님(창15:2 출34:23 신3:24 9:26), 주님(출4:10; 34:6 신6:4 사41:4; 42:6)과 야훼(출3:15; 6:2-3; 34:6 사42:8), 즉 야웨를 3가지로 지칭하면서, 3 칭호의 표기를 사용한 것을 볼 수 있다.

그러나 개역개정은 야웨를 일정하게 '여호와'로만 부르고 있다. 천주교성경이 야웨라는 하느님 명칭을 문장에 따라 주님, 하느님, 야훼 3가지로 다양하게 부르고 있다면, 개신교는 히브리어 원문인 '아도나이'를 '주', '주님'으로, '앨로힘'을 하나님으로, '야웨/야훼'를 여호와로 칭하고 있다.

그런데 기원전 300년경 마소라의 יהוה(YHWH)의 발음은 어떤 이유에서인지 '아도나이'로 바뀌어 '주, 주님'이란 의미로 사용되었다. 여기 '아도나이'(אֲדֹנָי ʾadhōnāy)는 그래서 긍정적-부정적인 양면兩面을 가진다고 볼 수 있다. 그럼에도 70인역 번역자飜譯者들은 아마도 포로기 전 왕국시대王國時代에 부르던 아도나이, 즉 신들의 신, 주님들의 주인 야웨를 아도나이로 불렀을 것이다.

특히 아도나이는 원래 '아돈(주인)', '아도니(나의 주인)'라는 존칭尊稱에서 명사화名詞化된 것이며, 야웨 앞과 뒤에서 야웨에 대한 존칭의 표현인데, 나중에 이런 존칭이 야웨를 대신하는 칭호稱號로 바뀐 것이다. 이런 표기는 '야웨'(יהוה YHWH) 4개 자음 아래 '아도나이'(אֲדֹנָי)의 'ㅕ, ㅗ, ㅏ' 모음母音을 따서 즉 '여호와'로 표기表記됨과 동시에, '주 야웨(주 여호와)'라는 앞의 존칭과 뒤 명칭이 결합된 신명神名이 되었으니, 이는 하나님에 대한 극존칭極尊稱을 붙인 '야웨의 명칭'이 된다고 볼 수 있다. 이런 의미에서 우리는 '야웨'를 주님과 병행해서 부르는 것이 자연스럽다고 본다.

7) '베욤'(요옴)(בְּיוֹם b^eyôm)은 뒤에 '만드는'(구문형 부정사)과 연결되어 '~때에'라는 시간 문장으로도 쓰인다(GK § 114e 참조).

8) 마소라 원문에는 '그리고 거기에는 땅을 갈 사람이 없었다.'가 앞의 원인 문장 다음에 나온다. 개역개정, 표준새번역에는 '땅을 갈 사람도 (아직) 없었으므로'라는 원인 문장으로 번역했다.

9) '에드'(אֵד ʾēdh)는 불확실한 어휘이다. 고대 앗쉬르어 '에두'(edû)는 큰 물결(Flut)을 의미한다. 아랍어로 '안개'(김)의 의미도 있다. 그러나 H. Gunkel 5쪽, Holzinger 12쪽, C. Westermann(1976) 252쪽에서 '에드'는 공통적으로 앗쉬르어 '에두'를 따라 '샘물, 강물' 등으로 번역하고 있다. 취리히성경도 '샘물의 솟음'으로 번역했다.

땅을 적시는 샘물은 창2:10의 에덴의 강물과 연결되어 있는 지리적 자연 상태를 생각할 수 있다. 따라서 개역개정과 천주교성경에 나오는 '안개'는 설득력이 약하며, 부정확하다.

10) '아파르'(עָפָר ʿāphār)는 '흙과 먼지(가루)' 두 가지 의미를 가진다. 그러나 여기서는 '흙'으로 해석된다. '먼지'라는 표현은 '아바크'(אָבָק ʾābhāq 신

28:24 사5:24 겔9:9; 26:10 등)가 '먼지'의 의미에 더 비중을 둔다.

11) 현생 인류(호모 사피엔스, 지능이 있는 인간)보다 아주 먼 태고시대, 즉 창조에서 홍수까지 인간 연령의 총합을 43만 2천 년(C. Westermann 478~488쪽)으로 전제하여, 구석기시대 이후 역사와 관련하여 보면, 우리는 창1:26-27에서 첫 번째 남성男性과 여성女性으로 창조된 인간을 2만 5천 년 전 '오르도스인'으로, 창2:4b-8, 15에 두 번째 창조된 인간을 1만 년 전 현세 인류로 볼 수 있겠다.

지금까지 구약 성서 학계에서는 왜 창세기 창조 설화가 각기 다른 내용으로 두 번씩 반복해서 인간 창조를 서술하고 있는가에 설득력 있는 대답을 주지 못하고 있다. 이것이 이른바 제사 문서(P자료, 창1:1-2:4a)의 제1창조인 우주적인 서술과 야웨 문서(창2:4b-3:24)의 제2창조인 스텝페 지대 서술로 구분되고 있을 뿐이다(G. 포오러, 구약성서 개론 186쪽 참조).

첫 번 인간人間(창1:26-27)은 성장하고 번성하며 넘쳐나는 식물과 동물이 생긴 다음 맨 나중에 출현하여 그들을 지배했었는데, 그런 인간은 별안간 사라지고 무인지경無人之境의 불모지(황무지)에 다시 출현하게 되었는가?(창2:5-7).

기원전 1만 년경 중국 주구점周口店 상동인上洞人의 출현 역사와 중복됨으로써 '두 번의 인간 창조 설화'가 탄생된 것이 아닌가 생각된다. 특히 빙하기 홍적세洪積世를 전후해서 기원전 2만 5천 년경 최초의 오르도스인이 하나님 형상을 따른 인간(창1:26-27)으로, 기원전 1만 년경의 주구점 상동인이 무인지경의 불모지를 경작하게 된 흙으로 빚어진 인간으로 서술(창2:5-7)된 것은 아닌가 추론推論해 볼 수 있다.

이런 맥락에서 우리는 중복된 인간 창조를 홍적세洪積世를 기점起點으로 2만 5천 년과 1만 년 사이 황하 상류 고비사막 근처에서 출현한 오르도스인과 중국 주구점 상동인의 출현을 창1:26-27과 창2:5-7의 배경으로 꼽아 볼 수도 있다. 그 시대는 인류학자들이 공통적으로 말하는 '구석기 후기시대舊石器後期時代(50,000~10,000년)에 접接한다고 볼 수 있다. 구석기 전기(600,000년)는 아직 원시 상태이기 때문에 인류문화人類文化 단계가 아니었다.

12) '내패쉬 하야'(נֶפֶשׁ חַיָּה næpæš ḥayyâ)는 독일어성경에서 '산 존재'로 번역되었다. 개역개정의 '생령'은 인간을 영화靈化시킨 인상을 준다. 원문대로 '생명生命'이 자연스럽다. 흙으로 만들어진 인간은 질료적인 신체에 신적인 생명이 들어감으로써 인격화된 것이다. 인간학은 몸과 영혼을 구별하는 것이 아니라 실재적인 몸과 생명生命을 구별한다(G. von Rad(1972) 181쪽). 천주교성경은 '생명체'로 번역했다.

13) '미캐댐'(מִקֶּדֶם miqqedhem)은 '동방에 있는'의 의미이다(C. Westermann (1976) 249쪽). 전치사 '민'은 정지 상태의 기능을 서술한다.

14) 동산은 마을 부근에 있는 작은 산이나 언덕을 의미한다. 낙원은 안락하게 살 수 있는 즐거운 곳으로 인간의 심적인 편함과 즐거움을 갖춘 곳이다. 하나님과 함께하는 곳이라면 '낙원'이 적합한 것 같다.

이란어 pairi-daēza(담을 둘러 꾸민 공원)는 그리스어 παράδεισος(낙원)이다. 중국어성경과 일본어성경은 '원園'으로 번역하였다.

메소포타미아 문명에서 파라다이스는 담이 쳐진 왕王의 정원庭園이었다. 그리스어 70인역은 '간'(גַּן gan 정원)을 파라다이스(Paradise)로 사용했다. 그러나 구약에서 에댄 낙원은 특권층이 사는 왕의 정원을 하나님과 함께하는 평등한 인간이 사는 공간으로 민주화民主化했다.

이에 대해서 일찍이 독일 구약 성서 학자 G. 폰 라트는 창2:8의 '에댄'을 인류 문명 발상지의 원류原流로 주석하였다. 문명 발상지의 원류는 고대 중동이나 이스라엘이 아니라 극동極東 아시아 쪽에 '하느님이 현존하는 거룩한 지역'으로 추정推定하였다(G. von Rad(1972) 82쪽 참조).

15) 문명사적文明史的인 영역에서 인간은 우주와 세계의 중심적인 존재라는 것을 두 개의 창조 기사로 나누어 서술하였던 것 같다고 본다. '그 곳으로 옮기셨다.'에서 '에댄'은 하느님이 현존하는 거룩한 지역으로 고대 극동에 있던 한 지방의 고유지명固有地名이라는 것이다(G. von Rad(1972) 82쪽 참조).

16) '하다아트'(הַדַּעַת hada'ath)는 '야다아'(יָדַע yadhā' 알다) 동사의 구문형 부정사로서 '알려는, 알기 위한', 즉 알려는 의지를 표현하는 부정사 구문으로 앞의 '나무'를 수식하며, 그 목적어는 '선악'이다. 곧 '선과 악을 알

려 하는 나무'로 번역된다(W. Gesenius 288쪽).

그런데 독일어성경은 명사화된 부정사 '선과 악을 아는 것'(Erkenntnis)으로 번역하였다. 부정사가 명사화되더라도, '하려는 의도'의 표현은 분명하다. 따라서 선악을 알기 위한 나무로 번역하는 것이 자연스럽지만 한국어에 맞게 '선악을 아는 나무'로 번역하였다.

개역개정과 천주교성경의 '선악(선과 악)을 알게 하는 나무'에서 '알게 하는'은 사역동사적인 의미로 원의를 좀 벗어나 있다.

17) 창세기의 에댄을 기점으로 한 4개 지류의 지형은 현재 지리적 위치와 다르다. 우주와 지구의 나이에 따라 대륙이 이동移動하면서 오대양 안의 육대주六大洲가 작았다가 컸다가 하고 붙었다가 떨어졌다가 하였다. 그래서 46억 년 전후의 지구는 고생대古生代의 판게아(Pan-gea) 결합 형태였지만, 신생대 현생現生의 지구는 인도판이 유라시아판과 충돌한 결과의 형태를 나타내고 있다.

18) 브돌라흐는 중동 지역 토종 나무의 맑고 투명한 향이 좋은 진액이다(W. Gesenius 85쪽)(민11:7 참조). 개역개정 주석에서 '베델리엄'을 진주라 하였다.

19) 창2:4, 5에 아담과 아담의 계보가 나오는데, 지명은 '에댄'과 에댄의 동쪽을 중심으로 한 세계가 창2:8; 4:16에 나올 뿐이다(에댄 동쪽 '노드(놋)' 땅). 그러나 이 에댄을 좀 더 자세히 살펴보면 아주 중요한 위치가 된다. 에댄이 네 강의 발원지發源地가 되는 것이다. 창2:10-14에 의하면 하윌라 땅을 두른 피숀, 쿠쉬 땅에 있는 기혼, 앗쉬르 동쪽으로 흐르는 티그리스(힛데겔), 그리고 유프라테스(유브라데) 강이 있다.

이런 네 강들은 중동 문명中東文明의 발상지發祥地에 속하는 강들이다. 이런 문명의 발상지가 되는 강들의 중심이 에댄이요, 그 에댄의 주인은 하나님이다.

20) '사람'은 히브리어로 '하아담'(הָאָדָם hāʾādhām)이다. '아담'은 인간, 인류의 의미를 가지며, 다른 동물과 구별된다(창1:26; 2:5 렘32:43). 그 다음 여자와 구별되는 '남자'를 의미한다(창2:22 이하; 3:17). 그러나 개역개정은 이런 인간, 남자를 고유명사처럼 '아담'이라 번역하였다.

21) 처음에 세상의 사물은 존재하는 것에 있지 않고 인간과 만나는 데서 이름을 갖게 된다. 보편적으로 인류 문명사에서 기원전 7,000~6,000년경 모계 씨족 사회母系氏族社會가 중국 황하 유역 반파半坡 유적지에 형성되었고, 앙소문화仰韶文化의 각획부호刻劃符號의 선線을 긋거나 긁은 문자와 유사한 30개의 원시 부호가 있었다. 이는 아담이 말로 사물을 명명命名했던 시기와 근접한다.

대다수 현존 포유류 목目의 방산放散, 그리고 인간 조상 출현, 인간의 수렵 생활, 과일과 곡식을 먹었던 생활에서 겪었던 경험經驗에 비추어서 창1-2의 창조 서술이 가능했으리라 보인다. 이는 앞에서도 말하였듯이 인류 조상이 겪은 오랜 경험이 기억 전승傳承되는 과정에서 '하나님과 자연' 그리고 '인간'의 문제가 '현재現在'의 환경과 연관되어 서술될 수밖에 없던 것이다.

22) '타르데마'(תַּרְדֵּמָה tardēmâ)는 무감각(Apathie 또는 Lethargie. 사29:10 참조)할 정도로 깊이 취한 잠이다(W. Gesenius 889쪽).

잠들매(개역개정), 잠들게 하신(천주교성경) 참조.

23) '하아담'(הָאָדָם hā'ādhām)은 더 이상 '사람'으로 고정시켜 표시하지 않고, 남자 또는 남편으로 표시해야 한다(C. Westermann(1976) 250쪽 참조). 개역개정의 '아담'(אָדָם 'ādhām)은 문맥에 따라 사람, 남자, 남편으로 정정할 필요가 있다. 천주교성경은 '사람'으로 번역했으나, '아담'은 남자, 남편으로 번역해야 맞다.

24) 창2:21-23에 나오는 '하아담'(הָאָדָם hā'ādhām)은 이미 창1:26에 정관사 '하'(הָ hā) 없이 '아담'(אָדָם 'ādhām)으로 불렸다. 그러나 창2:21-23에서는 '하아담'(그 사람)은 '잇샤'(אִשָּׁה 'iššâ 여자, 아내)와의 관계에서 '남자, 남편'으로 불린다(C. Westermann(1976) 250쪽 참조).

따라서 '아담'은 처음에는 남성과 여성을 통칭한 것이고(창1:27), 나중에는 '하아담'은 '인간, 사람'(창2:21)으로 부르다가, 아담의 갈비뼈로 여성 형태의 인간이 만들어진 때부터는 '하아담'(그 사람)은 여자와 구별된 '남자, 남편'으로 불리게 된다. 이에 대한 단어 의미는 W. Gesenius 32쪽 '이쉬'(אִישׁ 'îš 남자, 남편)와, 70쪽 '잇샤'(אִשָּׁה 'iššâ 여자, 아내)로 정리되어 있다.

이에 대해서 W. Gesenius 10쪽 '아담'은 ① 인류, 다른 존재와 구별되는 인간, ② 남자, 남편, ③ 첫 번째 창조된 인간, ④ 개별적인 인간의 다양한 의미를 가진다. 문맥에 따라 '아담'은 의미 분광기分光器(스펙트럼, Spectrum)를 걸러 문맥에 따른 적합한 의미로 해석된다.

C. Westermann(1976) 250쪽에서 '하아담'을 'Mensch'(인간, 사람)(창2:21), 'Mann'(남자, 남편)(창2:22), '이쉬'(남자, 남편)와 '잇샤'(아내, 여자)(창2:23)로 해석하고 있다. 그리고 창2:24에서 '이쉬'는 창2:21의 '하아담'과 일치하는 동의어로 쓰인다.

개역개정은 창2:21-23, 24-25에 나오는 '하아담'을 거의 원어 원음대로 '아담'으로 쓰고 있다.

25) 창2:25의 경우 히브리인의 사랑은 아가서를 통해서 그 진면목眞面目을 볼 수 있다. 남녀의 첫사랑에서 약혼과 결혼을 거쳐 부부 생활을 이룬다. 그들의 사랑은 마력魔力에 끌리고, 서로 그리워하며, 열정적으로 헌신獻身하면서, 그들의 결합에 대한 기쁨을 찬미한다. 친밀하고도 관능적官能的으로 남녀가 거절할 수 없는 전능한 힘으로 서로 포옹하는 사랑을 찬미한다. 이것은 무절제한 관능의 몰입(가나안 풍속)도 희락喜樂을 피하는 금욕禁慾(헬라·기독교의 제도)도 아니다. 결혼을 전제로 한 남녀의 애정과 관능의 기쁨은 허용되었다(창2:23, "그 남자는 말했다. '이는 드디어 내 뼈 중의 뼈요, 살 중의 살이로다. 이를 여자라고 부를 것이니, 이 여자가 남편에게서 취해졌음이라."). 이에 대해서는 G. 포오러, 구약성서 개론 하 100~102쪽 참조.

【3장】

1) 여자가 적극적으로 남자를 조종하는 행위는 구석기시대의 모계 사회를 반영하는 것 같다.

2) '아룸미콜'(עָרוּם מִכֹּל 'ārûm mikōl)(욥5:12; 15:5)은 '간교한', '간사한'의 의미이다. 이는 뒤에 전치사 '민'(מִן min ~보다 더)이라는 비교급과 연결되어 '모든 것보다 간사한'이라는 의미이다(독일어성경과 KJV 참조). 그러

나 개역개정과 천주교성경은 최상급의 의미로 번역하였다.

최상급은 단수 명사와 동일한 의미의 복수 명사 사이에서 성립된다. 예) ① '애배드 아바딤'(עֶבֶד עֲבָדִים 'æbhædh $^{e\breve{a}}$bhādhîm 가장 비천한 노예(노예들의 노예)), ② '코대쉬 학카다쉼'(קֹדֶשׁ הַקֳּדָשִׁים qōdhæš haqqādhāšîm 가장 거룩한 것(거룩한 것들의 거룩한 것)).

3) 창3:6의 '보암직도 하다'(개역개정 참조). '소담스러워 보였다'(천주교성경)는 '탐스럽다'는 의미가 있지만, 여기서는 '보암직하다'(시각적인 맛)가 더 원의에 가깝다. '탐낼 만하다'는 뒤에 '내흐마드'가 나온다.

'내흐마드'(נֶחְמָד næḥmādh(חמד ḥmdh 수동태, 분사, 단수, 남성 begehrungswürdig))는 '탐낼 만한', '탐스러운'의 의미이다(창2:9; 3:6 시19:11). (W. Gesenius 239쪽 참조).

창2:9의 선악을 아는 나무의 본성은 '타아봐'(תַּאֲוָה ta$^{'\breve{a}}$wâ 욕망(동사 אוה 'wh의 여성 명사 단수))로 구체화된다. 이는 눈으로 보기에 욕심을 갖게 한다는 의미이며, '눈요기', '보암직(했다)'으로 의역이 가능하다.

4) '하고라, 하고로트'(חֲגוֹרָה ḥ$^{\mathring{a}}$ghôrâ)는 '① 허리띠, 복부 ② 허리 두르는 천, 음부 가리개'의 뜻이다(W. Gesenius 213쪽).

치마(개역개정), 두렁이(천주교성경) 참조.

5) '나무 사이'는 길 가던 도중의 장소인지, 아니면 '바람막이 거처居處'인지 문제 삼을 수 있다. 구석기시대에는 땅굴이 거처로 사용되었는데, 제주도의 삼성혈과 단군 사화史話에서 호랑이와 곰이 살던 굴은 구석기 후기에 속하는 거주 형태에 속하는 것으로 생각된다. 아담의 거처도 이와 같은 구석기 시대로 생각할 수 있다. 아열대 지역 나무 속에 햇빛과 바람과 비를 막을 수 있는 그늘, 바람막이 거처는 짐승들의 보금자리보다는 쾌적한 공간이었으리라 짐작된다.

6) 창3:9에서 '아담'(אָדָם 'ādhām)은 선악과善惡果를 먹고 원죄原罪와 관련된 존재로서 '인간 남자'이다. 이에 대해서는 H. Gunkel 19쪽, C. Westermann(1976) 250쪽 참조. 독일어 주석은 남자를 '사람'(Mensch)으로 표기하였다. '부정적인, 욕하는'의 의미도 있다.

개역개정과 천주교성경은 창3:8-9에 나오는 '아담'을 '남자'(남편)라 표기하지 않고, '아담'(개역개정), '사람'(천주교성경)으로 직역直譯했다. 그것이 창3:9에서는 가능하지만, 창3:8에서는 남녀 부부 관계에서 '아담'은 '남자'로 표기된다.

7) '하이담'이 남자나 남편이 아니라 인간으로 불리는 것은 '놈'이라는 경멸의 의미가 있다(C. Westermann(1976) 250쪽 참조).

8) 창3:14의 '미콜 하베에마 우'(מִכֹּל הַבְּהֵמָה וּ mikōl hab[e]hēmâ û 모든 가축과)는 아마 첨가된 듯하다(BHS 참조). 시적詩的인 운율상韻律上 길이가 초과된다.

9) '슈프'(שׁוּף šûph)의 원래 의미는 '으스러뜨리다'이다(W. Gesenius 815쪽). Holzinger 14쪽, H. Gunkel 20쪽, C. Westermann(1976) 251쪽, 취리히성경 3쪽에서 '슈프'는 뱀에 대해서는 '짓밟다'로, 인간 후손에 대해서는 '덤벼들어 물다.'로 구분해서 해석하고 있다.

개역개정은 '상하게 할 것이니라.'로, 천주교성경은 '상처를 입히리라.'로 번역했다. '슈프'는 인간과 뱀 사이의 적대행위敵對行爲를 과격하게 서술하고 있다. 즉 '뱀의 머리와 사람의 발꿈치를 으스러뜨린다.'는 의미가 원래의 의미이다.

10) 구석기시대 모계 사회 이후 일부일처제로 바뀌는 부계 사회적인 배경을 엿볼 수 있다.

11) '하르바'(הַרְבָּה harbâ 심히 크게)는 뒤에 이어지는 동사 '아르배'(אַרְבֶּה 'arbê 내가 많게 하다)를 강조하는 부사로 쓰인다. 즉 '나는 심히 많게 하다.'(하르바 아르배)이다.

12) 개역개정과 천주교성경은 '수고/괴로움'으로 번역했지만, 아이 출산과 관계된 '여인의 생태적生態的인 특징'을 구체적으로 서술하는 것이 더 적합하다. '애채브'(עֶצֶב 'æṣæbh)는 임산부의 분만 때의 아픔 즉 '진통陣痛'이다. 아기를 낳는 임산부姙産婦의 아픔을 뜻한다(W. Gesenius 609쪽).

13) '임샬 바크'(יִמְשָׁל בָּךְ yimšāl bāḵ 그가 너를 다스리리라)는 '그는 너의 주인이 되어야 할 것이다/되어야 하리라.'로도 번역 가능하다.

14) 창3:16 첫 행行은 운율상韻律上 2+2+3의 박자를 나타낸다. 히브리어 운율에 맞춰 첫 절은 직역直譯하면 2+2+3(나는 심히 많게 하리라/네 산고

와 임신을/너는 고통 중에 아이를 낳으리라)이 된다. 그 다음 두번째 행은 2+2가 된다. 그러나 첫 행은 문장의 길이 때문에 두 행으로 분리해서 번역했다.

구약 본문에서 운율 구절의 번역은 될 수 있으면, 한 절節의 독립된 문장으로 살리고, 이어지는 다음 절에 걸치지 않게 하는 것이 정상이다. 창3:16의 시문체詩文體가 개역개정에서는 산문散文으로 나오며, 천주교성경에서는 창3:16 전반절前半節의 운율이 시행詩行을 초과하고 있다. 시문체는 명사와 동사의 연결이 한 행으로 끝나며, 다음 행으로 넘어가지 않아야 한다.

15) '버(브)이차본'(בְּעִצָּבוֹן bᵉʿiṣṣābhôn (수고하여) 얻은 것)은 명사, 남성, 단수(W. Gesenius 609쪽 참조).

16) 창3:18은 운율적으로 3+3박자의 1행行이다. 번역상 시행詩行은 초반절 '아트나흐'(∧ 중간 쉼표)까지 1행行으로 하고, 후반절 '실루크'(| 마침표)를 가진 행을 2행으로 할 수 있다.

천주교성경은 창3:18의 시행을 살린 것은 좋으나, 첫 행이 시행을 초과하여 둘째 행으로 위치하여 이어진 것은 매끄럽지 못하다. "……돋게 하고"가 첫 행으로 끝났어야 한다. 개역개정은 창3:18을 그냥 산문으로 번역하였다.

17) 창3:19의 히브리어 원어 '너의 얼굴'에서의 '너의'와, '(너는) 흙으로 돌아간다.'에서 '너는'은 우리말 어법에 따라 생략한다. 이후에도 이와 같은 경우에는 규칙적으로 생략한다.

18) '래햄'(לֶחֶם læḥæm)은 '양식糧食'으로 번역된다. 개역개정이 '먹을 것'으로 번역한 것은 '우캘'(אֱכֹל 'ukhel), 특히 '오클라'(אָכְלָה 'okhlâ)를 말하는 것이다. 여기서 '래햄'은 양식으로 번역하는 것이 더 적합하다.

19) 창3:19은 히브리어 원문의 운율 그대로 3행으로 살려서 2+2, 2+2, 2+2박자를 셈하였다. 단어마다 악센트를 1박자로 셈하고, 마케프(⁻)로 연결되는 2단어(접속사와 명사 키⁻아파르, 앨⁻아파르 등)에서는 마지막 단어 끝 음절만 악센트 박자를 셈한다.

20) 길가메쉬 서사시 XI, 266~295쪽(Schott von Soden에 의한 것)에 따르면 생명生命나무는 늙는 인간을 젊게 하는 작용과 생명을 보존하는 작용

을 한다(C. Westermann(1976) 291쪽). 이런 고대 중동 신화神話는 하나님과 아담과의 약속 · 계명으로 신학화神學化된다.

창2:9; 3:22은 길가메쉬 서사시의 생명나무 모티브와 벌을 가하는 신화적인 서술을 하나님과 인간(아담과 이브)의 관계로 전이轉移시킨다. 인간은 하나님과 동등할 수 없다는 계명誡命을 제시하고 있다.

21) '크루브'(כְּרוּב k^{e}rûbh 천사)는 사6:2의 '서라피임'(שְׂרָפִים ś^{e}rāphîm 여섯 날개의 천사) 다음 제2 계급의 천사이다.

22) '함미트하패캣'(הַמִּתְהַפֶּכֶת hammithhapækhæth)은 '하파크'(הפך hphkh) 동사의 재귀동사, 분사, 단수, 여성으로서 '빙빙 돈다'는 뜻이며, '불꽃 칼'의 상태를 나타내고 있다.

천주교성경은 '빙빙 도는'이 빠지고, '번쩍이는 불 칼'로만 번역했다. 개역개정은 '두루 도는 불 칼'로 번역했다.

23) 전치사의 '정지 상태의 동쪽에'를 의미한다. C. Westermann(1976) 251쪽 참조.

24) 그리스 신화神話에 보면 프로메테우스가 '불'을 훔치는 행동이 나온다. 인류 역사상 구석기시대舊石器時代에 불과 돌칼이 발명되었으며, 구석기인은 불과 칼로 맹수들의 공격을 방어할 수 있는 혁명적인 힘을 얻었고 신적인 위력을 확보했다고 볼 수 있다.

불의 위력으로 인간이 신과 동등한 위치를 가질 수 있었기 때문에, 하나님은 인간의 오만傲慢과 괴력怪力을 차단하기 위해 에댄의 동쪽을 불칼로 막아 접근을 금했다는 내용이 기록된 것 같다.

【4장】

1) '애트 야웨'(אֶת־יְהוָה 'eth y^{e}hwâ)는 '야웨와 함께'라는 의미이다. 그런데 70인역은 '야웨로 말미암아'(개역개정)로 번역했다. 천주교성경은 '주님의 도우심으로'라고 의역했다.

2) '땅의 열매'의 번역에 관해서는 H. Gunkel 42쪽 참조.

3) 곡식 제물이 첫 열매와 이삭(곡식)으로 바쳐진다(레2:12-14; 신26:2 참

조). 즉 거룩한 첫 열매인 '레쉬트'(רֵאשִׁית rēʾšîth 열매)는 '비쿠림'(בִּכּוּרִים bikûrîm 곡식의 만물)이다. 그러나 카인의 곡식 제물에 첫 열매나 만물 표시가 없는 것을 주목해 볼 수 있다.

4) W. Gesenius 512쪽, C. Westermann(1976) 384쪽에 의하면 "누구에게 얼굴을 숙이다, 얼굴을 떨어뜨리다."로 번역했다. 삼상1:18(70인역, 공동번역 비교)에는 "카인은 고개를 떨어뜨리고"로 번역했다.

5) 사마리아오경, 70인역, 시리아역, 불가타역은 '넬카 핫사대'(נֵלְכָה הַשָּׂדֶה nēlkhâ haśśādhæ̂ 우리, 들판으로 나가자)라 서술하고 있다.

개역개정에는 천주교성경과 고대 역본古代譯本들의 보충이 빠져 있다.

6) '나 와나드'(נָע וָנָד nāʿ wānādh)는 창4:12, 14, 단 두 군데만 나온다(W. Gesenius 490쪽 참조). 원의는 '불안정하게 흔들리며, 도망자로 방황하다.'로 해석된다.

개역개정은 '피하며 유리遊離하는 자'로 번역했다. 원어原語와 맞추자면, '유리하며 피하는 자'로 바꾸는 것이 원어와 부합될 수 있겠다.

7) '살인의 가능성'을 말한다. 살인자에 대한 피의 복수가 아니라, 고향을 떠난 방랑자와 무국적자는 생명 보호권生命保護權이 없기 때문에 고대에는 누구나 그런 이를 죽일 수 있었다(Holzinger 16쪽, H. Gunkel 45~46쪽). 독일어성경 6쪽, 취리히성경 4쪽 참조. "So wird mir's gehen, daß mich totschlägt, wer mich findet."(나를 발견하는 자가 나를 죽이는 일이 생길 것이다.)

8) 〈도시와 성읍 표현 고찰〉

오경서五經書 첫머리 창세기는 태고시대太古時代를 서술하면서 '이르'(עִיר ʿîr 도시都市) 단어를 48회 사용하고 있다. 단수 '이르'(도시)가 39회이며, 복수 '도시들'(아림)이 9회 나온다. 창세기 뒤 출애굽기에 3회, 레위기에 14회, 민수기에 49회, 신명기에 58회, 그리고 여호수아에 158회 나온다.

이런 태고와 고대 사회 배경을 이루는 주민들의 거주 지역을 단순 소박한 규모로 보면, 고을, 마을, 촌락, 그리고 성읍城邑으로 부르는 것이 자연스럽다고 본다. 그런데 구약성경 오경과 육경서六經書는 자연스럽게 구성된 주민의 마을과 촌락을 단순한 주인공으로서 인간 공동체가 아니라, 하나님을 전제한 신앙적인 관점에서 '이르'(도시)로 표명表明하고 있다.

'이르'(도시)에 대한 신학적인 해석解釋에 주목할 필요가 있다. 창4:17에서 '이르' 도시 생활은 혐오로 이해되며, 도시에 대한 거부 경향을 보인다. 창11:4에서 '이르'(도시)는 인류 문화사적으로 인간 집단이 인간의 안전의 추구를 위해 인간 중심의 통치, 권력 집중, 그리고 하나님 의지에 저항(반대)하는 행위로 이해되고 있다. 즉 '도시'는 죄罪의 본거지가 된다(창18:24, 26; 19:20, 22, 25, 29).

도시는 일정한 지역의 정치, 경제, 문화의 중심으로 사람이 많이 사는 지역을 이른다. 중국어성경에서는 '이르'를 성城, 성중城中으로, 일본어성경은 '이르'를 정町으로 각각 번역하였는데, 이런 표현은 도시 또는 도시의 일정 지역을 말하는 것 같다. '이르'(도시)에 대해서는 A. R. Hulst, hrsg. E. Jenni/ C. Westermann, ThHzAT, Bd. II, 구약신학사전, 1976, 268-272단 참조.

성(개역개정), 성읍(천주교성경) 참조.

9) '롯테쉬'(לֹטֵשׁ lōṭēš 금속을 망치질하다)와 '호레쉬'(חֹרֵשׁ ḥōrēš 금속과 철제 가공자)는 같은 의미의 어휘이다. 이런 단어의 배치가 문법적으로 맞지 않다(H. Gunkel 53쪽 참조). 이 두 단어 중 '로테쉬'가 더 원래적인 것으로 보인다(W. Gesenius 385쪽 참조).

그래서 BHS(마소라본)에 의하면, '아비 콜 롯테쉬'(אֲבִי כָל־לֹטֵשׁ '^{a}bhî khol-lōṭēš)는 '가공하는 모든 이의 조상'으로 고쳐져 있다. 이는 창4:21의 문장과 일치된다. '콜'(모든) 앞에 구문적으로 '아비'(조상)가 연결된다. 따라서 H. Gunkel 53쪽, Holzinger 17쪽, 취리히성경, C. Westermann(1976) 437쪽은 BHS의 비평과 일치되는 번역을 했다.

개역개정과 천주교성경은 마소라 원문을 그대로 따르고 있다. '조상'이 추가되지 않고, '……하는 자(이)'로 번역했다. 본문 비평적인 고찰이 각주에 있었으면 하는 아쉬움이 있다.

10) '하아젠나'(הַאְזֵנָּה ha'^{a}zēnnâ)는 사역능동, 명령형, 복수, 여성, 주의 깊게 귀를 기울여라의 뜻이다(W. Gesenius 20쪽).

11) '레피츠이'(לְפִצְעִי l^{e}phiṣ'î)는 '파차'(פצע phṣ' 맞아서 생긴 상처)의 남

성, 단수, 1인칭, 미완료. '파차'에 대해서는 출21:25 사1:6 욥9:17 등 참조. '레(르)하부라티'(לְחַבֻּרָתִי lehaburāthî 나의 찔린 상처(חבר ḥbhr), '하부라' חַבּוּרָה ḥabbhûrâ 찔리고 베인 상처)는 칼로 찔려 살 속 핏줄에 생긴 상처이다.

개역개정은 '나의 상처, 상함'으로 천주교성경은 '내 상처, 생채기'로 번역했다.

12) 아담이 카인과 해벨의 아버지가 되는 가계家系이기 때문에 여기서는 '사람'보다는 아담이라는 명칭이 가능하다.

13) '하나님께서 카인이 죽인 해벨을 대신하여 내게 다른 씨를 주셨기 때문이다.'로도 번역이 가능하다.

14) 태고에 불린 하나님은 이스라엘 밖에 이미 계셨다. 야웨 이름은 모세의 야웨 이름보다 더 오래된 이름이며, 그 이름은 태고 때로 소급된다. 창4:26의 야웨는 '원시시대 유일신唯一神' 하나님을 말하고 있다고 한다(C. Westermann(1976) 461~463쪽 참조).

창조 영역의 우주 창조주創造主 하나님같이, 태곳적 '역사의 인간人間' 영역에서 불린 하나님이 야웨이시다. 야웨 이름은 인간의 환호와 간구, 하나님을 향한 의지를 나타낸다(C. Westermann(1976) 462쪽).

【5장】

1) '자카르'(זָכָר zākhār 남성)와 '네(느)케바'(נְקֵבָה neqēbhâ 여성)는 창1:27과 비교. 창5:2의 '아담'과 창5:3의 '아담'은 정관사 '하'(הָ hā)가 없지만, 창5:2의 '아담'은 '인간, 사람'으로, 창5:1, 3, 4, 5의 '아담'은 그저 '아담'으로 구분해서 부를 수 있다.

2) 창5과 사65:20에는 장수의 나이를 서술하고 있다. 사65:20에는 "100세에 죽는 자를 젊은이라 하겠다."라고 장수할 연령이 예언되었다. 창5은 현생 인류보다 아주 먼 과거시대에 살았던 태고시대太古時代(Urzeit)를 말한다. 창조에서 홍수까지는 43만 2천 년 기간의 인간의 연수를 목록目錄으로 작성하였다.

태고의 조상들은 현생 인류의 나이와는 비교할 수 없는 연수를 누렸다. 그때는 인간의 생명력이 강했다(E. Dhorme, 468쪽 참조, 재인용). 이런 고연령은 왕국의 기구를 초월한 역사요, 아주 먼 옛적 선사시대에 생긴 일이다(H.A.Frankfort, Kingship and Gods, 1948, [2]1962, 위 54쪽 참조, 재인용). 구석기시대에 해당하는 시기인 것 같다.

【6장】

1) '브네 하앨로힘'(בְנֵי־הָאֱלֹהִים bh^{e}nê-hā'^{ĕ}lōhîm)은 '신적神的인 존재'(지도자 계급, 영웅들)의 아들들이다. 또는 신神들의 아들들이다. 이런 신들은 '하나님'(앨로힘)과는 구별된다. 그러나 그들은 야웨 하나님 앞에 다신多神들은 아니다(Holzinger 19쪽 참조).

하나님의 아들들(개역개정), 하느님의 아들들(천주교성경) 참조.

2) 고대 사회에서 우월한 절대적인 권능權能을 가진 자(파라오, 다윗)는 신神과 같은 존재가 될 수 있었다. 하나님의 아들들로서 힘이 있고 강한 자들은 많은 여인女人들 가운데서 자기 마음에 드는 여인을 취할 수 있었다. 그래서 창세기는 신화적神話的인 서술 방법으로 인간 사회人間社會 현상을 이야기한다.

3) 마소라는 "그들의 범행으로 인해 나의 영이 사람 안에 영원하게(지속적으로) 머물지 않으리라. 그들은 육체肉體이기 때문이다." 하였고, 70인역은 "결코 내 영(프뉴마)이 사람들에게 영원하게 머물지 않으리니, 그로 인해 그들이 살(육체)이 됨이라." 하였다(개역개정, 천주교성경 참조, 천주교성경은 '버(브)샤감'(בְּשַׁגָּם b^{ə}šagam ~로 인하여)을 앞에 두었다). 창6:3 후반절 마지막 단어 '버샤감'은 의미가 불확실하다. 그래서 먼저 본문 비평本文批評 작업이 수행되어야 한다. 그것은 두 가지 의미가 가능하다.

① W. Gesenius 807쪽에 보면, '그들의 범행으로 인하여'(wegen ihrer Vergehung)를 말한다. '샤가그'(שׁגג šāḡaḡ)는 무의식적으로 모르고 지은 죄罪를 의미한다. '범행하다'의 명사형에 3인칭 복수 남성 어미 '암'(ָם ām)이면 '그들의 범행으로'가 가능하다. 그러나 확실한 것 같지

않다. 그 이유는 3절 마지막 단어에 '실루크'(| 마침표)가 없으며, 다음으로 연결되어 '후 바사르'(הוּא בָשָׂר hû' ḇāśār 그는 육체(살)이다)에서 '아트나흐'(∧ 중간 쉼표)를 갖기 때문이다. 즉 '후 바사르'는 앞의 '버샤감'과 한 문장이 된다. 이런 문장 연결은 '버샤감' 본문을 비평적으로 보게 하는 동시에 문장 번역도 다르게 된다.

② GK(1962) 188쪽, 주해(Anmerkung) 67쪽에 보면, '버샤감'(בְּשַׁגַּם b^{e}šagam)은 고대 관계 대명사 '샤'(·שַׁ(='아새르' אֲשֶׁר $'^{ă}$šer ~인 바)와 부사(또는 접속사) '감'(גַּם gam 역시 ~도)이 결합하여 이유 문장 '~로 인하여'로 번역이 가능하다. 그러나 문제는 관계사 '샤'와 부사 '감'이 떼어지지 않고 뭉쳐 있는 것이다. 70인역은 이런 결합형을 따라 "이로 인하여 그들은 육체가 되었다."(διά τό εἶναι αυτούς σαρκας. 디아 토 에이나이 아우투스 사르카스)로 고쳐서 번역하였다.

H. Gunkel(56쪽)은 70인역을 따라 "그는 오직 육체이기 때문에"(dieweil auch er ja nur Fleisch ist!)로, C. Westermann(1976) 493쪽도 70인역을 따라 "역시 그들은 육체이기 때문이다."(da sie doch Fleisch sind)로 번역하였다.

창6:3에서 '버샤감'은 일차一次로 마소라에 따라 '그들의 범행으로' 또는 70인역에 따라 '그로 인하여'로 되거나, 거기서 수정된 이유 접속사 '~이기 때문에', '~로 인하여', '~임이니'로 번역이 가능하다.

4) '하느필림'(הַנְּפִלִים $hann^{e}$philîm)은 원어의 원음을 표기했지만, 개역개정 각주의 '장부丈夫'는 원래 뜻인 거인족巨人族과 맞지 않는다. נְפִילִים n^{e}phîlîm 거인족(W. Gesenius 511쪽 이하 참조).

나필족(천주교성경) 참조.

5) '브헤마'(בְּהֵמָה b^{e}hēmâ 짐승)는 새·벌레와 구별되는 포유동물 '짐승'을 의미한다(W. Gesenius 86쪽과 나훔 M. 사로나 47쪽 참조).

6) 창6에는 야웨 하나님과 앨로힘 하나님 신 칭호가 섞여 있기 때문에 문서적으로 야웨와 앨로힘을 구별하여 부르는 것을 그대로 살리면서 '하나님' 신 칭호를 공통적으로 붙여서 부른다. 야웨는 야뷔스트 문서에서, 앨로힘은 제사 문서에서 사용되는 신 칭호이기도 하다.

7) 본문 비평 BHS를 보면 '메에트'(מֵאֵת me'ēth 땅에서)로 읽는다.
8) 방주는 인류의 죄를 대홍수로 심판하는 재난을 피하기 위해서 준비한 넙적한 배이다.
9) '코패르'(כֹּפֶר kōphær, W. Gesenius 360쪽)는 '헤마르'(חֵמָר ḥēmār 역청, 아스팔트)를 뜻한다(창11:3; 14:10 출2:3 등).
10) '암마'(=엘레)의 치수는 팔꿈치에서 장지長指 끝까지의 길이로 왕궁 표준치는 52.5cm, 일반 표준치는 45.8cm이다.
11) '미콜 하이, 미콜 바사르'(מִכֹּל הָחַי mikōl hāḥay מִכָּל בָּשָׂר mikōl bāśār 모든 생물들, 모든 육체들)를 천주교성경은 '온갖 살덩어리'로, 개역개정은 '혈육 있는'으로 번역했다.

'살덩어리'는 뼈가 없는 물체로 오해가 가능하고, '혈육'은 인간의 살붙이에 가까운 표현이다. 물론 '바사르'는 인간과 동물의 '살'이란 의미를 가진다. 그러나 여기서는 짐승을 가리키는 '살'을 말한다면, 사람과 짐승의 양쪽 의미로 쓰이는 것보다는 짐승 쪽에 비중을 둔 표현으로, 가려서 '육질, 고기'(물고기, 짐승과 새의 고기) 또는 '피와 살'로 번역하는 것이 적합하다.

이에 대해서 Holzinger 21쪽, H. Gunkel 142쪽, 취리히성경 참조, C. Westermann(1976) 523쪽은 공통적으로 사람과 대조되는 '짐승 고기'의 의미로 번역했다.

【7장】

1) 〈창7:4의 7일과 1년의 월수〉

히브리인의 달력은 '가을'에 시작한다. 기원전 722년 후 바벨론의 봄 달력이 표준이 되었다. 그래도 사람들은 연초年初(정초)를 고대 가을 시작(입추)으로 유지하였기 때문에, 신년新年은 '티쉬리' 9-10월이다(겔40:1에는 '로쉬 핫사나'로 불림). 월초는 '애하드 라호데쉬' 또는 '로쉬 호데쉬'라 부른다.

달의 이름은 다음과 같다. R. 마이어, 히브리어 문법(R. Meyer, Hebräische Grammatik, II, 1969, 92~93쪽).

〈월月 이름〉

① 첫째 달 '니산'(נִיסָן nîsān) (양력 3-4월)

② 둘째 달 '이야르'(אִיָּר 'iyyār) (양력 4-5월)

③ 셋째 달 '시완'(סִיוָן sîwān) (양력 5-6월)

④ 넷째 달 '탐무즈'(תַּמּוּז tammûz) (양력 6-7월)

⑤ 다섯째 달 '아브'(אָב 'āḇ) (양력 7-8월)

⑥ 여섯째 달 '엘룰'(אֱלוּל 'ēlûl) (양력 8-9월)

⑦ 일곱째 달 '티쉬리'(תִּשְׁרִי tišrî) (양력 9-10월)

⑧ 여덟째 달 '마르해쉬완'(מַרְחֶשְׁוָן marḥæšwān) (양력 10-11월)

⑨ 아홉째 달 '키슬레브'(כִּסְלֵו kislēw) (양력 11-12월)

⑩ 열째 달 '태배트(스)'(טֵבֵת tēḇēṯ) (양력 12-1월)

⑪ 열한째 달 '셔밧트'(שְׁבָט šəḇāṭ) (양력 1-2월)

⑫ 열두째 달 '아다르'(אֲדָר 'ădār) (양력 2-3월)

〈요일曜日 이름〉

창1:1-2:3(4 초반절)에 가장 오랜 요일이 분배되었다.

① 첫째 날 일日요일 욤 애하드 יוֹם אֶחָד yôm 'æḥāḏ(창1:5)

② 둘째 날 월月요일 욤 셰니 יוֹם שֵׁנִי yôm šēnî(창1:8)

③ 셋째 날 화火요일 욤 셜리쉬 יוֹם שְׁלִישִׁי yôm šəlîšî(창1:13)

④ 넷째 날 수水요일 욤 르비이 יוֹם רְבִיעִי yôm rəḇî'î(창1:19)

⑤ 다섯째 날 목木요일 욤 하미쉬 יוֹם חֲמִישִׁי yôm ḥămîšî(창1:23)

⑥ 여섯째 날 금金요일 욤 핫쉿쉬 יוֹם הַשִּׁשִּׁי yôm haššiššî(창1:31)

⑦ 일곱째 날 토土요일 욤 하셔비이 יוֹם הַשְּׁבִיעִי yôm haššəḇî'î(창2:2-3)

〈노아흐 홍수 기간 셈법〉(창7:11; 8:3-4 참조)

창7:11 "노아흐의 나이 600세 되던 해 둘째 달 17일"에서 둘째 달은 유대인 달력으로 '이야르' 양력 4-5월이며, 4-5월(팔레스틴은 건기乾期임)에 하늘의 창문이 열려, 즉 하늘의 비가 쏟아졌다.

창8:3-4 "물은 땅에서 점차 빠지고, 150일 후에 물은 줄어들었다. 일곱째 달 17일에 방주는 아라랏트 산에 머물렀다."에서 일곱 째 달은 유대인 달력 '티쉬리' 양력 9-10월(팔레스틴은 우기雨期가 됨)이며, 이는 둘째 달

5월에 온 비가 5개월 후 일곱째 달 10월에 그치게 되었음을 말한다. 5개월은 150일이 된다(창8:3-4 참조).

이와 같이 서수序數로 표기된 달수를 유대인 달력에 맞추는 계산법이 그대로 일치하고 있음을 본다.

2) 홍수洪水에는 2개의 기본 유형基本類型이 있다.

첫째 유형은 신의 결단으로 행해진다. 즉 죄 지은 사악한 인간을 홍수로 쓸어버린다는 신의 계획이 있었지만 변경으로 끝맺는다. 이런 유형에는 구약성서舊約聖書의 노아흐 홍수 사건, 메소포타미아・이집트・그리스의 홍수 설화가 있다.

둘째 유형은 신의 결단도, 나중의 변경도 없는 것이다. 초기 원시 문명原始文明의 홍수 이야기와 일치하며, 다신론적多神論的인 신화와 유일신적唯一神的인 신화에서 홍수 사건은 하느님(신들)과 인간의 교체交替 관계 맥락을 형성한다. 이는 홍수 설화의 신학화神學化라 부를 수 있다.

홍수에서의 '구출救出'은 홍수가 미치지 않는 높은 고지대高地帶로의 도망・도피이며, 거의가 산의 정상頂上이 생활 취락 지역을 이루었다. 도피 지역逃避地域은 반드시 신성神聖한 장소가 되어 제의祭儀・제단祭壇과 결합되어 있다.

3) '하늘의 창문'은 고대 바벨론 세계 창조의 3층의 하늘 대양大洋 구조를 말한다. 비가 올 경우 하늘 대양의 창문이 열리는 것으로 보았다(Bo Reicke, Weltbild(세계상), hrsg・Bo Reicke/Leonhard Rost, P-Z, 1966, Vandenhoeck & Ruprecht in Göttingen. 2161단 참조).

4) '그와 함께'. 70인역 참조.

5) C. Westermann 524, 588쪽 참조. "야웨께서는 노아가 들어간 후 문을 잠그셨다."로 번역 가능하다(588쪽 참조). 이는 야뷔스트의 소박하고 순진한 표현에 속한다.

6) 개역개정에는 '물이 방주를 올렸다(뜨게 했다).'는 구절이 빠졌다. 개역개정은 '물이 많아져'로, 천주교성경에는 '밀어 올리자'로 번역했다.

7) '와예쿳수'(וַיְכֻסּוּ way^{e}khssû)는 강의 수동태 '잠겼다'(bedeckt werden)의 뜻이다.

8) '와이마후'(וַיִּמָּחוּ wayyimāhû)는 '멸절되다'의 뜻이다.

쓸어버림을 당하였으되(개역개정), 쓸어버리셨다(천주교성경) 참조.

【8장】

1) 창8:1 "하나님께서……땅 위에 바람을 불게 하시니 물이 줄어들었다."에서 바람이 물을 줄어들게 할 수 있는가라는 의문이 생긴다. 이에 대해서 5달 동안 바람이 물을 마르게 했다는 것은 어색한 표현 같지만, 바람을 통해서 마르게 했다는 것에 주목할 필요가 있다(C. Westermann(1976) 593쪽 참조). 바람은 하나님의 창조의 도구로써 쓰이기 때문이다. 바람은 땅을 마르게 한다(Fabry, 루아흐, ThWzAT, Bd. VII, 1993, 402-403, 406단과 사17:13; 50:2 시18:16; 106:9 참조). 출애굽 당시 하나님이 동풍을 불게 하여 백성들이 바다를 건너가게 했던 사건과도 연관된다(출14:21-22). 히브리어 '샤칸' 동사는 '줄어들다'는 의미로 번역하는 것이 적합하다. 노아흐가 까마귀와 비둘기를 내보내어 물이 줄어 빠질 때까지 기다렸다(창8:7-12 참조). 이는 물이 줄어들고 빠지며 마르는 과정을 보여준다.
2) 아라랏트(Ararat)는 지역의 산山을 말한다(C. Westermann(1976) 594쪽 이하 참조). 왕하9:37 사37:38에서 아라랏트는 지역의 나라로서 표시된다.
3) '와예체 야초오'(וַיֵּצֵא יָצוֹא wayyēṣê yāṣô')는 '와우' 미완료 접속사와 절대 부정사로 '계속 날아다녔다.' 등의 반복된 행동을 나타낸다.
   왕래하였더라(개역개정), 왔다 갔다 하였다(천주교성경) 참조.
4) '하칼루'(הֲקַלּוּ haqallû)에서 '칼랄'(קלל qll)은 '의문사나, 간접 의문문인 ~인지, 아닌지?'이다(W. Gesenius 714쪽).
   물이 줄어들었는지(개역개정) 참조.
5) '리르오트'(לִרְאוֹת lir'ôth 보려고)는 구문형 부정사 구문이다.
6) 본서本書 창9 주4) 참조.
7) '올로트'(번제燔祭)는 제물 전부를 야웨께 드리는 제사이다. 그 동기動機는 다원적이다. 경사, 성공에 감사하고, 야웨의 진노를 풀어 화해하는 것 등이다(G. von Rad(1976) 1권 259쪽 이하).

〈제물 명칭 고침〉

소제素祭가 아니라 '곡식/구운 빵 제물', 속건제가 아니라 '판상辦償' 제물.

구약에는 여러 제물들이 있다. 레1-5에 제물들이 나온다.

그들은 대개 다섯 종류이다. 번제물(올라), 곡식 제물(민하), 화목 제물(재바흐 셸라밈), 속죄 제물(하타트), 판상辦償 제물(아샴)이다.

위의 다섯 제물 이름 중에 '민하'를 소제素祭라 부르는 것은 '곡식 제물'(또는 음식 제물)로 고치고, '아샴'을 속건제(개역개정)나 보상 제물(천주교성경)이라 부르는 것은 '판상 제물'로 고쳐 부르고자 한다. 판상辦償은 '제물을 내어 죄과를 갚다.'는 의미이고, '보상'은 보상받는 자의 희생으로 인해 경제적 사회적 손실을 보완해 주는 의미이다. 그러므로 구약의 '아샴'은 자기 죄과로 인해 물질을 갚는 것은 보상보다는 판상에 적합하다.

개역개정이 부르는 '속건 제물', 천주교성경이 부르는 '보상 제물은 아샴 제물의 의미와 차이가 있다. 따라서 필자는 기존의 '속건' 제물과 '보상'을 '판상' 제물로 수정할 것을 제안한다.

8) '레아흐 한니호아흐'(רֵיחַ הַנִּיחֹחַ rêaḥ hannîḥōaḥ Beschwichtigungsgeruch)는 '마음을 가라앉히는 진정제鎭靜劑의 향기' 또는 '하나님 마음에 드는 향기'를 뜻한다.

개역개정과 천주교성경에는 '진상進上의'가 빠졌다.

9) 부사인 '오드'(עוֹד ʿôdh)는 명사 앞에서 동사 없는 명사 문장을 이루며, '계속, 지속'의 뜻이다.

땅이 있을 동안(개역개정), 땅이 있는 한(천주교성경) 참조.

10) 창8:22은 운율적으로 2(3)+2+2, 2+2+2 박자의 2개 시행詩行으로 이루어졌다. 창8:22은 초반절에서 '아트나흐'(∧ 중간 쉼표)를 가지고 있어, 한 행行이 될 수 있다. 그래서 번역상 3행 운율로 서술 가능하다.

천주교성경은 번역된 운율의 초과로 인해 형식적으로 4행으로 나타난다. 개역개정은 운율을 살리지 않고 산문散文으로 서술 번역하였다. 창8:22은 문체적으로 키아스무스(Chiasmus 교차 대구법交叉對句法)가 있다.

즉 '파종/수확', '추위/더위', '여름/겨울'인데, 이런 십자十字의 엇갈림이 두 번 반복하는 것은 복십자 대구법複十字對句法에 해당한다.

【9장】

1) '베(브)나프쇼 다모'(בְּנַפְשׁוֹ דָמוֹ b^{e}naphšô dhāmô 그의 생명, 그의 피)는 동격이다(창9:4). 개역개정은 '피째', 천주교성경은 '피가 들어 있는'으로 번역했다.

2) '사람을 살해하는 자는 사람에 의해서 살해될 것이다.'라는 말이다. 히브리어에서 '사람의 피를 흘리다.'는 말은 '사람을 살해한다.'는 말의 구상어具象語이다. 공동번역은 '남의 피를 흘리는 사람은 제 피도 흘리게 되리라.'로 의역했다.

3) 창9:6-7은 운율적으로 3+3, 2(3)+2박자의 2행시이다. 그러나 6절 후반절의 '아트나흐'(∧ 중간 쉼표)는 독립적인 1행으로 서술하여 번역에서는 3행이 된다. 그러나 천주교성경은 5행으로 산만하게 서술하고 있다. 개역개정에서 창9:6은 산문체로 번역되어 있다. 특히 창9:6의 키아스무스 교차 대구법交叉對句法은 문체상 아주 모범적인 본보기이다.

쇼페크(흘리게 한 자)　담(피를)　하아담(사람)

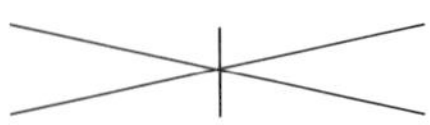

바아담(사람에 의해서)　다모(자기 피를)　잇샤페크(흘리게 되리라)

4) '우레부'(וּרְבוּ wûr^{e}bhû 많아져라)는 앞 절의 장애가 되는(무의미하게 부연된) 반복反復이다. 창1:28에 따라 '우레두'(וּרְדוּ wûr^{e}dhû)는 '다스려라'로 번역해야 한다. '우레부'는 직역하면 '너희는 많아져라.'인데, BHS에서 '우레두' 즉 '너희는 다스려라.'로 고쳐졌다. 공동번역(땅을 정복하여라)이 원문에 가깝고, 개역개정과 표준새번역은 본문 비평을 간과하고 있다.

천주교성경은 원문에 없는 "자식을"을 추가 의역하였다. 천주교성경과 개역개정은 마소라 본문대로 "그 곳에서(그 중에서) 번성하여라."로 번역하였지만, '우레부'(너희는 많아져라.)를 창1:26의 '라다 베'(רדה בְּ rḏh bə 다스리다)로 바꾸어서 '그 땅을 다스려라.'로 읽는 것이 문맥상 적합하다고 본다. 그리고 창9:7은 초반절이 중간 쉼표를 가지고 있으므로, 원문의 1행을 초반절과 후반절로 나누어 2행으로 나누어서 읽어도 된다.

5) '힌니 메키임'(הִנְנִי מֵקִים hinnî mēqîm 보라, 내가 세우리라)은 분사형의

문장으로 하나님의 미래의 의지를 나타내는 관용적인 용법이다.

계약을 세운다(현재 시제 표현, 천주교성경) 참조.

6) '세상'(개역개정)보다 '땅'이 더 원의에 가깝다.

7) 마소라사본에는 '함 후 아비 케나안'(וְחָם הוּא אֲבִי כְנָעַן w^{e}ḥām hû' '^{ă}bhî k^{e}nā'an '함 자신은 가나안의 조상이다.' 혹은 '함 그는 바로 가나안의 조상이다.')으로 번역되었다. 불가타역(라틴어역 14쪽)에는 "계속해서(더 나아가서) 함 자신은 가나안의 조상이다."로 나온다.

그러나 '후'(הוּא hû' 그는)는 70인역에 빠져 있다. 대부분의 역본들은 '후'를 빠뜨리고 있다(독일어성경, 개역개정, 천주교성경 등 비교). 3인칭 남성 단수 대명사는 강조의 의미(바로, 다만)도 가진다. 이에 대한 상세한 설명으로 Ausführliches Lateinisch-Deutsches Handwörterbuch 1972 13판, ⅡBd, 442쪽 이하, ⅠBd 787쪽 참조.

8) 개역개정, 표준새번역, 공동번역은 공통으로 '……퍼졌다'(퍼져 나갔다)로 번역하고 있다.

퍼지니라(개역개정), 퍼져 나갔다(표준새번역) 참조.

9) '노아가 농사를 시작하여 포도나무를 심었더니'는 개역개정의 번역이다. '이쉬 하아다마'(אִישׁ הָאֲדָמָה 'îš hā'^{ă}dhāmâ)는 '농부'이지, '농사'가 아니다. 개역개정의 '농사를 시작하여'와 천주교성경의 '첫 사람이 되었다.'는 원문을 의역한 것이다.

10) '바후츠'(בַּחוּץ bāḥûṣ)는 '밖에서'이다. 개역개정의 '밖으로 나가서'와 천주교성경의 '밖에 있는'은 원문과 조금씩 다르다.

11) 노아의 막내아들(W. Gesenius 238쪽). 독일어성경, 취리히성경에는 '막내아들'(sein jüngster Sohn)로 번역되었다. 그러나 창6:9-10 노아 흐의 족보에서는 '셈, 함, 야벳'의 순서로 나온다(창9:18 이하 참조). 그럼에도 BHH Ⅱ(629쪽)는 '셈, 야벳, 함'으로 바꾸어 놓았다. 마소라 원문대로 함을 '둘째, 작은아들'로 표기하는 것이 무난하다면, '작은아들'(개역개정, 천주교성경 참조)이 적합하다.

독일계 성서 번역 중 오류로 판명되는 구절인 창9:24의 '막내아들'은 '작은아들'로 고쳐야 한다. 창9:18에서는 'Sem, Ham과 Jafet'라 하면서도 창9:24에서는 함을 '막내아들'이라고 번역하고 있다.

'베(브)노오하캇탄'(בְּנוֹ הַקָּטָן b^{e}nô haqqāṭān GK § 133g)에서는 작은 아들(der kleine)과 막내아들(der jüngste)이 같이 쓰이지만, 창9:18의 셈, 함, 애팻 순서에 따라 '둘째, 작은아들'로 번역하는 것이 맞다.

12) '애뱃 아바디임'(עֶבֶד עֲבָדִים 'æbhædh '^{ă}bhādhîm)은 '가장 비천한 종'(최상급 비교급)이다. '종들 중에 종'의 직역直譯보다 형용사 비교급 용법에서 최상급으로 번역하는 것이 적합하다.

종들의 종(개역개정), 가장 천한 종(천주교성경) 참조(단수 명사와 같은 명사의 복수형의 연결법을 최상급 비교 의미로 살림, 즉 '가장 ~한 무엇'이 된다).

【10장】

1) '얄라드'(출생하다)는 여기서 '이왈레드'(יִוָּלֵד yyiwwāl^{e}dh 그가 출생하였다)의 뜻이다. 개역개정, 표준새번역, 공동번역은 목적어 '그들에게'를 주격 '그들은(이)'으로 바꾸었다.

아들들을 낳았으니(개역개정), 자식들이 태어났다(천주교성경). 자식들은 아들과 딸의 총칭이다. 그러나 원문은 '바니임'(아들들)만 언급하고 있다.

2) 본문 비평에서 BHS는 Ašguza와 스쿠타이(Σκύθαι)로 읽는다.

3) 창10:5a는 '앨래 브네 애팻'(אֵלֶּה בְּנֵי יֶפֶת 'elê bh^{e}nê yepheth)이 추가될 수 있다. 그래서 공동번역과 천주교성경은 본문 비평 자료를 따라 '야벳의 후손들이다(야펫의 자손들이다).'를 추가하였지만, 개역개정과 표준새번역은 마소라를 따라 '애팻의 자손'을 추가하지 않고 있다. 이것은 이미 창10:2에 '애팻의 자손'이 나오기 때문에 반복할 필요가 없다고 본다.

4) '기보르'(גִּבֹּר ghibbōr/ghibōr)는 특수하고 강한 지배자, 정치적 무사적인 행동을 수행하는 영웅을 말한다(ThWzAT Bd I 909단 참조). 그러나 개역개정은 '기보르'를 '용사'라고 번역했다. 표준새번역, 공동번역, 천주교성경은 '장사'로 번역했다. 이런 표현은 단순히 성격, 체질적인 기량으로 강한 인간을 말한다. 따라서 원어의 의미에 적합하지 못하다.

5) '기보르'는 '권력자' 또는 '용사'가 가능하지만, 앞의 '기보르'(גִּבֹּר ghibōr)는 '권력자'로, 뒤의 '기보르'(גִּבּוֹר gibôr)는 '용사'로 번역이 가능하다. 님로드가 최초 권력자라는 의미는 창10:10-12에서 밝혀진다.

6) 본서 창4 주 8) 참조.

7) 창10:25; 11:1; 19:31에서 '애래츠'(אֶרֶץ, 'æræṣ 땅, 세상)는 '땅'보다 '인류' 또는 '세상'의 의미로 번역하는 것이 좋다(W. Gesenius 68쪽 참조). 취리히성경 9쪽 'Menschheit'(인류) 참조. C. Westermann 664쪽 참조.

8) 민족들의 계보系譜에는 홍수 사건 후 살아남았던, 노아흐 이후 새로운 인류라고 할 수 있는 노아흐의 세 아들 셈, 함, 애팻이 나온다. 새로운 인류人類는 이전에 있던 동일한 집단이 아니라 세 사람의 다른 조상들에서 유래한다. 창10에는 고대 세계의 북쪽과 서부 지역의 민족들이 나온다.

애팻의 자손子孫은 메데인과 소아시아의 야완인, 스페인의 민족까지 미친다. 함의 자손은 쿠쉬 남쪽, 수단의 일부, 미즈라임(이집트), 가나안 지역에 걸쳐 있다.

셈의 자손은 앗쉬르를 넘어 서쪽 아람인들, 소아시아의 리디아인, 엘람의 광대한 지역을 포괄한다.

애팻 족속은 북방 세력北方勢力으로, 함 족속은 남방 세력南方勢力으로 제시된다. 이집트 왕국王國의 라아므세스 2세 때 헤트 족속과 이집트 간 체결된 평화 조약으로 민족간 세력 균형을 이룬 듯하다.

【11장】

1) 기원전 3000년경에 이미 메소포타미아에는 설형문자楔形文字(쐐기문자)가, 이집트에는 상형문자象形文字가 사용되었다. 기원전 2000년경에는 시나이 문자가, 기원전 1500년경에는 우가리트 알파벳으로 지어졌고, 기원전 12~10세기에는 고대 페니키아 문자와 알파벳 22개의 자음子音이 사용되었다. 그 후 기원전 10~9세기 고대 이스라엘의 자음 22개는 페니키아의 영향을 받았다(E. Jenni 16~17쪽 참조).

C. Westermann(1976) 710쪽에서는 '말소리'(Sprache)와 '언어, 글'(Worte)로 번역했다.

2) 동방으로(개역개정), 동쪽에서(천주교성경). '미(민)캐댐'(מִקֶּדֶם miqqædhæm)은 '동에서부터'이다.

70인역에는 'ἀνατολῶν'(동방 땅에서부터, ἀπό는 2격 지배 전치사로 '~로부터 떠나서')으로, 불가타역에는 de oriente(동방에서부터)로 번역되었다. 전치사 'de'는 분리를 의미한다. 독일어로 von……aus는 '~로부터 떠나서'라는 의미이다. 이런 고대 역본과 다르게 독일어성경에서 '동쪽으로'(nach Osten), 개역개정에서 '동방으로'라고 번역하였다.

3) 고대 중동과 팔레스틴의 건축 재료는 기원전 10000~5000년 전부터 햇볕에 말린 벽돌, 구운 벽돌, 갈대, 아스팔트, 그리고 기원전 3000년경에 가죽 천, 목재 널판과 기둥 목재 건물, 화강암과 석회암의 석재石材 등이 있었다(창6:14; 11:3-4 출5:7; 26:1-37 왕상6:7, 9 등 참조).

'헤마르'(חֵמָר ḥēmār 아스팔트, 창11:3; 14:10 출2:3)는 70인역에 'ἄσφαλτος(아스팔트)로, 불가타역에는 bitūmen(아스팔트)으로 표기되어 있다.

창6:14에는 '코패르'(כֹּפֶר kōphær, W. Gesenius 360쪽)로 불린다. 이는 '헤마르'와 동일하다. 우리말로는 탄화수소 화합물의 총칭(천연 아스팔트, 콜타르, 석유 아스팔트, 피치 따위)이다.

4) '바샤마임'(בַשָּׁמַיִם bhaššmayim)은 '하늘 속 오르막 층계'이다. '술람'(סֻלָּם sullām 오르막 층계, 창28:12 비교)은 C. Westermann(1976) 553쪽에서, '야코브는 하늘과 땅을 연결하는 사다리를 본 것이 아니라 오르막 층계의 상像을 지시한다.' 하였다. 창11:4의 '하늘 속에 있는 탑 꼭대기'는 창28:12의 '하늘에 닿은 오르막 층계 꼭대기'와 비교된다.

5) '암 애하드'(עַם אֶחָד 'am 'æḥādh)는 우리말로 '한 겨레'에 일치한다.

6) '바차르'(בצר bhṣr)는 동사로서 '떼어 놓다, 분리시키다, 이르지 못하다'는 의미이다. '바차르'(בצר bhṣr)와 '바체르'(בָּצֵר bāṣēr)는 니팔(수동태), 미완료형으로 오히려 '막을 수 없다.'(개역개정)는 의미는 아주 정확하지는 않다.

못할 일이 없을 것이다(천주교성경) 참조.

7) '하바'(הָבָה hābhâ 어서, 곧)는 여러 사람에게 행동을 재촉하는 말이다. '어서 떠나라', '자'의 의미로 남의 주의를 불러일으켜 행동을 취할 때 내는 소리이다.
  자(개역개정, 천주교성경) 참조.
8) '와야흐델루'(וַיַּחְדְּלוּ wayyaḥdelû 중단하다, 내버려 두다).
9) 바벨(바벨 בָּבֶל bābhæl)은 하나님(야웨)께서 인간의 언어를 혼란케 하신다는 의미이다. 동사 발랄(בָּלַל bālal)은 혼란시킨다는 의미이다.(창11:7,9). '발랄' 동사가 원인론적으로 바벨이란 도시명을 갖게 했다(W. Gesenius, 101쪽; C. Westermann(1976) 736쪽 참조).
10) 창10:31의 '이들은 셈의 자손들이니, 그들의 씨족대로, 언어대로, 나라와 백성대로였다.'와 비교.
11) '알 페(프)네 태라흐'(עַל פְּנֵי תֶּרַח 'al penê teraḥ)는 '태라흐 면전에서'의 뜻이다. 그러나 개역개정과 천주교성경은 비교급의 의미로 번역해 놓았다. '데라보다 먼저', '테라보다 먼저'.
  '태라흐보다 앞서다.'는 웃어른 생전에 손아랫사람이 죽는 것을 의미한다. '누구보다 앞서다.'라는 히브리어 어법이 우리와 비슷하다.

【12장】

1) 창12:1에서 아브람은 갈대아 땅 우르가 아니라, 그의 아버지 태라흐가 거주하던 하란 땅에서 떠나야 했다. 곤궁한 상황에서 아브람이 예언자의 소명처럼 하나님의 소명을 받은 이야기라기보다는 한 민족사民族史가 하나님의 명령으로 시작되었다고 보는 것이 적합하다. 위기에 몰린 집단이 고향을 떠나 미지未知의 땅으로 탈출(Exodus)하는 분위기이다. 이런 이주移住는 하나님의 명령으로 양식화樣式化되었다(C. Westermann(1981) 170~171쪽 참조).
2) '고이'(גּוֹי gôy 민족, 이민족異民族)는 어원적으로 중부 메소포타미아의 서부 셈어 gāwum이다. 다만 이것이 정치적, 영토적, 민족적인 특징으로 규정되는지 분명하지 않다. 스파이저(Speiser)는 '고이'를 영토적 소속성과 공통 언어를 사용하는 민족으로 보았다. 그러나 겔33:13 신4:6에서 '암'과

'고이'는 근본적인 차이가 없는 것으로 서술하였다. 그럼에도 '고이'는 정치적 영토적인 관점으로 본다. 즉 국가(Nation)에 가까운 의미이다. 더 나아가서 고이는 이민족異民族으로, 영토를 가진 국가, 민족신을 숭배하는 민족(신12:30; 29:17; 삼하7:23; 왕하17:29 등)으로 본다.

창12:2; 17:5; 18:18에서 민족은 아브라함 후손으로 땅 소유에 대한 약속이 이루어진 국가 존재를 의미한다. 국가는 영토와 정치 구조의 국가 형태가 필수적이다. 그러나 '고이'는 다윗 통치 이후에 비로소 자체 독립적 정치적인 구조를 가지게 되었다. 대개 '고이'는 시대착오적인 표시로 보이지만, 이스라엘은 왕국의 건설과 정복 이전에도 '고이'를 생각하였다. 겔37:22에는 이스라엘에게 민족이나 국가가 없던 시대에도 다시 '고이'로써 국가 존재를 얻는 것을 희망하였다. 출19:6은 거룩한 민족(고이)인 이스라엘이 종교 구조로써 국가를 말하고 있다(Clements, ThWzAT, Bd. I, 1973, 965-973단 참조).

3) '왜흐예'(וֶהְיֵה wehyê)는 2인칭, 남성, 단수, 명령형으로 '~되어라.'의 뜻이다(W. Gesenius 178쪽, ~되어라.).

4) 창12:7 '제단을 세우다.'는 바나 '미즈베아흐'(בָּנָה מִזְבֵּחַ bānâ mizzbēaḥ 제단을 세우다)이다. 이는 제물 짐승을 도살하던 장소이지만, 높은 제단으로서 거룩한 장소이다. 즉 그 자체로 성소에 해당한다. 제단은 일반 가정에도 있었으며, 제물을 한 번만 사용한 곳, 규칙적으로 도살하는 장소에도 있었다. 가나안 족장들이 세운 제단은 땅 소유의 신탁神託을 확증한다(창12:7; 13:8; 사19:19 등).

제단 모양은 크게 3종류로 나뉜다(R. Smend, Altar, BHH, I, 1962, 63-65단 참조). ① 큰 바위에 계단을 만들고, 그 위에 제단을 깎아 놓는다. ② 직사각형의 돌 위에 4귀퉁이에 뿔 모양을 깎아 놓은 돌 제단이다(출20:24-25). ③ 돌무더기 제단은 돌을 쌓아 올려 세운다.

5) 서쪽에 있는 베트엘, 동쪽에 있는 아이는 창2:8의 '동방 에댄에'와 비교(C. Westermann(1981) 251~252쪽 참조).

6) '야웨의 이름을 불렀다.'는 제의 계시 공식祭儀啓示公式의 표현이며, 제의 수행자로서 아브라함이 이방 참례자에게 설교를 했다는 의미는 아니다. 창13:4은

창16:13과 같이 하나님의 현현顯現을 의미한다. 더 나아가서 하나님은 인간을 돌보시고, 미래를 예언하시는 기적을 지시한다(G. von Rad(1972) 175, 212쪽 참조).

창21:33에서 '영원하신 하나님이신 야웨의 이름을 불렀다.'는 제의를 행하는 것이요, '영원하신'은 초시간적이 아니라, 조상과 후손 사이의 긴 시간을 의미한다(시102:25, 28과 G. von Rad(1972) 261쪽 참조).

창26:25에서 '이츠하크가……야웨의 이름을 불렀다.'는 이츠하크가 조상 아브라함의 하나님의 계시를 받는다는 의미이다. 하나님은 자연신이 아니라 장소와 결부된 하나님으로서 특정한 부류의 하나님으로 현현顯現하신다. 하나님은 아브라함에게 준 약속을 지키시는 분임을 계시한다(G. von Rad(1972) 302쪽 참조).

7) '내갭'(נֶגֶב næghæbh 남부 지대)은 남쪽 가데스 바르네아 근처 북동쪽 지점地點이다. 이 지역은 시내반도半島 영역領域이며, '이집트-가나안-시리아 통로'에서는 약간 남서쪽에 벗어나 있다.

8) 태라흐가 하란에 거류하는 동안, 아브람이 아버지와 떨어져 하란을 떠나는 일이 생겼다. 즉 태라흐가 205세로 죽기 전 아브람은 먼저 가나안으로 갔다. 창12:5에 보면, 태라흐가 없이 아브람, 사라이, 손자 롯트, 그리고 하란에서 얻은 사람들이 등장한다.

위의 것을 고찰하면, 아브람은 그의 아버지가 205세에 죽기 60년 전, 즉 태라흐 나이 145세에 그의 아버지 집, 하란을 떠난 것이지, 갈대아의 우르를 떠난 것이 아니다. 갈대아의 우르를 떠난 것은 하란보다 더 이른 해가 된다. 태라흐의 나이 100세, 아브람의 나이 30세쯤이고, 그들의 하란 거주 기간은 45년이라는 계산이 나온다.

태라흐와 아브람은 갈대아의 우르에서 다 함께 떠났지만(창11:31), 그들은 하란에 거류하면서 부자간父子間에 문제가 생겼던 것 같다(창12:1). 즉 태라흐가 하나님의 표면적인 계시啓示 없이 갈대아의 우르를 떠났다면(창11:31), 아브람은 하란에서 야웨의 계시를 받았다. 그래도 그들의 공통적인 목표 지점目標地點은 '가나안'으로 나온다(창11:31, 12:5 비교).

그러나 야웨의 계시에서는 아직 '가나안'의 지명地名에 대한 표면적인 언급은 없었다. 그것은 '보여 줄 땅'이었다. 아브람이 '가나안 땅'에 이를 때까지도 야웨께서는 가나안을 말하지 않고 있다(창12:5). 아브람이 가나안을 지나 '셔캠'에 이르러서야 야웨의 약속約束을 받았다(창12:7).

이런 것을 숙고하면, 태라흐의 목표지 가나안과 아브람의 목표지 가나안은 처음부터 있던 것이 아니라, 후대에 약속 성취成就에서 받은 것을 조상의 영토 계획에 소급遡及시킨 것이 아닌가 하는 생각이 든다. 이는 전승사적傳承史的 비평批評에서 다루어야 할 것이다.

창11:31에는 태라흐, 아브람, 롯트, 사라이 4명이 나온다. 창12:5에는 태라흐가 없다. 그 대신 아브람, 사라이, 롯트와 하란에서 얻은 사람들(창14:14 318명)만 아브람을 따른다.

태라흐가 하란 생활生活을 하였을 때, 그는 강 저쪽에 거주하며 다른 신神들을 섬겼다(수24:2). 그러나 야웨의 계시로 아브람은 야웨의 이끌어 냄을 받아 가나안 땅으로 행하게 되었다(수24:2를 창12:1의 내용과 비교).

옮겨 갔더라(개역개정, 천주교성경) 참조.

9) '힌네-나'(הִנֵּה־נָא hinnê nā' 여기 좀 봐요)에서 '힌네' 다음의 겸양의 '나'는 간절함을 나타내는 말(불변화사)이다.

개역개정은 '힌네-나'를 빠뜨렸다.

10) '그대'는 자네보다 좀 높인 말이고, 애인끼리는 '당신'이라는 뜻으로 부른다. '당신'은 '하오' 할 자리에 상대되는 사람을 일컫는다. 웃어른은 본인이 없는 데서 3인칭으로 '당신'이라 부른다. 부부가 서로 상대방을 일컫는 말이다.

개역개정에서는 '아내'를 '그대'로 호칭했고, 천주교성경은 '아내'를 '당신'이라 번역하였다. 부부의 친밀한 사이는 '그대'보다는 '당신'이 적합하다. 그리고 족장들이 이방異邦 족속과 평등한 관계에서 '당신'이라 호칭하는 것도 적합하다(창23:12-13 비교). 개역개정에서 당신을 '그대'라고 표현한 것은 어색하다.

【13장】

1) 개역개정은 '아브람에게'(여격與格)로 변경했다. 원문은 '아브람은'(주격主格) 이다. 독일어성경 참조.
2) '카베드 메오드(כָּבֵד מְאֹד kābhēdh mᵉōdh)'는 '풍부한'이다.
 큰 부자였다(천주교성경) 참조.
3) '아나쉼 아힘'(אֲנָשִׁים אַחִים ʼᵃnāšîm ʼaḥîm)은 '형제로서 남자'들과 동격이다(GK § 131b).
 친족(개역개정), 한 혈육(천주교성경) 참조.
4) '헤미인/에미나'(הֵימִין/אֵימְנָה. hêmîn/'êminâ 나는 오른쪽으로 향하리라).
5) 초아르에 가기까지, '보아카'(בֹּאֲכָה bōʼᵃkhâ).
6) 롯트는 자기를 위해서 요르단의 모든 지역을 택하여, 동쪽에서부터 전진하여, 그들은 각기 서로 헤어졌다. ἀπό ἀνατολῶν(70인역), de oriente(불가타역 19쪽), von~weg, von~aus(K.E. Georges 1쪽).

【14장】

1) 개역개정에는 '하바르'(חָבַר ḥābhar 동맹하다)가 빠져 있다.
2) '배애로-트'(בֶּאֱרֹת בֶּאֱרֹת beʼerōth beʼerōth)라는 두 개의 동일한 단어가 반복되면, '계속, 전체적인 것'을 나타낸다.
 역청 구덩이가 많은지라(개역개정), 역청 수렁이 많아(천주교성경) 참조. '맨(온통) 역청 구덩이였다.'가 원문에 가깝다.
3) 마소라와 독일어성경, 취리히성경은 '그는 소돔에 살고 있었다.'는 문장을 맨 마지막에 놓고 있다. 그러나 개역개정과 천주교성경은 어순語順을 바꾸고 롯트를 설명하는 관계 문장關係文章으로 바꾸어 번역하였다.
4) 사병私兵은 '하나크'(חנך ḥnkh 군주를 따르는 종사從士)를 말한다(C. Westermann (1981) 236쪽). 이집트 추방 문서追放文書에 나오는 임금이 기르고 훈련시킨 장정들이다.
5) '와야래크'(וַיָּרֶק wayyareq)는 '그가 검열檢閱하였다.'의 뜻이며, 원형은 '루크'(רוק rwq '리크' ריק rîq)이며 '전투戰鬪를 위해 전투원을 데리고 가

다.'는 뜻이다(W. Gesenius 758쪽 참조). 본문 비평적으로 사마리아오경과 70인역은 '검열하다'는 의미意味로 해석解釋한다(W. Gesenius 159쪽 참조).

거느리고(개역개정), 불러 모아(천주교성경) 참조.

6) 중동의 방위 표시에서 앞은 동東, 뒤는 서西, 좌는 북北, 우는 남南을 의미한다. 앞은 이란/인도, 뒤는 지중해/소아시아, 좌는 남부 소련, 우는 이집트/아라비아 반도를 가리킨다. 본문 비평 부분은 C. Westermann(1981) 219쪽 참조.

왼편(개역개정) 참조.

7) 70인역은 '헤 입포스 타 휘파르콘타'(ἡ ἵππος τὰ ὑπάρχοντα). 히브리어 일족一族은 '몰래도트'인데 '미모올라드테카'(너의 친척을 떠나)가 창12:1에 나온다.

다른 사람들(천주교성경) 참조.

8) '호치이'(הוֹצִי hôṣî')는 '내왔다.'는 의미이다. 원형은 '야차'(יצא yṣ' 나오다)이다(W. Gesenius 311쪽 참조).

9) 야웨와 엘리욘을 하나님으로 통일하여 결합結合한 형태이다. 원문에는 '야웨'(יהוה YHWH) 이름 다음에 El-Eljon 지극히 높으신 하나님 천지 창조주가 나온다. 창15:17; 21-24의 소돔 왕과 아브람 이야기 틀 속에 창18-20의 말키채댁과 아브람의 대화가 교묘하게 삽입插入되었다.

그래서 이에 대한 토론討論이 H. Gunkel, J. Skinner에 의해서 제안되었다. 독립적인 설화說話에는 야웨 이름만 있다가 나중 말키채댁 이야기와 엘 엘리욘 사화史話에 야웨가 추가된 것이라는 내용이다.

그러나 C. Westermann(1981)에서는 이런 주장을 거부拒否하고 있다. 모세가 후에 야웨를 만난 후 조상의 하나님과 야웨를 결합結合하고, 조상의 하나님과 야웨는 동일同一한 분으로 불렀던 것처럼, 아브람은 자기를 불러낸 야웨와 가나안 살렘 제사장의 엘 엘리욘 하느님을 동일한 하나님으로 부르고 있다.

양인의 공통점共通點은 초기 하나님 신앙이 역사적으로 체험한 하나님 신앙에 근거해서 야웨와 엘 엘리욘의 통일성・결합을 고백한다.

하나님(개역개정), 하느님(천주교성경) 참조. 70인역과 시리아역에는 '야웨'(יְהוָה y^e^hwâ)가 없다.

10) 하나님께서 아브람에게 능력을 주어서 승리하게 하신다는 의미이다.

11) '마아세르'(מַעֲשֵׂר ma^ă^śēr)는 명사 '십일조'이며, 동사 '아사르'(עָשַׂר 'āśar)는 '십일조(1/10)를 내다.'는 의미이다.

【15장】

1) 구약성서에서 본 꿈의 뜻과 해석 문제

① 족장들, 왕들과 제사장들의 성전 계시聖殿啓示 사건들

꿈에 관한 성경 본문들(창15; 28:10-29; 46:1-5; 왕상3:5-15; 대하1:6-12; 삼상3:1-21)

㉮ 창15에서 아브라함은 유다 남쪽 해브론에서 야웨 제단을 쌓고 난 다음 야웨의 말씀을 받는다.

㉯ 창28:10-29에는 몇 개의 성전 신탁聖殿神託의 동기들이 나온다.

㉰ 창46:1-5에서 야코브는 이집트로 이주하기 전 브에르새바에서 이츠하크의 하나님께 희생 제사犧牲祭祀를 드린다.

㉱ 왕상3:5-15; 대하1:6-12에서 보면 신전 계시神殿啓示 때 왕이나 지도자들은 성소나 신전을 찾는다. 신탁神託을 찾기 위한 행차이다.

㉲ 삼상3:1-21에서 야웨께서 실로 성소에서 누워 있는 사무엘에게 4번씩 나타나신다(삼상3:4, 6, 8, 10). 그리고 맨 나중 야웨의 말씀으로 나타나신다(삼상3:21).

② 계시 수단인 꿈

㉮ 일반적으로 사람들은 꿈은 하나님의 계시 수단이라고 말한다.

㉯ 꿈의 부정적否定的인 평가評價(신13:1-6; 렘23:25-32; 27:9 이하; 29:8; 슥10:2; 전도서5:2 등)

③ 꿈을 통한 하나님의 경고와 지시(창20:3; 21:17 이하; 22:1-3; 26:24; 31:11, 13, 24을 개별적으로 참조)

하나님께서는 밤에 꿈으로 인간人間에게 오신다.

④ 예정豫定된 꿈들, 이른바 상징적象徵的인 꿈들(창31:10-12; 37:1 이하, 5 이하; 41:1-4, 5-7, 32)

상징적인 꿈들은 꿈의 해석解釋을 요구한다.

꿈을 꾼 자는 깨어난 후 불안不安을 체험한다.

〈요세프의 꿈〉

창37:5-11에서 요세프는 형들과 부모 앞에서 자기가 꾼 꿈을 이야기 한다. 형들이 묶은 곡식 단들이 요세프의 곡식 단들에게 절을 한다는 얘기(창37:7), 해와 달과 별 열하나가 요세프에게 절을 한다(창37:9)는 얘기이다. 이런 꿈은 이중적二重的으로 이해될 수 있었다. 하나는 꿈은 하나님이 보낸 참된 예언豫言이지만, 다른 하나는 인간의 교만驕慢과 자랑하는 생각으로 이해가 될 수 있다.

요세프의 꿈은 그 자체가 답이요 해석이며, 그 꿈의 의미를 직접 분명하게 알게 해 준다. 하나님이 계시한 예언의 꿈이다. 창37:5 이하에서 요세프는 장차 높이 되는 상징의 꿈을 이야기한다.

2) 창15:1 "너의 보수報酬가 매우 많을 것이다."에서 '사카르'(שָׂכָר śāḵār 보수)는 근로의 대가로 주는 금전이나 물품을 의미한다. 영어로 'reward', 독일어로 'Lohn'(보수)이다. 이에 대해서 W. Gesenius 786쪽, 창15:1; 30:18 사40:10 렘31:16 겔29:18, 19 시127:3 참조. 개역개정은 상으로 주는 물품 또는 돈인 상급賞給으로, 표준새번역은 남에게 진 빚이나, 손해를 갚는 것을 의미하는 보상報償으로 번역하였다. 그러나 '사카르'는 상賞도 빚진 금전도 아닌 일한 대가로 받는 금전이다.

3) 본서 창2 주 6) 참조.

4) '매색'(מֶשֶׁק mæšæq(LXX μαδεκ))은 소유(Besitz)를 의미한다(W. Gesenius 473쪽). 문자적으로는 '저의 집의……아들, 그는 담매색 사람 앨리 애재르입니다.'(H. Gunkel 179쪽)이다. '매색'은 의미意味가 알려지지 않았다. 그 문장은 의미가 없다. 그래서 H. Gunkel은 미확인未確認 문장文章으로 번역을 포기했다(H. Gunkel 179쪽 참조). Holzinger는 '매색'은 '상속·유산'의 의미가 아니라고 한다(Holzinger 33쪽 각주 참조).

5) '헨'(הֵן hēn)은 부사적 또는 감탄사로 쓰인다(창3:22; 4:14; 11:6; 15:3

등). 창15:1에서 하나님이 하시는 약속의 말씀과는 동떨어진 상태에서 반어적으로 '당치도 않다.'는 말로 '웬걸, 천만에'라는 의미로 해석 가능하다.

6) '벤 베티'(בֶּן בֵּיתִי bhen bêthî)는 집의 종에게서 태어난 아들의 의미이다(W. Gesenius 103쪽 참조).

7) 하나님께서 아브람의 믿음을 보고 인정하신 아브라함의 의로움이다.

8) 3년 된 염소는 족장이 제물로 드리는 것이다(레4:23 참조).

9) '쪼갠다'(בָּתַר bāṯar)는 '양쪽을 쪼개다.'는 의미이다. 이는 계약 당사자들이 그 사잇길로 지나는 것은 계약을 파괴하는 것이요, 이런 경우에 자기를 저주하는 행위로 나타낸다. 특히 이는 하나님과 아브라함 사이의 계약의 확실성을 보증하는 형식이다. 하나님과 인간의 상호관계를 나타낸다(창17:2 참조).

10) 창15:11 사18:6 렘12:9 겔39:4에서 '아이트'(עַיִט 'ayiṭ 들짐승)는 '그것들을'이다.

개역개정에는 '그것들을'이 빠져 있다.

11) '워 힌네 에이마 하셰카 거돌라'(וְהִנֵּה אֵימָה חֲשֵׁכָה גְדֹלָה w^e^hinnê 'êmâ ḥ^ă^šēkhâ gh^e^dōlâ 보라, 공포와 큰 흑암이 그를 덮쳤도다)는 개역개정에 따르면 '큰 흑암과 두려움'으로 번역되었다. 그러나 BHS에 따르면 '하셰카'(어둠)는 첨가 주이다. C. Westermann(1981)은 '큰 두려움'으로 번역했다. 아마도 '큰 암흑의 공포'도 가능하다. 큰 흑암(개역개정)과 짙은 암흑(천주교성경)은 '하셰카'를 원문으로 번역했다.

12) 히브리어 절대 부정사 '야(아)도-아 테-다'(יָדֹעַ תֵּדַע yādhoa' tēdha' 너는 반드시 알아야 한다(당위성))에서 '야(아)도-아'는 부사적으로 쓰인다.

반드시 알라(개역개정), 잘 알아 두라(천주교성경) 참조.

13) 창11:10-50:26에 나오는 족장 이야기는 다양한 고대 관습법古代慣習法과 함무라비(기원전 1792~1750) 법률法律들과 비슷하다. 기원전 2000~1700년 사이에 아브라함은 메소포타미아에서 하란을 거쳐 가나안으로 왔지만, 정확한 시기時期가 언제인가 하는 것은 말하기 어렵다.

기원전 1600~1500년 사이에 요셉시대時代가 있었으며, 그 후 400년이 지난 1200년경에 모세와 그 백성의 애굽 탈출脫出이 있었다는 것을 짐작해 볼 수 있다.

14) 창15:17에서 '이런 고기 조각들 사이로 지나갔던' 관계 문장은 '연기 나는 화덕과 횃불'을 수식하고 있다. 그러나 개역개정은 "……화로가 보이며 타는 횃불이 쪼갠 고기 사이로 지나더라."로 번역함으로써 '화로는 보이고' 타는 횃불은 지나는 것으로 구별하여 놓았다. 그것은 원문의 문장을 불분명하게 옮기고 있다. 천주교성경은 원문에 맞게 "연기 뿜는 화덕과 타오르는 횃불이 그 쪼개 놓은 짐승들 사이로 지나갔다."로 번역했다.

삼상9:13에 의하면 거룩한 그릇(슥14:21)에 요리된(익혀진) 거룩한(신선한) 고기(렘11:15; 학2:12)를 먹는 자는 야웨와 함께하는 자이다(고전10:18-22). 따라서 이방 종교 제사異邦宗教祭祀는 금지된다. 제물祭物 고기는 정해진 거룩한 시간 안에 잘라서 요리한다(레7:15-18).

제물을 익히는 동안 제단祭壇 불에 하나님이 나타나시며, 음식이 거룩하게 익혀진다(삼상21:5-7의 진설병陳設餠(Schaubrot) 참조). 제단에 피어오르는 연기도 하나님의 현현顯現이 된다. 이렇게 하나님과 사람은 서로를 위해 현존하며, 하나님은 사람에게 알려진다. 사람은 하나님과 함께함을 알게 된다.

여기에 '베리트' 개념이 생긴다. '재바흐'는 하나님과의 결속이다. 출24:1-11은 역사화된 내용이다. 시50:5의 '카라트 브리트'(버리트)는 '계약을 자르다=제물 짐승을 자르다.'는 의미이다. 소금 사용은 의무 제의義務祭儀로 이해된다(레2:13). '재바흐'는 야웨의 특별하신 현존이다.

기원전 6세기 바벨론 포로 시기의 이스라엘 역사 편찬자들인 신명기 사가적申命記史家的(dtr.)인 전통에서 강조되는 것은 회식會食의 기쁨이다. 사람이 걱정과 염려에서 해방되는 야웨의 현존이다(시4:6-9). 회식과 식사는 감사의 표시이고, 야웨와의 화해和解이다.

【16장】

1) '힌네'(הִנֵּה hinnê 보라)는 주의를 환기시키는 소리로 남편과 아내 사이에서 '보라. 보시오.'는 '여보'로 해석 가능하다. '여보'는 여보시오의 좀 낮춤

말이며, '여보시오.'는 남을 부를 때 또는 그의 주의를 환기시키는 예사例事로 높여서 부르는 말이다. '여봐라.'는 '여기 보아라.'의 뜻으로 손아랫사람을 부르거나 주의를 일으키는 소리이다.

개역개정에는 '여보'가 빠졌다.

2) 창16:11-12은 운율적으로 (11) 2+2+3+3, (12) 2+2+2+2(3)+3박자의 4행시行詩이다. 이는 창14:19의 2+2+3과 같이 생동감과 박진감을 갖춘 매우 규칙적規則的인 운율을 나타낸다. 천주교성경은 마소라 원문의 운율 4행시를 11행行으로 늘려서 번역하였다. 운율에 있는 '아트나흐'(∧ 중간 쉼표)들을 따라 문장을 분리해서 번역할 필요가 있다.

창16:11-12에서 천주교성경은 의역意譯하였다. 마소라 본문에 없는 단어들이 눈에 띈다. 창16:11에서는 '이제', '고통 속에서 부르짖는 소리이며', 창16:12에서는 '손을 들고', '손을 들리라.'이다. '혼자'는 원문을 풀어서 의역한 것이다. 의역을 하지 않아도 원의原義는 원문原文대로 충분히 간결하게 표현될 수 있다.

원문 중에 '온예크'(עָנְיֵךְ 'onyēḵ)는 창16:6에서의 '너의 구박驅迫당함'과 같은 의미이다(이에 대해서 W. Gesenius 603~604쪽 '아나' ענה 'nh '애원하다, 학대받다'는 동사에서 파생한 명사를 참조).

3) 사마리아오경五經의 '엘로이'(אֵל רֹאִי 'ēl rōʾî 나를 보는 엘(하나님))는 '라아'(ראה rʾh 보다)의 분사 구문형(W. Gesenius 734쪽)이다. '라아'(ראה rʾh 보다)=헬라어역(70인역) 'ὁ ἐπιδὸν με'(나를 살피는 분)=불가타역 'tu deus qui vidisti me' 당신은 나를 보시는 하나님(신).

나를 살피시는 하나님(개역개정) 참조.

4) '할롬 라이티'(הֲלֹם רָאִיתִי h[ă]lōm rāʾîthî 하느님께서는 나를 보셨다)에서 '할롬'은 '엘' 또는 '앨로힘'으로 읽어야 한다. '야웨'가 아니다(C. Westermann (1981) 279쪽 참조).

여호와의 이름(개역개정), 주님의 이름(천주교성경) 참조. '여호와'도 '주님'도 아닌 '엘' 신이나 '하느님'이 원의原義에 더 가깝다(C. Westermann (1981) 279쪽 참조).

【17장】

1) 하나님 앞에서 예배드릴 때의 자세를 의미한다(창18:2; 19:1; 42:6; 44:14; 48:12 참조).

2) 이스라엘 최초의 족장族長으로서, 원래 이름은 아브람이다. 아브라함은 많은 민족들의 아버지(창17:4)라는 뜻이다.

아브라함의 역사상歷史像은 그려 내기 어렵다. 유목민 추장酋長 또는 족장族長은 국가 이전 시대에 종교 계시宗教啓示를 받은 자로서, 아브라함의 하나님으로 그 씨족이 섬긴 신神에 대하여, 모세 종교의 전신前身이 되는 족장들의 제의祭儀를 수행하고, 신앙의 모범인(창12:4; 창22)이며, 하나님의 부름을 받고(창12:1-3), 선택받은 자(창15:1-6)이다.

아브라함은 용감한 영웅英雄은 못 되었다. 하가르와 이쉬마엘에 대한 아브라함의 태도는 모범적이지 못하다(창16:1-6; 21:8-13). 아브라함이 자기 씨족에게 시행하게 한 할례割禮는 하나님과의 계약의 표시가 되었다(창17:9-14, 23-27).

3) 개역개정은 '내가 네게서 민족들이 나게 하며'로 번역했으며, 천주교성경은 '여러 민족이 되게 하겠다.'로 번역했다. 천주교성경은 취리히성경과 같은 번역이 된다.

4) 할례割禮('무울라' מוּלָה mûlâ, 창17:7, 11; 21:3-4 렘 9:25-26 참조) 의식儀式은 고대 이집트, 애돔, 암몬, 모압, 그리고 이스라엘에 있던 제의祭儀 풍습이었다. 메소포타미아, 앗쉬르, 바벨론과 블레셋인에게 할례는 없었다.

하나님과 계약契約을 맺는 자는 정결淨潔해야 했다. 이런 계약은 포피包皮를 베어 정결의 표징標徵으로 삼았다(창17:11). 가정家庭에서는 아버지가 아들에게 할례를 행했다. 이는 내부에서 나오는 불결不潔함을 제거하는 표시이다(마음의 할례에 대해서는 신10:16; 30:6 참조).

따라서 할례는 세 가지의 의미意味를 가진다. ① 하나님과 인간의 계약관계, ② 제의 정결 조건으로서의 할례, ③ 내부 불결不潔을 제거除去함이다(BHH I 223-225단, ThWzAT Bd Ⅳ 734-738단 참조).

5) '나시'(נָשִׂיא nāśî')는 부족장部族長, 군장君長, 군주君主의 의미이다(W. Gesenius

525쪽, 창23:6 하나님의 군장, 아브라함 참조).

6) 하나님께서 인간과 거리를 두고 있다는 관용적 표현이다.

【18장】

1) 사마리아오경은 2인칭 복수 '당신들'을 썼다. 내 주여(개역개정), 나리(천주교성경) 참조. C. Westermann(1981) 331쪽은 '아도나이'(אֲדֹנָי 'ădhōnāy 나의 주인들이시여)인 복수로 읽으라고 한다. 아브라함이 세 남자들을 칭한다면, '나의 주인'은 문맥상 '나의 주인들'이 적합하다. 여기서는 '나의 주인들' 또는 '대인大人들께서'가 적합하다.

2) 유목 사회에서는 손님을 존대하는 데, 발 씻을 물을 주는 것은 주인이 방문한 손님에게 정결의 관습을 나타내는 예의이다(창24:32 참조).

3) '스아'(סְאָה S^{e}'â)는 13리터(Liter)의 용량이며, '에파'(אֵפָה 'êphâ 40리터 용량)의 1/3의 용량이다. 그러므로 창18:6에서 3스아는 곧 1에파의 용량이 된다. 에파에 대한 구절은 삿6:19; 삼상17:17; 룻2:17에 언급되었다. 스아에 대한 구절은 왕하7:1에 나온다(KBS(독일가톨릭성경) 부록 1,792쪽 참조).

4) 숯·재灰나 달군 돌에서 구워 내는 빵을 이른다. 개역개정은 '떡'이라고 하였다.

5) '애드나'(עֶדְנָה 'edhnâ)는 '애욕, 쾌감'의 의미이다. 이에 대해서 W. Gesenius 567쪽에는 '쾌감'(Lustgefühl)이라 하였는데, C. Westermann(1981) 330쪽의 '애욕'(Liebeslust)의 의미가 적합하다.

 개역개정의 '즐거움'은 좀 추상적이고, 천주교성경의 '육정肉情'은 부정적인 여운을 남긴다. 구약 사상은 부부夫婦의 온전한 사랑에서 쾌감快感을 긍정적으로 보기 때문이다.

6) '보오'(בוֹ bhô)는 '그 안에서, 그와 함께'의 뜻이다. 그로 말미암아(개역개정), 그를 통하여(천주교성경) 참조. '그와 함께'(Holzinger 38쪽, C. Westermann (1981) 345쪽 '그 안에서' 참조)가 적합하다.

7) 개역개정에는 '키'(כִּי kî 정말로)가 빠졌다. 천주교성경은 '너무나'로 풀었

다. 70인역과 불가타역에는 '키'가 간과看過되었다. '키'는 강조 표시이다. '정말로, 참으로'와 같이 확언과 단정의 의미를 말한다.

8) 이 구절은 원래 '야웨는 아직 아브라함 앞에 서 있었다.'이다. 아마도 창14:13에 나오는 '마므레'(그의 형제들 '에쉬콜, 아네르'가 창19:1의 두 수호천사가 아닐까?) 대신 나중 '야웨'로 고백된 내용인 것 같다.

즉 '마므레는 아직 아브라함 앞에 서 있었다.'를 다른 두 형제兄弟 에쉬콜과 아네르가 소돔으로 떠난 다음 마므레가 아브라함 앞에 머물렀던 신적인 인간들의 거동이 고대인古代人들에게는 야웨의 임재臨在로 고백될 수 있었다.

9) 개역개정에는 '하아프'(הַאַף ha'aph 정말로 ~하겠느냐?)가 빠졌다. '정말로'는 절대 부정사형의 강조 부사형으로 쓰인다.

10) '할릴라 레'(חָלִלָה לְ ḥālilâ l^e es sei fern von mir, Profanes, Verwerfliches, Undenkbares, 모욕적, 비난받을 만한 것, 생각할 수 없는 것).

부당하나이다(개역개정), 어울리지 않습니다(천주교성경) 참조.

11) '울라이'(אוּלַי 'ûlay)는 희망의 표현, 겸손한 간구인 '아마도, 혹시'로 번역된다. 개역개정에는 '아마도, 혹시'가 빠졌다.

12) '(하)타쉬히트'(הֲ)תַשְׁחִית) h^ăthašḥîth 사역능동, 미완료, 2인칭, 단수, 남성 원형은 '샤하트'(שחת šḥth 파괴하다))에서 2인칭이 하나님이면 '당신' 대신 '주, 주님'으로 부른다(창18:28; 19:14). 이에 대해서는 Alexander A. Pieters의 시편촬요(1898~1938년 사이)에 이미 사용하였다(김중은, 구약의 말씀과 현실, 1996, 75쪽 재인용).

13) '야웨께서 말씀을 마치고 떠나셨다.'는 원래 세 사람 중 맏형(마므레 מַמְרֵי mamrê)이 아브라함과, 소돔과 아모라의 파국적破局的인 정황情況을 논의했던 문구로도 상상할 수 있다(창14:13, 24에 아모리 족속 마므레, 에쉬콜과 아네르 3형제는 아브람과 동맹을 맺은 사람들이다). 에쉬콜과 아네르 두 천사(창19:1)만 소돔으로 떠났고, 마므레는 남아서 아브라함과 대책을 강구하려 했지만, 소돔과 아모라에는 10명의 의인義人도 없었다는 역사적인 실례를 말하는 것 같다. 아브라함과 말한 후 '마므레'는 자기 지역으로 떠났을 것이다. 이런 실례(창18:13 이하)가 이스라엘 사람에게는 야

웨의 개입으로 '야웨화化'된 역사로 해석이 가능하다. 이에 대한 문서는 타르굼 전승傳承이 좀 더 구체적인 표현을 말하고 있다.

【19장】

1) 본문 비평 Cp.19:1a-a에는 '하아나심'(הָאֲנָשִׁים hā'ᵃnāšîm 그 남자들)이 서술된다. 남자, 천사, 사자使者는 '말라킴'(הַמַּלְאָכִים hammal'ākhîm 사자)으로 표현된다. 천사는 천자天子(최고 통치자)의 천사를 말한다.
히브리어로 직역하면 '남자'이지만 하나님의 사명을 받아 사람을 바르게 인도하는 사람이 '수호천사守護天使'로 불린다면, '남자' 대신 '수호천사'로 칭하는 것이 좋겠다.
천사(개역개정, 천주교성경) 참조. '사자使者'나 '수호천사'가 원의에 적합하다.
2) 창18:2 비교. 엎드려 큰절을 올렸다.
3) '미쉬태'(מִשְׁתֶּה mištê 포도주를 겸한 상을 차리고). W. Gesenius 474쪽.
4) 무교병은 누룩을 넣지 않고 구운 빵이다.
5) 계간鷄姦(패더아스티(päderastie))은 남성끼리의 성교로서, 남색男色 행위를 말한다(W. Gesenius, 287쪽 참조). 이는 일반 이성異性의 성교와 다르다.
6) 딸을 손님에게 내주는 것은 아라비아인의 풍습이다(H. Gunkel 209쪽 참조). 아라비아에서는 내 집에 들어온 손님은 주인의 예우를 받을 권리가 있었다. 그래서 롯트가 손님의 피해를 막기 위해 행하는 이야기이다.
7) '코라티'(קֹרָתִי qōrāthî), '코라'(קוֹרָה qôrâ). 각재角材, 서까래(Balken), 집 건물 담과 벽 상부 위에 얹은 건축 목재(Gebälk), 창19:8 헬라어 '멜라트론'(μέλαθρον)(W. Gesenius 709쪽 참조), H. Gunkel 209쪽 '내 지붕 마룻대 서까래의 그늘 아래' 참조. 마룻대는 용마루 밑에 서까래가 걸리게 된 도리이다.
8) '밧산웨림'(בַּסַּנְוֵרִים bassanwērîm 그들이 눈이 멀다). 왕하6:18은 엘리사가 '야웨께 기도하여 무리에게 눈을 멀게 한 내용'이다(W. Gesenius

547쪽).

9) '호체'(הוֹצֵא hôṣē')는 '야차'(יצא yṣ' 나오게 하다)의 사역, 능동, 명령형임을 주의해야 한다(W. Gesenius 311쪽, 사43:8 참조).

10) '하키카르'(הַכִּכָּר hakikār, 도시 주위, 주변. 창13:12; 19:17; 19:25, 28 이하; 신34:3 참조)는 도시 구역에 해당한다. 개역개정과 천주교성경은 '들(판)'로 번역했다.

11) '임마디'(עִמָּדִי 'immādhî)는 '나에게, 나를 향해서'의 의미이다. 70인역에는 επ' εμε(나를 향해서)로 표현되고 있다. 70인역이 문맥상 적합한 표현이다.

12) 마소라사본에서 BHS는 '민-핫샤마임'(מִן־הַשָּׁמָיִם min-haššmāmāyim '하늘에서부터')를 추가로 보고 있다.

13) '민 핫샤마임'(מִן הַשָּׁמָיִם min haššāmāyim 하늘에서부터)은 첨가로 비평된다. '힘티이르'(הִמְטִיר himṭîr)는 '비가 오게 하다.'의 사역 능동이지만, 여기서는 '퍼붓다'는 표현이 적절하다. 공동번역(퍼부으시어)과 천주교성경(퍼부으셨다)이 적합하게 번역했다. 개역개정은 '비같이 내리사'로 번역했다.

14) '하엘'(הָאֵל hā'ēl)은 '하엘래'(הָאֵלֶּה hā'ēllæ̂ 이것들)의 축소형이다.
그 성들(개역개정), 그 성읍들(천주교성경) 참조.

15) 자연 현상적으로 사해死海의 염도로 인해 생겨난 소금기둥을 원인론적으로 해석하여 롯트 아내의 불순종을 설화적으로 표현하였다.

16) BHS는 '와옐래크'(וַיֵּלֶךְ wayyēlekh 그리고 그는 갔다)를 삽입插入하라고 한다.

17) 독일어는 화덕(Schmelzofen)으로 번역되어 있다. 창19:28 출9:8, 10; 19:18 등 참조. 가마(천주교성경) 참조.

18) 창38:13-19 타마르(다말)와 유다 비교. 형사취수혼兄死娶嫂婚(Levirāts-ehe 형이 형수를 남겨 놓고 죽으면, 그의 동생이 형수와 결혼하여 형의 씨를 갖게 하는 유대인의 관습)이 이행되지 않았을 때, 며느리 타마르가 그의 시동생과 결혼을 못하자, 시아버지와 잠을 잔 후, 그의 아들을 낳았던 것과 같이, 롯트의 두 딸들은 남자를 구하기 어려운 상황에서 아버지의 씨를 받기

위해 도덕道德 인륜人倫을 벗어나 모압과 암몬을 낳았다.

19) '헨'(הֵן hēn 보라)은 개역개정과 천주교성경에 빠져 있다. W. Gesenius 185쪽 참조.

【20장】

1) 창20:2의 '그라르 왕 아비멜랙'에서 그라르는 아자(가사, 가자) 근처, 즉 현재 가자 지역 동남부에 위치한 텔 에즈 세리아를 말한다(G. von Rad(1972) 249쪽 참조). 이 지역은 플래섓 왕조의 도시국가들 가운데 하나였다. 또한 창26:1의 '플래섓 왕 아비멜랙'에서 그는 그라르 도시국가의 왕이지만, 플래섓 왕조에 속한 왕을 의미하는 것 같다(G. von Rad(1972) 297쪽 참조).

2) 삿19:1-30 비교. 레위인과 첩妾 이야기로 예언자豫言者의 아내를 벤야민 지파 사람들이 범하는 이야기와 공통점共通點이 있다.

3) 공동번역이 원문에 가깝다. "더구나 사라는 정말 내 누이이기도 합니다. 같은 아버지의 피를 받은 누이입니다. 어머니가 달라서 내 아내가 된 것입니다." 개역개정은 '이복異腹 누이'로 번역했다.

4) 사라는 아브라함의 이복 누이이다. 구약성경 여러 곳에 보이는 근친혼은 당시 관습적으로 근친혼이 허용된 시대적 상황을 반영한 것이다.

5) 1캐샙은 대략 3마르크이다. 1,000캐샙은 3,000마르크이며, 대략 4백만 원가량 된다(독일어성경 부록, 루터역, 1985, 3쪽 참조).

6) '케(크)수트 에이나임'(כְּסוּת עֵינַיִם k^esûth 'ênayim)은 눈감아 주는 것을 의미한다. 상대방의 약점을 덮어 줌으로써 명예에 상처 입히는 것을 피하는 것이기 때문이다.

【21장】

1) 이츠하크의 출생出生(창18:14; 21:1-2)은 신약의 세례洗禮 요한의 출생(눅1:7, 18; 20-25; 36-37)과 비교된다. 이츠하크의 부모父母와 요한의 부모가 아기를 낳기에는 너무 나이가 많았기 때문이다. 그리고 또한 그들 부

모의 동침 과정同寢過程이 빠져 있고, 공통적으로 하나님의 행하심과 말씀하심에 따라 잉태孕胎되었다. 이는 하나님의 기적奇跡이다(H. Gunkel 227쪽 참조). 이는 하나님께서 그의 백성百姓을 위해 향하심과 속량贖良하심으로 이해된다.

2) '므(메)차헤크'(מְצַחֵק m^eṣaḥēq)는 '놀리다'의 뜻이다(70인역 참조). 천주교성경은 '노는'으로 번역했다. 그러나 마소라사본의 창21:9 문장은 70인역에 따라 "그(아브라함)의 아들 이츠하크와 함께"(μετα Ισαακ του υιου αυτης)가 보충補充되어야 이해가 된다.

이 경우 개역개정(아브라함의 아들 애굽 여인 하갈의 아들이 이삭을 놀리는지라)도 마소라사본과 70인역의 문장을 그대로 살려서 번역하지 않고 있다.

3) "하가르에게……내보냈다."의 본문 해석은 BHK 본문 비평 자료란 참조. C. Westermann 411쪽 참조.

4) 마소라는 창21:16의 '와테버크'(וַתֵּבְךְּ watēbh^{e}kh בכה bhākhâ 그 여자(하가르)가 울었다), 창21:17에서 '하나님께서 그 아이(소년)의 소리를 들었다.'로 표현하고 있음을 볼 때, 창21:16의 울음소리는 문맥상 70인역을 따르는 것이 맞는다(취리히성경, C. Westermann(1981) 412쪽, H. Gunkel 229쪽 참조). 그러나 독일어성경은 마소라를 따라 그 여자(하가르)가 우는 것으로 번역했다. 천주교성경에서 '그는(그 여자)'을 주어로 표기한 것은 마소라를 따라 '하가르'가 울었던 것으로 번역한 것 같다.

5) '키'(כִּי kî)는 '왜냐하면 ~때문이다.'인데, 개역개정과 천주교성경은 빼놓았다.

6) 히브리어 마소라사본은 이유 접속사 '키'(כִּי kî)를 서술한다. 개역개정과 천주교성경에는 '~이니'라는 이유 조사(토씨)가 빠져 있다. 이를 반영하여 '~때문이다'로 번역하였다.

7) '벨로히임'(בֵּאלֹהִים bhēlōhîm)은 '하나님 곁에서'로 번역된다. 독일어성경, 취리히성경(H. Gunkel 234쪽, C. Westermann(1981) 422쪽 참조)은 '하나님 곁에서'로 번역했다. 그러나 개역개정은 '하나님을 가리켜'로, 천주교성경은 '하나님을 두고'로 각각 번역했다. '브'(בְּ b^e)는 '~곁에

서'라는 의미이다. 그러나 우리말에 맞게 '하나님 앞에서'로 번역하였다.

8) 맹약의 우물 브에르새바 이름의 근거의 표징인 동시에 아브라함이 우물을 소유한다는 의미를 가진다(C. Westermann(1981) 426~427쪽 참조).

9) 사마리아오경, 70인역, 시리아역, 불가타역은 '아브라함'을 기록했다.

10) '애샐'(אֶשֶׁל 'ešel 위성류渭城柳, W. Gesenius 72쪽)은 Tamarix syriaca로 가을에 담홍색 꽃이 피는 정원수이다.

【22장】

1) 창22:1-19에서 우리는 '앨로힘 야웨 하나님'의 양면兩面을 본다. 한편으로 아브라함은 '앨로힘'이 요구하신 이츠하크(이삭) 번제 제물(창22:1-3, 6, 9-11)을 드리는 일이 서술되는가 하면, 다른 한편 아브라함이 '야웨 사자'의 명령에 따라 이츠하크 대신 양을 번제물로 바치는 이야기가 나온다(창22:7-8,13-14). 그리고 앨로힘의 이츠하크 번제 즉 인신 제물人身祭物 요구와 모순矛盾되는 내용이 창22:5, 12에 표면적으로 드러난다. 따라서 창22:1-19은 두 모순을 극복하기 위해 문학 비평적으로 문장들을 다시 배치하는 일이 불가능하며, 원래적으로 하나님이 아브라함에게 양면적인 요구와 명령을 하심에 귀를 기울이게 된다.

왜 앨로힘 하나님은 이츠하크 번제를 요구하시다가, 그것을 철회하시고, 아브라함이 드린 숫양 번제를 받으셨을까? 그리고 아브라함은 앨로힘의 이츠하크 번제 요구를 알면서도 어린 양/숫양을 번제물로 드린다고 생각했을까?(창22:5, 7-8)

이에 대해서 우리는 삿11:30-40에서 입다 장군이 자기 딸을 인신 제사로 드린 이야기를 알고 있다. 고대 카르타고인이 신께 바친 어린아이 대신 양을 제물로 바친 관습을 알고 있다(O. Eissfeldt, Molok(Moloch) als Opferbegriff, 1935, 1ff. G. 폰 라트, 창세기, 국제성서주석, 267쪽, 각주1 재인용).

그리고 이스라엘인에게 인신 제사는 하나님이 명령한 것이 아니었다(렘7:31). 이에 대해서 창22:2 '콰흐 나'(קַח נָא qaḥ nā')는 '제발 데리고(가라)'의 의미이다. 이는 창22:1의 동사 '닛사'(נִסָּה nissâ 시험하다)를 구체적으로 표기한다. 즉 신의 명령보다는 인간의 사정을 따른 분위기를 자아낸다(G. J. Wenham, "Genesis, 16-50", WBC 4, Dallas, Texas : Word Books, Publisher, 1987, 227쪽 참조).

그러므로 우리는 '엘로힘 야웨 하나님'이 아브라함에게 요청, 명령하는 관계에서 인신 제물을 숫양 제물로 옮기는 것은 모순이 아니라 고대 관습법에 대한 개혁적-합법적인 명령임을 알게 된다. 아브라함의 모순된 이중성은 바로 하나님의 고대 관습법에 대한 개혁적인 계시(창22:12)에서 밝혀진다(자세한 것은 방석종, 신학과 세계, 감리교신학대학교, 2002년 봄호, 통권 제44호, 5~21쪽 참조).

2) '나'(נָא nā' 제발 좀)는 하나님의 겸양과 요청을 의미하며, 극한적인 위협 속에 하나님의 인정 어린 다감多感함이 숨겨져 있다.

3) 기원전 3000년경 수메르 도시국가 우르에서는 왕이 죽으면 따라 죽어야 하는 순장殉葬이 있었다. 이것은 일종의 인신 제사人身祭祀인데, 이는 하나님에게 속한 생명의 주권主權 침해의 문제가 있다. 이런 인신 제사는 국왕이 극도의 위기危機와 전쟁戰爭에서 자기 맏아들을 제단에 바치는 데서 나타났다.

역사적으로 예레미야(기원전 7~6세기) 때도 이런 인신 제사는 왕가王家(왕하16:3; 21:6)에서 행해졌다. 그래서 예레미야는 인신 제사는 하나님이 명하는 것이 아니라고 비판批判하면서, 그런 일을 막았다(렘7:31 이하 겔20:26 신18:10-11 등 비교). 또한 아브라함은 이방 제의異邦祭儀인 인신 제사를 숫양 짐승의 번제로 바꾸어 놓은 제의 개혁의 중심 인물로 서 있다(이에 대해서 BHH Ⅱ, 1191단 참조).

4) 사마리아오경, 70인역, 시리아역, 타르굼요나단사본은 '아하르'(אַחַר 'ahār 뒤에) 대신 '애하드'(אֶחָד 'eḥādh 하나)로 읽는다. 그러나 개역개정은 이 두 단어 '아하르'(뒤에)와 '애하드'(하나)를 함께 쓰고 있다. '한 숫양이 뒤에 있는데.'

5) 아마도 '예라애'(יֵרָאֶה yērā'æ̂)는 창22:14a의 '자태를 보이다.'로 독일어 'sich sehen lassen'에 해당하는 수동태 미완료이다. 창22:14c의 '예라

애는 '이르애'로 '라아'(보다) 동사의 미완료형으로 읽어야 한다.

여호와(주님)의 산에서 준비(마련)되리라(개역개정, 천주교성경). 취리히성경(21쪽 참조)은 '하나님께서 보고 계시다.'로 번역하였다.

【23장】

1) 개역개정과 천주교성경에서 '이것이 (곧) 사라가 누린(산) 햇수라(이다).' 한 것은 70인역, 불가타역에는 없다. BHS 본문 비평에 '추가'로 비평되었다. 공동번역은 BHS의 본문 비평을 따랐다. 루터역도 70인역을 따랐다.

2) '아도니'(אֲדֹנִי 'ᵃdhōnî)는 나의 주인마님(어르신)의 존칭으로 사용된다(G. 포오러, 구약성서 개론 상, 126쪽 대화 문체 참조).

그러나 '아도나이'(나의 주)는 하나님, 신神에 대한 칭호이다(W. Gesenius 9쪽, 오직 하나님에게만 사용되는 칭호 참조).

'아도나이'(나의 주, 나의 주님)가 하나님에게만 사용되는 칭호라면, '아도니'는 인간 관계에서 사용되는 칭호이다. 그것은 6가지 경우에 쓰인다.

① 하인이 주인主人에게 붙이는 나의 주인 칭호이다(창34:12; 39:8).
② 아내가 남편男便을 주인(양반)으로 부를 때 사용하는 칭호이다(창18:12).
③ 윗사람을 칭하는 경우, '어르신'(창24:18) 또는 대인大人이다.
④ 가족家族, 가정 관계家庭關係에서 아버지나 손위 형을 부르는 경우, '아도니'는 아버님, 형님, 오라버니의 존칭이 된다(창31:35; 33:13).
⑤ 이방의 지도자에게는 대인大人이라 존칭을 붙일 수 있다(창18:3; 23:6 참조).
⑥ 이방의 세력자에게는 대감마님이란 칭호를 붙일 수 있다(창44:18, 19 등 참조).

3) BHS에서는 '루'(לֻא lu' 만일~한다면)를 양보 접속사로 읽었다. 이에 대해서는 H. Gunkel 276쪽, C. Westermann(1981) 453쪽, 취리히성경 21쪽 참조. 그러나 독일어성경은 마소라에 따라 '아니에요, 나의 주인'이라 번역했다. 개역개정과 천주교성경은 마소라를 따랐다.

마소라 본문이 이해되는 한, BHS의 제안을 반드시 따를 필요는 없다고 본다. '셔마에니'(שְׁמָעֵנִי $š^{e}$mā'ēnî 당신은 나를 들으세요)는 명령법이기 때문에 마소라가 적합하다.

4) 창23:5-20의 히브리어 원문은 주로 마소라 원문을 그대로 따른다. 다른 역본들인 사마리아오경, 70인역과 타르굼역은 추가 부분을 달아 이해를 돕고 있기 때문이다. 그러나 창23:13의 마소라 원문 '루'(לוּ lû 그에게)는 사마리아오경, 70인역, 타르굼요나단의 '리'(לִי lî 나에게)로 고쳐 읽는 것이 적합하다.

5) 창23:18의 '레미크나'(לְמִקְנָה l^{e}miqnâ)는 레27:22의 '세데 미크나'와 같이 '값을 내고 사들인 들판'을 의미한다. 개역개정은 '소유로 확정된지라.'로, 천주교성경은 '……재산이 되었다.'로 각각 번역했다.

창23:18은 창23:17 초두初頭의 '와야캄'(וַיָּקָם wāyyāqām)과 함께 '레미크나'를 연결해서 '값을 치르고 얻은(사들인) 소유지가 되었다.'로 번역하는 것이 온전하다(W. Gesenius 457쪽 참조).

6) 창23:20의 '와야캄'(וַיָּקָם wāyyāqām)은 '새로 구입한 소유가 되다.'의 의미이다. 창23:17과 비교.

【24장】

1) 창조 때 인간은 남성男性과 여성女性으로 지어졌고, 여자女子는 남편의 아내로 짝이 된다. 두 사람은 한 몸이 된다. 혼인婚姻은 몸의 교제이다(창1:27; 2:18-23). 혼인은 가족 구성의 기초이다(창24:2 이하 신7:3 등). 예언서豫言書에서 특별히 하나님과 이스라엘의 관계는 드물지 않게 혼인으로 표시된다(사54:5 이하 렘2:2; 3:8 이하 호2-3 겔16:7-14 참조). 족장시대族長時代에는 자기 씨족과 부족에서 아내를 취했다(창24; 29장).

가부장 제도家父長制度에서 아이를 못 낳는 부인은 이혼離婚당하거나, 남편에게 첩妾을 들이게 했다(창16; 30:1-5).

2) 창24:5 후반절의 '해하셰브 아쉬브'(הֶהָשֵׁב אָשִׁיב hehāšēbh 'āšîbh)는 '슈브'(שׁוּב šûbh 돌아오다)의 사역 능동태, 절대 부정사이고, '하셰브'는 동사 '아쉬브' 앞에서 부사적으로 쓰이며, 그 의미는 '반드시, 꼭'으로 해

석된다.

독일어 주석(H. Gunkel, Holzinger, C. Westermann(1981), 취리히성경 등)이나 개역개정과 천주교성경에는 이런 사역 능동태, 절대 부정사의 부사적 용법이 살려지지 않았다.

인도하여 돌아가리이까(개역개정), 데려가야 합니까(천주교성경) 참조.

3) 창24:7의 '앨로헤이 핫샤마임'(אֱלֹהֵי הַשָּׁמַיִם ʼᵉlōhê haššāmayim)에는 '하아래츠'(הָאָרֶץ ha'areṣ 땅)가 추가追加되어 '하늘과 땅의 하나님'으로 읽을 수 있다(BHS).

4) 창24:10a의 '와옐래크'(וַיֵּלֶךְ wayēlæq 그는 갔다)는 70인역에 없다. 아마도 빼야 하겠다. 왜냐하면 뒤에 다시 '그가 떠났다.'가 나오기 때문이다. 이것은 이른바 '장애가 되는 반복反復'에 해당된다. 창24:10b의 '붸콜 투브'(וְכָל־טוּב wᵉkhol ṭûbh)는 '그리고 모든 좋은 것'이지만, 시리아역, 불가타역은 '우밋콜'(וּמִכָּל ûmikol 그리고 모든 것 중에서(좋은 것))로 고쳐서 읽는다. 문맥상 시리아역, 불가타역이 적합하다.

떠났는데(개역개정) 참조.

5) '아람 나하라임'은 중부 유프라테스로 메소포타미아의 중심지이다. 나호르의 도시는 '하란'을 의미한다(C. Westermann(1981) 472쪽).

6) 창24:14에서 '한나아라'(הַנַּעֲרָ hannaʼᵃrā)는 이미 창24:5의 '하잇샤'(הָאִשָּׁה hā'iššâ 미혼 또는 혼기의 여인, 아내, 부인)를 염두에 둔 젊은 여인이다. 따라서 '여인', '처녀'로 번역하는 것이 맞는다. 이는 창24:28에서도 마찬가지다.

개역개정과 천주교성경이 '소녀'로 번역한 것은 문맥상 어색하다.

7) 창24:16에서 '한나아라'와 '베툴라'(בְּתוּלָה bᵉthûlâ 숫처녀/동정녀), 두 단어가 병행되어 있다. '베툴라'는 남자와 가까이하지 않은 순결성을 드러내는 의미가 강하다면, '처녀'는 미혼의 성숙한 여인을 말한다.

소녀……처녀(개역개정, 천주교성경) 참조.

8) 창24:17에서 '리크라타'(לִקְרָאתָהּ liqrā'thâ)는 '그 시종은 그 여자를 향해 뛰어가 마주보면서'라는 의미이다.

9) 창24:18에서 '아도니'(אֲדֹנִי ʼᵃdhōnî 나의 주인)는 '나리, 어르신'으로 번역

될 수 있다. 이는 남자에 대한 경칭敬稱 정도이다.

그런데 개역개정은 '내 주主여'로 번역했다. 이는 '아도나이'(אֲדֹנִי ’ădhōnāy)를 '나의 주'라고 하는 것과 혼동된다. 천주교성경은 '아도니'를 '나리'로 번역했다.

그러나 '나리'는 자기보다 지체 높은 이를 칭하는 데 쓰인다. 여기서 립콰와 아브라함의 종 사이는 관직이나 사회적인 계층에서보다는 일반 인간 관계에서의 위아래 관계가 자연스럽다. 그래서 '어르신'이 적합하다.

10) '핫쇼켓'(הַשֹּׁקֶת haššōqqeth, W. Gesenius 862~863쪽)은 나무나 돌로 만든 급수관給水管 통로(Traenkrinnen), 즉 '물받이 긴 구유'로 번역하는 것이 적합하다. C. Westermann(1981) 464쪽 참조. 취리히성경과 C. Westermann(1981)은 W. Gesenius를 충실히 따르고 있다.

그러나 개역개정은 '구유'로, 천주교성경은 '물통'으로 번역했다. 이 둘은 원문 '쇼켓'의 의미를 불완전하게 표현했다.

11) '바트 미 아트'(בַּת מִי אַתְּ bath mî ’at)는 '네가 누구의 딸이냐.'로 직역되겠지만(개역개정), 서로 처음 보는 사이이며, 존칭이 사용되는 자리에서 '댁은 누구의 따님입니까?'로 번역하는 것이 적합하다. 천주교성경은 '그대가 누구의 따님인지……'로 번역했다.

12) 창24:29, 30에서 마소라사본 창24:29의 후반절 창24:29b의 "라반은 그 남자를 향해 우물가로 마중을 나갔다."는 창24:30a 뒤로 자리를 잡아야 한다. BHS의 본문 비평本文批評 자료란 참조. 마소라사본대로 번역한 것은 독일어성경과 개역개정과 천주교성경이다.

그러나 C. Westermann(1981) 465쪽과 취리히성경은 BHS의 본문 비평을 따랐다. 왜냐하면 창24:30a가 말하는 라반의 누이 립콰가 결혼 패물을 받은 후 감동해서 라반이 아브라함의 종에게 마중 나오는 것이 자연스럽기 때문이다.

13) '와예파타흐'(וַיְפַתַּח way^{e}phataḥ)는 '파타흐'(פָּתַח pātaḥ) 동사의 미완료형으로 재갈을 물린 입을 풀어 주다는 의미이다(루터역, 취리히역, C. Westermann 465쪽, W. Gesenius 667쪽 먹도록 입을 열다 겔3:2 민16:32).

14) 창24:36에서 '에섀트(에셋) 아도니'(אֵשֶׁת אֲדֹנִי 'ēšeth '^{ă}dhōnî)는 '나의 주인의 마나님'으로 번역하는 것이 적합하다.

아내(개역개정) 참조.

15) 창24:40에서 '히트할라크티'(הִתְהַלַּכְתִּי hithhallakhtî)는 경건한 자의 공동체에서 하나님과 함께 행하는 교제를 의미한다(W. Gesenius 182쪽 참조).

섬기며(개역개정) 참조.

16) 창24:43에서 '하알마'(הָעַלְמָה hā'almâ)는 젊은 여인, 성숙한 여인 또는 부인이다. '젊은 여인'(아가씨)은 처녀의 의미도 있지만, 창24:16의 '베툴라'(숫처녀/동정녀)보다는 넓은 의미의 혼기의 젊은 여인을 말한다.

이런 맥락에서 '한나아라'는 '소녀'(미성숙한 여자)보다는 '여인, 처녀, 젊은 여인'으로 번역해야 한다는 근거가 확인된다.

젊은 여자(개역개정), 처녀(천주교성경) 참조.

17) 창24:53에서 '켈레 캐샙 우켈레 자하브'(כְּלֵי כֶסֶף וּכְלֵי זָהָב k^{e}lê kheseph wûkh^{e}lê zāhābh)는 은과 금으로 된 가재도구家財道具 또는 은과 금으로 된 패물佩物이고, '믹다노트'(מִגְדָּנֹת mighdānōth)는 에1:6 대하21:3; 32:23에 나온다. 값진 것들, 풍부한 선물膳物의 뜻이다(W. Gesenius 396쪽). 이것은 '(값진) 예물禮物들'로 번역된다.

신부가 될 여자에게는 시댁에서 주는 것이 '패물'이고, 예물은 시댁 어른이 신부 가족에게 답례로 주는 것이 된다.

보물(개역개정), 값진 선물(천주교성경) 참조.

18) 창24:55에서 '한나아라'(הַנַּעֲרָ hanna'^{ă}rā)는 부모 앞에서는 문맥상 '아이' 또는 '어린 것'(자식의 속칭, 나이가 어린 사람, 어린 사람을 가볍게 이르는 말)으로 부를 수 있다(개역개정과 천주교성경 참조).

19) 창24:60에서 '아호테누 아트 하이 레알페 레바바'(אֲחֹתֵנוּ אַתְּ הֲיִי לְאַלְפֵי רְבָבָה '^{ă}ḥōthēnû 'at l$^{e'}$alphî r^{e}bhābhâ)는 '너, 우리 누이야, 너는 수천수만이 되거라!'(Holzinger 49쪽, H. Gunkel 259쪽, C. Westermann(1981) 466쪽 참조)이다. 개역개정의 '천만 인의 어머니가 될지어다.'와 천주교성경의 '수천만의 어머니가 되어라.'는 원문을 의역한 것이다.

20) 창24:60은 운율적으로 3+2, 2+2박자의 2행시이다. 첫 행의 후반절에 '아트나흐'(∧ 중간 쉼표)까지는 1행이고, 다음 행 후반절에 '실루크'(| 마침표)는 둘째 행이 된다.

천주교성경은 원문의 2행시를 4행시로 늘려서 번역을 했다. 1행이 중간 쉼표에서 끝날 수 있는데, 천주교성경은 '우리 누이' 주격主格을 호격呼格으로 변형시켰다. 문법적으로나 운율 법칙에 맞지 않다.

21) 사마리아오경과 70인역에는 '광야를 거쳐'가 서술되어 있다. 70인역은 διὰ τῆς ἐρήμου 광야를 지나서를 추가하고 있다(BHS 참조). 70인역 서술이 지리적으로 설득력이 있는 내용이다.

22) 창24:63에서 '라수아흐'(לָשׂוּחַ lāśû^{a}ḥ)는 '사와흐'(שׂוח śwḥ)의 강변화 동사, 구문형 부정사이다. 그 의미는 '명상하다, 산책하다', 즉 '명상하기 위해서'이다(W. Gesenius 780쪽 참조).

23) 창24:65에서 '할라재'(הַלָּזֶה hallāzzæ̂)는 창37:19에도 나온다. '저분'의 의미이다. 개역개정에서는 '……자가 누구냐?'로 직역直譯되었다. 그것은 어감상 어색하다. '저분은 누구십니까?'로 표현하는 것이 자연스럽다.

오는 저 남자는 누구입니까?(천주교성경) 참조.

24) 창24:67에서 '아하레이 임모'(אַחֲרֵי אִמּוֹ 'ah^{ă}rê 'immô 그의 어머니 후)는 '아하레이 모트 임모'(אַחֲרֵי מוֹת אִמּוֹ 'ah^{ă}rê môth 'immô 그의 어머니를 여읜 후)로 고쳐 읽는 것이 내용상 맞는다(Holzinger 50쪽, H. Gunkel 260쪽, G. von Rad(1972) 280쪽, 취리히성경 참조). 그러나 BHS는 '모트 아비우'(그의 아버지를 여읜(여의다) 후)로 바꾸어 읽으라고 한다. 이런 경우 마소라를 따르는 것이 적합하다.

사라는 이츠하크가 37세 때 죽었고, 이츠하크는 그의 어머니 사망 3년 후 40세에 립콰와 결혼했다(창25:20). 이때 아브라함은 아직 140세의 나이였다.

그렇다면 창24:67 '그의 아버지가 죽은 후'는 아직 '이츠하크가 립콰와 결혼하기 전'의 시기이다. 이는 시간적으로 모순이 된다. 아브라함이 137세였던 시기이기 때문이다.

즉 이츠하크는 아버지(아브라함)가 140세 때 립콰와 결혼했다. 그리고 이츠하크는 브에르 라하이 로이에서 아브라함이 컷투라를 후처後妻로 얻어 여섯 아들들을 낳는 동안(창25:1-11) 내겝(남부 지역)으로 이사를 한 후, 그 곳에서 자기를 찾아온 립콰와 살다가, 아브라함이 죽은 후(창25:7), 다시 아버지가 살던 브에르 라하이 로이로 유산을 받아 왔다.

따라서 그의 어머니가 죽은 후 3년 있다가 나이 40세에 결혼한 것이다. 그래서 '아하레이 모트 임모'(그의 어머니를 여윈 후)가 본문에 적합하겠다. C. Westermann(1981) 467쪽에 '그래서 이츠하크는 그의 아버지가 죽은 후에 위로를 받았다.'로 번역한 것은 이해가 되지 않는다.

그의(자기) 아버지를 여윈 후(C. Westermann(1981) 467쪽) 및 취리히성경, 개역개정, 천주교성경 참조.

【25장】

1) '와요새프'는 '계속하다, 나아가다'(fortfahren GK § 120d)이다.

2) BHS에 의하면, 창25:3에서 앗슈르, 르투쉼과 르움밈은 대상1:33에는 없다. 아마도 후기 추가인 것 같다.

3) 창25:6 '한 묶씩', 겔46:16 이하 '군주가 아들에게 선물을 주면, 그것은 그의 기업이 되어 자손에게 속한다.'

재산(개역개정) 참조.

4) '떠나게 했다.'는 동사에 관하여 GK § 52g에 보면, 강의능동태는 사역동사의 의미를 나타내는 동작이다.

5) 태라흐와 그의 세 아들들인 아브라함, 나호르, 하란의 후손後孫들은 상부 메소포타미아와 북부 시리아에 걸쳐 살았다.

아브라함의 후손들을 살펴보면, 하가르가 낳은 이쉬마엘의 아들들은 아라비아반도의 남부와 남서부에, 컷투라가 낳은 여섯 아들들은 북서쪽 경계에 있는 지역에, 립콰가 낳은 이츠하크의 아들들(에사우와 야코브)은 애돔과 이스라엘로 퍼져 나갔다. 아브라함의 조카 롯트는 모압과 암몬인의 조상이 된다.

6) '암마우'(עַמָּיו 'ammâw)는 '동족', '혈족'의 의미이다.

백성(개역개정), 선조(천주교성경) 참조.

'암'(עַם 'am)은 가족, 친족, 친척, 씨족, 부족 그리고 우리말 '겨레'의 의미를 갖는다. '암'은 나중에 '고이'(גּוֹי gôy 백성, 신4:6 겔33:13 시96:3 등)와 같이 쓰인다. '암'은 가족의 조상 또는 선조이다. 70인역은 '암'을 라오스(λαός), 혹은 게노스(γενος), 백성(창25:17; 35:29)으로 번역하였다.

어원적으로 '암'(עַם 가정, 친족, 겨레)은 전치사 '임'(עִם ~와 함께, 에게서, 가까이에서)의 의미에서 유래하였다. 이런 단어는 기원전 1000년부터 이중적, 집합적-개인적인 의미를 가졌으며, 공동조상의 후손을 의미하였다. 메소포타미아에서 명단이 발굴되었으며, 페니키아와 푼족은 '암'을 시민의 총회 집회라는 말로 사용하였다. 특히 그리스어 '데모스'(δῆμος)는 자유 시민의 총회를 나타낸다. 이는 유대 민족의 집회에 응용된다. 창28:3; 35:11; 48:4에 나오는 '케할'은 민족들의 집회를 나타낸다(신5:19; 왕상12:3 비교).

'암'은 야웨와 이스라엘의 가족 관계를 나타내며, 야웨는 가족 가운데 살고 계시는 분이다(레26:12). 이는 나중에 하나님 겨레와 백성으로 이해된다. 그래서 야웨는 백성을 도와주시고, 염려해 주신다. 이런 맥락에서 '암'은 '고이'(민족)와 동의어적으로 쓰인다(신4:6 겔33:13 시106:34 이하 참조). '암' 개념은 전체성을 나타내는 사상이다. 즉 정치적, 시민적, 종교적인 기구(Institution)의 전체성을 의미한다. 포로 후기에는 유대교의 형성과 함께 겨레, 백성의 총회(느8)를 말한다(Lipiński, ThWzAT Bd. VI, 177-194단 참고).

7) '레노카흐'(לנכח lnkhḥ, 부사 똑바로, 마주하여)는 '그의 아내 앞에서(그를 위하여)'의 의미이다.

개역개정, 천주교성경은 이것을 '위하여'로 불확실하게 번역하고 있다.

8) 창25:23과 창27:29은 시문詩文인데, 이런 시문에서는 '고이'(민족, 이방 민족)가 '르옴'으로 쓰인다. '르옴'(לְאֹם lᵊ'ōm)은 단수이고, '르움밈'(לְאֻמִּים lə'ummîm)은 '르옴'의 복수로 민족, 무리, 사람들을 의미한다. '르옴'은 창25:23에서만 이스라엘 민족을 나타낸다. 그러나 대개 '르옴'은 이방 민

족(사55:4; 60:2), 즉 '고이'와 같은 의미이다. 야웨 하나님은 이방 민족도 자기 백성으로 삼으시며(사41:1), 모든 세상의 민족들은 하나님의 통치 아래 있다(Preuss, ThWzAT Bd. IV, 1984, 411-413단 참조).

9) 족장 공동체族長共同體에서 형제兄弟들은 각각 아버지의 권위와는 독립적으로 특정特定한 권리權利를 소유했다. 이는 기원전 2000년 중반기에 메소포타미아에 나타난 후리트 사람의 사회상을 반영하고 있다(G. 포오러, 이스라엘역사 47~48쪽 참조).

10) 창25:23은 운율적으로 3+4(2+2), 3+3박자의 2행시이다. 번역상 하나의 행을 초반절, 후반절로 2행씩 나누어 만들어 4행시가 된다. 천주교성경도 4행시로 번역했다. '리브와 차이르'는 앗카디안 가족법家族法에서 쌍을 이루는 '라부-스후루'(rabŭ-seḫrŭ) 연장자-연하, 나이든 형-어린 아우의 평행문平行文이다(이에 대해서는 C. Westermann(1981) 502쪽 참조).

11) 창25:27-34 단락은 두 개의 다양한 소제목을 갖는다. 독일어성경과 C. Westermann(1981) 508쪽은 "에사우가 장자 신분을 팔다." 또는 "불콩요리"라는 제목을 각각 달고 있다.

12) '아예프'(עָיֵף 'āyēph)는 창25:29 이하, 신25:18 삿8:4 이하 등에 나온다. '피곤한, 지친, 헐떡이는, 녹초가 된'을 의미한다(W. Gesenius 583쪽 참조). 기진맥진했다(녹초가 되었다).

'나지드'(נָזִיד nāzîdh)는 요리, '주드'(זוד zûdh)는 '요리를 하다, 준비하다'의 의미이다.

13) 붉은 요리에서 '붉은'은 홍갈색 암소(왕하3:22), 붉은 피(사63:2), 여우색깔의 붉은 말(슥1:8; 6:2), 적토마의 색깔이다. 이는 뒤에 '불콩인지? 아니면 붉은 색의 구운 암소 고기인지?'는 정하기 어렵다.

14) '할잇테니'(הַלְעִיטֵנִי hal'îṭēnî)는 사역, 능동, 명령형, 단수單數, 남성, 1인칭 단수 어미, '라아트'(לעט(l'ṭ))가 원형이다. 그 의미는 '실컷 먹다.'이다. 이것은 단순히 '먹게 하라(먹게 해 다오).'(개역개정, 천주교성경)보다 좀 강한 욕구를 표현한다. '실컷 먹게 하다.'이다(H. Gunkel 297쪽, C. Westermann(1981) 388쪽 참조).

15) 장자 신분에 관하여 누지에서는 장자권長子權의 매매賣買가 행해졌다. 장자

권을 포기拋棄하는 자는 양 세 마리를 받았다(G. 포오러, 이스라엘역사 47쪽 참조). 누지는 기원전 4000년부터 있던 메소포타미아의 후리트 족속의 도시이다. 특히 기원전 15~14세기에 누지는 번영한 도시였다. 누지문서文書에 장자권 매매(창25:32)에 관한 고고학적 증거들이 나온다. 무자無子한 부부가 후처後妻를 갖는 법(창16:2; 30:3)도 있다(R. Schippers, Nuzi in: BHH, 1322-1324단).

16) 창25:30에서 '아돔'(אָדֹם 'ādhōm 붉은 것)이 창25:34의 '아다쉼'(אֲדָשִׁים 'ādhāšîm 불콩)과 같은 것인지 주석서에도 설명이 없다. 그러나 우리말 성경에서 번역하여 읽고 있는 '팥죽'(개역개정)은 아니다.

유목민 식사遊牧民食事에 '구운/삶은 고기, 빵과 소스/걸쭉한 수프', 그리고 '포도주'가 일반적이라면, 쌀로 만든 '죽'은 음식에 있어 문화적으로 이질적인 것이다.

구약에 보이는 유목민의 음식으로는 무교병無酵餠(누룩을 넣지 않은 빵), 밀과 보리 가루를 걸쭉하게 물과 섞어 만든 죽, 불콩 요리, 채소 요리들, 양파, 부추, 오이, 마늘, 콩, 방향용芳香用 식물, 무화과無花果 열매, 건포도, 포도주, 맥주, 꿀, 우유, 버터, 치즈(엉긴 젖), 생선, 소・양과 염소 고기 및 사냥한 사슴 고기 등이 있다(창18:27 출12:1-22; 16-31 민11:5 삼상25:18 삼하6:19 등 참조).

'불콩'은 고고학적考古學的으로 고대 중동 지역의 질그릇에 남은 것이 발견된다. 그것의 꼭지는 희고 열매는 붉으며, 껍질은 얇다. '래햄'(לֶחֶם leḥem 빵)은 단순한 빵만이 아니라, '음식/식사'의 표현도 된다.

【26장】

1) 창26:1-35의 소제목 분류小題目分類에 관하여 개역개정은 창26:1-25 "이삭이 그랄에 거주하다", 창26:26-33 "이삭과 아비멜렉의 계약", 창26:34-35 "에서의 이방인 아내들" 등 3개의 소제목들을 달아 놓았다.

독일어성경은 창26:1-11 "그라르에서 이츠하크와 립콰", 창26:12-33 "플래샛과 이츠하크의 투쟁, 이츠하크와 아비멜랙의 계약", 창26:34-35

"에사우의 부인들" 등 3개의 소제목을 달아 놓았다.

필자는 창26:1-35의 소제목에 대해서 독일어성경의 소제목을 따르지만 절수를 세분한다. 창26:1-11 "그라르에서 이츠하크와 립콰의 위해危害 상황", 창26:12-21 "그라르의 목자牧者들과의 우물 싸움", 창26:22-25 "르호보트와 브에르섀바 우물과 제단祭壇", 창26:26-33 "아비맬랙이 이츠하크와 브에르섀바 우물 계약", 창26:34-35 "에사우가 헤트 족속 아내를 얻음"으로 달았다.

2) '레모르'(לֵאמֹר lē'mōr)는 '생각하기에'라는 의미이다(루터역; H. Gunkel, 301쪽; C. Westermann 513쪽 참조).

3) '므차헤크'(מְצַחֵק m^{e}ṣaḥēq)는 '애무하고 있는'의 뜻이다.
껴안은 것(개역개정) 참조.

4) 물이 묻혀 있는 냇물 골짜기(W. Gesenius 496쪽과 사57:5 참조).

5) 창26:28과 관련하여 마13:13은 하나님의 신실함을 믿지 못하는 자에게 주의를 주는 것이다.

【27장】

1) 창27:1-46의 소제목小題目들에 관하여, 독일어성경에서 창27:1-40은 '야코브가 장자의 축복을 속여서 얻다.'로, 창27:41-46은 '야코브의 하란으로 도피'(창28:1-9까지 계속됨)로 소제목을 붙인 것은 다른 번역본들(예, 취리히성경, C. Westermann(1981) 525~528쪽, H. Gunkel 305~315쪽, 개역개정)보다 단락 내용에 적합하다.

천주교성경은 창27:1-29은 '야곱이 에사우의 복을 가로채다.'로, 창27:30-40은 '에사우가 잃어버린 복'으로, 창27:41-28:5은 '야곱이 에사우를 피해 하란으로 도망가다.'로, 창28:6-9은 '에사우가 이스마엘의 딸과 혼인하다.'로 소제목을 탁월하게 분류했다.

2) '와티크핸'(וַתִּכְהֶיןָ watikhhæ̂n 그들은 (눈이) 희미해졌다, 눈이 흐려졌다)의 원형은 '카하흐'(כהה khh 흐려지다, 희미해지다)이다.

3) '나프쉬'(נַפְשִׁי naphšî)를 '내 마음껏'(개역개정)으로 번역한다. 마소라의 '내

심령'을 천주교성경은 '나'로 표현한다. NKJV 24쪽 참조(W. Gesenius 514쪽은 '심령'의 의미를 가리킨다). 독일어성경과 C. Westermann (526쪽)은 '내 심령'으로 번역하였다. 생명을 보존 강화하는 기능과 관계된 '내패쉬'(נֶפֶשׁ næphæš)는 '심령'의 의미가 적합하다(W. Gesenius 514쪽과 창27:4, 25 시119:28 창23:8 참조).

4) '자기 아버지를 위하여'는 개역개정, 공동번역, 천주교성경에는 빠져 있다.

5) '힐비샤'(הִלְבִּישָׁה hilbîšâ)는 '라바쉬'(לָבַשׁ lābhaš)의 사역 능동 동사로서, '누구에게 옷을 입히다.'의 뜻이다(창3:21). 독일어 주석서에는 '싸 묶다'(binden)로 해석했다.

개역개정은 '입히다', 표준새번역은 '둘러 주다', 공동번역은 '감아 주다', 천주교성경은 '입히다'로 번역했다.

6) '히크라아'(הִקְרָה hiqrâ), '카라'(קָרָה qārâ)는 '누구의 청을 쾌히 들어주다.'의 뜻이다.

7) 히브리어 문장 구조에서 '나는 너를 만져 보아야겠다.'와 그 다음 의문문장 '하아타'(הַאַתָּה ha'atâ 너냐?) 사이는 아트나흐(중간 쉼표)로 나누인다.

8) 마소라 본문의 '웨하야다임'(וְהַיָּדַיִם w^{e}hayyādhayim 그 양 손(들))은 명사의 성性과 수數의 절대적 명사의 양수兩數(또는 쌍수)이다. 히브리어에서 단수와 복수 외에 양수가 특수하다. 그 다음 '예(여)데 에사우'(יְדֵי עֵשָׂו y^{e}dhê 'ēśāw 에사우의 (양) 손들)에서 '예데'는 '야드'(יָד yādh 손)의 구문형 명사 '~의 손'이다.

9) '~나'는 반신반의半信半疑의 표현, '그럴싸하다, 좀 혼동스럽다'는 종결 어미로 미심쩍다는 여운이다.

10) '와에바르케후'(וַיְבָרְכֵהוּ way^{e}bhārkēhû)에서 접속사 '와우'(ו)는 '그리고' 대신 '그만'으로 해석이 가능하다.

11) 참(개역개정), 정말(천주교성경) 참조. '재'(זֶה zǽ 이것)는 문맥상 '바로'의 의미를 가진다.

12) 그러하니이다(개역개정), 예, 그렇습니다(천주교성경) 참조.

13) '야인'(יַיִן yayin 포도주)은 '티로쉬'(תִּירוֹשׁ thîrôš 포도즙)와 다르다(W.

Gesenius 877쪽).

14) '티로쉬'(תִּירוֹשׁ thîrôš)는 발효되지 않은 포도주, 즉 포도즙이다(W. Gesenius 377쪽과 창27:28, 37 참조). 번역 비평상 대개의 역본들은 포도즙을 포도주(wein, wine)로 불완전하게 번역하였다(루터, 취리히, 영역본, 그리고 개역개정, 천주교성경, 표준새번역, 공동번역, C. Westermann 527쪽 참조). C. Westermann은 '티로쉬'를 창27:28에서는 포도주로, 창27:37에서는 포도즙으로 다르게 번역하였다. 그러나 Holzinger 55쪽에는 포도즙으로 번역되었다.

15) '해웨'(הֱוֵה $h^{ĕ}$wê)는 '하와(하바)'(הָוָה hāwâ) 동사의 명령형, 단수, 남성으로, '되어라'의 뜻이다.

16) 일인칭 어미 '나를'과 대명사 일인칭 '나'는 강조의 의미가 있다. GK § 135de.

17) '차봐래카'(צַוָּארֶךָ ṣawwā'rækhā 너를 가둔 그의 멍에)는 단수, 남성, 2인칭 어미로 동사 '차와르'(צָוָר ṣāwār 멍에에 가두다)의 명사형이다.

18) '파라크타'(פָּרַקְתָּ phāraqtā 뿌리 치다, 벗겨 내다)는 2인칭, 단수, 남성으로, '벗겨내다' 또는 '형기刑期를 치르다.'는 의미이다.

19) '와이섯톰'(וַיִּשְׂטֹם wayyiśṭōm)은 '그가 적대하다.'는 의미이다.

20) '버라흐 러카'(בְּרַח־לְךָ b^{e}raḥ-l^{e}khā eilig weggehen)는 '너는 서둘러 급히 떠나라.'의 의미이다.

21) '야미임 아하디임'(יָמִים אֲחָדִים yāmîm $^{'ă}$ḥādhîm)은 '욤'(יוֹם yôm 날)과 '아하드'(אֶחָד 'āḥādh 하나의 복수)의 결합으로 '한동안'이라는 우리 어법에 가까운 말 같다. 이에 대해서 개역개정은 '몇 날 동안', 표준새번역은 '얼마 동안', 공동번역은 '잠시', 천주교성경은 '얼마 동안'으로 각각 번역했다.

【28장】

1) '와예촵붸후'(וַיְצַוֵּהוּ way^{e}ṣawwēhû 그는 그에게 명령했다)는 '당부하다'(단단히 부탁하다)의 의미보다는 더 강하다. 그리고 문맥상 바로 뒤이어

'로틱카흐'(לֹא־תִקַּח lō' thiqqaḥ 너는 취하지 말라!) 금지 명령형은 '차봐'(צָוָה ṣāwâ 명령하다, 지시하다) 동사와 일치하는 의미로 연결된다.

2) 여기서 '집회'는 이스라엘이 여러 민족의 중심 세력이 된다는 의미이다. 이는 창35:11; 48:4에서도 마찬가지이다. 아브라함의 후손은 야코브에게서 처음으로 갈라지는데, 창1:28; 28:3에 의하면 생육하고 번성하는 하나님의 축복이 야코브에게서 번성과 땅의 약속으로 확대된다(C. Westermann(1981) 673쪽 참조).

3) '알나샤우'(עַל־נָשָׁיו 'al nāšâw 여인, 아내들)는 '여인들이 있음에도'로 해석된다. 천주교성경은 이를 '이쉬마엘에게 가서' 앞에 놓아 원문 문장 구조에 따른 순서에서 벗어났다.

4) H. Gunkel(316쪽)은 창28:(10)11-22에 '베트엘 사화史話(설화)'라는 제목을 달아 놓고 있다. Holzinger와 C. Westermann(1981)은 좀 더 포괄적인 제목으로 '베트엘에서 야코브의 꿈과 맹약盟約'이라 표기했다. 개역개정과 천주교성경은 '야곱이 벧엘(베텔)에서 꿈을 꾸다.'로 제목을 붙였다(취리히성경 참조).

야코브가 베트엘에서 꿈만 꾼 것이 아니라 베갯돌로 하나님의 전을 세울 것과 십일조十一租 헌금에 대한 서약을 한 내용(28:10-22)을 보면, Holzinger와 C. Westermann(1981)의 소제목이 적합하다고 본다.

5) 천주교성경 '너의 아버지 아브라함'은 야코브에게 촌수寸數(할아버지)가 맞지 않는다. 히브리어 '아비'는 '할아버지'의 의미로 해석된다. 개역개정(너의 조부)이 적절한 번역인 듯하다.

6) '이츠하크' 앞에 표준새번역과 공동번역은 '너의(네) 아버지'가 추가되었다.

7) 본서 창14 주 6) 참조.

8) 선돌〔立石〕은 선사시대 이후 원시적인 신앙의 자연석 또는 인공적인 대상물을 세운 것으로 높이 10m에 이르는 것도 있다. 그 크기는 다양하며 지역 경계의 표지이기도 하다.

C. Westermann 557쪽에 보면 '마체바'(מַצֵּבָה maṣṣēbhâ)는 ① 묘지 석표 ② 조약 석표 ③ 기념비 ④ 제의제단 석표의 의미를 가진다. 창28:18에서는 제단 석표로 쓰이는 '마체바'이다. 청동기 중엽 기원전

2000~1600년경 베트엘의 고고학적 발굴 결과도 있다. G. 폰 라트는 높이 2m의 기념석을 언급하고 있다(G. von Rad(1972) 317쪽).

9) 돌머리는 ① 거룩한 대상에 신이 존재함, ② 특수 공간, ③ 하늘 통로, 금지 구역, 초월 지점으로 표시된다. 이에 대해서는 C. Westermann(1981) 557~561쪽 참조.

'기름을 부었다.'는 사람이나 돌에 거룩한 의미를 부여하는 제식祭式 행위이다.

【29장】

1) 창29:1-14의 소제목은 '야코브가 우물가에서 라헬과 라반을 만남', 29:15-20은 '야코브가 라헬을 얻으려 7년을 일함', 29:21-30은 '야코브가 자매인 레아와 라헬과 혼인, 29:31-35은 '레아의 네 아들 르우벤, 쉼오온, 레위, 유다'로 붙였다(이에 대해서는 H. Gunkel 324, 327, 329쪽을 비교).

개역개정에서 창29:1-20은 '야곱이 라반의 집에 이르다.'(천주교성경 참조), 창29:21-30은 '레아와 라헬을 아내로 맞다.'(천주교성경 참조), 창29:31-35은 '야곱에게 아이들이 생기다.'(천주교성경 참조)로 붙여졌다.

2) '알피'(עַל־פִּי 'al pî)는 직역하면 '입 위에'이다.

3) '하샬롬 로'(הֲשָׁלוֹם לוֹ hᵃšālôm lô)는 '그는 평안한지요?'이다.

4) '로아'(רֹעָה rō'â)는 '여자 목동'의 의미이다. 명사 어미 '아'(ָה)는 여성을 표시하는 어미語尾이다. '로애'(רֹעֶה rō'æ̂)는 '남자 목동'이다.

5) '버'(בְּ bhᵉ)는 '……을 얻기 위해'라는 의미이다.

……을 위하여(개역개정), ……을 얻는 대신(천주교성경) 참조.

6) '티티이 미티티이'(תִּתִּי……מִתִּתִּי titî……mititî)는 '내가……에게 주느니, 내가……에게 주는 것이 보다 낫다.'로 번역하는 것이 좋겠다.

7) '케야미임 아하디임'(כְּיָמִים אֲחָדִים kᵉyāmîm 'ᵃḥādhîm)은 '하나'라는 숫자 개념이 아니라, 심적인 느낌으로 어떤 일이 수적인 시간이나 계산 밖에서 진행되는 감정을 나타낸다. 인생 일장춘몽에 비유된다(C. Westermann

563쪽 '하루같이'를 참조). 며칠같이(개역개정), 며칠로밖에(천주교성경) 참조.

그리고 '베아하바토오 오타흐'(בְּאַהֲבָתוֹ אֹתָהּ b^{e}'ah^{ă}bhāthô 'ōthāḥ)는 '그가 사랑하는 가운데' 또는 '그가 그 여자와 사랑에 빠져'로 해석된다.

8) '하바'(הָבָה hābhâ)는 '차지하고 있는 것을 내주다.', '우리에 가둔 짐승을 자유롭게 놀도록 밖으로 놓아주다.'의 뜻이다(창47:16 룻3:15).

9) '~라니'는 '아니다'의 어간에 붙어 미심未審한 말을 되짚어 묻거나 해괴하게 느끼는 감정을 나타내는 종결 어미이다. '그 사람이라니.' 공동번역과 천주교성경은 '아닌가?'를 추가했다. 그러나 원문原文에는 '부정 표시'가 없다. 원문 '힌네 히 레아'(וְהִנֵּה־הוא לֵאָה w^{e}hinnê hiw'(hî) lē'â)는 '그가 보니, 레아라니!'가 원문에 적합하다.

레아라(개역개정), 레아가 아닌가!(천주교성경) 참조.

10) '셔부아'(שְׁבֻעַ Š^{e}bhu'a) 또는 '샤부아'(שָׁבוּעַ Šābhû'a 7일, 한 주일). 특히 신혼 주간新婚週間(Hochzeitswoche)은 창29:27-28에서 신혼新婚 제1주를 의미한다.

11) '서누아'(שְׂנוּאָה ś^{e}nû'â)의 원형 동사는 '사나으'(שׂנא śn' '냉대, 무시'당하다)의 뜻이다.

사랑받지 못함을(개역개정), 사랑받지 못하는 것을(천주교성경) 참조.

【30장】

1) '바나'(בָּנָה bhānâ)의 수동태, 미완료, 1인칭 단수 '웨이바내'(וְאִבָּנֶה w^{e}'ibānæ̂)는 '한 여종을 통해서 아들을 가진다.'의 의미이다(W. Gesenius 104쪽 ④의 의미).

2) '봐예아베크'(וַיֵּאָבֵק wayyē'ābhēq 그가 씨름하였다)는 '임'(עִם 'im ~와 대항하여, ~와 함께)과 함께 연결되어 쓰인다(W. Gesenius 7쪽).

3) '버 오셔리이'(בְּאָשְׁרִי b^{e}'ošrî)는 타르굼(타르굼 요나탄) 사본에 따라 '바 오셔리'(בָּא אָשְׁרִי bā' 'ošrî)가 더 낫다. '내 행복이 왔어!'라는 의미이다.

기쁘도다(개역개정) 참조.

4) '두다이'(דּוּדַי dûdhay 가지과 열매, 아가7:14 참조)는 지중해 연안의 희고 초록 빛깔의 만드라고라(Mandragora/Aphrodisiacum), 즉 임신 촉진 효과를 가진 향이 짙은 열매(실과實果), 독일어로 '토마토'(Liebesapfel)이다. 여섯 살 난 레아의 큰 아들 르우벤이 이런 열매를 따 가지고 왔다(C. Westermann 12~36쪽, BKzAT, 1981, 580쪽).

W. Gesenius 157~158쪽에서는 희고 붉은 향이 짙은 꽃, 향기 나는 노란 과일로 설명한다. 천주교성경에는 '지중해 해변의 풀로써 임신 촉진제姙娠促進劑'로 설명하고 있다. '풀'보다는 '향이 강한 열매'로 보는 것이 적합하다.

합환채(개역개정, 천주교성경) 참조.

5) '이즈밸레니 이쉬'(יִזְבְּלֵנִי אִישִׁי yizb^{e}lēnî 'îšî)는 '① 누구와 집에서 같이 살다, ② 같이 살며 동침한다.'의 뜻이다. '자발'(זָבַל zābhal)은 '잘해 주겠지.'의 뜻이다.

나를 잘 대해 주겠지(천주교성경) 참조.

6) '그녀를(그녀의 청을) 들어 주셔서'는 히브리인의 기도, 탄식, 감사, 소원 등을 허용 승낙한다는 청허 신탁聽許神託의 '공식적인 표현' 문구文句이다.

7) '임나'(אִם־נָא 'im nā' ……한다면, 혹 ……인지)는 겸양을 표현하는 가정 접속사이다. 이 접속사는 '나하쉬'(נָחַשׁ nāḥaš 점占을 치다), '니하쉬티'(נִחַשְׁתִּי niḥaštî, 내가 점쳤다)와 연결되어 '혹 ……인지……내가 점을 쳤다.'로 번역된다(W. Gesenius 476쪽, 창18:3; 33:10; 47:29; 50:4 출33:13; 34:9 참조, 계속해서 498쪽 2.점을 치다).

'내가 점을 쳤다.'라는 히브리어 동사는 일반 역본에서 언급되지 않고 있다(독일어성경, NKJV, 개역개정 비교).

8) '새/세'(שֶׂה śê)에 대한 번역 문제에 있어서 천주교성경은 '(새끼 양들 가운데에서) 검은 것', 표준새번역은 '검은 새끼 양', 공동번역은 '검은 양 새끼', 그리고 개역개정은 '(양 중에) 검은 것'으로 번역하였다.

W. Gesenius에 의하면, '세'는 번제에 쓸 양(창22:7), 양・염소・가축의 적은 무리, 잃은 양(시119:176)의 의미를 가진다.

독일어 주석 C. Westermann(1981) 583쪽에서 '훔'(חוּם ḥûm)을 '검

은 것(암갈색)', 즉 '검은 양'으로 번역하고 있다. 히브리어 원문은 '검은 새끼 양'보다는 '검은 양'을 의미하는 것 같다.

9) '셰퀘트'(שֶׁקֶת šēqæth)는 우물가에서 가축들이 물을 마시도록 돌이나 나무판을 대서 도랑을 만들어 우물물이 흐르도록 해서 양 떼들이 물을 마실 수 있게 한 도구(긴 구유)이다. 개역개정은 '개천의 물구유'로, 천주교성경은 '물통, 물구유'로 번역했으나, '물이 흐르는(도랑) 긴 구유통'이 적합하다.

10) 고대 중동 사회에서 은백양나무 등의 흰 줄무늬 껍질을 벗긴 나뭇가지들을 세워서 줄무늬, 얼룩무늬, 반점무늬 양을 낳게 하는 방법이라고 하는데, 정확한 내용은 미상이다. 창31:7-12 참조.

【31장】

1) '하엘 베트 엘'(הָאֵל בֵּית אֵל ha'ēl bêth 'ēl 베트엘의 하나님)은 '베트엘에서 너에게 나타났던 그 하나님'으로 고쳐 볼 수 있다. 또는 '베트엘의 신神'으로 부를 수 있다.

2) '와요칼 감 아코올'(וַיֹּאכַל גַּם־אָכוֹל wayy'ōkhal gam-'ākhôl)에서 '아코올'(אָכוֹל 'ākhôl)은 절대 부정사의 강조 부사적 용법으로 주어의 계속적인 행동을 나타낸다. '계속하여 왔다.' 그러나 개역개정(다 먹어버렸으니)과 천주교성경(다 써 버리셨습니다)은 완료나 과거 시제로 표현했다.

3) 드라빔(개역개정), 수호신(천주교성경) 참조. W. Gesenius 890쪽, 트라핌 가신상家神像(일반 가정에서 섬기는 신) 참조.

4) 창31:25에서 마소라사본은 '그의 형제들(과 함께)'로 서술하고 있지만, BHS는 그의 장막(אָהֳלוֹ 'āh^{ŏ}lô)으로 읽으라고 하였다(C. Westermann, 597쪽 참조).

5) '아도니'는 나의 주인主人님이지만, 문맥에 따라 딸이 아버님을 부르는 호칭呼稱으로 쓰인다.

6) '봐야래브(랩)'(וַיָּרֶב wayyāræbh)는 '누구를 어떤 일로 비난하다.', '~에 관하여 누구에게 답을 요구하다.'의 의미이다(W. Gesenius 757쪽 참조). 우리말로 '옥신각신하다'로 번역하는 것이 적합하다. '책망하다'(개역

개정)와 '따지다'(천주교성경)와 비교.

7) 고기 중 '찢긴 것'은 음식으로 먹는 것이 금지禁止되었다.

8) '하바노오트 베노타이'(הַבָּנוֹת בְּנֹתַי habānôth b^{e}nōthay)는 '이 딸들은 내 딸들이다.'의 의미인데, '바노오트' 앞에 '하'(הַ)는 원래 지시 대명사 '이것'의 의미를 가진다.

개역개정은 '이것'을 빼놓고 번역했지만, 공동번역과 천주교성경, 그리고 독일어성경(die Toechter)은 그 의미를 살리고 있다.

9) 히브리인의 관습에서 할아버지를 아버지라 하고, 손자를 아들이라 하는 것은 세대를 이어 가는 씨를 말하는 것이기 때문에 '아버지'와 '아들'로도 통용한다.

10) 창31:46 주어가 야코브인가(마소라), 라반인가(라틴어 구약 역본) 하는 문제가 있다. H. Gunkel(352쪽)은 '야코브'로 말한다.

11) '리커투'(לִקְטוּ liqṭû 너희는 돌을 모아라.)에서 '너희'는 라반의 아들들이다. 천주교성경은 '친족들에게 돌을 모아 오십시오.'로 번역하였다.

12) '여가르 사하두우타'(יְגַר שָׂהֲדוּתָא y^{e}ghar śāh^{ă}dhûthā')는 아람어로 증거의 무더기이다.

13) '갈에드'(גַּלְעֵד gal'ēdh)는 히브리어로 증거의 무더기이다.

14) '하미츠파 아셰르 아마르'(וְהַמִּצְפָּה אֲשֶׁר אָמַר w^{e}hammiṣpâ '^{ă}šer 'āmar)는 직역하면 '그(사람)가 말하는바 그 미츠파'라는 장소이다. 따라서 이른바 미츠파(무엇무엇)라는 관용구로 사용된다.

천주교성경의 '미츠파'가 원음에 일치하고, 개역개정의 '미스바'는 불확실한 음가이다.

15) '하마체바'(הַמַּצֵּבָה hammaṣṣēbhâ)에서 '하'는 지시 대명사 '이, 이것'으로 해석 가능하다.

이 기둥(개역개정), 이 기념 기둥(천주교성경) 참조.

16) 마소라사본은 창31:54까지 있다(독일어성경, 천주교성경 참조).

【32장】

1) 마소라사본 창32:1은 개역개정에서 창31:55에 올라가 있다. 이는 마소라사본 창32:1-33에 따라 고쳐야 할 것이다. 개역개정의 창31:1-55은 라틴어 불가타(라틴어역)에 의존한 것이다(불가타역 47쪽 참조). 그러나 마소라사본과 70인역은 창31:1-54까지이다.

독일어성경과 천주교성경은 마소라사본과 70인역에 따라 창31:1-54과 창32:1-33로 매기고 있는데, 개역개정은 불가타역에 의존하여 창31:1-55과 창32:1-32로 매겼다.

문학적으로 보면 창32:1-2에서 라반이 자기 고향으로 떠난 후(32:1), 야코브도 자기 길을 떠난다(창32:2). 따라서 창32:1을 앞장 31:55로 올리는 것은 연결상 부자연스럽다.

2) 딸들은 라반이 야코브에게 준 레아와 라헬을 말한다.

3) 창32:5-6에는 히브리어 '아도니'가 3회 나온다. 사전辭典에 따르면, '아도니'와 '아도나이'가 사람 사이에서 윗사람을 '주인主人'으로, 하나님은 '주主, 주님'으로 구별되게 사용되는데도 현 개역개정에는 이런 두 어휘가 모두 '나의 주主'로 사용된다. 천주교성경은 이 두 어휘를 '주인, 나리'(아도니)와 '나의 주'(아도나이)로 차별해서 쓰고 있다.

W. Gesenius 9쪽에 보면, '아도니'(אֲדוֹנִי ’ădhōnî)가 인간 관계(아버지와 형제(형))에서 쓰는 존칭을 나타낸다면, '아도나이'(אֲדֹנָי ’ădhōnāy)는 하나님에 대해서 또는 군왕君王에 대한 존칭으로 사용된다. 희랍어로는 '퀴리우스'(주主, 군주)가 70인역에 고정되어 불리고 있다. '주'는 임금을 의미하고, 기독교에서 '주'는 신神이나 하나님에 대한 존칭으로 쓰인다고 한다.

그러므로 '아도니'는 인간 관계에서 사회적인 고위층, 연장자, 부모와 형에 대한 존칭이며, 창31:35에 '아도니'는 그대로 '나의 아버님'으로 해석하고, 창32:5-6에서 '아도니'는 형(에사우)에 대한 존칭으로 '나의 형님'이라 부르면 된다고 본다(창세기, 한국신학연구소, 1983년, 354쪽 참조).

구약舊約에서 성스럽게 경외敬畏할 만한 '야웨'(יהוה YHWH)를 함부로 부르는 것이 망령妄靈될까 두려워서 '나의 주'(아도나이)로 옮겨서 부르듯이, 아버지나 형을 가족 관계家族關係에서 존경하는 의미로 부르는 경우에는 일일이 '아브'(אָב 'ābh 아버지)나 '아흐'(אָח 'āḥ 형제)라고 쓰는 대신, 존칭으로 '아도니'라고 칭한 것 같다. 따라서 '아도니'는 가족 부형父兄 관계를 위해서, '아도나이'는 '하나님'에 대한 존칭으로 쓰인다고 생각된다.

개역개정 창31:35; 32:5; 33:8에 보면 '아도니'가 전부 '내 주主'로 번역되어 있다. 이는 하나님 '내 주'와 동격同格이 되는 혼동混同을 가져온다. 그러나 천주교성경은 '아버지'(라반, 창31:35), '(나의) 주인'(창32:5; 33:8), 또는 '나리'(출32:22)라고 번역했다. 이는 원문의 어의語義에 알맞은 것 같다.

4) 히브리어 원문에는 이유 접속사 '키'(כִּי kî ~이기 때문이다, ~함이다)가 있다. 개역개정은 '키'의 의미를 살리고 있으나, 천주교성경은 그것을 간과하였다.

5) '아야림', '아이르'(עַיִר 'ayir)는 어린 나귀이다(Eselfuellen). W. Gesenius 584쪽 참조. '수나귀 열(십) 마리'(공동번역/천주교성경), '새끼 나귀'(표준새번역/개역개정)와 비교.

6) 여기서 선물은 '민하'(מִנְחָה minḥâ 선물 또는 구운 빵 음식 제물의 의미이다)를 말한다. 개역개정과 표준새번역은 창32:18에 '선물(예물)'이 나온다. 천주교성경과 공동번역에는 원문대로 창32:19에 선물로 번역했다.

7) '아도니'는 '형님'으로 바꿔 부를 수 있다. 개역개정은 '주'로, 천주교성경은 '주인'으로 번역했다.

8) 창32:25(24) "그 때 어떤 분이 그와 함께 동이 틀 때까지 씨름을 했다."에서 '이쉬'(אִישׁ 'îš 사람, 남자)는 여기서 '어떤 분' 또는 '적수敵手'로 번역하는 것이 가능하다. 이에 대해 2가지 측면, 즉 창32 전후 내용인 창27:36, 41-42에 서술된 에사우와 야코브의 불화不和 관계를 보는 것이고, 창32:25-30에 서술된 두 대결자의 절체절명의 위기와 화해 관계를 다른 평행문(Parallelen)과 견주어 보는 것이다.

야코브와 씨름한 적수는 누구였을까? 혼자 얍보크 강가에 남아 있던 야코브를 밤새도록 공격했던 이는 그의 엉덩이뼈가 빠지게 한 공격자로서 신적인 존재인가 아니면 인간적인 적수인가는 결정하기 힘들지만, 그가 에사우였을 가능성이 있다(G. von Rad(1972) 360쪽 참조).

물론 밤에 야코브와 씨름한 자가 '에사우'였다고 단정하기는 이르겠지만, 야코브에게 이름을 묻고 '야코브'가 '속이는 자'(창27:36)라는 의미인지 알아서 '이스라엘'로 개명改名해 준 이는 그의 형 에사우이다.

또한 야코브에게 통성명通姓名의 요구를 받은 남자는 자기 이름을 밝히지 않고, 그 대신 '축복'을 해 주었다. 이런 축복은 창27:36에 나오는 장자로서 행할 수 있는 축복권과 관계 된다. 야코브는 그의 형 에사우의 장자 신분권을 에사우의 약점을 이용해서 취했고(창25:29-34), 그의 축복권은 자기 아버지 이츠하크를 속여서 얻어 냈다(창27:22-29). 에사우가 내놓지 않았던 축복권이 이제 어떤 분에 의해서 야코브에게 넘겨졌다(창32:30).

에사우는 이 축복권을 빼앗겼을 때, 아버지에게 애원하고 간청을 하다가 안 되어, 아우인 야코브를 죽이려고 결심했던 위인爲人이었다(창27:41-42 참조). 그런데 이제 야코브와 씨름하였던 '적수'는 절체절명의 순간에 있던 야코브를 쳐서 엉덩이뼈를 빠지게 했다. 죽이는 대신 불구不具가 되게 하였다. 그리고 그 적수는 야코브를 이스라엘로 개명하고, 축복을 해 주었다. 이런 모순된 이중적인 요소, 즉 살해 행위가 축복 행위로의 전환轉換됨은 파라오와 대결해야 했던 모세의 운명과 비교된다(출4:24-26; 12:31-32 비교, C. Westermann 629쪽 참고).

창32에 대한 다양한 해석들이 영미 계통에서도 활발하게 전개되었다. 창32에서 야코브와 에사우의 적대적인 관계는 창27에 대응하는 것으로 지적하였다. 즉 창27의 모티프들이 창32-33에서 반전反轉하는 것에 주목한 것이다(고든 웬함 515쪽 참조). 창27에서 야코브와 에사우의 불화가 창32-33에서는 하나님의 개입으로 두 형제는 화해하게 된 것이다. 또한 야코브와 씨름했던 적수는 그의 형 에사우였다는 시각도 있다(월터 브루거만 400~401쪽 참조).

그러나 위에 언급된 주석자들은 주로 창세기 본문 안에서만 하나님 앞에서의 야코브와 에사우의 투쟁을 말하고 있으며, 약속의 하나님의 속성과 다른 어떤 요소를 지적하고 있다(월터 브루거만 400쪽).

필자는 적대 관계를 화해로 반전시키는 몇몇 구약 본문(출4:24, 26 삼상21:21-25; 24:19-22 욥1:12; 42:10-12)을 살펴볼 때, 하나님은 원래 약속의 백성과 자녀에게 적대적敵對的인 동시에 화해적和解的인 양면을 적대적인 인간을 통해서 계시啓示하실 수 있다고 생각한다. 이런 구절은 창32:28 "너는 하나님과도 사람들과도 겨루어 이겼기 때문이다."에 온전하게 제시되었다.

9) '와잇가 버카프'(וַיִּגַּע בְּכַף wayyiga' bh^{e}khaph)는 '손을 대다.', '씨름에서 힘 있게 치다.'이다. 창32:26, 33의 '베헤오브코'(בְּהֵאָבְקוֹ b^{e}hē'obhqô 그와 씨름을 하면서) 참조. W. Gesenius 484쪽.

10) 본서 창32 주 8) 참조.

11) '학기다-나아'(הַגִּידָה־נָּא hagîdhâ־nnā : נָא nā')는 강렬한 원망願望이나 요청을 나타낸다. 그러므로 하위下位의 존재存在가 상위上位 존재에게 표시하는 자기의 소원을 들어 달라는 강조 표시이다(W. Gesenius 476쪽 참조). '학기다-나아'(הַגִּידָה־נָּא hagîdhâ־nnā')의 뜻인 '제발 알려 달라고 졸랐다.'가 생생한 현장 분위기를 살린다고 본다. 야코브의 집요執拗한 근성根性을 짐작할 수 있다.

12) 이스라엘의 통념으로 하나님을 보는 것은 죽음을 의미한다(출33:20 삿6:22; 13:22 참조). 그러나 이런 이야기는 하나님과의 사건에서 거룩함을 얻게 된 제의 장소를 강조하는 데 목적이 있겠다(G. von Rad(1972) 362쪽 참조).

13) 창32:33은 대부분 주석자에 의해서 후기後期 첨가添加 절로 규정되고 있다(C. Westermann(1981) 625~626쪽 참조).

14) '기드 한나셰 아셰르 알 캅 하야레크'(גִּיד הַנָּשֶׁה אֲשֶׁר עַל־כַּף הַיָּרֵךְ gîdh hannāšǣ 'ăšer 'al-kaph hayyārēkh)는 '엉덩이뼈 위에 있는 그 부위 힘줄'의 뜻이다.

【33장】

1) 두 주어가 명사와 3인칭 대명사로 교대로 나오는 경우, 두 주어의 다름을 표시하기 위해 3인칭 주어는 해당 명사(고유명사)로 바꾸어 표시한다.

"야코브가 그의 눈을 들어 보니 에사우가 400명의 장정들과 함께 오고 있었다. 그러자 그(야코브)는……아이들을 맡겼다."

여기서 '그'를 고유명사 '야코브'로 표기한다. 바로 전 문장이 에사우가 주어이기 때문에 '그'가 '에사우'와 혼동되기 때문이다.

2) 원문은 후반절 문장 첫머리에 '아히'(אָחִי 'āḥî 내 아우)가 나온다. 개역개정과 천주교성경은 '내 아우'를 문장 첫머리에 두었다. 그러나 히브리어 문장은 초반과 후반 사이, 즉 후반 첫머리에 두었다(C. Westermann (1981) 636쪽 참조).

3) 본서 창32 주 8) 참조.

4) '알로트 알라이'(עָלוֹת עָלָי 'ālôth 'ālay)는 내게 딸린 젖먹이 새끼들을 가진 짐승들이다.

5) '함머라카'(הַמְּלָאכָה hammᵉlā'khâ 소득을 주는 가축 떼)는 '라아크'(לאך l'kh)에서 파생된 '믈라카'(מְלָאכָה məlā'ḵâ 소유 가축)를 의미한다. 특히 '라아크'는 '임무를 주어 보낸다.'는 의미이다(W. Gesenius 426쪽 참조). Holzinger 66쪽에서는 '내가 보살펴야 할 소유 재산으로, H. Gunkel 367쪽에서는 '내가 영위하는 가축들'로 번역했다.

6) '자기 길을 향하다.'는 단순한 방향이 아니고, 하나님이 지정한 에사우의 지역과 야코브의 지역을 구별하는 의미를 가진다. 독일어성경과 취리히성경 참조. 개역개정과 천주교성경은 이런 관점이 약하다.

7) '커싯타'(קְשִׂיטָה qᵉśîṭâ)는 알려지지 않은 고대 화폐 단위이다. 여기 외에 수24:32과 욥42:11에만 나온다(C. Westermann(1981) 644쪽). 고대의 화폐로 사용된 은銀의 무게 단위(W. Gesenius 731쪽)이다.

8) 마소라 본문의 '미즈베아흐 봐이크라 로오'(מִזְבֵּחַ וַיִּקְרָא־לוֹ mizbēᵃḥ wayyiqrā' lô)를 BHS는 '마체바 봐이크라 라흐'(מַצֵּבָה וַיִּקְרָה־לָהּ maṣṣēbhâ wayyiqrā lāḥ)로 고쳐서 제안하고 있다. 그 의미는 '(그 곳에) 미즈베아흐를 (세우고) 그를 (엘 이스라엘 하느님)이라 불렀다.'이다. 이에 대해서는 창28:18, 22 참조. C. Westermann(1981) 637쪽에서는 'El Gott Israels(이스라엘의 지고의 하나님)'으로 번역했다. 개역개정과 천주교성경은 히브리어 원문대로 '엘엘로헤이스라엘'(אֵל אֱלֹהֵי יִשְׂרָאֵל 'ēl 'ᵉlōhê yiśr'ēl)이라 부르고, 각주에는 '하나님, 이스라엘의 하나님'

(개), '이스라엘의 하느님 엘'(천)이라 표시하였다. 개역개정의 '하나님, 이스라엘의 하나님'이 자연스러운 번역이다.

【34장】

1) 그 땅의 족장族長은 히위 사람 하모르이지, 셔캠은 족장이 아니다. 개역개정은 '그 땅의 추장 세겜', 표준새번역은 '세겜은 그 지역의 통치자'라고 하여, 셔캠을 잘못 번역하고 있다. 공동번역은 '그 지방 군주인 히위 사람 하몰'이라고 맞게 번역했다.

2) '잠을 잤다.'는 동사가 개역개정, 표준새번역, 공동번역, 천주교성경에는 빠져 있다.

3) '하얄다'(הַיַּלְדָּה hayyaldâ)는 '한나아라'(הַנַּעֲרָ hanna'ărā)와 같은 '처녀'의 의미이다(창34:4 참조). 그 의미는 미성숙한 소녀와 다르다. 미혼 여인인 처녀를 의미한다.

소녀(개역개정, 천주교성경) 참조.

4) '봬해해리쉬'(וְהֶחֱרִשׁ wᵉheḥĕriš)는 '잠잠하다'(창24:21; 34:5)의 뜻이다.

잠잠하였고(개역개정), 아무 말도 하지 않았다(천주교성경) 참조.

5) 이스라엘은 이스라엘 공동체 부류인데, 여기서는 '이스라엘'을 시대착오적으로 사용한 것으로 '이스라엘 백성'이 가나안 사람과 구별되는 것을 말한다(레18:22; 20:13-23 참조).

6) 원래는 수동의 의미 '예아새'(יֵעָשֶׂה yē'āśæ̂ 행해질 것이다)이다.

7) '부스하루하'(וּסְחָרוּהָ wusᵉḥārûhā 장사하면서 두루다니다)는 명령형에 3인칭 단수, 여성, 인칭 어미가 딸렸다(W. Gesenius 541쪽).

머물러 매매하며(개역개정), 두루 돌아다닐 수 있습니다(천주교성경) 참조.

8) '봬헤아하주'(וְהֵאָחֲזוּ wᵉhē'āḥăzû)는 수동태, 명령형, 복수, 남성이며, '아하즈'는 '자리를 잡다', '부동산, 소유를 얻다'를 의미한다(W. Gesenius 24쪽).

천주교성경에는 '거기서 소유를 늘리시오.'가 빠지고 '이곳에 정착하십시오.'라고 되어 있다.

9) 신부 몸값과 예물은 신부와 신부 가족을 위한 것이다. 아카드어로 티르하툼(tirhātum)과 비블룸(biblum)이며, 출22:16의 '모하르'(מֹהַר mōhar는 신랑이 약혼 예물로 신부 아버지에게 치루는 값이다(W. Gesenius 403쪽과 나훔 M. 사르나 235쪽 참조).

10) 이유·논증 문장의 접속사 '키'(כִּי kî ~이기 때문이다)는 어법상 '~임이라', '~하였음이라'로 표현하지만, 강한 이유 표시는 문맥에 따라 '~때문이다'로도 표현한다.

11) '네오타'(נֵאוֹתָה nē'ôṯâ)는 수동태 혹은 강변화 동사, 1인칭, 복수이며, 원형은 '오트'(אוֹת 'ôṯ) 또는 '우트'(אוּת 'ûṯ)이며, '동의하다, 승낙하다'의 의미이다. B. Davidson, 14쪽 참조. 창34:22의 '예오투'(יֵאֹתוּ yē'ōṯû 미완료형 수동태 또는 강변화 동사, 3인칭, 복수)는 '그들이 동의하다.'라는 의미이다(C. Westermann(1981) 650쪽 참조).

2인칭 '당신'은 '하오' 할 자리에 상대되는 사람을 일컫는 말이라면, '그대'는 '너'나 '자네'보다 좀 높인 말이다. 개역개정은 창34에서 '너, 너희'의 반말 내지 손아래 사람으로 칭한다면, 천주교성경은 존대법을 쓴다. 그러나 동년배끼리는 '하오'체가 자연스럽다.

12) 개역개정과 독일어성경은 '콜-요츠에'(כָּל־יֹצְאֵי kol-yōṣ'ê 나가는 이들)를 '출입出入, 나들다'로 번역했다. 공동번역은 '성문께로 나왔던'(천주교성경과 비교)으로 번역했다.

성문에 나온 사람들(천주교성경) 참조.

13) '배타흐'(בֶּטַח beṭaḥ)는 '안전하게'의 의미이다(C. Westermann(1981) 650쪽 참조). '버젓이'(번듯하고 떳떳하여 굽힐 것이 없이)로 번역한다.

【35장】

1) '하알로온'(הָאַלּוֹן hā'allôn)은 '상수리나무'이다. 이에 대해서 C. Westermann (1981) 666쪽 참조. W. Gesenius 41쪽 참조. 천주교성경은 '향엽나무'로 번역했다.

2) '엘 베트엘'(אֵל בֵּית־אֵל 'ēl bêth 'ēl 신전神殿의 신(하나님·하느님))은 야

코브에게서 최초로 나타난다. 아브라함과 이츠하크의 하나님은 명칭만 불렸다면, 야코브의 하나님은 가나안 신전을 하나님 신전으로 바꾸는 분이었다.

3) 구약에서 '이스라엘'(יִשְׂרָאֵל Y(J)iśrāʾēl, 창32:23-33, 특히 28; 33:20; 49:24)은 2514회 나온다. 이스라엘의 의미는 우가리트 문서文書에서 '전차 운행자戰車運行者'이며, 이집트 메르넵타(Merneptah)의 비문碑文에는 어떤 백성의 부류部類로 표시되어 있다.

구약에서 최초의 증거는 창32:29에 나오는 야코브가 '이스라엘'로 개명改名되는 데서 보인다. 창세기에서 29회는 이스라엘이 야코브 개인個人과 관계된다. 그리고 7회는 '이스라엘의 아들들'로 또는 큰 동맹 단체同盟團體로 불린다(창34:7).

이스라엘은 처음에 전체 민족의 명칭이 아니라 장차 온전한 민족을 형성하게 될 '부류'로 파악되었다. 이런 부류가 세력 다툼 속에서 점차로 세계사世界史에 참가할 수 있었다(창10의 세계 민족 계보(Völkertafel) 참조).

이스라엘은 하나님 명칭名稱과 연결連結되어 사용된다(창33:20의 엘 이스라엘의 하나님, 야웨 이스라엘의 하나님, 야웨 체바오트 이스라엘의 하나님 등). 또한 이스라엘은 후손後孫과 민족民族 또는 전체 민족全體民族과 연결되어 불린다(이스라엘의 아들들(자손들), 유다와 이스라엘을 포괄包括하는 '이스라엘', 12지파支派 부류部類로서 '이스라엘', 야웨 백성 '이스라엘'). 나아가 이스라엘은 12지파의 이름이 될 12아들들의 아버지에게 주어졌고, 전체적인 지파를 하나로 묶는 관계 표시로 야코브에게 집중된 이름이다(ThWzAT Bd Ⅲ 986-1012단 참조).

4) '와야알 메알라우 앨로히임'(וַיַּעַל מֵעָלָיו אֱלֹהִים wayyaʿal mēʿālâw ʾᵉlōhîm 하나님께서 그의 위로 올라가셨다)은 신약新約에서 예수께서 제자들과 말씀하던 곳에서 승천昇天하신 것과 비교. 행1:9 막16:19 눅24:50-53 '축복하시고 하늘로 올려지시다.'

5) 천주교성경 '에프라트'(אֶפְרָתָה ʾephrāthâ 곧 베들레헴으로 가는 길)는 원문과 다르다. 원문은 '라헬은 죽어서 에프라트로 가는 길에 장사되었다.'(그것은 베틀래헴이다)로 나온다. '에프라트로 가는 길'이 베틀래헴 지명地名이라

면, 라헬은 '베틀래헴'에서 죽었다는 의미이다.

그러니까 지금 '베틀레헴'이라 부르는 것은 에프라트에 이르는 길까지의 거리이다. 몇 개의 수제 사본手製寫本(Mss), 시리아역, 타르굼 요나탄은 '애프(앱)라트'(אֶפְרָת 'ephrāth)를 '방향 표시 없이'로 기록했다.

베들레헴은 잘못된 첨가添加에 속한다. 그에 대해서는 Holzinger 69쪽 각주 참조. 베들레헴 대신 베트엘과 라마 사이 북쪽에 위치한 에프라트인 것 같다(창35:19). 독일어성경 40쪽 참조.

에브랏 곧 베들레헴 길에(개역개정), 베들레헴으로 가는 길 가에(천주교성경) 참조.

6) 마소라는 '야코브는 12아들을 두었다.'는 문장을 가지고 있다. 그러나 문장이 끊어져 이해가 안 된다. 이에 대해서는 H. Gunkel 384쪽, Holzinger 69쪽 참조. 창49:4의 "너는 네 아버지의 침상에 올라와……내 침상을 더럽혔기 때문이다."를 연결해서 볼 수 있다. 취리히성경은 "야코브가 그에 대해서 진노했다."는 문장을 추가했다.

【36장】

1) 창36:6a-a에서 사마리아오경과 70인역은 '메애래츠 케나안'(가나안 땅으로)으로 읽고, 창36:6b에서 시리아역은 '세이르'를 삽입하고 타르굼 요나단은 '아해레트'(אַחֶרֶת 'aḥærēth 아헤르, '다른 곳')로 읽는다. 위 역본들을 정리하면, 사마리아오경과 70인역은 '가나안 땅'에서 나갔다, 시리아역은 '세이르'로 갔다, 타르굼/타르굼 요나단은 '다른 데'로 갔다로 번역하고 있다.

천주교성경은 '좀 떨어진 땅'으로, 개역개정은 '다른 곳'(타르굼역을 따른 것 같다)으로 번역했다. 그러나 뒤의 창36:8-9을 보면, 에사우는 '세이르'에 거주한다. 창36:6에 지명地名은 '앨 애래츠'(한 땅으로)로 표기되었지만, 그것은 창36:7에서 '그들이 머물렀던 땅'과 연관을 가지면서 '가나안 땅'이 아닌 어느 다른 땅으로 이해된 것 같다.

그래서 마소라는 '어느 다른 한 땅'으로, 타르굼은 '다른 곳'으로, 사마리아오경은 '가나안 땅'으로, 시리아역은 '세이르'로 각기 번역한 것이다. 마소라와 타르굼은 '문학적 여운과 암시'로 간접성을 나타낸다면, 시리아역은 '구체적인 언급'으로 직접성을 보인다고 하겠다(C. Westermann(1981) 681쪽 참조). C. Westermann(1981)에서는 시리아역을 따른다. 창36:8-9에 '세이르' 지명이 나오기 때문이다.

2) 이에 대해서 불가타역에 의하면, '함마임'(הַמַּיִם hammayim 물, 샘물)과 마소라 본문에 나온 '하예밈'(הַיֵּמִם hayyēmim)은 불확실한 어휘인 듯하다. '치료 약수, 건강 샘물, 온수'로 번역되어 있다.

참고 사전은 H. Georges 525단. C. Westermann(1981) 683쪽, 본문 비평은 창26:32b 참조. C. Westermann(1981)도 불가타역을 따른다.

3) '므헤타브엘 베트마트레드 맘메 자하브'(מְהֵיטַבְאֵל בַּת מַטְרֵד מֵי זָהָב məhêṭabh'ēl bath maṭrēdh mammê zāhābh 메자하브 출신 마트레드 딸 므헤타브엘)는 마소라 원문이 좀 불분명하게 기재되어 논의의 여지가 있다.

그래서 개역개정은 '그의 아내의 이름은 므헤다벨이니 마드렛의 딸이요 메사합의 손녀더라.'(창36:39)로 번역했고, 천주교성경은 '므헤타브엘이었는데, 메 자합의 딸인 마트렛의 딸이었다.'로 번역했다. 의미상 양 역본은 동일하다.

그러나 타르굼역은 '그의 아내의 이름은 므헤타브엘이었는데, 금세공인金細工人의 딸인 마드렛의 딸이었다.'로 번역했다(배철현 319쪽 참조).

그러나 독일계 주석은 다음과 같다. "그의 아내는 '메사하브 출신 마트레드의 딸 므헤타브엘'이었다."(Holzinger 71쪽 참조), "그의 아내는 메사하브의 마트레드의 딸 므헤타브엘이었다."(C. Westermann(1981) 682~683쪽)로 번역했다.

위의 역본들은 3가지로 정리된다. ① 하다르 왕의 아내는 메사하브 출신 마트레드의 딸 므헤타브엘, ② 하다르 왕의 아내는 메자합의 딸인 마트레드의 딸 므헤타브엘(개역개정은 '딸'을 항렬行列로 '손녀'라 고쳐서 번역했다. 즉 '메사합의 손녀'로 부른다.), ③ 타르굼은 메사합을 금세공인으로 보고 있으니, 아마도 므헤타브엘은 익명匿名의 금세공인의 손녀격이 된다.

H. Gunkel 394쪽은 '메자하브의 딸, 마트레드의 딸 므헤타브엘'로 번역하고 있다.

문제는 마소라 원문 창36:39에서 '메자하브로부터(출신)인가?', 아니면 '메사하브 딸인가?'를 어떻게 받아들이는가에 달려 있다. 현 히브리 원문에는 '바트 메 자하브'(בַּת מֵי זָהָב bath mê zāhābh 메자하브 딸)로 기록되었다. 그러나 본문 비평은 '미메 자하브'(מִמֵּי זָהָב mimmê zāhābh)로 '자하브 출신인 마트레드의 딸'로 고치고 있다. 본문 비평상 어느 한쪽이 적합하다고 정하기가 어렵다.

【37장】

1) '나아르'(נַעַר na'ar 십대 소년)를 천주교성경은 '심부름꾼'으로 번역했는데, 어떤 근거에서인지 불분명하다.
2) '크토넷 팟심'(כְּתֹנֶת פַּסִּים kᵊthōneth passîm)은 소매 달린 저고리이다. H. Gunkel 404쪽에 보면, '소매 달린 저고리'로 번역되었다.

   채색 옷(개역개정), 긴 저고리(천주교성경) 참조. 배철현 320쪽 각주 4) 여러 채색으로 된 의복, 줄무늬의 긴 옷 참조.
3) 개역개정은 지시 대명사 '이것(이런)'이 빠져 있다.
4) '힌네, 헨, 헤'는 주목注目하라는 소리이다. 창세기에는 '보라'(힌네)가 예레미야(138회) 다음으로 많이 나온다(125회). 구약은 전체적으로 1,057회 가량의 '힌네'(보라)라는 감탄사 불변화사不變化詞(particle, 관사, 전치사, 접속사 등 어형 변화가 없는 것)가 나온다. 예) 창47:23의 '헤'(הֵא hē' 보라의 의미). 창12:11, 19; 15:17; 22:17; 28:15; 30:34(GK 116쪽 참조).

   '힌네'(הִנֵּה hinnê 보라)는 원래 계명誡命을 말하는 경우 명령 과정의 부분으로 알게 하는(알려 주는) 동작이다. 즉 부름과 알림의 소리이다. 이는 청중에게 주의注意와 주목注目을 야기惹起하는 부름이다(D. Vetter, הִנֵּה hinnê siehe, Hrsg(편집). E. Jenni/C. Westermann(1976), THAT 505~506쪽 참조). 영어로 hello에 준한다.

창27:27; 31:50; 37:14; 41:41에 이런 부름 '힌네'가 나오며, 요세프의 꿈 이야기에 자주 나온다. 예) 창28:12; 37:6-9; 40:9, 16; 41:1, 5 41:17; 41:22 등이다.

히브리인의 생활 감정과 무엇을 알리는 집중력을 나타내는 말머리의 신호이다. 히브리인의 특유한 어법語法이다. 이런 '힌네'의 어법은 우리말에 '보세요' 또는 '저', '저기'라는 부름과도 비슷하게 쓰인다고 본다.

그런데 우리말 성경(개역개정, 천주교성경)에는 이런 히브리어 특유의 어법인 '힌네'(여기 보세요!)가 번역에서 빠져 있다. 그것은 부르는 자의 감정 상태나 알리는 자와 청중 사이의 현장감을 상실케 할 수 있다. 따라서 필자는 이런 '힌네'(여기 보세요)를 때로는 '저', '저기'라 표시하여, 부르는 이와 듣는 이 사이의 생생生生한 현장을 살렸으면 한다고 생각한다.

5) '바알'(בַּעַל ba'al 쟁이, 놈)은 '하할로모트'(הַחֲלֹמוֹת haḥ^{ă}lômôth 꿈) 앞에서 '쟁이'로 번역된다.

개역개정은 '꿈쟁이'를 '꿈 꾸는 자'로 번역했다.

6) '할라재'(הַלָּזֶה hallāzæ̂ 이리로, 이쪽으로)는 개역개정, 천주교성경, 타르굼역에 빠져 있다.

7) 이것들은 향수, 화장품, 의약품 원료原料로 사용된다. 시체 방부제屍體防腐劑, 악취 제거제惡臭除去劑, 비누 대용으로 쓰인다. 몰약은 감귤에서 나오는 수지성 유지樹脂性油脂의 일종이다. 그것들은 도탄, 미디안, 이쉬마엘 대상隊商들의 무역 상품貿易商品이었다.

8) '배차아/바차아'(בֶּצַע bæṣā')는 '무엇을 부당하게 얻다.'는 의미이다.

무엇이 유익할까(개역개정), 무슨 이득이 있겠느냐?(천주교성경) 참조.

9) 창37:25에서는 이쉬마엘 상인과 창37:28에서는 미디안 상인들이 나타나는데, 한 번은 미디안 상인들이 요세프를 이쉬마엘 상인들에게 팔았다면, 다른 데에서는 미디안 상인들이 구덩이에서 요세프를 훔쳐갔다. 그래서 르우벤이 요세프를 구하려는 계획이 무산되었다(창37:28, 29-30). 전승사적으로 창37:25 이쉬마엘 상인의 등장은 야웨기자(Jahwist)의 문서이고, 창37:28b의 미디안 대상의 등장은 엘로히스트(Elohist)의 문서에 속한다. 요세프가 이집트로 팔려가는 것은 J와 E의 두 개의 민담 전승이

결합되어 있다(G. von Rad(1972) 397쪽 참조).

10) 개역개정은 '나'(1인칭)를 한 번만 표기하고 있다. 원문에 '나'는 두 번 나온다. 이는 화자話者의 강조强調와 절박切迫한 감정의 표현이다. 천주교성경은 원문대로 표기했다.

11) '타로프'(טָרֹף ṭārōph 절대 부정사)는 '토라프'(טֹרַף ṭōraph) 앞에서 강조 부사적으로 사용된다. '분명히, 필경畢竟'의 의미이다.

틀림없다(천주교성경) 참조.

12) '삭(크)'(שַׂק śaq 자루옷)은 암색暗色의 염소 털이나 낙타 털로 짠 상복喪服이다(삼하21:10 사3:24; 50:3 계6:12). 선사시대先史時代에는 평상복이었으며, 시대와 종족에 따라 모양이 다양하다. 대체로 전신全身을 덮으면서 머리와 팔에는 구멍을 내거나, 허리에 두르는 수건 형태가 있다(사22:12 렘4:8; 48:37). 자루옷은 슬픔과 애도哀悼를 표하는 옷이었다(왕상21:27; 욜1:13; 애2:16). 이에 대해서 G. Fohrer, Sack, BHH, III, 1966, 1638단 참조.

13) '스리스'(סָרִיס s^{e}rîs)는 '환관宦官, 내시內侍'이다. 이는 임금 가까이에서 받드는 내시부의 관원官員으로 신체적으로 고환睾丸이 없는 사람이다.

천주교성경이 '스리스'를 '내신內臣'으로, 개역개정이 '신하臣下'로 번역한 것은 오역誤譯이다. 신체적인 특징을 표기하는 '내시'의 관직이 있음에도 그런 것을 구별하지 않고, 일반화하고 있기 때문이다. 그러나 단1:3에서 개역개정은 '스리스'를 환관장으로, 천주교성경은 내시장으로 맞게 번역하고 있다. 양 공용성경은 '스리스'를 일관되게 번역하지 않았다.

【38장】

1) '와예트'(וַיֵּט wayyēṭ 그는 따로 나갔다, 따로 나다, 가족의 일부가 딴 살림을 벌이다)는 '나타'(נָטָה nāṭâ 빗나가다, 길이 갈라지다, 딴 데로 돌리다)의 의미이다.

2) '토새프'(וַתֹּסֶף wetōsæph)는 '끝이다'의 의미이다.

개역개정과 천주교성경은 '다시'로만 번역했고, '끝이다'는 의미는 살리지 않고 있다.

3) '야밤'(יָבָם yābhām)에서 '웨야벰'(וְיַבֵּם w^{e}yabēm 강세동사, 명령형, 단수, 남성, 인연·연분을 맺어라!)은 '시동생과 결혼하다.'의 의미이다.
 본분을 행하여(개역개정), 시동생의 책임을 다하여(천주교성경), 수숙혼嫂叔婚으로 맞아들여라(타르굼 329쪽) 참조.

4) '와이르부 하야미임'(וַיִּרְבּוּ הַיָּמִים wayyirbû hayyāmîm)은 '오랜 세월'의 뜻이다.

5) 과부의 옷에 대해서는 잘 알 수 없지만, 과부는 분명히 너울을 쓰지 않은 것으로 보인다. 그러나 처녀나 기혼녀는 너울을 썼다(창24:65와 G. von Rad(1972) 404쪽 참조). 타마르는 창녀가 아니라 기혼 여성으로 고대 풍습에 따라 외간 남자와 동침할 수 있었다. 그러나 이스라엘에서는 이런 폐습을 엄금하였다(신23:19 민30:7 호4:13 이하 참조).

6) 이유 접속사 '키'(כִּי kî)는 여기서 앞선 일(사실)이 원인이 되어 뒤에 이어져서 일어남을 나타내는 접속 부사 '~때문이다'로 번역된다.

7) 헤로도투스에 의하면 바벨론 사람들은 인장 반지와 지팡이를 가지고 다녔다고 한다. 고고학적인 발굴에 의하면, 회전용 인장(Rollsiegel)은 원통형 석인石印이며, 이 석인을 줄에 달아서 목에 걸고 다녔다고 한다(G. von Rad(1972) 405쪽 참조).

8) 간음죄의 처벌은 투석 또는 화형으로 하는데, 여기서 유다는 가나안 법에 따라 타마르를 화형에 처하고자 했다.

9) 이유 접속사 '키'(כִּי kî)는 여기서 '~때문이다'로 번역하는 것이 적합하다. 천주교성경 참조. 원인이 유다 자신이기 때문이다.

10) 유다와 타마르의 비상非常한 관계關係에 대해서는 H. Gunkel 410~411쪽 참조. 디나 이야기같이 이스라엘의 특별한 기억記憶을 담은 이야기가 요세프 이야기 뒤에 삽입挿入되었다. 특히 이런 삽입에는 요세프의 이집트 이주移住와 다르게 가나안 이주를 말하는 추가 부분追加部分이 있다.

11) '재라흐'(זָרַח zeraḥ)는 '떠오르다'의 뜻이다.

【39장】

1) 마소라 원문은 '파르오'(פַּרְעֹה Par'ô)로 표기하지만, 70인역(헬라어역)은 '파라오'(φαραω)로 표기하고 있다. 개역개정은 마소라 원문을 따라 '파르오'를 '바로'라고 음역했다면, 천주교성경은 70인역을 따라 '파라오'라 표기하고 있다. 일반적으로 70인역의 '파라오'가 더 널리 사용되기 때문에 필자는 '파라오'로 표기한다(불가타역 pharao 참조).
2) 본서 창37 주 9) 참조.
3) '마츨리아흐'(מַצְלִיחַ maṣlîaḥ)는 '승리로 이끄는 자, 목표를 이루는 자'의 뜻이다.

   개역개정은 '형통한 자'로, 천주교성경은 '모든 일을 잘 이루는 사람'으로 번역했다.
4) '예페 토아르'(יְפֵה־תֹאַר yephê thō'ar 예쁜 모습)와 '예페 마르에'(יְפֵה מַרְאֶה yephê mar'ê 예쁜 얼굴 용모)는 구별된다.

   용모가 빼어나고 아름다웠더라(개역개정), 몸매와 모습(천주교성경) 참조.
5) '이티'(אִתִּי 'itî)는 '내 곁에', '내 옆에'라는 의미이다. Holzinger 77쪽과 취리히성경 42쪽에는 neben mir(내 곁에)가 있다. 그러나 독일어성경, 개역개정과 천주교성경에 이 문구는 빠져 있다.
6) 다른 70인역에는 '그 여자와 함께 있도록……'으로 되어 있다.
7) 개역개정은 '간수장看守長', 천주교성경은 '전옥典獄'으로 번역하였다. 현대적 용어로는 '교도소장'이다.

【40장】

1) '봐이프코드'(וַיִּפְקֹד wayyipqōdh)는 '감시하다, 감찰하다'의 의미이다.
2) '와에샤래트'(וַיְשָׁרֶת wayešāræth)는 '그는 시중들었다.'이다. 원형은 '샤라트'(שׁרת šārath 봉사하다, 시중들다)이다(창39:4; 40:4 참조).
3) '조아핌'(זֹעֲפִים zō'aphîm)은 '우울한, 언짢은, 짜증스러운'의 뜻이다.

   근심의 빛이 있는지라(개역개정), 근심하고 있었다(천주교성경) 참조.
4) '피타론'(פִּתָרוֹן pitārôn (꿈)해석, 해몽解夢, W. Gesenius 669쪽)은 창

40:5, 8, 12, 18; 41:11에 나온다.

5) 개역개정의 '그 즙을'은 원문에 없다. 그리고 '그것들을'이 천주교성경에는 빠져 있다.

6) '브오드'(בְּעוֹד b$^{e'}$ôdh)는 '후에, 뒤에' 또는 '~이내, 안에'의 뜻이다.

7) 예레미야도 예루살렘 궁전 근처 구덩이 감옥에 있었다. 렘38:6은 이렇게 말한다. '그들이 예레미야를 끌어다가 감옥 뜰에 있는 왕의 아들 말기야의 구덩이에 던져 넣을 때에 예레미야를 줄로 달아 내렸는데……예레미야가 진창 속에 빠졌더라.'(개역개정)

8) '구노브 구노브티'(גֻּנֹּב גֻּנַּבְתִּי ghunnōbh gunnobhtî)는 강의 수동태, 부정사, '정말로 도적盜賊을 당했다.'가 원래 의미이지만, 정황상情況上 형제들에게 '유괴되어 이쉬마엘 대상들에게 굴욕적으로 팔려 온 몸'을 뜻한다.

천주교성경에서 '붙들려 왔습니다'로, 개역개정에서 '끌려온 자'로 번역한 것은 원의에서 좀 멀다. 원문의 '도둑질당한 것'은 '유괴당했다'는 말로 바꾸어 이해할 수 있다. 이에 대해서는 배철현 341쪽에 잘 번역되어 있다.

9) '호리'(חֹרִי ḥōrî)는 '구운 것, 구운 과자류'이다. 이는 호리 족속(창36:32)과 음이 같다.

흰 떡(개역개정 비교), 과자(천주교성경 참조) 참조.

【41장】

1) '마르에'(מַרְאֶה mar'ê)를 천주교성경은 '잘생기고'로, 개역개정은 '아름답고'로 번역했다. '마르에'는 명사로서 '얼굴', '용모'의 의미이다.

2) 천주교성경은 '갈대밭', 개역개정은 '갈밭'으로 번역했다. 그러나 여기서는 가축들의 방목 장소로 소택지의 습지를 의미한다.

3) '브리오트'(בְּרִיאוֹת b^{e}rî'ōth)는 '알찬', '쉬볼림(שִׁבֳּלִים šibōlîm)'은 '이삭', '카네'(קָנֶה qānê)는 '곡식 줄기(대)'이다.

개역개정의 '무성하고 충실한'에서 '무성한'은 잎이나 나무가 촘촘한 경우에 해당하나, 이삭의 낟알의 경우는 '알찬'이 더 적합하다.

4) 천주교성경은 '동풍東風'을 '샛바람'으로 번역했다. 샛바람은 뱃사람이 말하

는 동풍이다. 그러나 여기서 '카디임'(קָדִים qādhîm)은 지중해 쪽으로 부는 사막의 열풍熱風을 말한다.

5) '츠누모트'(צְנֻמוֹת ṣ^enumôth)는 '쭉정이'이다(W. Gesenius 688쪽 참조).

6) '다코트'(דַקּוֹת daqqôth)는 '마르고(마른, 얇은)'이다(W. Gesenius 167쪽 참조).

7) '셔두포트'(שְׁדֻפוֹת š^edhuphôth)는 동풍으로 '검게 그을은'이다(W. Gesenius 809쪽 참조).

8) '아바다우'(עֲבָדָיו ^ăbhadhâw 그의 종들(에게))는 70인역에도 τοις παισιν αυτου(그의 종들에게)로 표기되어 있다.

그러나 천주교성경은 '당신의 종들에게'로, 개역개정은 '(바로께서) 종들에게'로 번역했다.

마소라와 70인역에 따라 3인칭 단수격 '그의 종들'이 맞다. 따라서 '그의 종들'을 '왕의 신하들'로 바꾸고, '파라오' 인명의 3인칭 '그가'는 '폐하께서'로 표기할 수 있다.

9) '아바다우'(עֲבָדָיו ^ăbhadhâw 그의 종들에게) 다음 문장에서 '오티'(אֹתִי 'ōthî 나를)는 '오탐'(אֹתָם 'ōthām 그들을)으로 고친다(사마리아오경과 타르굼오경(P) 참조).

천주교성경은 '당신의 종들에게'로 번역했다. 이 경우 주어는 3인칭, 남성, '카차프'(קָצַף qāṣaph 그가 진노했다), '와잇텐'(וַיִּתֵּן wayyitēn 그가 넣었다)과 모순矛盾을 일으킨다. 그리고 개역개정은 아예 '종들에게' 앞에 3인칭이든 2인칭이든 인칭 어미(suffix)를 생략省略했다.

원문의 기록을 번역에서 임의로 삭제削除하는 것은 손상損傷을 준다. 원문이 천주교성경대로 '당신의 종들'을 사용하려면 동사도 '카차프타'(קָצַפְתָּ qāṣaphtā 당신이 진노했다)와 '이탠카'(יִתֶּנְךָ yitænkhā 그가 넣었다)의 2인칭 어미를 가져야 한다. 개역개정은 원문의 3인칭 동사와 인칭 어미를 그대로 따르고 있다.

우리가 원문에서 읽기로는 호위대장의 집 감옥에 세 사람만 언급되지만, 파라오의 신하들이 감옥에 갇혔을 때는 여러 죄수들이 술 맡은 시종장과 빵 굽는 시종장과 함께 갇혔던 일을 추정推定해 볼 수 있다. 이에 대한 내용이 창41:10 '그의 신하들에게'와 '그들을'로 서술되며, 그 중에 '빵 굽는 시종장'과 함께 요세프가 언급된 것 같다.

10) 천주교성경은 '저는 복직되고'로, 개역개정은 '나는 복직되고'로 번역했지만, 목적어 '오티'(אֹתִי ʾōtî 나를)를 주어로 돌렸다. 그리고 '슈브'(שׁוּב šûbh 돌아오다)의 사역 능동, '돌아오게 하다'를 수동태로 바꾸어 번역했다. 원문은 '그는 저를 제자리에 복직시켰다.'로 기록하고 있다.

11) '와예갈라흐'(וַיְגַלַּח wayeghallaḥ)는 '면도하다', '와예할레프'(וַיְחַלֵּף way-eghallēph)는 '바꾸다, 갈다'이다. 천주교성경의 '옷을 갈아입혔다.'는 사역의 의미이다. 이는 원문을 변경한 번역이다. 개역개정의 '옷을 갈아입고'가 원문에 일치한다.

12) 천주교성경은 '그러나 이렇게 잡아먹었는데도,……모습이 흉하였다.'로, 개역개정은 '먹었으나 먹은 듯하지 아니하고, 여전히 흉하더라.'로, 표준새번역은 '흉측한 암소들은, 살이 찐 암소들을 잡아먹었는데도, 여전히 굶은 암소처럼 흉측하였다.'로, 공동번역은 '그러나 이렇게 잡아먹고도 여전히 볼품없어서 그것들이 다른 소를 잡아먹었으려니 짐작할 수 없었다.'로 번역했다.

히브리어 원문 문장 주어는 '살찐 암소'인데, 천주교성경과 개역개정은 목적어(흉한 암소)를 주어로 바꾸었다. 그리고 '마르에핸'(מַרְאֵיהֶן marʾêhen 그들의 얼굴들)이 '모습'으로 번역되거나 생략(개역개정)되었다.

13) '쿠무'(קוּמוּ qûmû)는 '시작되다, 들다'이다.

14) BHS의 본문 비평은 '카베드'(כָּבֵד khābhēdh 강변화 동사 완료형, 무겁다, 심하다, 중하다) 대신 '익크바드'(יִכְבַּד yikhbadh 미완료형, 그것은 심할 것이다)로 바꾸었다.

15) '핫샤님 핫토보트 하바오트 하엘래'(הַשָּׁנִים הַטֹּבֹת הַבָּאֹת הָאֵלֶּה haššānîm haṭṭōbhth habāʾōth hāʾellê)는 '이런(하엘래) 장차 올 풍년(좋은 해들)'의 뜻이다. 여기서 '하엘래'를 천주교성경은 '이 사람들', 즉 지시 대명사 '이들'로 바꿔서 번역했다. 문법적으로 잘못된 연결이다.

'야드 파라오'(יַד פַּרְעֹה yadh parʿô 파라오의 관장, 관리) 뒤에 '웨이트누'(וְיִתְּנוּ w^e yit^e nû 이는 נָתַן nāthan 주다 강변화 동사, 3인칭, 남성,

복수, 그들은 두어야 한다)라는 동사가 보충되어야 한다. 이에 대해서는 BHS 마소라 원문, 비평 자료란의 35[a]와 48절 그리고 W. Gesenius 285쪽 참조.

16) 천주교성경은 '나라를 위한 비축 양식備蓄糧食으로 남겨 두십시오.'로, 개역개정은 '이 땅에 저장하여'로 원문을 번역했다. '피카도온'(저장물(양곡))을 번역한 '비축 양식' 또는 '저장하여'는 의역意譯이다.

17) '액달'(אֶגְדַּל 'eghdal), '가달'(גָּדַל gādhal)은 '크다, 강하다'의 의미이다. 이에 대해서는 W. Gesenius 130쪽, H. Gunkel 438쪽 참조.

천주교성경과 개역개정은 '더 높다'로 번역했다. 이런 경우 '강하다, 크다'가 문맥상 더 적합하다.

높은 것(개역개정), 높은(천주교성경) 참조.

18) 히브리어 완료 동사는 문맥에 따라 '현재적' 의미로 쓰인다. 개역개정은 '총리總理가 되게 하노라.'로 번역하고 있다. 이는 창41:43에도 반복된다.

천주교성경은 '총리'가 아닌, '손 아래 두오.'로 번역했다.

19) 인장 반지는 왕(파라오)의 명령을 공적으로 집행하는 자를 나타낸다(G. 폰 라트, 창세기, 국제성서주석, 425쪽 참조). H. Gunkel(1969) 438쪽에 국가 공인 문서는 인장 반지로 표시되었으며, 공직자가 임명될 때 공직 인장을 넘겨받는다. 같은 관습이 에3:10; 8:2; 제1마카비서6:15에 보인다.

20) '빅데 쉐쉬'(בִּגְדֵי־שֵׁשׁ bighdê šēš)는 Byssus(뷔수스)(출25:4; 28:5; 35:6, 23, 25, 35; 38:23; 39:3 등) 즉 '아마사亞麻絲'로 나온다(W. Gesenius 865쪽 참조). 겔16:10에는 '아마포亞麻布'가 언급된다. 후기에는 아마亞麻는 '부츠'(בּוּץ bûṣ 아마포 옷)를 의미하였다(겔27:16).

21) 이집트 투탕카멘 무덤 벽화壁畵에 고관 취임식 장면이 나온다. 두 번째 병거兵車에 있는 자가 파라오 다음의 두 번째 권력자權力者이다. '아브레크'는 '아버지'(타르굼역, 페쉬타역 참조) 또는 '신전 관리자'(아카드어) '왕궁 대표 관리자'(아카드어)의 의미로도 쓰였다(배철현 348쪽 각주 25) 참조). 아마도 요세프는 파라오 왕궁 관리자로 사부師父나 신관神官의 위치에 있었던 것으로 짐작된다.

엎드리라(개역개정) 참조.

22) '어떤 일도 착수하지 못한다.'(W. Gesenius 751쪽 참조)를 의미한다.

개역개정의 '수족을 놀릴 자'는 좀 어색한 표현表現이다. 이는 인간의 자연스런 행동, 신체적인 몸놀림으로 제한된 의미이다. 그러나 파라오와 요세프의 관계에서 손과 발의 움직임은 '정치적 · 사회적인' 활동의 의미를 상징象徵한다. 여기서는 '세력에 눌려 어찌할 수 없다.'이다.

23) 이집트 궁중 의식 행위로서 그 뜻은 '신께서 말씀하시고 사신다.'이다(G. 폰 라트, 창세기, 국제성서주석, 425쪽 참조).

24) '온'(אֹן 'ōn 나일강 동쪽 해안, 멤피스에서 여러 마일 떨어진 하부 이집트의 도시)은 그리스어로 헬리오폴리스(Heliopolis)이다(W. Gesenius 17쪽).

25) 기원전 3000년대 말경 셈족 부류部類는 이집트의 동부東部 삼각주三角洲로 밀고 들어왔던 역사가 있다. 이집트에서는 그 당시 나일강 물을 끌어들여 큰 호수湖水를 만들었으며, 팔레스타인에 대한 원정 전투遠征戰鬪가 있었다.

유목민遊牧民들을 방어하는 동부 삼각주에도 성벽城壁이 세워졌는데, 그럼에도 불구하고 중간 왕국(제11~13왕조, 기원전 2052~1790) 이후에도 아시아인들이 계속 유입流入되었다. 이들은 부역賦役 · 노역勞役을 당했다.

제2중간기에는 힉소스(Hyksos) 통치統治가 이루어졌다. 12왕조 베니하산 묘지墓地에서 입샤(Ibscha)라는 지휘자는 '외국外國의 통치자統治者'라는 칭호를 지니고 있었다. 이것이 바로 힉소스이다(제2의 중간기, 제14-17왕조, 기원전 1710~1570).

파라오가 공식적으로 명칭을 하사한 것은 '차프낫 파네아흐'(צָפְנַת פַּעְנֵחַ ṣāphnath pa'nē^{a}ḥ 신께서 말씀하시고 사신다)뿐이다. 창42:6에서 요세프는 '핫샬리트'(הַשַּׁלִּיט haššallîṭ 이방異邦 힉소스 통치자)로 불리고 있다.

이집트의 파라오의 신임을 받고 이방인 통치자로서 요세프가 등장했다면(창41:41; 42:6 참조), 역사적으로 요세프 통치 연대統治年代인 기원전 1600년경은 이집트의 제2의 중간기 제14~17왕조, 기원전 1710~1570년에 해당한다.

취리히역은 '나아갔다'를 호령號令하였다(gebot)로 번역하였다. 라틴어로 imperiam '황제가 명령권을 주다, 맡기다'와 비교(K. E. Georges 92-93단 참조).

【42장】

1) '티트라우'(תִּתְרָאוּ tithrāû)는 서로 어찌할 바를 모르고 바라보고 있다는 의미이다. 서로 망설이고 보다.

서로 바라(쳐다)보고만 있느냐(개역개정, 천주교성경) 참조.

2) '아소온'(אָסוֹן 'āsôn)은 '불행한 죽음을 당하다.'의 의미이다. 창42:4, 38; 44:29.

3) '샬리트'(הַשַּׁלִּיט haššallîṭ)는 후기 히브리어이다. 전7:19 겔16:3a 시락(외경서)9:13, 배철현 352쪽 '살리티스'는 이집트 15왕조王朝 힉소스인의 이름이었다. 이는 '모셸'(מֹשֵׁל mōšēl 통치자)과 다른 개념概念이다.

천주교성경은 '샬리트'를 '통치자'로, 개역개정은 '총리'로 각각 번역했다. 그러나 독일 주석자 Holzinger와 H. Gunkel은 'Machthaber'(실권자, 권력자)로 번역했다. 이것이 원문에 가깝다.

그 다음 '하맛쉬비르'(הַמַּשְׁבִּיר hammašbîr 곡식을 파는 자, 창41:56; 42:6 암8:5, 6 참조)는 원래 '샤바르'(שבר šbhr 곡식을 사들이다, 창41:57; 47:2, 5 사55:1 참조)의 사역, 능동, 분사, 단수, 남성으로 사용된다.

4) 천주교성경은 '약한 곳'으로, 개역개정은 '이 나라의 틈'으로 번역했다. 영토적領土的 군사적軍事的인 의미로 '무방비 지역'으로 보아야 한다.

5) 요세프는 파라오 다음 실권자로서 '대감마님'의 존칭으로 불릴 수 있다. 앞에 나온 '아도나이'(나의 주인님)의 2인칭은 그의 직위와 관련되어 '대감마님'이 적절하다. 천주교성경은 '나리'로 번역했다.

6) '헤오스루'(הֵאָסְרוּ hēosrû)는 '사슬에 묶여 있거라.'의 뜻이다. 수동태, 명령형, 창42:16, 19 삿16:6, 10, 13, 16은 외적外的인 구조 분석構造分析의 반복된 주어와 인칭 어미, 소유격 인칭 접미어 '너희의', 2인칭, 복수, 남성 '너희'가 우리 어법에 따라 빠진다.

7) 개역개정은 '너희는 곡식을 가지고 가서 너희 집안의 굶주림을 구하고', 천주교성경은 '나머지는 굶고 있는 너희 집 식구들을 위하여 곡식을 가져가거라.'로 의역했다. 개역개정은 '구하고'라는 말을 붙이고 있다. 천주교성경은 '나머지'를 붙여 놓았다.

8) 개역개정은 '그의 핏값을 치르게 되었도다.'로, 천주교성경은 '그 아이의 피에 대한 책임을 지게 되었다.'로 번역했다. H. Gunkel 444쪽에서 'aber nun wird sein Blut gefordert'(그러나 이제 그의 피가 요구된다)인 완료의 현재적인 의미로 번역되었다(배철현 355쪽 참조).

9) '체다'(צֵדָה ṣēdhâ)는 '여비旅費, 노자路資'이다(W. Gesenius 681쪽). 그러나 천주교성경이 '여행 양식'으로, 개역개정은 '길 양식'으로 번역했다.

10) 이 문장 앞의 '와예차브'(וַיְצַו way^{e}ṣaw 그가 명령했다) 동사는 뒤에 '와우'(waw ו) 접속사로 이어지는 구문형 부정사(Infinitive constructus) 문장들 '르말레'(לְמַלֵּא l^{e}ma'llæ̂ 채우도록 하라), '르하쉬브'(לְהָשִׁיב l^{e}hāšîbh 사역 능동, 구문형 부정사, '되돌리도록 하라'), '라테트'(וְלָתֵת welātheth 주도록 하라)와 연결되어, 구문형 부정사를 명령법으로 쓰도록 한다. 문법적으로 '예차브'(יְצַו y^{e}ṣaw 그가 명령했다)는 강의, 능동, 미래, 3인칭, 단수, 남성이며, 그 원형은 '차봐'(צוה ṣwh 그가 명령한다)에서 나온 것이다.

11) '봐야아수'(וַיַּעֲשׂוּ wayya^{ă}śû 그들은 행하였다)는 시리아역과 불가타역에 의한 것이다. 그러나 마소라사본은 '그가 행하였다.'로 기록되어 문법적文法的으로 불분명不分明하다.

12) '미스포오'(מִסְפּוֹא mispô')는 '여물'이다.

13) '후샤브'(הוּשַׁב hûšabh)는 사역 수동태, 3인칭, 단수, 남성이다. 그러나 천주교성경은 '내 돈이 돌아와 있어'로, 개역개정은 '내 돈을 도로 넣었도다.'로 번역했다. 사역 수동형이 능동형으로 바뀌었다. 여기서 화자話者는 누군가가 받은 돈을 다시 넣었기 때문에, 그에 의해서 '되돌려진 돈(물건)'으로 서술한 것이다. 따라서 우리는 이런 문학적文學的인 의도意圖를 살리는 '사역 수동형'을 그대로 읽는 것이 적합하다고 생각한다.

14) '하코로트'(הַקֹּרֹת haqqōrōth 겪은 일, 경험한 것)는 '카라'(קרה qrh 겪다, 경험하다)의 강변화, 분사, 능동, 여성, 복수형(W. Gesenius 727쪽). '하코로트 오탐'(הַקֹּרֹת אֹתָם haqqōrōth 'ōthām 그들이 겪었던 일).

그들이 당한 일(개역개정) 참조.

15) 70인역은 '엔 퓔라케'(εν φυλακη 감옥 안에)를 추가 보충해서 번역했다.

H. Gunkel(446쪽)은 '우리가 그 땅의 정탐꾼인 것처럼, 그는 우리를 감옥(베미쉬마르)에 넣었다.'로 번역했다. H. Gunkel은 70인역을 따라 번역한 것 같다.

천주교성경과 개역개정은 '감옥 안에'(70인역)라는 보충 없이 원문의 '와잇텐'을 무리하게 번역하는 결과를 가져왔다. 그래서 '(그는) 저희를 그 나라를 엿보러 간 염탐꾼으로 여겼습니다.'에서 '……여기고, 감옥에 넣었다.'를 '여겼습니다'라고만 번역한 것은 본문 비평적本文批評的인 절차節次를 요청받는다.

16) '츠로르'(צְרוֹר ṣ^e rôr)는 돈꾸러미이다. 개역개정은 '돈뭉치'로 천주교성경은 '돈주머니'로 번역했다.

17) '엘래카'(אֵלֶיךָ 'ēlæ̂ khā 당신에게)는 2인칭 대명사이지만, 문맥상 존칭어 '아버지께'로 부르는 것이 적절하다. 아들이 아버지를 칭하고 있기 때문이다(개역개정, 천주교성경 참조).

【43장】

1) '하에드'(הָעֵד hā'ēdh)는 사역 능동, 절대 부정사, 혹은 명령형, 단수, 남성이다. '헤이드'(3인칭, 단수, 남성)는 의미상 'versichern'(보증, 단언하다), 'einschärfen'(엄명嚴命하다)이다.

그런데 천주교성경과 개역개정은 '엄(중)히 경고'(주의하라고 경계하여 알림)로 번역했다. 여기서는 경고보다는 '명령' 행위가 원의에 가깝다.

그에 대해서 Holzinger(82쪽)와 H. Gunkel(448쪽)은 공통적으로 '엄히 명령했다.'(einschärfen), 혹은 '엄히 단언하다.'(약속, versichern)라고 해석했다. 원문상 창42:34에서 이미 요세프는 그의 형들에게 실권자實權者(통치자)로서 명령命令하고 약속約束을 말하고 있다(창43:5 참조).

'너희는 너희 막내아우를 내게 데리고 오너라.……그리하면 나는 너희 형제를 넘겨줄 것이고'(창42:34)는 엄한 명령과 약속의 뜻을 잘 서술하고 있다. 따라서 본문은 '경고'보다는 '긍정적 명령, 약속을 주는 명령문命令文'으로 번역해야 할 것이다.

2) '므샬레아흐'(מְשַׁלֵּחַ m^{e}šallē^{a}ḥ)는 강의 능동, 분사, 단수, 남성, '떠나게 하다'(loslassen, entlassen)의 뜻이다. 천주교성경과 개역개정은 '보내시면'으로 번역했다. '떠나게 한다'는 '보낸다'보다 행동자의 자유를 더 허용하는 의미이다.

3) 취리히성경, 독일어성경, H. Gunkel(448쪽), Holzinger(82쪽) 참조. 그러나 개역개정은 '너희의 아우가 너희와 함께 오지 아니하면'으로, 천주교성경은 '아우와 함께 오지 않으면'으로 의역意譯했다. 마소라에 따라 '아우 없이는'이 어법상 자연스럽다.

4) 문장 첫머리에 접속사 '그 때/그러나'가 있어야 한다(H. Gunkel 448쪽, Holzinger 82쪽 참조). 독일어성경(50쪽)은 '그 때(Da)'로, 취리히성경(48쪽)은 '그 다음'으로 접속사를 붙이고 있다. NKJV는 '그 때'(Then)를 붙이고 있다.

5) '우리(저희)'에 대해서 ① '우리는 출발하여 떠날 것이다.'는 이집트로 식량을 사러 가는 형제 일행이고, ② 우리(형제들), 당신(야코브)과 가족 전체(어린아이들과 아내들)를 아우르는 '우리'가 지칭되고 있다.

'타페누'(טַפֵּנוּ tapēnû 우리 아이들)는 어린아이들만 아니라, '전체 가족원'을 의미한다. 따라서 '식솔食率'로 번역하는 것이 기근飢饉 때 양식糧食을 구하는 정황情況에서 적합하다. 이에 대해서는 W. Gesenius(278쪽)에 잘 설명되어 있다.

그러나 천주교성경은 '저희의 어린것들'로, 개역개정에는 '우리 어린 아이들'로 번역되었다. 이런 경우 Holzinger(82쪽), H. Gunkel(448쪽)에도 '어린 것들'(Kinder)로 번역되어 있다.

6) '미짐라트 하아레츠'(מִזִּמְרַת הָאָרֶץ mizzimrath hā'āræṣ)는 직역하면 '그 땅의 칭송받는 가치 있는 물품'으로 번역된다(W. Gesenius 201쪽, '짐라'(זִמְרָה zimrâ 칭송의 대상)). 이를 용어상 명사名詞로 명문화明文化하면, 토산土産(하아레츠), 명물名物(미짐라트)로 규정할 수 있다.

천주교성경은 '이 땅의 가장 좋은 토산물'로, 개역개정은 '이 땅의 아름다운 소산'으로 각각 번역했다. '미짐라트'(칭송받는 것)가 형용사 '좋은, 아름다운'으로 번역된 것은 원의를 벗어난 의역이라 하겠다.

7) ‘츠(체)리’(צְרִי ṣ^{e}rî)는 ‘발잠’(balsam 독일어)인데, ‘유향乳香’이다. ‘샤케드’(שָׁקֵד šāqēdh)는 ‘아몬드’이나, 개역개정은 ‘감복숭아’(창43:11)로 번역했는데, 렘1:11에서는 ‘살구’로 표기하고 있다. 천주교성경은 ‘편도扁桃’로 번역했다.

8) 개역개정의 ‘혹 잘못이 있었을까 두렵도다.’에서 ‘두렵도다’는 원문에 없다.

9) 본문 비평 BHS에 의하면 창42:19의 ‘한 형제’가 창43:13에 다시 언급된다. 이는 쉼오온이다(창42:24, 36과 사마리아오경, 70인역 참조).

10) ‘하아나쉼’(הָאֲנָשִׁים hā’ănāšîm 그 남자들)은 (요세프의) ‘형제’들로 부르는 것이 더 구체적이다.

11) ‘하민하 하조트’(הַמִּנְחָה הַזֹּאת hamminḥâ hazzō’th)의 ‘이런 예물’에서 ‘이런’이 개역개정에서는 생략되었다. 천주교성경은 ‘이런’을 ‘하아나쉼’에 잘못 연결하고 있다. 즉 ‘이 사람들은 선물을 마련하고, ……’로 번역했다. 그러나 이에 대해서는 H. Gunkel(449쪽) 번역 참조. ‘Da nahmen die Männer dies Geschenk(그 남자들은 이런 예물을 가지고)’이다.

12) ‘레히트골렐’(לְהִתְגֹּלֵל l^{e}hithgōlēl, 재귀 동사, 구문형 부정사(갈랄), überfallen 기습하다), ‘레히트나펠’(니팔 동사, 재귀 동사, 구문형 부정사, über jem. herfallen 엄습하다). ‘우레히트나펠’(וּלְהִתְנַפֵּל ûl^{e}hithnapēl 엄습하다)은 니팔 동사(수동태 동사)의 재귀형이며, 구문형 부정사로 쓰인다(W. Gesenius 513쪽 참조). 히브리어 두 개 동사 재귀형 ‘갈랄’(기습하다)과 재귀형 ‘니팔’(엄습하다)이 나란히 병렬되어 쓰이기 때문에 이런 두 동사 ‘몰래 습격하다’(기습)와 ‘불시에 습격하다’(엄습)를 ‘몰래 갑자기 습격하다’로 연결해서 번역하는 것이 적절하다.

천주교성경이 ‘달려들어 우리를 덮치고’로, 개역개정은 ‘억류하고 달려들어’로 번역한 것과 대비된다. 양 번역에는 ‘몰래, 불시(갑자기)’의 의미가 살려지지 않고 있다.

13) 히브리어 원문은 ‘비 아도니’(בִּי אֲדֹנִי bî ’^{ă}dhōnî 실례합니다, 주인님)가 있지만, 천주교성경은 ‘아도니’(אֲדֹנִי ’^{ă}dhōnî 나리)로만, 개역개정은 ‘내 주여’(아도니)로 번역하고 있다.

여기에 대해서는 W. Gesenius(93쪽)와 H. Gunkel(450쪽) 참조.

여기서 '아도니'는 '나리'의 칭호가 적절하다.

14) 천주교성경과 개역개정은 '기다리며(더니)'를 추가했다.

15) '샤알 레샬롬'(שָׁאַל לְשָׁלוֹם šāʹal leš̌ālōm)은 '누구의 안부를 묻다.'(창43:27 출18:7 삿18:15 삼상10:4 참조. W. Gesenius 797쪽)의 뜻이다. 천주교성경은 '요셉은 그들에게 인사하고 물었다.'로 번역했다.

16) '하재 아히캠 학카톤'(הֲזֶה אֲחִיכֶם הַקָּטֹן hăzæ̂ ʹăḥîkhem haqqāṭōn 이 사람이 너희 막내아우이냐?)에서 '학카톤'(הַקָּטֹן haqqāṭōn)은 문맥상 '작은 동생'(개역개정)이 아니라, '막내 동생'이라야 맞는다.

그리고 Holzinger(83쪽)와 H. Gunkel(451쪽)은 '앨로힘 요흐내카 베니'(하나님께서 네게 은혜로우시기를(빈다), 내 아들아!)에서 '베니'를 '나의 아들'이라 직역했지만, W. Gesenius(103쪽)에는 친어머니의 아들을 '베니', 즉 '(손아래) 나의 젊은이'로 언급한다. 요세프는 벤야민을 자기 친어머니의 아들로서 나의 젊은이로 부르며 친근감을 내비치고 있다.

17) '같이 먹으면(개역개정), 함께 식사하는(천주교성경)'보다 '겸상兼床'이 유사하다.

18) '밈마스오트'(מִמַּשְׂאֹת mimmaśʹōth)는 음식을 준비한 주인이 존경하는 손님에게 내놓는 음식 분량이다(W. Gesenius 464쪽 참조).

19) '와이쉬투'(וַיִּשְׁתּוּ wayyištû 그리고 그들은 마셨다)와 '와잇쉬케루'(וַיִּשְׁכְּרוּ wayyiškerû 그들은 즐겁도록 마셨다)의 '마시다' 동사가 겹친다.

그러나 천주교성경과 개역개정은 '샤타'(שׁתה〈II〉 šthh 마시다)와 '샤카르'(שׁכר škhr 즐겁도록 마시다)에서 '샤타'를 '샤카르'에 융합시켜서 한 가지 동사만 번역한 인상을 주고 있다. 의미는 전달되지만, 먹고 마시고 또 마시는 생생한 현장의 정취는 약화된다.

【44장】

1) '게비아'(גְּבִיעַ gebhîaʹ)는 독일어 'Kelch'(배杯)이다. 렘35:5 '게비임 멜레임 야인'(גְּבִעִים מְלֵאִים יַיִן gebhʹîm mellēʹîm yayin 포도주가 가득 찬 은배, 큰 잔)과 비교. '코스', '케포르'는 독일어로 'Becher'(잔盞)이다. '코

스'는 '게비아'보다 좀 작은 술잔을 말한다. Holzinger(84쪽), H. Gunkel(452쪽)은 히브리어 '코스'를 'Becher'로 번역한 것 같다. 아니면 '잔盞'과 '배杯'를 구별區別 없이 쓰고 있다.

창44:5의 "나의 주인이 그것으로 마시고, 술잔 점을 치는 것이 아니냐?"에서 요세프는 파라오 곁에 실권자이면서도 고대 국가의 대사大事의 길흉吉凶을 파악하는 복점관卜占官(anspices) 역할을 했던 것 같다(세드릭 A. 외 114쪽 참조, 기원전 6세기 이전 역사).

천주교성경과 개역개정도 '잔, 은잔'으로 번역했다. 히브리어 '게비아'는 손잡이가 달린 잔(또는 긴 다리가 달린 잔)인데, '작은 포도주 잔'으로 '코스'와는 구별된다. 따라서 '게비아'는 '큰 포도주 잔', 또는 '은배銀杯'를 말한다.

2) '슐레후'(שֻׁלְּחוּ šullᵉḥû)는 '석방(해방)되었다.'의 의미이다(W. Gesenius 833쪽). 이런 말의 정황은 창42:17에서 요세프의 10형제들이 정탐꾼으로 오인誤認되어 감옥에 3일 갇혔던 일, 창43:18에서 10형제들이 돌려진 곡식 값으로 또 한 번 절도의 혐의를 두려워하는 일 등으로, 그들이 요세프의 집을 나와 가나안 고향으로 가기까지는 이집트에 억류된 공포의 긴장과 불안을 가지고 있었다는 것이다.

이런 정황에서 화자話者는 억압에서 풀려나는 정황을 '슐레후'(그들이 석방되었다)라는 말로 Holzinger(84쪽)와 H. Gunkel(453쪽)은 '사람이 그 남자들과 나귀들을 가게 했다.'로 번역했다.

그러나 개역개정의 '……사람들과 그들의 나귀를 보내니라.'에서는 주어主語가 빠져 있다. 천주교성경은 '그 사람들은 나귀들을 끌고 길을 나섰다.'로 번역했다. 이 경우 사역(하게 하다)이나 수동(하게 되었다)의 의미가 무시無視되었다.

따라서 주어의 동사는 '사역 능동'도 '강변화 능동'도 아닌 '사역 수동 완료형'으로, 즉 '그들은 (사람에 의해서) 풀려났다.'로 번역하는 것이 맞다.

3) '힛삭탐'(הִשַּׂגְתֶּם hiśśaghtām 2인칭 단수 남성에 3인칭 복수 남성 어미가 붙음). '나사그'(נָשַׂג nāśagh einholen 뒤따라잡다)(W. Gesenius 525쪽). 창44:4, 6; 2:7; 31:25 출14:9.

4) '니헤쉬'(נִחֵשׁ niḥēš)는 '술잔으로써 점치다.'이며, '나헤쉬'(נַחֵשׁ naḥēš)는 강의 능동형의 부정사이다. '너희가 행한 일은 나쁜 짓이다.'에서 히브리어 동사 '라'(רַע ra')는 '라'(רעע r'')로 '악하다, 나쁘다'(W. Gesenius 768쪽)의 사역 동사 '하레오탬'(הֲרֵעֹתֶם hărē'ôthem 나쁜 짓을 하다)으로 나온다. 이 문장은 관계 문장과 본 문장으로 이루어졌다. 각 문장의 동사가 각각 번역된다.

……점을 치시는 잔이다(천주교성경) 참조. 원문의 의문 접두사 '할로'(הֲלוֹא hălô'……이 아닌가?)는 사실의 수사학적修辭學的인 강조强調를 나타낸다.

5) 고대 사회에서는 종이 주인의 재산이기 때문에 '나에게 종이 될 것이고'란 구절의 의미가 '관리자의 종'이라는 뜻인지, 그 의미가 불분명하다.

'나머지는 면책될 것이다.'에 대해서 개역개정은 '너희는 죄가 없으리라.'로, 천주교성경은 '나머지는 자유롭게 가도 좋다.'로 번역했다. Holzinger와 H. Gunkel은 '너희는 자유롭게 가도 좋다/갈 수 있다.'로 번역했다. 그러나 여기서는 '책임이 없다.'는 표현表現이 적당하다(W. Gesenius 520쪽 참조).

6) 슬픔의 3가지 행동에는 ① 옷을 찢는다, ② 베옷을 걸친다(삼하3:31; 14:2), ③ 오랫동안 애통하고 호곡한다(삼하19:1; 에4:3) 등이 있다.

7) 종교적 사제이며 영적인 직분으로 점치는 능력을 가지고 국가의 운명을 점쳤는데, 이는 고대 로마에서도 나타난다(본서 창44 주 1) 참조).

8) '노마르'(נֹאמַר nō'mar 우리가 말하다), '네다베르'(נְדַבֵּר nedhabēr 우리가 주장하다), '니츠타다크'(נִצְטַדָּק niṣṭadāq 우리가 변명하다)에 대해서는 W. Gesenius(674쪽) 참조.

천주교성경은 '저희가 나리께 무어라 아뢰겠습니까? 무어라 여쭙겠습니까? 또 무어라 변명하겠습니까?'로, 개역개정은 '우리가 내 주께 무슨 말을 하오리까 무슨 설명을 하오리까 우리가 어떻게 우리의 정직함을 나타내리이까'로 세 동사動詞들을 번역했다.

그러나 '아뢰다'는 '알리다'의 경어敬語라면, '말하다'와는 구별된다. '여쭈다'는 '웃어른께 사연事緣을 아뢰다(알리다)'라는 의미이다. 이는 앞의 아뢰다와 같다. 반복할 필요가 없다. '변명하다'는 '잘못이 아님을 사리事理로 따져 밝히다.'이다.

천주교성경은 앞의 두 동사를 너무 의역意譯했고, 원의와 좀 다르다. 개역개정이 이 경우에는 원문에 가깝다.

9) 수제 사본들, 사마리아오경, 70인역, 시리아역본들은 마소라의 '나의 아버지'(아비) 대신 '아비누'(אֲבִינוּ ʾᵃbhînû 우리/저희 아버지)로 말한다. 우리말 성서도 이런 본문 비평을 받아들이고 있다.

10) '와오마르'(וָאֹמַר wāʾōmar)는 '말하다'(H. Gunkel 456쪽, Holzinger 84쪽, 독일어성경, 취리히성경, NKJV, 개역개정, 천주교성경 참조)의 의미이지만, '생각하다'라는 의미도 된다(W. Gesenius 50쪽 참조).

11) '브(버)라아'(בְּרָעָה bᵉrāʿâ)는 '불행하게, 좌절하며'(이에 대해서는 W. Gesenius 766쪽 '라아 II'를 참조)로 번역하는 것이 적합하다. 이미 창42:38에 '브야고온'(בְּיָגוֹן bᵉyāghôn)은 '비참하게' 저승으로 내려간다는 문구가 있지만, 문장文章에 따라 정황이 조금씩 다른 의미를 나타내고 있음에 주목할 필요가 있다.

천주교성경과 개역개정은 '비통해하며', '슬퍼하며'로 일관되게 번역하고 있다. 그러나 창44:29의 '브라아'(בְּרָעָה berāʿâ 불행하게)와 창42:38의 '브야고온'(בְּיָגוֹן beyāghôn 비참하게)은 서로 다른 의미를 가진다.

12) '팬 애르애 바라 아셰르 임차아 애트 아비'(פֶּן אֶרְאֶה בָרָע אֲשֶׁר יִמְצָא אֶת־אָבִי pen ʾærʾæ bhārāʿ ʾăšær yimṣāʾ ʾæth ʾābhî)에서 '바라 아셰르 임차아 애트 아비'는 의미상 '내 아버지에게 당할 불행을'로 번역된다. 이에 대해서는 W. Gesenius 451쪽을 참조.

재해가 내 아버지에게 미침을 보리이다(개역개정) 참조.

【45장】

1) 마소라사본은 '이집트인人이 들었고(와이쉬메우), 파라오 궁전宮殿이 들었다(와이슈마).'로 서술하고 있다. 그러나 70인역과 시리아역은 '파라오 궁전에 들렸다(와이샤마).'로 서술하고 있다.

요셉프의 집에 있던 이집트인들은 요세프의 울음을 들을 수 있었지만, 파라오 궁전은 거리상 그의 울음소리를 들을 수 없었을 것이다. 그래서 나중 이집트인들에 의해 요세프의 일이 전달傳達되었기 때문에, 요세프의 울음이 들렸다고 하는 것이 맞겠다.

그러나 개역개정과 천주교성경은 이집트인에게나 파라오 궁전에 '요세프의 울음이 들리더라(들렸다).'(수동受動)로 번역했다. Holzinger(85쪽)와 H. Gunkel(458쪽, vernehmen 듣다, 들어 알다)은 마소라 원문대로 '소리를 들었다.'(능동能動)로 번역했다.

문제는 양쪽 사람들이 모두 '들었다'(마소라)인가, '들렸다'(개역개정과 천주교성경)인가 하는 것인데, BHS는 이집트인은 '들었다'(능동)이고, 파라오 궁전에는 '들렸다'(수동)로 마소라 원문을 읽자고 한다.

본문 기록 과정에서 저자著者는 '들었다'를 문제 없이 썼겠지만, 문학적文學的으로는 요세프의 울음소리를 듣는 거리를 생각하면, 하나는 '들었다'이고, 다른 하나에게는 '들렸다'로 보는 것이 합리적이다.

2) '테오츠부'(תֵּעָצְבוּ tēʿoṣbhû)는 '상처를 입다, 슬퍼하다'이며, '이하르'(יִחַר yiḥar)는 '성내다, 화내다'이다.

개역개정의 '근심하다', '한탄하다'는 히브리어 두 동사를 적확的確하게 번역하지 못한 듯하다.

천주교성경의 '괴로워하지도, 자신에게 화를 내지도 마십시오.'가 원의에 가깝다.

3) 천주교성경은 '여러분'으로 번역했다. 그러나 손아래 동생이 집안 형들에게 '형님들'로 부르는 것이 자연스럽다.

4) '리플렛타'(לִפְלֵיטָה liphlêṭâ)는 구원과 구조의 의미를 가진다.

5) '(르)아브'(לְאָב l[e]'ābh)는 '고문, 조언자로'를 의미한다(W. Gesenius 1쪽 참조). 우리말로는 왕의 국사國師에 해당한다. 고대에는 제사장祭司長, 예언자豫言者, 왕王과 고위직高位職을 '아버지'로 호칭했던 관습이 있었던 것 같다(이에 대해서 Holzinger 85쪽 참조).

개역개정과 천주교성경에서 파라오의 '아버지'로 직역直譯한 것은 파라오보다 높은 신분으로 잘못 이해하기 쉽다. 오히려 번역상 사부師父로 부르는 것이 적합하다.

6) '이클루'(אִכְלוּ 'ikhlû)는 명령형 '먹으라'이다. 그러나 천주교성경은 '먹게

해 주겠다.'로 번역했다. 개역개정은 '먹으리라'로 번역했다. 원문대로 '당신들은……먹도록 하시오.'로 번역하는 데 문제가 없다고 본다.

그 다음 '애트 헬래브 하아래츠'(אֶת חֵלֶב הָאָרֶץ 'æth ḥēlebh hā'āreṣ), 즉 '땅(나라)의 기름진 것'(천주교성경, 개역개정)은 '토산의 진수'로 번역하는 것이 적합하다. 그 이유는 다음과 같다. '헬래브'(חֵלֶב ḥēlebh)는 여러 의미들, ① 내장을 덮은 장간막, 엉긴 기름, ② 짐승 고기 기름 부분, 제물용 기름, ③ 표상적으로 최상의 음식, 즉 진수珍羞, 진찬珍饌의 의미이다. W. Gesenius 231쪽에 '땅의 기름진 것'은 우리말로 '진수'가 적당하다. 기름, 기름진 것은 '기름이 많은 고기살'과 같은 의미이기 때문이다.

7) '마조온'(מָזוֹן māzôn)은 '자양滋養・보양保養 식품'이다. 그러나 천주교성경과 개역개정은 일반적으로 '양식 또는 음식'으로 번역했다. 앞에 '레헴'(빵, 음식)과 구별시켜 문맥상 '보양 식품'으로 보는 것이 타당하다고 생각된다.

8) '라브'(רַב rabh)는 '만족하다, 족하다, 됐다, 더 이상 바라지 않는다.'라는 의미이다(W. Gesenius 739쪽 참조).

이제 여한이 없구나(천주교성경) 참조.

【46장】

1) '왜콜아새르로'(וְכָל אֲשֶׁר לוֹ wekhol 'ăšær lô)는 '그에게 딸린, 그리고 속한 모든 것'의 의미이다. 이스라엘의 가솔과 소유를 말한다.

2) '웨아노키 아알카 감 알로'(וְאָנֹכִי אַעַלְךָ גַם עָלֹה wə'ānōḵî 'a' alḵā ḡam 'āllô)는 '나는 너를 또한 다시 올라오게 하리라.'의 의미이다(GK § 113 n a와 q b, 그리고 590쪽 참조).

'아알카'(אַעַלְךָ 'a'alkhā 내가 너를 올라오게 하리라)는 '알라'(עָלָה 올라가다)의 사역 능동, 미완료형, 1인칭, 단수에 목적격, 2인칭, 어미가 연결된 동사이다. 즉 '나는 너를 올라오게 할 것이다.'는 의미이다. 그 다음 '감'(גַם 또한) 뒤에 오는 '알로'(עָלֹה 다시)는 원래 '올라가는 것'의 절대형 부정사(Infinitiv absolutus)로서 같은 동사 뒤에서는 강조 부사로 쓰이면서 '계속적'인 의미로 전환轉換된다. 그래서 '알로'는 '다시'로 번역된다. 그리고 '감'(גַּם)은 '또한, 친히, 스스로'의 의미이다. 위 문장을 다시 정리하면 '나는 또한 다시 너를 올라오게 하리라.'로 번역된다. 독일어성경은 "ich will dich auch wieder herauffuehren(나는 너를 또한 다시 위로 인도할 것이다)."로, N. M. Sarna, Genesis בראשית(The JPS Torah Commentary, 1989, 313쪽 참조)에는 "나 자신이 또한 너를 되돌릴 것이다(and I Myself will also bring you back)."로 번역하였다. 또한 '아알카', '알라'는 하나님이 이스라엘을 이집트에서 인도하는 출애굽 구원 행위救援行爲의 공식 문구公式文句이다.

우리말 성경 번역본을 예로 들면 아래와 같다.

개역개정은 "내가……반드시 너를 인도하여 다시 올라올 것이며"로, 공동번역은 "내가 너를 거기서 반드시 다시 올라오게 하리라."로, 표준새번역은 "내가 반드시 너를 거기서 데리고 나오겠다."로 번역하였다.

이 번역들은 '반드시'라는 강조 부사가 불필요하게 추가되어 있다. '알로'는 절대 부정사형으로 같은 동사 앞에서만 강조 부사 '반드시'로 번역되지만, 여기서는 같은 동사 뒤에 나오기 때문에 계속적인 의미로 쓰이는 강조 부사 '다시'로 번역되어야 하기 때문이다.

그리고 '아알카'는 사역 능동 동사 의미로 즉 '내가 너를 올라오게 할 것이다.'인 것을 개역개정, 천주교성경과 표준새번역에서 강변화 동사 '올라올 것이다.'로 의역意譯한 부분은 문제가 된다.

그러나 천주교성경은 부분적으로 원문을 문법에 맞게 번역하였다. 공동번역의 "내가 너를 거기서 반드시 다시 올라오게 하리라."로 원문에 가까운 번역을 시도하였다. '거기서 반드시'라는 불필요한 추가가 없다면, 공동번역이 문법적으로 원문에 가장 가까운 번역이 된다.

3) '레'(לְ l^e)는 '~에 속屬한', '누구의 것'(소유격)을 의미한다. 그래서 '야코브의(에 속한) 모든 사람'이지 '야곱과 함께'(천주교성경, 개역개정)가 아니다.

4) 레아의 자손 33명, 라헬의 자손 16명, 질파의 자손 14명, 빌하의 자손 7명으로 총 70명이다. 그러나 야코브, 디나, 므낫새, 애프라임 4명은 포함되지 않는다(G. von Rad(1972) 454쪽 참조).

5) 창46:28의 주어는 3인칭 단수인데, 번역본들은 야곱 혹은 이스라엘 고유

인명을 붙이고 있다. 문맥상 창46:28은 바로 앞에 있는 창46:27과 연결되기 때문에, 3인칭 주어는 창46:27의 야코브로 불러야 한다.

6) 사마리아오경, 시리아역은 '르헤라오트'(לְהֵרָאוֹת lᵉhērā'ôth)의 수동태 구문형 부정사 '라아'(רָאָה râ)가 '가리켜 주기 위해, 안내하기 위해'의 뜻이다.

7) 집안은 '가까운 살붙이'를 의미한다.

8) '카'(ךָ khā 2인칭 어미 당신의~)가 파라오를 지시한다면, '왕의', '대왕폐하의'로 의역意譯할 수 있다.

천주교성경은 '임금님의'로 번역했고, 개역개정은 '주의'로 번역했다.

9) '토에바'(תּוֹעֵבָה tô'ēbhâ)는 혐오를 의미하며, 불결한 음식, 부정한 관습에 대해서 꺼리는 것이다.

개역개정은 '토에바'를 '가증히'로, 천주교성경은 '역겨워하기'로 번역했다. 이는 '토에바'에 대한 전체적인 의미를 살리지 못하는 것 같다.

【47장】

1) '그 다음'은 H. Gunkel(464쪽)에서 '이렇게', '이와 같이'(so)로, 취리히성경도 'so'로 번역했고, Holzinger(88쪽)는 '그 다음'(hierauf)으로, 독일어성경은 '그 때'(da)로, NKJV도 '그 때'(then)로 번역했지만, 개역개정과 천주교성경은 접속사接續詞(그 다음)를 붙이지 않았다.

2) '아바대카'(עֲבָדֶיךָ ᵃbhādhêkhā)는 '당신의 종들'이란 뜻인데, 여기서는 '폐하의 종들'로 번역했다. 개역개정은 '당신의'를 빼고 '종들은'으로, 천주교성경은 '이 종들은'으로 번역했다.

3) 창12:2-3에서 아브람이 모든 족속의 복의 근원이다. 또한 창28:14에 땅의 모든 족속이 아브라함과 그의 자손으로 말미암아 복을 받을 것이라는 신탁에 근거할 때 아브람의 계열인 야코브에게도 축복권이 인정된다. 따라서 야코브가 파라오에게 축복할 수 있는 것은 그가 파라오의 사부師傅인 요세프의 아버지이며, 아브라함의 후계자이기 때문이다. 출12:32에서도 파라오가 모세에게 축복을 바라는 내용이 나온다.

4) 창45:10의 '고샌'(גֹּשֶׁן gōšæn)은 '라아므세스'(רַעְמְסֵס ra'məsēs)보다 약간

동남쪽에 있다. '고샌'은 이집트 문헌에 나오지 않지만, 아마도 현재 와디(비가 오면 냇물이 흐르는 길) 'Tumilat'에 해당한다. 델타 동부 경계의 비옥한 지대이며, 라아므세스 왕 시대에는 '피톰'(tell el-maschūṭa/tell er-retābe)이라고 한다(이에 대해서 M. Krause, BHH I, 585단 참조).

라아므세스는 나일강 델타 북동 지역 Zoan/Tanis이며, 힉소스 수도와 라아므세스 도시(이집트 21, 22왕조)와 동일시되었다고 한다(M. Krause, BHH III, 2244-2245단 참조). 창45:10과 47:11에서 고샌과 라아므세스 땅이 언급된 것은 고대인의 시대착오적인 서술일 수도 있음을 배제할 수 없다. 고샌은 숙코트(출12:27), 믹돌과 바알 차폰(출14:1) 가까이 있었다.

5) 개역개정은 '요셉이 곡식을 팔아'로 번역했지만, 실제는 '이집트와 가나안인들이 곡식을 사느라 내놓은 돈'을 요세프가 끌어모은 것이다(W. Gesenius 452쪽, 805쪽 참조). '쇼브림'(שֹׁבְרִים šōbh[e]rîm 곡식을 사다)과 연결된 '하님차'인 '빠지다'와 연결된 의미를 살려서 읽어야 한다.

천주교성경은 '사람들이 사 가는 곡식 값'이라 번역했다. Holzinger(88쪽)와 H. Gunkel(467쪽)은 '존재했던, 있던 모든 돈'이란 의미로 번역했다. 즉 '그들이 사야만 했던 곡식을 위해 이집트와 가나안 땅에 있던 모든 돈'으로 번역했다. 그러나 '곡식 값으로 빠져나간 모든 돈'으로 번역해야 한다.

6) W. Gesenius(81쪽)에서 '베미크네켐'(בְּמִקְנֵיכֶם b[e]miqnêkhem)은 '당신들의 가축 값으로'로 번역된다. 개역개정은 '가축과 바꾸어'로 번역했다.

7) 마소라 원문은 '해애비르 오토 래아림'(הֶעֱבִיר אֹתוֹ לֶעָרִים he'[ĕ]bhîr 'ōthô le'ārîm 그는 그를 도시들로 끌어갔다)으로 읽고 있다. 개역개정은 마소라를 따른다. 그러나 BHS 비평 자료란에서 사마리아오경과 70인역은 '해애비드 오토 라아바딤'(הֶעֱבִיד אֹתוֹ לַעֲבָדִים he'[ĕ]bhîdh 'ōthô la'[ă]bhādhrîm 그는 그를 종들로서 일하게 했다)으로 고쳐 읽고 있다. Holzinger(89쪽)와 H. Gunkel(468쪽)에서는 '그는 그들을 자기 소유로 만들었다.'로 번역했다.

8) '메에트'(מֵאֵת mē'ēth)는 '~에게서 나온, ~로 말미암는'의 의미이다(W.

Gesenius 77쪽).

9) 앞머리 접속사 '이렇게'는 Holzinger(89쪽) 참조. 대부분 주석자註釋者와 번역飜譯에는 '이렇게'(so)를 쓰고 있다(H. Gunkel(465쪽), 독일어성경, 취리히성경, NKJV 참조). 그러나 개역개정과 천주교성경은 접속사의 부사 용법을 생략省略했다.

10) '나'(נָא na')는 '바라건대', '아무튼', '어쨌든'을 의미한다. 즉 요청을 강렬하게 나타낸다(이에 대해서는 W. Gesenius 476쪽, Holzinger 89쪽 참조). 이런 '강렬한 요구'의 표현이 NKJV에는 마소라에 따라 'please'(바라건대)가 두 번 반복해서 나온다. 그러나 개역개정과 천주교성경은 이런 강렬한 요청의 표현이 생략省略되었다.

【48상】

1) '리크할'(לִקְהַל liqhal 집회集會로, 공동체의 다수多數, 즉 총체세력으로). '암밈'(עַמִּים 'ammîm)은 '민족들'을 의미한다. 창28:3 참조.

2) 야코브의 12아들로 이루어진 12지파의 명단에 에프라임과 므낫세가 그의 아들 항렬에 들어 있다.

3) '와야르'(וַיַּרְא wayyar' 그가 보았을 때)의 '와우' 접속사는 '~때'라는 시간 문장으로 번역이 가능하다(Holzinger 90쪽, H. Gunkel 472쪽, 취리히성경 54쪽, NKJV 참조).

4) 천주교성경은 '그에게'를 생략했지만, 개역개정은 문맥상 '그에게'를 '아버지 앞으로'로 번역했다.

5) '르오'(רְאֹה r^{e}'ô, '르오트'(רְאוֹת r^{e}'ôth 보는 것)의 구문형 부정사)는 '필라레티'(פִלָּלְתִּי phillāletî 원형 동사는 '팔랄'(פָּלַל pālal 예상하다, 상상하다, 판단하다). 여기서는 '내가 예상했다.'와 연결되어 '보리라고 예상을 못했다.'로 해석된다.

생각하지 못하였더니(개역개정), 생각도 못했는데(천주교성경) 참조.

6) 사마리아오경은 '왕'으로 부르고 있다. '하나님의 천사'는 하나님의 지상적地上的인 현현顯現 양식樣式이다. 하나님과 천사는 이중적인 동질성同質性을 가진

다. 이스라엘은 천사에게서 야웨의 보존과 구원하시는 특별한 행동을 경험하였다(창16:7-8 참조). 야웨의 천사는 이스라엘의 적을 치고(왕하19:35), 예언자를 돕고(왕상19:7), 마술사를 가로막고(민22:22), 사람을 보호하고 인도한다(출14:19; 23:20). 하나님의 건져 주심은 친족의 의무(레25:25-26)를 하나님께 전이轉移한 의미이다. 이는 가장 오래된 구원의 표현이다. 하나님이 자신의 계약을 통해서 인간을 건져 주는 자가 된다. 야웨는 인간의 속박을 풀어 주는 가장 가까운 친족이다(G. von Rad(1972) 471쪽 참조).

7) '웨이드구우'(וְיִדְגּוּ wᵉyidhgû)는 '그들은 수가 많아질 것이다.'의 뜻이다(W. Gesenius 156쪽 참조). '라로브'(לָרֹב lārōbh)는 '많이, 대단히'를 의미한다.

개역개정과 천주교성경은 화법상話法上 '직설법直說法'을 '명령형命令形'으로 바꾸어 '이 아이(들)에게 복을 주십시오.'라고는 했지만 미완료 시제의 원망願望과 기대期待로 표현되는 것이다. 그리고 '이들이 세상에서 크게 불어나리라.'는 '대단히 수가 많아지리라.'와 같은 의미이지만, 히브리어 원문은 후자의 표현에 가깝다.

8) 창48:15-16 본문의 운율韻律은 시문詩文과 산문散文 사이의 유동적流動的인 서술敍述이다(H. Gunkel 473~474쪽 참조).

9) '예미너카'(יְמִינְךָ yᵉmînᵉkhā 당신의 오른쪽)는 '아버지의 오른손'으로 해석된다. '당신의 오른쪽'을 존칭尊稱으로 '아버지의 오른손'으로 부른다(G. 포오러, 구약성서 개론 상 126쪽).

개역개정은 '아버지의(당신의)'를 빼고 '오른손'만 표기했다. 그러나 천주교성경은 '아버지의 오른손'이라 온전히 번역했다.

10) 창48:20에서 3인칭 복수 '그들'을 단수 2인칭 '너'로 부르는 고대 씨족 공동체에서 사용된 집합적 인칭법이다.

11) 창46:4 참조. 가나안 땅 브에르새바에서 야코브에게 나타난 하나님은 야코브와 함께 이집트로 내려가셨다가 야코브의 후손을 출애굽시키겠다는 약속約束을 선포宣布하셨다.

12) '와아니 나타티 레카'(וַאֲנִי נָתַתִּי לְךָ wa'ănî nāthatî lᵉkhā)는 그대로

보면 '나는 네게 주었다.', 즉 완료형이다. 그러나 여기서는 말하는 자의 인정 사실을 '현재'로 나타낸다. '나는 준다.'로 해석된다. 이에 대해서는 Holzinger(91쪽), H. Gunkel(474쪽)에 '나는 네게 준다.'의 현재형現在形 시제時制로 해석했다.

개역개정은 '내가……더 주었나니'라고 완료형을 그대로 번역했지만, 천주교성경은 '나는……더 준다.'로, 즉 완료형을 현재형으로 번역했다. 이것이 히브리어 원문 시제에 일치한다.

【49장】

1) 마소라사본의 '알라'(עָלָה 'ālâ 그가 기어올랐다)를 70인역에서 '알리타'(עָלִיתָ 'ālîthā, ανεβης 네기 올라왔다)로 고쳐서 읽고 있다. 70인역의 '네가 올라왔다.'가 마소라의 '그가 올라왔다.'보다 문맥상 적합하다.

개역개정은 본문 비평 없이 마소라사본의 기록('그가……올랐었도다')을 그대로 따르고 있다. 천주교성경은 '너는 올라왔다.'를 빼놓았다. 즉 '그 때 (너는 올라와서) 내 침상을 더렵혔다.'를 '그 때 너는 내 침상을 더렵혔다.'로 번역했다. 이에 대해서는 취리히성경(55쪽) 참조.

르우벤이 아버지의 침상을 더럽힌 기사는 대상5:1에도 나온다(H. Gunkel 479쪽 참조).

2) '클리(켈리)'(כְּלִי kelî)는 연장, 기물, 도구의 뜻이다(W. Gesenius 348쪽). 취리히성경에는 Werkzeug(기구, 공구, 연장)으로 번역되었다(창31:36; 45:20 세간도구, 기물 등 참조). 그런데 우리말 성경(개역개정, 표준새번역, 공동번역, 천주교성경)의 '칼'은 원의를 벗어난 번역이다.

3) '버소오담'(בְּסֹדָם b^esōdhām)은 '소오드'(סוֹד sôdh 회의, 남성, 명사)에 3인칭 복수 어미 '그들의 회의'로 번역된다. 렘23:18, 22의 '버소드'를 개역개정은 '집회'로 천주교성경은 '모임'으로 번역했다.

4) 창49:6 후반절의 '케보디'(כְּבֹדִי k^ebhōdhî 나의 영광)는 70인역에는 '카베드'(כָּבֵד kābhēdh 격정의 근원으로서의 간장肝臟)으로 읽는다. 영광 '케보디'에서 6번째 의미는 '심령心靈의 표시'로 쓰인다(W. Gesenius 333쪽

참조). 이것은 '간장'과 동일同一한 의미가 된다. 따라서 우리는 70인역에 따라 마소라의 '케보디'(나의 영광)를 '카베드'(나의 격정)로 바꿔서 읽는 것이 원래의 의미라 생각한다. 그러나 격정은 문맥상 심사로 표현할 수 있다.

개역개정의 '내 영광아'는 본문 비평本文批評 없이 그냥 마소라 원문을 따른 것이다. 천주교성경은 구체적인 인간 감정의 기관器官을 1인칭 '나'로 표시했다. Holzinger 92쪽과 H. Gunkel 480쪽과 취리히성경은 '영혼과 마음(심장)'으로 번역했다.

5) '예키메누'(יְקִימֶנּוּ y^{e}qîmennû)는 '일어나게 하다.'이다.

개역개정은 '범할 수 있으랴.'로, 천주교성경은 '건드리랴?'로 의역意譯을 했다. 이런 번역은 유다와의 정당한 힘의 관계보다는 적대 관계만을 드러낸 인상을 주고 있다.

6) '쉴로'(שִׁילֹה šîlô 그에게 속한 자)는 고대 인명(앗카드어 schelu 제후, BHH 3 Bd 1,794단), 고대 도시古代都市 '쉴로'(Silo) 또는 '메시아' 칭호稱號로 추측된다.

그러나 70인역은 '그에게 맡겨진 이가 오기까지'로 마소라 원문을 고쳐서 읽는다.

겔21:32에 '아드 보 아셰르 로'(עַד בֹּא אֲשֶׁר לוֹ 'adh b'ō '^{ă}šer lô 그에게 속한 이가 오기까지)가 창49:10의 관계 문장과 같으나, 창세기는 고대 관계문의 관계사 '섀'(·שֶׁ še·)와 전치사 '로'(לוֹ llô)(시리아역과 타르굼역)의 결합형에 가까운 문장, 즉 '섈로'를 제안提案하고 있다.

현대 주석자註釋者들은 이런 관계 문장 구문의 문법적인 근거로 '그에게 속한 이가'를 받아들이고 있다.

개역개정은 마소라 원문대로 '실로가 오시기까지'로 번역했다. 천주교성경은 '유다에게 조공을 바치고'로 의역意譯을 했고, '오기까지'가 빠졌다.

그러나 마소라 본문 비평 자료란에서 제안한 두 단어의 결합인 '섈로오'(שֶׁלּוֹ šellô 그에게 속한 자)는 BHS의 본문 비평에 따라 관계 문장 구조대로 '그에게 속한 자'(W. Gesenius 822쪽 참조)로 번역하는 것이 원의原義에 가깝다고 본다. 이에 동조하는 주석자는 Holzinger(93쪽)이다.

7) 그의 혈통의 계승을 상징한다.

8) '(라)개팬'(לַגֶּפֶן) (la)gæphæn)은 덩굴이고, '(라)쇼레카'(לַשֹּׂרֵקָה) (la)ššōrēqâ)는 나무 그루(밑둥)이다.

개역개정은 포도나무의 부분을 구분하지 않고, 두 군데 다 '포도나무에 맬 것이며'라고만 표기했다. Holzinger(93쪽)와 H. Gunkel(482쪽)은 '개팬'을 포도나무 그루로, '쇼레카'를 덩굴로 번역했다.

그러나 W. Gesenius 146쪽에는 '개팬'이 덩굴이고, 795쪽에는 '쇼레카'가 포도나무 그루라고 말하고 있다. 아마 '사로크'(שָׂרֹק śārōq 좋은 포도송이(사16:8)), '소레크'(שֹׂרֵק śōrēq 특상 포도송이 사5:2 렘2:21)가 '소레카'(שֹׂרֵקָה śōrēqâ 포도나무 그루의 밑둥)와 혼동된 사례로 보인다.

따라서 개역개정과 천주교성경은 '포도 덩굴(개팬)'과 '포도나무 밑둥(그루, 소레카)'을 '포도나무' 또는 '포도 줄기, 포도나무'로 번역하고 있다.

개역개정은 '이로'(עִירֹה 'îrô 나귀새끼)를 '나귀'로 번역했고, 천주교성경은 '아토노'(אֲתֹנוֹ 'ᵃthōnô 암나귀 새끼)를 '나귀'로만 번역했다.

9) 이 절은 낙원의 풍요 속에 사는 자를 표현한 것이다.

10) 포도주와 우유 앞의 '민'(מִן min)은 '~로 인하여'(원인)보다는 형용사形容詞 비교급比較級 '~보다'로 번역飜譯하는 것이 더 적합適合하다. 이에 대해서 GK § 133c-e 참조. 고유 성질, 특징 개념의 명사, 부정사 뒤에 오는 '민(~보다 더)' 전치사는 비교급으로 쓰인다. 용례 W. Gesenius 434쪽 참조.

포도주로 인하여……우유로 말미암아(개역개정 비교) 참조.

11) '야르카도'(יַרְכָתוֹ yarkhāthô)는 '그의 (좌우) 측면'으로, '야레크'(יָרֵךְ yrkh의 명사, 여성 단수 יַרְכָה yarkâ의 인칭 어미(W. Gesenius 320쪽 참조)이다.

12) '잇사스카르'(יִשָּׂשכָר yiśśāśkhar 날품팔이꾼)는 '잇사카르'(יִשָּׂכָר yiśśākhār)로도 읽는다(W. Gesenius 322쪽). 70인역에는 Ισσαχαρ로, 불가타역에는 Isachar로 표기되었다. KJV가 70인역을 따르고 있다면, 독일어성경은 불가타역을 따르고 있다. 개역개정(잇사갈)은 70인역에 가깝고, 천주교성경(이사카르)은 불가타역에 가깝다.

13) '게두드'(גְּדוּד gᵉdhûdh II 약탈자, W. Gesenius 129쪽 참조, 호7:1

렘18:22)는 주어主語인데, 개역개정(갓은 군대의 추격을 받으나)과 천주교성경(가드는 약탈자들의 습격을 받겠지만)과 취리히성경에서는 주어가 수단격으로 해석되었다.

그러나 마소라 원문에 따라 Holzinger(94쪽)와 H. Gunkel(484쪽)은 '약탈 무리가 그를 공격한다.'로 번역하고 있다. W. Gesenius(129쪽)와 호세아, 예레미아에 나오는 '게두드'는 주어로 나온다. 그래서 필자筆者는 마소라를 따른다.

마소라 원문에서 '아케브'(עָקֵב 'āqēbh 말발굽)는 70인역 외 역본에서 '아케밤'(그들의 말발굽)으로 고쳐졌다. 즉 '그들의 뒤를'로 해석하는 것이 구문적으로 적합하다고 본다.

14) BHS에서는 '아미레'(אֲמִרֵי 'ᵃmirê 어린 양들)로 기록하였다. 70인역 비교. W. Gesenius 51, 973쪽에는 '임마르'(אִמַּר 'immār, 아람어로 אִמּאַר 'immar)로 쓰여졌다. II אמר 'mr에 대해서는 나훔 M. 사르나 342쪽 참조. '아미레'와 '임마르'는 공통적으로 '어린 양들'을 의미한다. 개역개정과 공동번역에서 '소리를 발하도다' 즉 어린 양(임마르)을 말하다(아마르)로 혼동한 것 같다.

15) '포라트'(פֹּרָת pōrāth ~의 과일나무)는 BHS에 따라 '파라'(פָּרָה pārā 과일나무)로 고쳐 보는 것이 맞다. 그리고 '파라' 앞에 있는 '벤'(בֵּן bēn 아들)은 '파라'(과일나무)를 수식하는 형용사로써 '열매·자손'(과일나무 싹, W. Gesenius 103쪽 참조, Holzinger 94쪽)이다.

요셉은 무성한 가지(개역개정), 요셉은 열매 많은 나무(천주교성경) 참조.

16) BHS는 마소라의 '밋샴'(מִשָּׁם miššām 거기서부터)을 '밋솀 오제르'(מִשֵּׁם עֹזֵר miššēm 'ōzēr 도우는 자의 이름으로)로 고쳐서 읽기를 제안한다. H. Gunkel(485쪽)에서 이미 같은 번역을 했다. 취리히성경도 H. Gunkel과 연대한다.

'아비르 야코브'(אֲבִיר יַעֲקֹב 'ᵃbhîr ya'ᵃqōbh)는 야코브의 강한 자이다. 그러나 개역개정은 '야곱의 전능자'로 좀 과장誇張된 묘사를 했다. 일반적으로 '아비르'는 '강한 자'로 통용된다. 개역개정은 '미데'(מִידֵי mîdhê)를 직역하여 '손을 힘입음이라.'로 통합해서 읽고 있지만, 본문 비평本文批評

절차를 밟아 '도움으로'와 '이름으로'로 구분區分해서 창49:24 두 번째 행行 문장의 초반과 후반을 번역할 필요가 있다고 본다. 시리아역/타르굼역 참조.

17) '호라이'(הוֹרַי hôray)는 '호래'(원형 הרה hrh의 강변화 동사, 능동 분사, 복수, 남성)의 인칭 접미어, 1인칭, 단수로 나의 양친(W. Gesenius 187~188쪽, 복수는 양친)이다. 그러나 Holzinger 95쪽 각주 26절은 '나의 양친'을 부정하고, '나를 받아준 이들'로 해석한다.

내 선조의 복보다(개역개정), 예로부터 있던 산들의 복보다(천주교성경), 영원한 산들의 복보다(취리히성경)가 공통적으로 '지상적인 것'이라면, 아버지의 축복은 '영적인 것'을 말한다(창49:25의 '메엘 아비카'(מֵאֵל אָבִיךָ mēʾēl ʾābhîkhā '네 아버지 덕분에')와 비교). 즉 지상적인 양친兩親보다 '하늘의 아버지'께서 축복祝福의 원천源泉이시기 때문이다. 이에 대해서는 Holzinger 95쪽 각주 b 참조.

18) 마소라 원문에는 창49:27 후반절에 '샬랄'(שָׁלָל šālāl 맹수의 밥, 먹이, 탈취물)만 나온다.

개역개정은 '아침에는 빼앗은 것을 먹고 저녁에는 움킨 것을 나누리로다.'로, 천주교성경은 '아침에는 움켜쥔 것을 먹고 저녁에는 잡은 것을 나눈다.'로 번역했다.

두 번역은 목적어를 엇갈리게 말하고 있다. 원문에는 초반절에 '목적어'가 없고, 후반절에만 '잡은 고기'(탈취물)가 나온다. '샬랄'이 공통 목적어라면, "그는 잡은 고기를 아침에 먹고, 저녁까지도 잡은 고기를 나누어 먹는다."이다.

그리고 문장의 시제時制는 미완료형이며, 현재現在의 의미로 번역한다. 현대 주석자들은 '미완료의 현재 의미'로 해석한다. 개역개정은 마소라 원문 그대로 '미래형'으로 번역했다. 시제 번역時制飜譯의 조정이 요청된다.

19) 창49:31에 나오는 주어 '선친들'(원문은 3인칭 복수 '그들')은 창25:9에 나오는 이츠하크와 이쉬마엘이 된다. '이츠하크'가 야코브를 낳았기 때문이다. 일찍이 이츠하크가 그의 아버지 아브라함과 그의 어머니 사라를 막펠라 동굴에 매장했던 것과 같이, 야코브는 그의 부모 이츠하크와 립

콰를 같은 장소에 매장했다. 따라서 이츠하크는 그의 선친 아브라함을, 야코브는 그의 선친 이츠하크를 막펠라 동굴에 안장했다. 이는 창35:29에 나온다.

개역개정과 천주교성경은 창49:31 문장을 "아브라함과 그의 아내 사라가 거기 장사되었고, 그 곳에 아브라함과 그분의 아내 사라께서 묻히셨고"로, 즉 수동태 문장으로 번역하여 아브라함과 사라를 주어로 번역했지만, 히브리어 원문은 능동형 문장의 3인칭 복수 주어 '그들'을 말하고 있다. '그들은' 창25:9의 이츠하크와 이쉬마엘, 창35:29의 에사우와 야코브가 된다. 따라서 개역개정과 천주교성경은 원문 주어原文主語를 생략省略하고 능동태를 수동태로 바꾸어 문맥文脈을 불분명不分明하게 했다.

【50장】

1) '카베드 매오드'(כָּבֵד מְאֹד kābhēdh $m^{e'}$ōdh)는 한 군대軍隊의 많은 수이다(W. Gesenius 332쪽).

그 떼가 심히 컸더라(개역개정), 그것은 굉장한 행렬이었다(천주교성경) 참조.

2) 마소라 본문의 '와이츠우우'(וַיְצַוּוּ wayiṣwuwû)는 '그들이 피력하면서(마음속을 털어놓으면서) 말했다.'라는 의미이다(W. Gesenius 677쪽과 Holzinger 96쪽 참조). 그러나 BHS는 '와이게슈우'(וַיִּגְּשׁוּ way-yig^{e}šû 그들은 가까이 왔다)로 고치도록 제안하고 있다. 히브리 동사 '나가쉬'(נָגַשׁ nāghaš)의 '그들이 가까이 왔다.'(70인역 και παρεγενοντο 참조)의 의미도 가능하다. 그리고 창50:18에서 '와옐쿠'(וַיֵּלְכוּ wayyēlkhû 그들은 갔다)는 '와이브쿠'(וַיִּבְכּוּ wayyibhkhû 그들은 울었다)로 제안하고 있다.

그러나 문학 비평상文學批評上 문맥상 요세프와 그의 형제들은 아직 직접 만나지 않고, 중간 전달자를 통해서 그들의 아버지 야코브의 유언 명령이 창50:17 끝 문장에 나온다. 이에 대해서는 H. Gunkel 490쪽을 참조.

① 창50:15에서 형제들의 대화 장면, ② 창50:16-17에서 요세프와 형

제들 사이에 중간 전달자中間傳達者의 전갈, 그리고 야코브의 최후 원망願望, ③ 창50:17 끝 부분에서 요세프의 감동感動과 눈물 흘리는 장면이 서술되고 있다. 그 다음 창50:18에서 형제들이 직접 요세프에게 온다.

따라서 이런 경우 우리는 BHS의 제안보다 마소라 원문을 그대로 따르는 것이 맞다고 본다. 비평 기호批評記號를 가진 두 개의 어휘가 훼손되지 않고, 문법적인 동사, 인칭, 어미와 의미도 맞기 때문이다.

번역 비평상 개역개정과 천주교성경은 '요셉은 그들이 자기에게 이렇게 말한 것을 듣고 울었다.'라는 의미로 번역했다. 이것은 요세프와 그의 형제들이 중간 전달자 없이 이미 직접 대면하고 있는 현장으로 혼동시키고 있다. 그러면서 창50:18에서는 마소라 원문대로 '그의 형들이 친히 와서……'로 제대로 번역했다.

3) '파코드, 입코드'의 절대 부정사 '파코드'(פָּקֹד pāqōdh)는 같은 어휘 미완료 '입코드'(יִפְקֹד yiphqōdh 반드시) 앞에서 부사적으로 '반드시, 분명히'로 쓰인다. 즉 '반드시 돌보아 줄 것이다.'로 해석된다.

그러나 개역개정은 '반드시'가 빠져 있다. 천주교성경은 '반드시'는 있지만, 다음에 오는 '입코드'를 '찾아오신다'로 번역했다. W. Gesenius 654쪽에 보면, 창21:1; 50:25 출3:16; 4:31 등에서처럼 '누구를 돌보시다.'로 번역하는 것이 적절하다.

개역개정 '……돌보시고', 천주교성경에서 '반드시……찾아오셔서'로 번역한 것은 부분적으로 맞지만, '반드시 돌봐 주실 것이다.'로 번역하는 것이 온전하다(Holzinger 97쪽 취리히성경 참조). 그런데 '파코드, 입코드'가 똑같이 나오는 창50:25에서는 개역개정은 '반드시 당신들을 돌보시리니'라고 맞게 번역하였다.

4) '웨해앨라'(וְהֶעֱלָה wehe'ĕlâ 사역 능동, 미완료 의미, 3인칭, 남성, 단수, 그가 올라가게 한다)는 이른바 '출애굽' 표현 공식表現公式에 해당한다. 그러나 개역개정은 '이르게 하시리라.'로 표현을 바꾸어 쓰고 있다. 넓은 의미로는 동일하다.

부 록

히브리어 고유명사 등의 국어음가國語音價 표기 원칙

구약 창세기에는 상당량의 고유명사(인명과 지명 등)가 나오는데 대략 14명단 목록으로 나온다. 그것들은 각 장절章節 단락段落에 명단 제목으로 분류 정리되어 있다.

최근 천주교성경의 고유명사 표기는 히브리어 원어의 자음과 모음 표기에 발음 법칙을 적용한 사례가 적지 않게 드러나고 있다.

〈개역개정과 천주교성경에 나오는 고유명사 표기〉

1) 갑도르(개) - 캅토르(천) ㄱ, ㅋ 합음合音(창10:14)
2) 달시스(개) - 타르시스(천) ㄷ, ㅌ 합음(창10:4)
3) 바드루심(개) - 파트로스(천) ㅂ, ㅍ 합음(창10:14)
4) 스말(개) - 체메르(천) ㅅ, ㅈ, ㅊ 합음(창10:18)
5) 가사(개) - 가자(천) ㅅ, ㅈ 합음(창10:19)
6) 사라(개)- 사라이(천) ㅅ, 신, 쉰(ᄼ, ᅎ, ᄾ) 합음(창11:29)

* 치두음과 정치음은 ㅈ, ㅊ의 치두/정치음에 해당한다. 우리말 자음(14개)은 히브리어 자음(22개)보다 8개가 적어서 여러 가지 합음 현상이 생긴다. ㄱ, ㅋ을 ㄱ으로, ㄷ, ㅌ을 ㄷ으로, ㅅ, ㅈ, ㅊ을 ㅅ으로, ㅂ, ㅍ을 ㅂ으로, ㅅ, ᄼ(치두음), ᄾ(정치음)을 ㅅ으로 합음하여 발음하고 있다.

개신교의 개역개정의 합음에 비해 천주교성경은 원음에 가까운 음가를 표기하지만, 아직도 우리 자음 14개의 한계가 있기 때문에 일음일자一音一字의 표기는 안 되고 있다.

뿐만 아니라 장단 모음長短母音에 따르는 자음의 종성終聲 받침과 초성初聲의 형성 문제, 그리고 히브리어 반모음半母音, 또는 부정모음不定母音 ‘셔와’(ᅮ의 ‘ə’(우리말의 아래 아(·) ‘으, 어아’의 사이음))는 히브리어 단모음(= ᅮ ᅮ 등) 뒤에서는 묵음이 되며, ‘셔와’를 가진 자음은 앞 음절의 받침이 된다. 예) 히브리어 שִׁמְעוֹן Šīm'ôn, 쉼오온.

그러나 그런 개연성과 관계없이 마소라본문의 히브리어가 그리스어나 라틴어로 옮겨지는 과정에서 인도-게르만어계에 융합된 음가의 헬라어화나 라틴어화를 생각해 볼 수 있다. 이에 대해서는 대략 4가지 사례를 볼 수 있다.

이를테면, 1) 히브리어의 받침 종성이 헬라어와 라틴어로는 다음 음절 초성初聲으로 풀어 쓰는 표기법이다. 2) 비슷한 발음의 자음들의 합음合音 현상이다. 3) 히브리어 문자와 다른 헬라어-라틴어 문자로 바꾸는 것이다. 4) 히브리어 문자와 음가에 일치시킨 정확한 음가의 구사驅使이다.

이런 4가지 사례를 마소라를 비롯해서 70인역과 불가타역에서 구체적으로 끌어다가 검토해 보자.

1) 히브리어 받침(終聲)이 헬라어/라틴어의 초성 음절初聲音節이 되다.

창22:23; 29:33; 46:10 참조

a. 립카(마소라) - 레베카(70인역, 불가타역, 독일어성경, 천주교성경 참조)

마소라 : רִבְקָה ribhqâ(창22:23)

70인역 : Ρεβεκκαν

불가타역 : Rebecca

독일어성경 : Rebekka - 천주교성경(레베카)

b. 쉼오온/쉼온 - 쉬메온(70인역, 불가타역, 독일어성경, 천주교성경 참조)

마소라 : שִׁמְעוֹן Šīm'ôn(창29:33)

70인역 : Συμεων

불가타역 : Symeon

독일어성경 : Simeon - 천주교성경(시메온)

2) 히브리어 문자 שׂ(Ś) שׁ(Š) צ(Ṣ) 가 'S'로 합음合音이 되다.

창14:2; 17:19 참조

a. 쉰아브 - 센나아브(70인역, 불가타역, 독일어성경, 천주교성경, 개역개정)

마소라 : שִׁנְאָב Šin'ābh(창14:2)

70인역 : Σεννααρ

불가타역 : sennaab

독일어성경 : Schinab - 천주교성경(신압)

b. 이츠ㅎ하크(이츠하크) - 이사악(70인역, 불가타역, 독일어성경, 천주교성경, 개역개정)

마소라 : יִצְחָק Y(J)iṣḥāq(창17:19)

70인역 : Ισαακ

불가타역 : Isaac

독일어성경 : Isaak - 천주교성경(이사악), 개역개정(이삭)

3) 마소라 고유명사 문자 바꾸기 'ע'을 Γ(G)로, '수코트'를 'Σκηνας'로 바꿈.

a. 아자 - 가자(70인역, 불가타역, 독일어성경, 천주교성경, 개역개정)

마소라 : עַזָּה ʿazzâ(창10:19)

70인역 : Γάζα

불가타역 : Gaza

독일어성경 : Gaza

b. 수코트 - 스케나스(70인역), 속코트(불가타역)

마소라 : סֻכּוֹת Sukôṯ(창33:17)

70인역 : Σκηνας

불가타역 : Soccoth

독일어성경 : Sukkot - 천주교성경(수콧), 개역개정(숙곳)

주의) 히브리어 자음 '카프 כ'는 약경음弱硬音 'כּ'인 경우 쌍겹 된소리(kk)가 아니라 'k'이다. 'כ'가 연음鉛音 'kh'이기 때문이다. 따라서 '숙곳'이 아니라 '수코트'이다.

c. 하노크 - 에노크(70인역, 불가타역, 독일어성경)

마소라: חֲנוֹךְ Ḥ^{ă}nôḵ(창4:17)

70인역 : Ενωχ

불가타역 : Enoch

독일어성경 : Henoch

주의) 마소라 '하노크'가 '에녹'(70인역)으로 다르게 바뀌었다가 독일어성경에서는 마소라의 하노크에 가깝게 '헤노크'로 다시 고쳐졌지만, 이왕 마소라의 고유명사를 따르려면, '하노크'가 온전하다. 우리말 성경은 모두

'에녹'으로 칭한다.

4) 무음 셔와 발음 법칙에 따른 음가 표기

a. 아르렐리 - 아로앨리스(70인역, 불가타역, 독일어성경, 천주교성경)

마소라 : אַרְאֵלִי 'ar'ēlî(창46:16)

70인역 : Αροηλις

불가타역 : Areli

독일어성경 : Areli - 천주교성경(아르엘리), 개역개정(아렐리).

5) 고유인명이 중간쉼표(아트나흐), 마침표(실루크)를 갖는 위치에서 변음(장모음)되는 경우를, 창10:1-2 '얘펫→야펫'에서 볼 수 있다.

마소라 : יֶפֶת yepheth(창10:1-2)

70인역 : Ιαφεθ

불가타역 : Iafeth

6) שְׁ의 첫 자음 쉰(ש)은 두꺼운 s(ㅅ) 발음이기 때문에 반모음 셔와(ְ)는 '으'가 아니라 'ㅓ'가 된다. 마소라 : שְׁבָא s^{e}bhâ'

7) 마소라 : מַלְכִּי־צֶדֶק malkî ṣedheq

70인역 : μελχισεδεκ

불가타역 : Melchisedech

주의)

1) 립카 - 레베카에서 히브리어는 받침을 사용하는 셈어라면, 받침을 풀어 쓰는 유럽어의 특징을 보게 되며, 셈어의 헬라어화-라틴어화의 현상을 본다.

2) 히브리어는 자음 신(שׂ 치두음), 쉰(שׁ 정치음), 사매크(ס) 등 치음齒音 종류가 유럽어보다 다양하고 섬세하다. 유럽어도 고대에는 이런 3~4가지 음을 합음하여 쓴 것은 우리말의 합음과 비교가 된다.

3) 히브리어 고유음 '아'를 '가'로 변음한 것은 유럽어의 사정인 것 같다. 이것도 헬라어화-라틴어화의 영향이라 할 수 있겠다.

인명 · 지명 등 히브리어 음역音譯 비교표

※ 세 본이 동일한 음역은 제외, 장절은 처음 나오는 부분임.

장절	창세기 역주	개역개정	천주교성경	장절	창세기 역주	개역개정	천주교성경
2:8	에댄	에덴	에덴	2:11	피숀	비손	피손
2:12	브돌라흐	베델리엄	브델리움	2:12	쇼함	-	-
2:13	쿠쉬	구스	에티오피아	2:14	티그리스	힛데겔	티그리스
2:14	앗쉬르	앗수르	아시리아	2:14	유프라테스	유브라데	유프라테스
3:24	크루브	그룹	커룹	4:1	카인	가인	카인
4:2	해밸	아벨	아벨	4:16	노드	놋	놋
4:17	하노크	에녹	에녹	4:18	이라드	이랏	이랏
4:18	므투사엘	므드사엘	므투사엘	4:18	래맥	라멕	라멕
4:19	칠라	씰라	칠라	4:22	투발카인	두발가인	투발카인
4:25	셰트	셋	셋	4:26	애노쉬	에노스	에노스
5:9	퀘난	게난	케난	5:12	마할랄렐	마할랄렐	마할랄엘
5:15	야랫	야렛	예렛	5:21	므투샬라흐	므두셀라	므투셀라
5:29	노아흐	노아	노아	5:32	솀	셈	셈
5:32	애팻	야벳	야펫	6:4	느필림	네피림	나필
6:15	암마	규빗	암마	8:4	아라랏트	아라랏	아라랏
10:2	고매르	고멜	고메르	10:2	마고그	마곡	마곡
10:2	마다이	마대	마다이	10:2	투발	두발	투발
10:2	매섁	메섹	메섹	10:2	티라스	디라스	티라스
10:3	아쉬카나즈	아스그나스	아스크나즈	10:3	리팟	리밧	리팟
10:3	토가르마	도갈마	토가르마	10:4	앨리샤	엘리사	엘리사아
10:4	타르쉬이쉬	달시스	타르시스	10:4	키티임	깃딤	키팀
10:4	도다니임	도다님	도다님	10:6	미츠라임	마스라임	이집트
10:6	풋트	붓	풋	10:7	삽타	삽다	삽타
10:8	님로드	니므롯	니므롯	10:10	쉰아르	시날	신아르
10:10	애랙	에렉	에렉	10:10	바밸	바벨	바벨

10:10	아캇	악갓	아카드	10:10	칼네	갈레	칼네
10:11	니느웨	니느웨	니네베	10:11	르호보트	로호보딜	르호봇이르
10:11	칼라흐	갈라	켈라	10:12	래샌	레센	레센
10:13	루드	루딤	루드	10:13	아남	아나밈	아남
10:13	르하브	르하빔	르합	10:13	납투	납두힘	납투
10:14	파트루스	바드루심	파트로스	10:14	카슬루	가슬루힘	카슬루
10:14	캅토르	갑도림	갑토르	10:14	플래샛	블레셋	필리스티아
10:15	치돈	시돈	시돈	10:15	헤트	헷	히타이트
10:16	기르가쉬	기르가스	기르가스	10:17	아르퀴	일가	아르케
10:18	아르와드	아르왓	아르왓	10:18	츠마리	스말	체메르
10:18	하마트	하맛	하맛	10:19	그라르	그랄	그리르
10:19	아자	가사	가자	10:19	아모라	고모라	고모라
10:19	츠보임	스보임	츠보임	10:19	래샤	라사	레사
10:21	에배르	에벨	에베르	10:22	아르팍샤	아르박삿	아르팍삿
10:22	루드	룻	루드	10:23	우츠	우스	우츠
10:23	후울	훌	훌	10:23	개태르	게델	게테르
10:23	마쉬	마스	마스	10:24	섈라흐	셀라	셀라흐
10:25	팰랙	벨렉	펠렉	10:25	욕탄	욕단	욕탄
10:26	알모다드	알모닷	알모닷	10:26	섈랩	셀렙	셀렙
10:26	하차르마웻	하살마웻	하차르마웻	10:26	예라흐	예라	예라
10:27	우잘	우살	우잘	10:27	디클라	디글라	디클라
10:28	셔바	스바	세바	10:29	오피르	오빌	오피르
10:29	요바브	요밥	요밥	10:30	스파르	스발	스파르
11:20	서루그	스룩	스룩	11:22	나호르	나홀	나호르
11:24	태라흐	데라	테라	11:27	롯트	롯	롯
11:28	카스딤	갈대아	칼데아	11:29	사라이	사래	사라이
11:29	밀카	밀가	밀카	11:29	이스카	이스가	이스카
12:6	셔캠	세겜	스켐	12:6	모오래	모레	모레
12:8	베트엘	벧엘	베텔	12:9	내갭	네게브	네겝

12:11	이집트	애굽	이집트	12:15	파라오	바로	파라오
13:7	프리즈	브리스	프리즈	13:10	요르단	요단	요르단
13:10	초아르	소알	초아르	13:18	해브론	헤브론	헤브론
14:1	암라팰	아므라벨	아므라펠	14:1	엘라사르	엘라살	엘라사르
14:1	아르요크	아리옥	아르욕	14:1	크도를라오매르	그돌라오멜	크도를라오메르
14:1	티드알	디달	티드알	14:2	배라아	베라	베라
14:2	비르샤	비르사	비르사	14:2	쉰아브	시납	신압
14:2	솀에배르	세메벨	세므에베르	14:3	싯딤	싯딤	시띰
14:5	아쉬타(트)로트 카르나임	아스드롯 가르나임	아스타롯 카르나임	14:5	르파	르바	라파
14:5	주즈	수스	주즈	14:5	샤웨 키르야타임	사웨 기랴다임	사웨 키르야타임
14:6	호리	호리	호르	14:6	세이르	세일	세이르
14:6	엘 파란	엘바란	엘파란	14:7	엔 미쉬팟트	엔 미스밧	엔 미스팟
14:7	카데쉬	가데스	카데스	14:7	하자촌 타마르	하사손 다말	하차촌 타마르
14:13	에쉬콜	에스골	에스콜	14:13	아네르	아넬	아네르
14:15	담매색	다메섹	다마스쿠스	14:17	샤웨	사웨	사웨
14:18	말키채댁	멜기세덱	멜키체덱	15:2	앨리 애재르	엘리에셀	엘리에제르
15:19	퀘니	겐	카인	15:19	쿼니즈	그니스	크나즈
15:19	캇몬	갓몬	카드몬	15:20	르파	르바	라파
16:1	하가르	하갈	하가르	16:7	수르	술	수르
16:11	이쉬마엘	이스마엘	이스마엘	16:14	버에르 라하이 로이	브엘 라해로이	브에르 라하이 로이
16:14	배랫	베렛	베렛	17:19	이츠하크	이삭	이사악
19:38	밴 암미	벤암미	벤 암미	20:2	아비맬랙	아비멜렉	아비멜렉
21:14	브에르섀바	브엘세바	브에르세바	21:21	파란	바란	파란
21:22	피콜	비골	피콜	22:2	모리아	모리야	모리아
22:14	야웨이레	여호와이레	야훼 이레	22:21	부즈	부스	부즈
22:21	크무엘	그므엘	크무엘	22:22	캐샛	게셋	케셋
22:22	하조	하소	하조	22:22	필다쉬	빌다스	필다스
22:22	이들라프	이들랍	이들랍	22:22	브투엘	브두엘	브투엘

22:23	립콰	리브가	레베카	22:24	태바흐	데바	테바
22:24	타하쉬	다하스	타하스	22:24	마아카	마아가	마아카
23:2	퀴르얏 아르바	기랏 아르바	키르얏 아르바	23:8	초하르	소할	초하르
23:8	에프론	에브론	에프론	23:9	막펠라	막벨라	막펠라
23:15	섀캘	세겔	세켈	24:10	아람 나하라임	메소보다미아	아람 나하라임
25:1	컷투라	그두라	크투라	25:2	짐란	시므란	지므란
25:2	욕샨	욕산	욕산	25:2	미드얀	미디안	미디안
25:2	이쉬바크	이스박	이스박	25:2	슈아흐	수아	수아
25:3	앗슈르	앗수르	아수르	25:3	룻투쉬	르두시	르투스
25:3	르움밈	르움미	르옴	25:4	에파	에바	에파
25:4	에패르	에벨	에뻬르	25:4	하노크	하녹	하녹
25:13	느바요트	느바욧	느바욧	25:13	케다르	게달	케다르
25:14	미쉬마	미스마	미스마	25:14	맛사	맛사	마싸
25:15	테마	데마	테마	25:15	엿투르	여둘	여투르
25:15	나피쉬	나비스	나피스	25:15	퀘드마	게드마	케드마
25:18	슈르	술	수르	25:20	파단 아람	밧단 아람	파딴 아람
25:25	에사우	에서	에사우	25:26	야코브	야곱	야곱
26:20	에색	에섹	에섹	26:21	싯트나	싯나	시트나
26:22	르호보트	르호봇	르호봇	26:26	아후잣	아훗삿	아후잣
26:34	여후디트	유딧	여후딧	28:19	루즈	루스	루즈
29:24	질파	실바	질파	29:33	쉼오온	시므온	시메온
30:8	납탈리	납달리	납탈리	30:11	가드	갓	가드
30:13	아셰르	아셀	아세르	30:18	잇사쉬카르	잇사갈	이사카르
30:20	즈불룬	스불론	즈불룬	30:24	요세프	요셉	요셉
31:19	트라핌	드라빔	-	31:21	길아드	길르앗	길앗
31:47	여가르 사하두우타	여갈 사하두다	여가르 사하두타	31:47	갈에드	갈르엣	갈엣
31:49	미츠파	미스바	미츠파	32:23	얍보크	얍복	야뽁
32:32	프니엘	브니엘	프니엘	33:17	수코트	숙곳	수콧

33:18	셔캠	세겜	스켐	33:19	하모르	하몰	하모르
33:19	커싯타	크시타	닢	33:20	엘 엘로헤 이스라엘	엘엘로헤 이스라엘	엘 엘로헤 이스라엘
34:30	프리지	브리스	프리즈	35:8	알로온 바쿠트	알론바굿	알론 바쿳
35:16	에프라트	에브랏	에프라타	35:18	벤오니	베노니	벤 오니
35:18	벤야민	베냐민	벤야민	35:19	베틀래헴	베들레헴	베들레헴
35:21	믹달 에대르	에델	믹달 에데르	35:27	키르얏 아르바	기럇 아르바	키르얏 아르바
36:2	칩오온	시브온	치브온	36:4	엘리파즈	엘리바스	엘리파즈
36:4	르우엘	르우엘	르우엘	36:5	여우쉬	여우스	여우스
36:5	코라흐	고라	코라	36:11	테만	데만	테만
36:11	오마르	오말	오마르	36:11	츠포	스보	츠포
36:11	가아탐	가담	가아탐	36:11	쿼나즈	그나스	크나즈
36:12	팀나	딤나	팀나	36:13	재라흐	세라	제라
36:13	샴마	삼마	삼마	36:13	미자	미사	미짜
36:20	로옷탄	로단	로탄	36:20	쇼오발	소발	소발
36:21	디숀	디손	디손	36:21	에채르	에셀	에체르
36:21	디샨	디산	디산	36:23	마나핫	마나핫	마나핫
36:23	셔포	스보	스포	36:23	오오남	오남	오남
36:26	햄단	헴단	헴단	36:26	애쉬반	에스반	에스반
36:26	이트란	이드란	이트란	36:26	크란	그란	크란
36:27	자아완	사아완	자아완	36:27	아콴	아간	아칸
36:32	브오르	브올	프오르	36:32	밸라	벨라	벨라
36:33	보츠라	브스	보츠라	36:34	후샴	후삼	후삼
36:35	브닷	브닷	브닷	36:35	아위트	아윗	아윗
36:36	마스레콰	마스레가	마스레카	36:36	사믈라	삼라	사믈라
36:37	르호보트	로호봇	르호봇	36:37	샤울	사울	사울
36:38	악보르	악볼	악보르	36:38	바알 하난	바알하난	바알 하난
36:39	하다르	하달	하다르	36:39	파우	바우	파우
36:39	메자하브	메사합	메자합	46:9	팔루	발루	팔루

46:9	카르미	갈미	카르미	46:10	야킨	야긴	야킨
46:10	초하르	스할	초하르	46:11	게르숀	게르손	게르손
46:11	커하트	그핫	크핫	46:13	톨라	돌라	톨라
46:13	푸와	부와	푸와	46:13	야수브	욥	야숩
46:13	심로온	시므론	시므론	46:14	새랫	세렛	세렛
46:14	야흘르엘	얄르엘	야흘엘	46:16	치프욘	시본	치프욘
46:16	하기	학기	하끼	46:16	슈니	수니	수니
46:16	애츠본	에스본	에츠본	46:17	이쉬와	이스와	이스와
46:17	이쉬위	이스위	이스위	46:17	새라흐	세라	세라
46:17	해배르	헤벨	헤베르	46:17	말키엘	말기엘	말키엘
46:21	배캐르	베겔	베게르	46:21	아쉬벨	아스벨	아스벨
46:21	로쉬	로스	로스	46:21	무핌	뭅빔	무핌
46:21	후핌	훕빔	후핌	46:21	아르드	아릇	아르드
46:24	야흐츠엘	야스엘	야흐츠엘	46:24	예채르	예셀	예체르
46:24	쉴렘	실렘	실렘	47:11	라아므세스	라암셋	라메세스
48:7	에프라트	에브랏	에프랏	50:11	고랜 하앗타드	아닷	고렌 아탓
50:11	아벨 미츠라임	아벨 미스라임	아벨 미츠라임	50:23	마키르	마길	마키르

히브리 시문과 운율학韻律學(Metrik)

1. 운율(Metrum)과 리듬(Rhythmus)

구약의 시문 형식의 운문은 각 단어 악센트에 따라 박자에 맞춘 구절을 말한다. 이는 산문과 구별되는 운문시韻文詩를 일컫는다. 히브리어 문장에서는 각 단어마다 운율 박자를 가진다. 그러나 단어라도 악센트가 없으면, 박절학적拍節學的으로 1박자로 셈할 수 없는 경우도 있다. 품사별로 보면, 대체로 명사 · 동사 · 대명사 · 부정사들이 악센트를 가지며, 불변화사인 접속사 · 전치사 · 부사 등은 악센트를 갖지 않는다. 이는 독일계 운율 체제이다. 그러므로 이런 운율 박자의 숫자는 히브리어의 어휘와 악센트 체계에 따라 차이가 날 수 있다. 구약성서에서 운율들은 대체로 4/5종류(2:2(2+2), 3:2, 3:3, 3:4:4:4박자)가 쓰인다. 이런 운율들은 구두점句讀點을 가지며, 그 구절 초반절은 중간쉼표(히브리어로 '아트나흐' ∧), 후반절은 마침표(히브어로 '실루크' |)를 갖는다.

1) 악센트 체제의 운율

G. 포오러 구약성서개론(상), 68~69쪽을 보면, 이런 악센트 체제는 레이(Ley), 부데(Budde)와 지페르스(Sievers)에 의해서 발전되었다. 그 특징은 한 단어 안에 2개의 악센트가 있는 경우 1개의 악센트로 포갤 수 있다. 그리고 2, 3개의 단어가 악센트를 갖지 않는 경우, 그 가운데 한 음절만 악센트를 가진다. 이런 경우는 마케프 연결선(־)이 2단어 사이와 3단어를 연결하는 경우, 대체로 맨 나중 단어 음절이 악센트를 갖는다.

예를 들면, '마־토브'(מַה־טּוֹב, mâ־ṭôḇ 무엇이 좋은가?)에서 악센트는 마지막 단어 2번째 음절 '토'에 붙는다. '애트־콜־엘래'(אֶת־כָּל־אֵלֶּה, 'æṯ kol 'ēllê 모든 이런 것들을)에서 악센트는 마지막 단어 3번째 음절 '래'에 붙는다.

그러나 마케프 연결선이 없는 단독적인 단어인 명사 · 대명사 · 동사는 주로 두 음절 중 마지막 음절에 악센트를 가진다. 고대 바벨론의 창조 시가는 이런 악센트에서 곡조의 표시와 음표音標를 붙였다. 악센트를 셈하는 체제는 구약의 모든 시문詩文에서 타당하다.

2) 구약 시문의 박절拍節(2:2, 3:2, 3:3, 4:4의 특징)

2:2박절은 각각 2단어씩 또는 2개 악센트가 초반절에 3, 4회 나타나며, 구약에서 이런 2:2박절은 생동감 넘치고 전진前進하는 박진력迫眞力을 표현한다. 2:2는 히브리어 2단어의 나열과 각 단어가 가진 악센트의 수에 따라 2박자로 셈한다.

3:2박절은 초반절 3박절, 후반절 2박절의 단어와 그 악센트를 셈한다. 이런 3:2(3+2)의 운율은 초반절에 3단어 또는 3개 악센트, 후반절에 2단어 또는 2개 악센트를 3:2박절로 셈한 것이다. 이런 운율은 주로 애가哀歌(Elegie)와 만가輓歌(Leichenlied), 즉 인생과 민족의 슬픈 운명과 눈앞에 보이는 적에 의한 패배 · 멸망 · 죽음을 3:2박절의 시적 운률 형식으로 표현한다. 이런 운율은 예언서의 심판 · 예언 · 신탁에 쓰인다.

4:4(4+4)박절은 거의 산문散文처럼 보여 일반 문장 형식으로 보기 쉽다. 그래도 이런 4:4의 운율은 규칙적인 일정한 길이를 가진다. 초반절에 4단어 또는 4개 악센트를, 후반절에 4단어 또는 4개 악센트를 가진다. 이런 4:4운율은 적을 향해 진군하며 승리하는 군대의 행진行進을, 하나님께서 백성에게 행하시는 하나님의 현현顯現을 표현한다.

3:3/4(3+4, 또는 3+3)박절은 초반절에 3단어 또는 4개 악센트를, 후반절에 3, 4단어와 3, 4개 악센트를 가진다. 이런 3:3운율은 특별한 의미는 없으며, 산문과 구별되는 시적 운율을 형식적으로 나타낼 뿐이다.

이런 운율학(Metrik)에 대한 연구는 확정적인 것은 아니지만, 대체로 독일계 Eduard Sievers, Metrische Studien I, Studien zur Hebraeischen Metrik, Leibzig, 1901, 400쪽 ; E. Sievers, Metrische Studien II, 1904, 159쪽을 참고할 수 있다.

지페르스의 운율학에서 박자는 후기 주석자들의 운율 박자 수數와 차이를 보인다. 그리고 마소라 본문은 필사 과정에서 산문체 안에 시문의 운율이 섞일 수도 있었기 때문에 시문 복원 작업은 과제로 남아 있다. 그럼에도 독일계와 영미계의 성서 주석자들은 상기上記의 운율 원칙을 따르고 있다.

본서 창1-50 가운데 창4:23-24; 9:25-27; 25:23; 27:27-29; 27:39-40; 49:2-27에서 번역 문장을 운율에 맞추어 보았다. 개역개정과 천주교성경에서 번역에 차이가 있지만 시적 운율 형식은 공통적으로 취해졌다.

2. 시가詩歌의 기능

고대 역사에서 시문은 종교 영역에서 생활화된 문학 형태로 쓰였다. 기원전 2000~1000년에 시리아-팔레스틴에서 이런 시문의 전통傳統이 있었으며, 이스라엘은 그들의 영향을 받아, 시적 운율과 리듬을 예술 형식으로 표현하면서 영감靈感의 표시, 초인적인 세계와 신과의 교통交通을 나타내었다. 그 내용은 저주와 축복이며, 운율 기법技法은 신적인 권위와 능력을 부여받았다. 특히 야웨의 이름으로 생활 규칙의 율법과 지혜가 운율과 리듬으로 문학적-예술적인 형식의 옷을 입었다. 이스라엘은 구체적으로 지중해 연안 시리아의 우가리트 시문 형식을 차용借用하였다. 이는 시문의 절류節類와 관련된다.

3. 시가의 장절長節과 단절短節

우리가 시문의 운율을 이해하려면 먼저 운율 구절句節의 종류를 구별해서 볼 필요가 있다. 오른쪽에서 왼쪽으로 써 나가는 히브리어 자음은 22(23)개(자음 중 원래 점이 없는 '신' ש이 가는 시옷 '신' שׂ(훈민정음의 치두음)과 두터운 '쉰' שׁ(훈민정음의 정치음)으로 나눔)가 있으며, 모음은 8개의 기본 모음(단모음 4개, 반모음 셔와 1개와 장모음 3개 등)과 거기서 파생한 16개(카메츠 하투프 단모음 오, 최장 모음 9개, 최단 모음 3개, 소운자(蕭韻字, aw ㅸ) 3개)로 총 24개의 모음이 있다. 히브리어는 라틴어와 다르게 모음이 주로 자음 밑에 있지만, 때로는 자음과 병행되거나 경우에 따라 자음 위쪽과 왼쪽에도 붙는다. 대체로 훈민정음과 히브리어의 모음이 자음 아래 위치하는 것은 공통된 현상이다.

1) 히브리어 시가의 장절長節(Langvers)

장절은 이집트, 우가리트 앗카디안 시문에서 쓰였다. 이런 장절은 고대 이스라엘과 포로 후기 시대, 특히 쿰란 동굴에서 발견된 두루마리에서 증거물로 발견되었다. 구체적으로 이런 장절은 평행 대구(parallelismus membrorum, 이는 로브트(Lowth)의 이론에 근거함)를 이루는 절을 말한다. 장절은 단락段落을 이루며 시어적이며 문체적인 기본 단위를 이루는 독립된 존재이다.

① 동의어적同義語的인 평행구인 시1:2 "오직 야웨의 율법을 즐거워하여, 그의 율법을 주야로 묵상하는도다."에서 즐거워하다와 묵상하다가 동의어적인 예例이다. ② 반의적反意的 평행구인 시1:6 "무릇 의인들의 길은 야웨께서 인정하시지만, (그러나) 악인들의 길은 망하리로다."에서 인정하다와 망하다는 반의적이다. ③ 종합적인 평행구인 시1:3 "그는 시냇가에 심은 나무가 철을 따라 열매를 맺으며, 그 잎사귀가 마르지 아니함 같으니, 그가 하는 모든 일이 다 형통하리로다."에서 '열매를 맺으며', '마르지 아니함', '형통하리로다'는 앞 절이 다음 절에 평행되지 않으면서 발전적으로 의미를 보충해 나가는 절이 된다. 장절들은 단락절段落節(Strophe)의 후렴구들로 쓰인다. 시42-43에서 "내 영혼이 어찌하여……불안하냐?"가 대표적이다.

장절은 각 절 처음을 히브리어 알파벳 자음 순서로 절을 이룬다(시9-10; 119 아1-4 등).

2) 히브리어 시가의 단절短節(Kurzvers)

장절과 다르게 단절은 단락절에서 비독립적이며, 보조적인 분절을 이룬다. 단절들은 가장 오래된 법률 신탁의 필연법적인 규례들이다. 예를 들면 레18:7-17에 나오는 저주의 애르와트(하체, 치욕) 조항들, 즉 "아무개의 하체를 범하지 말라"는 것이요, 이것의 원래적인 표현은 아루르(저주받음) 조항이다(신27; 15-26 "……하는 자는 저주를 받으리라" 참조). 이런 단절短節은 예언자의 소명의 보도(렘1:4-10 암7:1-3 슥1:7-6:8에 나오는 이상(Vision)과 들음(Audition), 상징 행동(사7:1-9 암7:10-17)을 서술한 것이다.)로 쓰인다.

장절과 단절의 혼합형도 나온다. 예를 들면 렘14:2-15:2 겔17:1-21 등이다. 또는 후기의 서정시와 제사장의 의식문儀式文은 단절로 서술되었다.

참고문헌

Ⅰ. 본문(원문)에 관한 것

1. 본문, 역본, 본문사

- 킷텔의 히브리어 성경
  Biblia Hebraica, edit., Rudolf Kittel, 1937(1973) : BHK
- 스툿트가르트 히브리어 성경
  Biblia Hebraica Stuttgartensia, edit., K. Elliger et W.Rudolph, 1969, 1987 : BHS
- 70인역
  Septuaginta, Volumen Ⅰ, edidit, Alfred Rahlfs, 1935(1971) : 70인역
- 라틴어 불가타 성경
  Vulgata Biblia Sacra, Iuxta Vulgatam Versionem Ⅰ, Genesis-Psalmi, 1975 : 불가타역

〔본문(원문) 비평 자료란(Apparatus criticus, 비평 장치)을 통해 본 히브리어 헬라어 시리아어 아람어 역본들〕

- 사마리아 오경, 고대 히브리어 문자체, 하스몬 왕조 시대 기원전 2~1세기경, 참고 : W. 게제니우스, 원 사마리아 오경에 관하여(1815년), A. 가이거, 성서 원문 번역, 1857(재판 1928년)
  W. Gesenius, De Pentateuchi Samaritani origine. indole et auctoritate commentatio philologica-critica(1815) - A. Geiger, Urschrift und Übersetzungen der Bibel(1857, Neudruck 1928) : 사마리아 오경
- 셉투아진트(Septuaginta, Volumen Ⅰ/Ⅱ)의 후기 헬라어 자매 역본들
  아퀼라(Aquila, A α), 기원후 130년경
  쉼마쿠스(Symmachus, Σ σ), 기원후 170년경
  테오도치온(Theodotion, Θ θ), 기원후 2세기 말경
  퀸타(Origenes Quinta E ε), 기원 후 3세기경
  동부 아람어 시리아어 역본(Peschitta S), 기원후 1세기(40~70년 사이) : 시리아역

타르굼 옹켈로스, 오경서 타르굼(Targum Onkelos, Targume zum Pentateuch), 기원전 2세기 전반(바빌론 수정본은 번역위원회 작품, 기원후 5세기경) : 타르굼

- 불가타(Vulgata, 라틴어 역본), 히에로뉘무스(Hyeronymus, Jerome 340~350 사이 출생), 히브리어에서 라틴어로 옮김, 390~405년경 번역, 다양한 간행서들 1590년(Sixtina), 1592(Clementina), 1593년, 1598년 교정본; Biblia Sacra Vulgatae Editionis, Turin, 1959년, 비평장치가 있는 수정판(Georg Fohrer, Einleitung in das Alte Testament, 1969, S. 555~564 참조 ; Ernst Würthwein, Der Text des Alten Testaments, Eine Einfuehrung in die Biblia Hebraica, 수정 증보 4판, 1973 참조)
- 구약성서, 홀징거, 창세기, E. 카우취 편집
  Holzinger, Genesis Die Heilige Schrift des Alten Testaments, E.Kautzsch und a. Tübingen, Verlag Mohr(Paul Siebeck) 1922년 : Holzinger
- E. 뷔르트봐인, 방석종 역, 성서본문비평입문, 기독교서회, 1987 : E. 뷔르트봐인 (1987)
- 구약성서 통일번역 1974, 슈투트가르트, 가톨릭성서공회
  Einheitsübersetzung der Heiligen Schrift, Das Alte Testament, 1974년, in der Katholischen Bibelanstalt Stuttgart : KBS(독일가톨릭성경)

2. 본문사本文史

- 구약의 외경과 위경, 편집인 E. 카우취
  Die Apokryphen und Pseudepigraphen des Alten Testaments, hg.(간행자) von E. Kautzsch, I~II 1900(Nachdrücke 1921, 1962)
- 구약성경, 편집인, E. 카우취 - A. 베르톨레트
  Die Heilige Schrift des Alten Testaments, hg. E. Kautzsch- A. Bertholet, I. 1922, 4판, II. 1923, 4 판(Nachdruck 1971) : 카우취
- M. 노트, 구약 세계, 구약학의 경계영역 입문
  M. Noth, Die Welt des Altent Testaments, Einführung in die Grenzgebiete der alttestamentlichen Wissenschaft, 1962, 4판, 267~321
- E. 뷔르트봐인, 성서본문비평입문
  E. Würthwein, Der Text des Alten Testaments, Eine Einführung in die Biblia Hebraica, 1973, 4판

3. 사전(Lexicon)

- G. 달만, 타르굼, 탈무드와 미드라쉬에 관한 아람어-신(新)히브리어 사전
  G. Dalman, Aramäisch-Neuhebräisches Handwörterbuch zu Targum, Talmud und Midrasch, 1938, 3판
- G. 포오러 외 공저, 구약의 히브리어-아람어 사전
  G. Fohrer- H.W. Hoffmann- F.Huber- J.Vollmer- G. Wanke, Hebräisches und aramäisches Woerterbuch zum Alten Testament, 1971
- W. 게제니우스- F. 부울, 구약의 히브리어-아람어 사전
  W. Gesenius- F. Buhl, Hebräisches und aramäisches Handwörterbuch über das Alte Testament, 1915, 17판, (Nachdruck 1962) : W. Gesenius
- L. 쾰러 - W. 바움가르트너, 구약성경 사전
  L, Köhler- W. Baumgartner, Lexicon in Veteris Testamenti Libros, 1953(1958, mit Supplementum 부록판)
- 분석적인 히브리어와 갈대아 사전
  B. Davidson, The Analytical Hebrew and Chaldee Lexicon, 1981(2006) : B. Davidson
- 라틴어-독일어 사전
  K. E. Georges, Lateinisch-Deutsches Handwörterbuch, 13판, 1972 : K. E. Georges

4. 문법책(Grammatiken)

- H. 바우어, 구약 히브리어 역사 문법
  H. Bauer- P. Leander, Historische Grammatik der hebräischen Sprache des Alten Testaments, mit einem Beitrag von P. Kahle, I 1922(Nachdruecke 재판, 1962, 1965)
- W. 게제니우스 - E. 카우취 - G. 베르크스트래서, 히브리어 문법
  W. Gesenius - E. Kautzsch, Hebräische Grammatik, 1909, 28판(공저 G. Bergsträsser, 1918, 1962 재판, G-K 표기) : GK
- E. 옌니, 구약성경 히브리어 교본
  E. Jenni, Lehrbuch der Hebräischen Sprache des Alten Testaments, Neubearbeitung des "Hebräischen Schulbuches" von Hollenberg-Budde 1981, 2판(증보판, 1981) : E. Jenni

- R. 마이어, 히브리어 문법
  R, Meyer, Hebräische Grammatik, Ⅰ(1966, 3판), Ⅱ(1969, 3판), Ⅲ(1972, 3판), Ⅳ(1972, 3판)
- S. Ch, Pang(방석종), 히브리어 문법, 대한기독교서회, 2001년 초판 3쇄, 424쪽
- S. Ch, Pang(방석종), 구약 원문 해석 가이드, 히브리어 문법 연습문제 해설, 한들출판사, 2001년, 282쪽, 문법 용어 일괄 약어표(一括 略語表)
- S. Ch, Pang(방석종), 히브리어 문법, 개정판, 히브리어-라틴어-훈민정음 음가 동등비교표 부록, 감리교신학대학교 출판부, 2008, 2쇄, 476쪽

5. 색인사전(Konkordanzen)
- G. 리조브스키, 구약 히브리어 색인 사전
  G. Lisowsky(-L. Rost), Konkordanz zum hebräischen Alten Testament, 1966, 2판
- S. 만델케른, 고대 칼대아 히브리어 색인 사전
  S. Mandelkern, Veteris Testamenti Concordantiae Hebraicae atque Chaldaicae, 1937, 3판(재판, 1955)

II. 주석서에 관해서

6. 구약 주석서(본문 주석에 관해서)
- 성경 주석, 구약성경, 편집인 M. 노트, S. 헤르만, H. W. 볼프
  Biblischer Kommentar, Altes Testament, hg. von M. Noth - S. Herrmann-H. W. Wolff, 1955 : BK
- 국제 비평적 주석, 편집인 S. R. 드라이버 외 공편
  The International Critical Commentary, ed., S.R. Driver-A. Plummer-C. A. Briggs, 1895(ICC)
- 구약 주석, 편집인 E. 젤린, 1913, 개정 편집인 W. 루돌프-K. 엘리거, 1962
  Kommentar zum Alten Testament, hg. von E. Sellin, 1913, neu hg. von W. Rudolph-K. Elliger - F. Hesse, 1962 : KAT
- 구약성경, 편집인, A. 봐이저, 현재 편집인 O. Kaiser - L. 페를리트
  Das Alte Testament, hg. von V. Herntrich - A. Weiser, 1949(지금은 hg. O. Kaiser-L. Perlitt) : ATD
- 앵커 성경 주석, 편집인 W. F. 올브라이트

The Anchor Bible, ed. W. F. Albright- D. N. Freedman, 1964

7. 창세기 주석서

- 주석 성경
  The Interpreter's Bible, 1952
- C. 붸스터만의 창세기
  C. Westermann, Genesis, Kapitel 1~11, 1976 : C. Westermann(1976)
- C. 붸스터만의 창세기
  C. Westermann, Genesis, Kapitel 12~36, 1981(BK) : C. Westermann (1981)
- 배철현 역주, 타르굼 옹켈로스 창세기, 한님성서연구소, 2001년 : 배철현
- 하워드 마샬, 루가복음Ⅱ, 국제성서주석, 2001 : 하워드 마샬
- 궁켈 창세기
  H. Gunkel, Genesis, 1969, 8판 : H. Gunkel
- 성서역사사전
  Bo Reicke, Weltbild(세계상), hrsg · Bo Reicke/Leonhard Rost, P-Z, 1966, Vandenhöck & Ruprecht in Göttingen
- G. von Rad, 창세기, 국제성서주석, 1972(2001역譯) : G. von Rad(1972)
- 창세기, 한국신학연구소, 1983
- 고든 웬함, WBC 성경주석 창세기(상), 솔로몬, 2000년 : 고든 웬함
  Gordon J. Wenham, Genesis 1-15, Vol.1 World Biblical Commentary, Word Books, Publisher, Waco, Texas, 1987
- 월터 브루거만, 강성렬 옮김, 창세기 현대성서주석서, 한국장로교 출판사, 2000년
  Walter Brueggermann, Genesis, Interpretation, John Knox Press, 1982 : 월터 브루거만
- 나훔 M. 사르나, JPS 율법 주석 창세기 브레쉬트, 1989, 1-414쪽 : 나훔 M. 사르나
  Nahum M. Sarna, The Jewish Publication Society(JPS) Torah Commentary, Genesis בראשית, Philadelphia, New york, Jerusalem 5749(유대연호) /1989

8. 주석 방법론(Methodik der Exegese)

- G. Fohrer 외 공저, Exegese des Alten Testaments Einführung in die

Methodik, 1983, 4판(번역판) 방석종 역, 성서해석학입문, 형설출판사, 1987년

- H. 궁켈, 구약 해석의 목적과 방법들
  H. Gunkel, Ziele und Methoden der Erklärung des Alten Testaments, in : Reden und Aufsätze, 1913
- K. 코흐, 양식사란 무엇인가?
  K. Koch, Was ist Formgeschichte? Methoden der Bibelexegese, 1981, 4판
- H. J. 크라우스, (종교개혁시대에서 현대까지) 구약 역사 비평 연구사
  H. J. Kraus, Geschichte der historisch-kritischen Erforschung des Alten Testaments von Reformation bis zur Gegenqart, 1969, 2판
- W. 리히터, 문예학(문학적) 주석, 구약 문학이론과 방법론 입문
  W. Richter, Exegese als Literaturwissenschaft, Entwurf einer alttestamentlichen Literaturtheorie und Methodlogie, 1971
- O. H. 쉬테크, 구약성서 주석, 방법론 입문
  O. H. Steck, Exegese des Alten Testaments, Leitfaden der Methodik, 1989, 12판, 1~209쪽
  S. Ch. Pang 방석종, Introduction to Exegese of Old Testament 구약 해석 입문서, 성광문화사, 1992년, 367쪽(2003 증보 재판 391쪽)

9. 어휘 용어 사전

- G. J. 봇터붸크 - H. 링그렌 (편집), 구약 신학 사전
  G. J. Botterweck- H. Ringgren (Hg.), Theologisches Wörterbuch zum Alten Testament, 1973 : ThWzAT
- E. 옌니 - C. 붸스터만 (편집), 구약 신학 사전
  E. Jenni-C. Westermann (Hg.), Theologisches Handwörterbuch zum Alten Testament, Ⅰ 1971, Ⅱ 1976 : THAT

III. 보충 문헌들

10. 이스라엘 역사(정치사, 문화사와 종교사)

A. 정치사

- G. Fohrer, Geschichte Israels, von den Anfägen bis zur Gegenwart, 1979 (1982 3판), (번역판) 방석종 역, 이스라엘역사, 성광문화사, 1999, 5쇄 : G. 포오

러, 이스라엘역사

- S. Herrmann, Geschichte Israels in alttestamentlicher Zeit, 1980 2판 ; (번역판) 방석종 역, 이스라엘역사, 나단출판사 1999 4쇄, 560쪽
- 구약시대의 이스라엘 역사
  M. Noth, Geschichte Israels, 1976, 8판

B. 문화사

- G. 달만, 팔레스틴의 노동과 윤리
  G. Dalman, Arbeit und Sitte in Palästina, Ⅰ,1 1928, Ⅰ,2 1928, Ⅱ, 1932, Ⅲ, 1933, Ⅳ, 1935, Ⅴ 1937, Ⅵ 1939(1964년 전질간행全帙刊行)
- R. de 보오, 구약과 그의 생활질서
  R. de Vaux, Das Alte Testament und seine Lebensordnungen, Ⅰ 1964, 2판, Ⅱ 1966, 2판
- 세드릭 A. 요 · 앨런 M. 워드 개정, 김덕수 옮김, 로마사, 현대지성사, 2004 : 세드릭 A. 외外
- J. B. 프리차드(편집), 구약과 관계된 고대 근동과 중동의 문헌, 1969[3], 길가메쉬 서사시 Ⅺ
  J. B. Pritchard(Ed.), Ancient Near Eastern Texts Relating to the old Testament, 1969[3], Gilgamish Epos Ⅺ : 길가메쉬 서사시 XI

C. 종교사

- G. 포오러, 이스라엘 종교사
  G. Fohrer, Geschichte der israelitischen Religion, 1969
- J. 마이어, 유대 종교사
  J. Maier, Geschichte der jüdischen Religion, 1972

11. 성서 고고학(Biblische Archäologie)

- 성서 - 역사 사전, 편집인 B. 라이케 - L. 로스트
  Biblisch- Historisches Handwörterbuch, hg. B. Reicke- L. Rost, Ⅰ~Ⅳ (Register und Palaestina-Karte 첨가) 1962~1979 : BHH
- 성지聖地 고고학 발굴 백과사전, 편집인 M. 아비 요나
  Encyclopedia of Archäological Excavations in the Holy Land, ed. M. Avi

Yonah, I 1975, II 1976, III 1977

- M. 노트, 이스라엘 역사의 고고학 연구 논문
  M. Noth, Der Beitrag der Archäologie zur Geschichte Israels, VTS 7(1960), 262~282(=Aufsätze zur biblischen Landes-und Altertumskunde, I 1971, 34~51
- M. 노트, 구약세계
  M. Noth, Die Welt des Alten Testaments, 1962 4판
- Y. 아하로니, 성서의 땅, 역사 지리학
  Y. Aharoni, Das Land der Bibel, Eine historische Geographie, 1982
- 옥스퍼드 성서 지도, 편집인 H. G. 메이
  Oxford Bible Atlas, ed. H.G. May, 1974 2판

12. 구약성서 개론(Einlcitung in das Alte Testament)

- O. 아이스펠트, (외경/위경 포함) 구약성서 개론
  O. Eissfeldt, Einleitung in das Alte Testament unter Einschluss der Apokryphen und Pseudepigraphen, 1976 4판
- (E. 젤린-), G. 포오러, 구약성서 개론
  (E. Sellin-) G. Fohrer, Einleitung in das Alte Testament, 1979 12판 ; (번역판) 방석종 역, 구약성서 개론 상권, 성광문화사, 1984년, 418쪽, 하권 1986년, 524쪽 : G. 포오러, 구약성서 개론
- O. 카이저, 구약성서 개론
  O. Kaiser, Einleitung in das Alte Testament, Eine Einführung in ihre Ergebnisse und Probleme, 1978 4판
- R. 스멘트, 구약의 형성
  R. Smend, Die Entstehung des Alten Testaments, 1981 2판

13. 구약 신학(Theologie des Alten Testaments)

- W. 아이히로트, 구약 신학
  W. Eichrodt, Theologie des Alten Testaments, I 1968, 8판, II/III 1974, 7판
- G. 포오러, 구약의 신학 구조
  G. Fohrer, Theologische Grundstrukturen des Alten Testaments, 1972

- G. 폰 라트, 구약성서 신학
  G. von Rad, Theologie des Alten Testaments, Ⅰ 1978, 7판, Ⅱ 1980, 7판 : G. 폰 라트, 구약성서 신학
- G. von Rad, 허혁 역, 구약성서 신학, 1982(3판) : G. von Rad(1982)
- 김중은, 구약의 말씀과 현실, 1996

Ⅳ. 히브리어 원음 표기에 관한 것

14. 우리말 사전
- 국립국어원 편, 표준국어대사전
- 민중서림, 편집국 편, 이희승 감수, 엣센스 국어사전, 1996년

15. 한글(훈민정음)과 라틴어의 동등 음가
- 조규태, 훈민정음, 한국문화사, 2000년
- 성경원문연구(Journal of Biblical Text Research), 대한성서공회, 2001년, 제8호, 1~296쪽
- 방석종, 훈민정음의 세계문자화, 전통문화연구회, 2008년, 1~152쪽

Ⅴ. 현대 성경 번역본에 관한 것

16. 동양과 한글 성경 역본들
- 중국어성경, 신구약전서, 연합성경공회, 2001년
- 일본어성경, 성서 구어역, 일본성서협회, 2001년
- 구약신약전서, 개역 한글판, 대한성서공회, 1956년
- 공동번역성서(외경포함), 공동번역 구약, 1977년 초판(1978년 10판) : 공동번역
- 성경전서 표준새번역, 대한성서공회, 1993년 : 표준새번역
- 성경전서 개역개정판, 대한성서공회(감수용), 1997(2005) : 개역개정
- 성경, 주교회의 성서위원회 편찬, 2005년, 1쇄 : 천주교성경

17. 서양 성경 역본들(영미 독 불 성경)
- 성경전서, 새 킹 제임스 역본
  Holy Bible, The New King James Version, American Bible Society, New York,1865(1990) : NKJV

- 성경전서, 루터역본(외경 포함)
  Die Bibel, Nach Der Übersetzung Martin Luthers mit Apokryphen, 1985 : 독일어성경
- 취리히 성경전서, 구약과 신약 성경
  Züricher Bibel, Die Heilige Schrift des Alten und des Neuen Testaments, 1967 : 취리히성경
- 불어 성경전서
  La Sainte Bible, Qui Comprend L'ANCIENT ET LE NOUVEAU TESTAMENT TRADUITS D'APRES LES TEXTES ORIGINAUX HEBREU ET GREC, par LOUIS SEGOND, PARIS, 1910(1961)

Ⅵ. 창조에 관한 것

18. 우주-생명 과학에 관한 책들
- R. Fortey, The Earth: An Intimate History, 살아 있는 지구의 역사, 이한음 옮김, 까치, 2004(2005, 1쇄), 총520쪽
- P. Pissanos, From Aristotle to Hawking, 우주의 시작과 끝, 곽영직 옮김, 일출봉 2006(2009 역) : P. 핏사노스, 우주의 시작과 끝
- C. Sagan, Pale Blue Dot, 창백한 푸른 점, 현정준 옮김, 사이언스북스, 1994(1996 2002년 판)), 총437쪽
- C. Sagan, Cosmos, 코스모스, 홍승수 옮김, 사이언스북스, 1980(2006년), 총583쪽 : C. 세이건, 코스모스
- S. Singh, The Origin of the Universe Big Bang, 우주의 기원, 곽영직 옮김, 영림카디널, 2004(2009년), 총552쪽
- S. Singh, Big Bang, 사이먼 싱의 빅뱅, 곽영직 옮김, 영림카디널, 2009, 총552쪽
- S. Weinberg, The First Three Minute, 최초의 3분, 신상진 옮김, 양문, 1994(2005년 3쇄), 총283쪽
- 김제완, 겨우 존재하는 것들, 쿼크에서 블랙홀까지, 사이언스북스, 2009, 총231쪽
- Campbell and another Authors, Biology, 대표역자 전상학, 바이오사이언스(주), 2008, 1~5단원 746쪽, 6~8단원 747~1281쪽

편집후기

우리는 세상일이나 인생의 삶에서 우연이나 필연으로 생각지도 못한 일을 겪는 경우가 있다. 이를 우리는 일반적으로 운명이란 말로 받아들인다. 실제로 그 일들을 회상해 보면 사실은 그 이상의 어떤 것에 의하여 이끌린 것이라 생각되는 경험이 인생에 몇 번 있는 것 같다.

필자는 세상일에 화려한 꿈을 꾸며 가던 길에서 어떤 사정으로 인하여 꿈은 그만 접어지고, 거의 일생 동안 한국과 동양의 고전 현대화에 종사하여 왔으나, 기독교 경전이며 세계 고전인 성경을 번역 출판한다는 것은 꿈에도 생각하지 못하였다.

그런데 상상도 못한 일이 이루어졌다. 놀랍고 운명적인 일이라 생각하면서 지난 일들을 더듬어 보니, 한국 고전에서 유교·도교 경전 등 동양 고전까지, 나아가 세계종교 경전 편찬까지 하여 오다가, 창세기 번역 출판에 이르게 된 것은 아무래도 하나님의 인도하심이라 생각되었다.

이 사업은 은평감리교회(담임목사 김영헌)에서 모세오경을 공부하면서 방석종 교수에게 번역을 권고하다가, 출판이 어렵기도 하고 돈도 안 되기에 관심 밖이라 부득이 우리에게 오게 되었다. 생각으로는 이 기회에 우리나라 번역계의 진일보를 위하여 이정표를 보일 수 있다는 뜻도 있었으나, 이는 무지와 교만으로 감당치 못할 일을 저지른 것이다. 그래서 이 작품은 번역 출판하는 데 생명을 담보한 정성과 노력을 들인 마지막 책이 된 것 같다.

이제 근 3년 만의 우여곡절 끝에 부끄러움과 아쉬움과 두려움을 뒤로하고 출간하게 되었다.

그간 이 거룩한 말씀을 간행하기까지 협력하여 주신 참으로 고마우신 많은 분께 무한한 감사를 드린다. 평강과 행복과 소망을 빌면서.

2011. 3. 20

몽곡夢谷

방석종方錫淙
감리교신학대학교 졸업
연세대학교 연합신학대학원 졸업(석사)
서독 에어랑겐대학교 신학부 신학박사(Dr. Theol.)
감리교신학대학교 구약학 교수, 교무처장, 대학원장/산학협력단장 역임
현 단군학회 이사, 고조선 유적답사회장, 은평감리교회 소속 목사
《구약해석 입문서》, 성광
《히브리어 문법》, 대한기독교서회, 2000
《구약원문 해석 가이드》, 한들출판사, 2001
《구약・신약성서 개설》(Claus Westermann, 1979)
《구약성서 개론》(상・하)(Georg Fohrer, 1979)
《이스라엘 역사》(Georg Fohrer, 1982)
《성서해석학 입문》(1983, 4. Auflage)
《성서 본문비평 입문》(1973, 4. Auflage)
《이스라엘 역사》(Siegfried Herrmann, 1980, 2판) 등 다수

창세기 역주 정가 25,000원
2011년 4월 5일 초판 발행
2011년 5월 25일 초판 2쇄
역 주 : 방석종(Pang, Suk Chong)
기획편집 : 김영헌 방석종 이계황
발행인 : 이계황
발행처 : (사)전통문화연구회
서울시 종로구 낙원동 284-6 낙원빌딩 411호
전화 02-762-8401 전송 : 02-747-0083
전자우편 juntong@juntong.or.kr
사이버서당書堂 cyberseodang.or.kr
등 록 : 1989. 7. 3. 제1-936호
인쇄처 : 한국법령정보주식회사(02-462-3860)
ISBN 978-89-91720-59-6 93230

《창세기 역주》 국역과 출판 및 보급에 물심양면으로 도움을 주신 은평감리교회 김영헌 담임목사, 김동철 우곡장학재단 이사장, 방석종 전 감신대 교수, 김영일 한신대 명예교수, 이종구 (주)한국법령 대표이사, 조원철 (주)원영무역 대표이사, 이계황 등 여러분께 주님의 은혜가 충만하시기를 기원합니다.